柳经纬 主编

新时代法学教育

(2023年卷)

第二届福建法学教育论坛论文集

图书在版编目（CIP）数据

新时代法学教育. 2023年卷：第二届福建法学教育论坛论文集 / 柳经纬主编. -- 厦门：厦门大学出版社，2025.6. -- ISBN 978-7-5615-9742-2

Ⅰ. D92-4

中国国家版本馆CIP数据核字第2025K8X542号

责任编辑	甘世恒
美术编辑	李夏凌
技术编辑	许克华

出版发行　**厦门大学出版社**

社　　址　厦门市软件园二期望海路39号
邮政编码　361008
总　　机　0592-2181111　0592-2181406（传真）
营销中心　0592-2184458　0592-2181365
网　　址　http://www.xmupress.com
邮　　箱　xmup@xmupress.com
印　　刷　厦门金凯龙包装科技有限公司

开本　787 mm×1 092 mm　1/16
印张　19.75
字数　410千字
版次　2025年6月第1版
印次　2025年6月第1次印刷
定价　89.00元

本书如有印装质量问题请直接寄承印厂调换

编委会名单

主　　编：柳经纬

副 主 编：林安民

编　　委（排名不分先后）：

　　　　柳经纬　朱晓勤　刘　超　阮晓莺

　　　　杨垠红　何东平　林贵文　罗施福

　　　　钟明曦　黄　辉　梁开斌　林安民

编辑人员：施　奕　吴雅婷

目录

页码	作者	标题
1	丁凤玲 彭建	法学教育向何处去 ——数字时代法治人才培养的危机与变革
11	李巧玲	地方高校涉外法治人才培养的思考
21	张颖	福建省高校涉外法治人才培养的几点思考
30	江悦庭 齐喜三	新文科建设背景下涉外法治人才培养的创新路径研究
37	何群 宋义杰	数字时代法学实践教学一体化模式之提倡
48	郭恩泽	迈向中国式现代化的人工智能法学教育新思考
57	林安民	试论应用型法律人才培养模式优化路径 ——以新建本科院校闽江学院为视角
65	何家华	习近平法治思想关于宪法宣传教育的原创性贡献
79	许偲 张扬	法学教育助力职业发展 ——构建法律人才新引擎
90	陈圣利 魏以淋	法治教育师范生培养路径探究
98	陈小彪	论毕业论文选题之校际特色育成机制
120	郑丽珍	英文资料挖掘在涉外法治人才培养中的应用 ——以法学硕士学位论文的创新为视角
130	吴情树	新时代面向司法实践的法学教育 ——以本科生毕业论文的指导为例
142	姜宇	论法学专业实践教学之融合观 ——以厦门大学嘉庚学院法学专业实践教学探索为例

147	翁 怡	法律诊所特色实践教育模式研究 ——以福建师范大学协和学院为例
158	樊旭婷	新时代德法兼修与法学课程思政教学改革
166	何佩佩 赵彩月	与环保 NGO 密切合作的环境法律诊所课程 ——中国案例研究
180	陈荣新	"新法学"语境下金融法教学与金融实践的悖反与融合
194	唐士亚 张巍瑜	论数据法教学的三重思维体系构建
206	李 莉	习近平法治思想引领"行政法与行政诉讼法"课程教学研究
216	林艺芳	刑事诉讼法条解构式案例研习法研究 ——以余金平交通肇事案为例
227	李兴国	骗取出口退税罪法务会计鉴定业务的实案解析及对相关实践型法治人才的执业启示
236	施 奕	论宪法教育的形与神 ——以比较视角下的青少年宪法教育为中心
247	陈 博	涉外法治人才培养中的国际企业社会责任法
256	李 军	合议制团队书记员协同履职模式探索 ——以刑案聘用制书记员履职保障为主要视角
265	阙岑静	深化法学教育实效，笃行法治社会实处
269	纪正坦	涉外法治建设与国际私法法典化 ——现状检视与未来展望
275	赵 凌	破壁与赋能：法学教育校地多元协同育人模式的构建与实践 ——新文科建设背景下的闽南师范大学实践
283	孙伟峰 林智蕾	AI 辅助法学课堂教学应用研究
291	吴雅婷 潘夏桃	"两个结合"赋能民法课程教学的理论逻辑与实现路径
300	赵 凌 孙伟峰 吴雅婷	附录 福建省法学会法学教育研究会 2023 年学术年会暨第二届福建法学教育论坛会议综述

法学教育向何处去
——数字时代法治人才培养的危机与变革

丁凤玲　彭　建[*]

摘要　法治需求推动法治人才培养。数字技术正推动我国社会进入数字时代，也产生了数据治理、平台治理、算法治理等法律问题，亟需数字法治人才。传统法学教育存在重理论轻实践、缺乏本土理论、学科视角单一等问题，上述弊端在数字时代被进一步放大，导致不能培养出符合市场需求的数字法治人才。我国法学教育需要理念与实践变革，迈向数字法治人才培养模式。在理念上，高校法学院应当树立文理兼修、以人为本的教育理念，使法学拥抱技术原理但不被技术逻辑异化。在实践上，可以通过跨学科、跨高校，引入数字技术，加强校企合作等方式弥补传统法学教育的不足。培养能够立足本土、放眼世界的数字法治人才，是法学教育变革的未来，也是构建中国法学自主知识体系的需要。

关键词　法学教育；数字法治；新文科；自主法学知识体系

一、问题的提出

数字技术正推动人类社会进入数字时代。在数字社会中，人们的生活方式、生产方式以及社会治理方式均发生了巨大变迁。推特、脸书、微博、微信等社交媒体一方面改变了人们的通信方式，另一方面重塑着人们对自我以及外部世界的认知，使得"地球村"与"信息茧房"并存。我们仿佛身处果壳之中，仍以为是无限宇宙之王。此外，以数据作为生产要素的数字经济之兴起，催生了平台这一生产组织，

---

[*] 丁凤玲，福州大学法学院副教授，硕士生导师，研究方向：数据法、商法。彭建，福州大学法学院硕士生，研究方向：数据法、民商法。基金项目：福建省教育科学规划2023年度课题"智慧司法建设下高校法治人才培养新模式研究"（FJJKBK23-038）；福州大学教育教改项目"基于'课程群'打造'多师多校协同'的数字法治卓越法律人才培养模式研究"（FDJG202245）；福州大学社会服务发展专项研究课题"智慧司法建设下高校法治人才培养与社会服务新模式研究"（23SKZ08）。

带来数据安全、网络零工、平台责任等问题。以上问题要求变革社会治理方式,以更好地适应社会形态,促进数字技术进一步发展与向善应用。

在这一背景下,数字时代的法律人面临既有法律规则失效、部分法律服务被人工智能取代等危机。关于现行法不能完全适应数字技术的问题,学界已经有大量分析,此处仅以自动驾驶致害风险和数据权属这两个讨论较为成熟的问题为例。在自动驾驶模式下,汽车因自动驾驶技术故障导致他人受到损害,算法黑箱以及技术自主性的存在使得无法依据机动车道路交通事故责任追究驾驶员责任,又无法依据产品责任追溯算法缺陷与事故之间的因果关系。[①]侵权法在数字时代首次面临了失效危机。如果说自动驾驶致害风险尚未出现在日常生活中,或者可以用保有人责任、构造自动驾驶保险等方式解决,[②]那么数据作为生产要素,其权属问题就具有鲜明的现实意义。数据无形无体,不具有排他性、竞争性等特点使得其无法成为物权、债权、知识产权等传统财产权的客体,[③]而合同法、竞争法保护又存在不够稳定、不能为其积极利用提供依据等弊端。[④]财产法在数据权属上也面临着是否需要重塑的问题。此外,广为应用的法律专家系统、司法审判辅助系统本已使法律人感到职业危机,近年来Chat GPT等可以通过司法考试的大模型的出现,[⑤]更是宣告了部分低端法律服务可以为人工智能所提供。新兴技术对法律的冲击,从未如此紧迫而彻底,使得法律人不得不正视其存在。

法学应当如何应对数字时代的挑战,这一问题离不开法学教育。数字时代呼唤数字秩序,也需要能够应对问题的数字法治人才。法学教育作为法学知识传承体系的重要组成部分,在培养法治人才上发挥着无可比拟的作用。但当前的法学教育人才培养模式却存在诸多问题,不能契合时代需求。对此,中共中央办公厅与国务院办公厅于2023年2月26日印发《关于加强新时代法学教育和法学理论研究的意见》(下文简称《意见》),提出到2025年,法学教育人才培养质量稳步提升,到2035年,要培养大批德才兼备高素质法治人才,构建起具有鲜明中国特色的法学学科体系。[⑥]法学教育变革势在必行。如何结合《意见》与"新文科"建设,培养学生适应数字化时代,培育满足数字法治需求的复合型卓越法律人才,已经成为我国法学

---

① 冯珏. 自动驾驶汽车致损的民事侵权责任[J]. 中国法学,2018(6):109-132.
② 韩旭至. 自动驾驶事故的侵权责任构造——兼论自动驾驶的三层保险结构[J]. 上海大学学报(社会科学版),2019,36(2):90-103.
③ 许可. 数据权利:范式统合与规范分殊[J]. 政法论坛,2021,39(4):86-96.
④ 张新宝. 论作为新型财产权的数据财产权[J]. 中国社会科学,2023(4):144-163.
⑤ KATZ D M, BOMMARITO M J,GAO S, et al. 2024 GPT-4 passes the bar exam[J]. Philosophical Transactions of the Royal Society,2024(382):1-17.
⑥ 关于加强新时代法学教育和法学理论研究的意见[EB/OL].(2023-02-06)[2023-10-09]. http://www.moe.gov.cn/jyb_xxgk/moe_1777/moe_1778/202302/t20230227_1047943.html.

教育改革的迫切问题。有鉴于此，本文将基于我国当前数字社会法治需求与法学教育模式，分析当前法学教育之弊端与根源，提出数字时代我国法治人才培养模式的可能方向。

二、数字法治需求与人才培养模式的错位

新兴生产关系需要与之适应的社会秩序，这是推动法学教育变革的根源。数字时代需要回应性强、理解数字技术的法律。传统法学教育本就存在重理论轻实践、缺乏本土理论、学科视角单一等问题，这种基于工业时代的法学教育产生的法学人才、法学知识不能良好回应数字时代的秩序需求，而当前新兴法治人才培养模式尚未成熟。

（一）数字社会需要数字秩序

数字经济需要新的社会秩序。当前，我国正面临从工商经济到数字经济的转型。根据《数字中国发展报告（2022年）》，我国2022年数字经济规模达到50.2万亿元，稳居世界第二，占GDP比重为41.5%，数字经济已然成为我国经济增长转型的重要动力。[1] 数字经济的特点是，基于数据的数字技术决定生产率，是先进生产力的代表，其促进并提升其他生产资料的使用效率。[2] 与过去的技术革命相似，数字技术也要求包括法律在内的社会上层建筑与数字经济相适应，并产生新的社会秩序。不同之处在于，如人工智能技术，虽然也需要一定的规制，但这种秩序不一定来自法律。换言之，当法律不能满足秩序供给需求时，数字技术便会取代法律的角色，甚至法律原有的规范功能也会被技术取代，走向"死亡"。[3]

在上述背景下，回应数字秩序需求的法律至少应当具备技术性、系统性等特点。技术性是指，数字时代的法律应当建筑在对技术的理解之上，如此才可能规避技术风险，并促进技术发展。数字社会是一个风险社会。根据德国学者贝克的风险社会理论，所谓风险，与危险不同，是指系统性处理现代化自身导致的危险以及不安全感，例如环境污染、核危机。[4] 工业社会的风险源自大工业生产方式，而数字社会的风险来自数字技术本身。以个人信息侵权为例，在传统社会中，对个人信息的处理限于小规模的人工处理，处理的广度与深度有限，即便个人信息泄露也不会造成太大的负面影响。而在数字社会中，基于个人数据的大数据技术产生了个性化

---

[1] 董建国,王思北.2022年我国数字经济规模达50.2万亿元[EB/OL].(2023-04-28)[2023-10-10]. https://www.gov.cn/yaowen/2023-04/28/content_5753561.htm?eqid=9521bcc20016ad8f0000000664781036.
[2] 裴长洪,倪江飞,李越.数字经济的政治经济学分析[J].财贸经济,2018,39(9):5-22.
[3] 余成峰.法律的"死亡":人工智能时代的法律功能危机[J].华东政法大学学报,2018,21(2):5-20.
[4] 贝克.风险社会[M].何博闻,译.上海:译林出版社,2004:15-25.

营销、算法评价、自动化行政等应用，一旦个人信息发生处理错误或泄漏，将严重损害个人利益，近年来频发的人脸识别诈骗案件便是例证。① 如果不理解数字技术，法律便不可能提出有效规制方法，或者即便存在立法，不理解技术特点的司法者也可能发生法律适用错误，例如将基于数字社会的个人信息权与传统的一般人格权相混淆。②

此外，系统性是指对数字秩序需求的回应，绝非单一的法学二级学科就能提供的，而需要多个法律部门以及新兴法律理论的合力。如前文所述，数字技术带来了平台这一新兴生产组织，彻底改变了人们的生产与生活方式。③ 如此彻底的社会变迁是单一部门法所不能应对的，例如平台数据权属问题，既涉及垄断、不正当竞争等传统部门法议题，又涉及个人信息保护、数据财产归属等数字法学议题。在一个更高的层面，传统部门法需要与新兴数字法学融合，走向一个能够规制物理空间与赛博空间的新兴法治秩序，一如农业时代法律体系向工业时代法律体系的转型。④

（二）传统法学教育不能回应数字秩序需求

技术性、系统性的法律秩序需要数字法治人才。传统法学教育存在重理论轻实践、缺乏本土理论、学科视角单一等问题，导致培养人才与市场需求脱节，也不能培养出数字法治人才。

我国法学教育长期存在理论与实务脱节的问题。法学是一门古老的学科，西方最早的大学波伦亚大学起初便是由一些学习罗马法的学生和教师组成的，法学在中世纪的西方也被看作科学（或科学的雏形）。⑤ 我国法学教育肇始于清末，自改革开放恢复建设之初，法学教育就面临着缺乏实务教学、考试制度逆向淘汰人才等问题，⑥ 导致培养出来的法治人才与实践脱离，不能与市场需求相匹配。至今，这一问题也未得到根本解决。从现实来看，市场需要的是具有经验的法律实务人才，而法学院传授的往往是法学理论以及法条的教义分析，案例教学、模拟法庭、法律诊所等课程设置碍于种种因素均没有发挥应有的效果，⑦ 这一培养模式产生的法治人才往往需要一段时间的磨合，才能运用法学院传授的知识。甚至，碍于课时设置较短、教师基本从事科研等因素，一些法学院的学生从课堂学到的法条应用知识远不

---

① 北京金融法院揭人脸识别诈骗套路，一女子泄露人脸信息后被诈骗分子转走36万余元[EB/OL].(2023-09-25)[2023-10-10]. https://baijiahao.baidu.com/s?id=1778020849142653257&wfr=spider&for=pc.
② 彭诚信.论个人信息权与传统人格权的实质性区分[J].法学家,2023(4):146-159.
③ 王天夫.数字时代的社会变迁与社会研究[J].中国社会科学,2021(12):73-88.
④ 马长山.智能互联网时代的法律变革[J].法学研究,2018,40(4):20-38.
⑤ 伯尔曼.法律与革命:第1卷[M].高鸿钧,张志铭,夏勇,等译.北京:法律出版社,2008:118-130.
⑥ 苏力.当代中国法学教育的挑战与机遇[J].法学,2006(2):3-21.
⑦ 马长山.数字时代的法学教育转型[J].上海政法学院学报(法治论丛),2023,38(1):101-111.

如从法考培训视频中获得的多，这也是为什么有学生临近法考时常常感叹自己是从法考培训机构而非法学院毕业的。

本土法律知识的贫困一定程度上也影响了我国的法学教育。基于历史与现实等因素，我国法律制度相对不够成熟，体系也并非典型的大陆法系或英美法系，而是兼采两大法系的长处。其中，我国在民法、刑法、行政法等经典的法律部门上受德国、日本法律的影响较深，而德日法学尤为重视法教义学，[①]这导致我国法学研究在相当一段时间内以法教义学为主，且大量移植两国以及英美等国的法学理论。法律移植对于正在起步建设法律制度的国家来说是必要的，它极大降低了建设成本，并且由于在先的讨论已经十分成熟，也被认为可操作性很强。例如，在我国民法典编纂期间，就不乏有学者就违约解除问题主张借鉴《德国民法典》规定的重大事由解除规则，而认为本土实践诞生的违约解除权"欠缺学理论证与比较法支持"[②]。问题在于，法律作为地方性知识，根植于一国之历史与国情，长期移植他国法学理论，容易使得学者不假思索地以异国法治模型来评判中国之法治，却无力提出中国法治的理想图景，[③]甚至也会将他国法学教育的弊病一并继受。这并非危言耸听，我国台湾地区大规模继受德国法学的后果就是，异地重现了以应用法学为主的补习班法学教育，法学基础理论人才的培养与成长陷入困境。[④]本土法律知识的贫瘠导致法学课堂上传授的大多是西方法学基本理论，舶来品与中国现实之间的龃龉使人产生法学院传授之知识是否有用的疑问，学生也会提出"您讲的是美国公司法"[⑤]。可喜的是，得益于我国法律制度不断完善，本土法教义学、法社会学／社科法学、政法法学开始成熟，这一现象正不断减少。

学科视角单一也导致我国法学教育乃至法学研究存在自说自话的弊端。现实法律问题往往不是纯粹的民法、刑法或行政法的问题，其中夹杂了诸多程序法、司法经验甚至政治考量。我国法学教育以及法学研究注重专业化、精细化，这是法学研究分工的必然，但也直接导致了法学与其他学科，甚至法学内部不同二级学科之间缺乏沟通、融合，不利于培养能够融会贯通法学知识的应用型人才，也使得有志于学术的后备人才缺乏跨学科视野。

以上种种传统法学教育弊端在数字时代被进一步放大，导致数字法治人才培养

---

① 例如，在德国法学传统中，"法教义学"与"法学"是同一事物，法理学、法史学、法社会学只是与法律有关的学科。参见拉伦茨.法学方法论[M] 黄家镇，译.北京：商务印书馆，2020:245-263.
② 韩世远.合同法的现代化：为何及如何[J].法治研究，2019(6):14-26.
③ 邓正来.中国法学向何处去（上）——建构"中国法律理想图景"时代的论纲[J].政法论坛，2005(1):3-23.
④ 尤陈俊.法学继受对法学研究及法学教育的连锁影响——以德国法教义学在我国台湾地区之继受为例的反思[J].法学评论，2022,40(3):184-196.
⑤ 施天涛.公司法学(第4版)[M].北京：法律出版社，2018:2.

乏力。数字时代的法治需要具有基本数字思维兼具法学功底的复合型法治人才，这是数字秩序需求所决定的。我国法学教育培养的人才常常容易忽视法律与数字技术的前沿实践，或者碍于单一学科视野，就部门法谈论部门法，不能深刻理解技术变革在法律上的深层次意义，导致我国数字法治研究呈现零碎化、概念化、泡沫化等现象，[①] 无法完全回应现实法律需求。

三、迈向数字法治人才培养模式

在"新文科"建设背景下，数字法治人才培养应当以文理兼修、以人为本作为教育理念。数字法治人才培养需要基于数字技术的实践，这一方面需要高校将数字技术引入到教学中，建立跨学科、跨高校的培养机制；另一方面，也需要加强校企合作。数字法治人才培养的终极目标，应当是培养能够引领中国法学自主知识体系建设、放眼全球法律治理问题的优秀人才。

（一）理念变革：文理兼修、以人为本的教育理念

教育理念决定了应当采用何种培养手段，数字法治人才培养需要文理兼修、以人为本的教育理念。传统法学教育理念专注于培养某一法学领域专才，数字时代的法学教育理念需要进行技术变革，走法学新文科发展道路。2017年，美国希拉姆学院提出新文科理念，要求对传统文科进行重组、文理交叉。[②] 我国教育部汲取了新文科建设理念，并成立新文科建设工作组。我国于2020年发布的《新文科宣言》明确提出，新文科建设需要打破学科专业壁垒，融入现代信息技术，[③] 这也适用于法学人才培养。

抛弃法学专一主义，提倡文理兼修的教育理念。所谓文理兼修，是指在教学中应当打破法学学科壁垒，适当引入数字技术，使学生具有基本的数字技术思维，掌握一定程度的数字技术，以更好地应对数字时代的法律挑战。在传统法学教育中，虽然也强调归纳、演绎等形式逻辑思维的重要性，但法律推理往往是为了便于运用法条，或者弥合法典与现实的差异，不足以使学生了解技术。具备数字技术思维更有利于其从事数字法律研究，这不必多言。更加值得关注的是，掌握一定的数字技术也有利于法律人的职业生涯。例如，当人工智能已经无可避免地进入法律行业之后，被淘汰的可能不是那些从事简单法律服务的人，而是那些不会使用法律人工智

[①] 袁曾.数字法学研究现状的再反思——法学理论向何处去？[J].上海政法学院学报(法治论丛),2023,38(3):116-125.

[②] 徐显明.新文科建设与卓越法治人才培养[J].中国高等教育,2021(1):8-10.

[③] 新文科建设宣言[EB/OL].(2020-11-03)[2023-10-11]. http://www.moe.gov.cn/jyb_xwfb/gzdt_gzdt/s5987/202011/t20201103_498067.html.

能技术的人。

文理兼修不仅对学生学习能力提出要求，也对法学院师资力量提出挑战。学生一方面不仅要学习法律知识，另一方面也需要了解如算法、区块链等基础的数字技术知识。为实现文理兼修，需要将法学课程与跨学科课程相融合，并增设数据治理、平台治理、区块链司法等新内容，丰富学生的知识结构。从现实来看，数字技术在数字法学教育中的占比，往往与学校自身学科特点有关，如清华大学以工科见长，在其设立的法律硕士（计算法学项目）中，① 就将数字技术纳入到必修课中，而华东政法大学设立的法律硕士（智能法学项目）的② 课程设置就基本围绕法学问题。以何种学科主导为标准，当前各大法学院的新兴法治人才培养模式大致可以分为法主工辅、法工交叉以及以老师兴趣为主的自由探索模式。③ 就这一点而言，传统工科强校或有可能在数字法学上开拓新的领地。

警惕技术异化法学，坚守以人为本的教育理念。数字法治人才培养也不能离开法学固有的人文精神。法学以冷静、理性著称，但法学并不是自然科学，其根基依然是价值判断或说利益衡量。一切法治均蕴含着人们对理想生活的共同期待，它并不完全是理性的。纯粹法学的失败已经告诉我们，法学从来不可能是完全理性的，也不存在彻底凌驾于实然权威之上的应然。④ 技术不带有主观价值判断，且自身也存在局限，过度推崇技术而忽视法学的人文色彩，如此法学教育培养的人才很难称之为法律人，至多只是法律科技专家。在数字法治人才的培养中，更应当注重法律人文精神。将技术引入法学教育，是为了更好地探索法学道路，而不是磨灭法学本身。"新文科"建设下的法学跨学科，是为了带来不同学科的思维方式，在碰撞融合间产生新思想、新理论，⑤ 绝不是用新手段将原有结论重复一遍，沦为精致的平庸。

（二）实践变革：基于数字技术的法治实践

理论是灰色的，而实践之树常青。法律的生命在于实践，数字法治人才培养也离不开实践。数字法治人才培养要避免传统法学教育重理论轻实践的缺点，在传统法学实践的基础上，加入数字法治实践，积极探索数字时代的法治人才培养方向。

---

① 清华大学法学院2020级计算法学项目校内招录通知[EB/OL].(2020-09-01)[2023-10-11]. https://www.law.tsinghua.edu.cn/info/1135/2601.htm.
② 法律学院2022级全日制法律硕士专业研究方向与导师简介[EB/OL].(2022-06-02)[2023-10-11]. https://flxy.ecupl.edu.cn/2022/0602/c3444a189157/page.htm.
③ 龙卫球."新时代复合型法治人才的培养"大家谈(笔谈)[J].西北工业大学学报(社会科学版),2022(2):106-123.
④ 董静姝.理性的神话:纯粹法学的现代性症状[J].人大法律评论,2019(1):104-132.
⑤ 张福贵.技术主义道路与传统文科的发展路向[J].山东大学学报(哲学社会科学版),2021(5):149-156.

数字法治人才培养实践需要扩宽原有的法学实践范围，将可能产生数字法律问题的活动纳入其中。法学实践既包括从事各类法律实务，也包括调研法律实施情况、参加法学项目等科研活动。在传统法学教育中，法律实践一般包括从事司法机关、权力机关、行政机关以及律所、法务等法律职业实习，以及部分校内模拟法庭/仲裁庭、法律诊所等活动，从经验层面提升法学生的法律职业技能水平。数字技术产生了数字法律问题，也使得法学生有更多的实践空间。例如，数据合规、数据安全审查、法律科技产品开发等新兴法律领域，就需要法律人的参与。

此外，数字技术也使得法学科研有了新的可能。以量化分析为例，此前受限于技术，很难就裁判文书开展大规模量化分析，在裁判文书网建立之前，学界对裁判文书的讨论集中在说理、写作风格上；而在该网站建立之后，法学界运用数字技术对裁判文书进行量化分析的文章屡见不鲜，在最近的法学实证研究中，被分析的裁判文书已经达到58万份。[①]这还远非量化分析的极限，仅在大学生课外科创比赛中，就已经出现基于百万份裁判文书的创新成果。[②]再以法律代码化为例，数字法治的特点之一是技术发挥着相当程度的规制作用，法律本身也可以被内嵌于代码之中，"代码即法律（Code is law）"与"法律即代码（Law is code）"同时存在。在构建符合法律规定的算法模型的过程中，法律人至少可以界定真实的法律需求、提供数据标注支持、通过法律知识实现模型优化。[③]这些新兴法律科研空间是传统法学所不能提供的，而不掌握一定数字技术的法学生，也无从参与到其中。

实现数字法治实践变革可以从多个方面着手。第一，问题导向，加强跨学科、跨学校师生协作。没有实践的理论是苍白的，没有理论的实践是盲目的。实现数字法治实践，首先需要为学生提供有效学习通道。在校内，需要推动法学专业课与创新创业课、跨学科课程相融合，以举办讲座、课题合作、跨学科读书会等多种活动形式，深度推进跨学科融合，并结合本研不同阶段课程特点，强化"跨专业学科群"的建设；在校外，与其他高校建立合作机制，以学术竞赛、创新竞赛等方式促进学生交流，提高学生能力。第二，利用技术，实现个性化培养。实务人才与学术人才需要的职业技能不完全相同，高校可以充分利用数字技术，提供个性化教育。例如，将学生职业兴趣偏好、课程成绩、校外实践表现数据化，通过数据综合分析，为学生建立"个人学习画像"，[④]基于此提供不同的学习策略与职业建议。第

[①] 何洪全.行政审判体制改革的实效——基于58万份裁判文书的研究[J].行政法学研究,2023(6):158-176.

[②] 社会发展学院学子在第十八届"挑战杯"上海市决赛中再创佳绩[EB/OL].(2023-06-16)[2023-10-11]. https://fxsy.ecupl.edu.cn/2023/0619/c9330a202344/page.htm.

[③] 胡铭.数字法学：定位、范畴与方法——兼论面向数智未来的法学教育[J].政法论坛,2022,40(3):117-131.

[④] 杨学科.液态教育：未来法学教育和法学教育未来[J].法学教育研究,2022,39(4):226-242.

三，强化校外合作。高校可以与数字企业、实务部门合作，利用好校外实践导师制度，充分挖掘本地市场对数字法治人才的需求，有针对性地提升学生服务市场的能力。例如，在"数字福建"背景下，福建省正在积极推动中小型企业数字化转型，其中涉及的企业数据保护、数据跨境流通、数字资产审计入表等问题均需要法律保障。高校可以通过提供企业实习、律所实务、参与政府项目等机会，使学生了解真实的数字法律问题。

（三）未来展望：引领中国法学自主知识体系建设的法治人才

近代以来，自中华法系实质消亡之后，中国的法学知识基本继受西方，少有本土法律理论，也缺乏如费孝通《乡土中国》这样具有国际影响力的著作。数字法治的兴起为构建中国法学自主知识体系提供了一个可能。数字法治人才培养，在未来应当立足于中国本土实践，回应全球法治问题，为构建中国法学自主知识体系提供后备人才。

中国首次站在工业革命第一梯队，这是中国数字法学兴起的根本，也是构建中国法学自主知识体系的契机。如前文所述，我国数字经济规模稳居世界第二，作为上层建筑的法律受经济基础的影响，催生了以平台、数据、算法为研究对象的数字法学。在工商时代，我国市场经济刚刚起步，尚且可以引进成熟的外国法律理论，如德日民法、英美公司法以及国际商事公约、惯例，以治理市场经济。但在数字时代，我国数字经济、法律实践已经走在世界前列，如建立世界首个互联网法院、开展世界首个数据知识产权登记试点、发布世界首个生成式人工智能立法，这些实践都没有外国理论可供借鉴，而想要解决的问题又具有国际共性。丰富的数字实践是培养我国法学自主知识体系的沃土，也是对国际问题提出中国方案、贡献中国智慧的基础。对此，中国法律人必须予以回应，中国法学教育也应当变革。正如学者所言，在数字治理中，法学理论研究不能总是滞后于实践探索，法学教育也不能固步自封。[1] 培养能够立足本土、放眼世界的数字法治人才，是法学教育变革的未来。

四、结语

我们需要什么样的法律，就需要什么样的法治人才。中国当前正快速步入数字社会，数字经济亟待数字法学、数字法治人才。决策者以及各大高校正是注意到了这一点，纷纷开设人工智能法学、数据法学、计算法学、智能法学等二级学科以及对应二级学院。由于这些学院开设时间较短，有些培养的学生尚未毕业，还未形成

---

[1] 危红波.数字社会的法学教育因应——基于新文科建设视角的理论考察[J].华东政法大学学报，2022,25(3):169-176.

成熟的培养模式，故而本文没有对此加以评述，而是从数字秩序与法学教育之间的关系进行分析，阐释法学教育变革的必要性以及可能方向。

对中国法律人来说，这可能是最坏的时代，也是最好的时代。面对中国社会因数字转型产生的法律问题，我们难以从国外找到成熟的法律制度和理论加以借鉴，不得不从各类理论、实践中，总结经验，提出建议，这些建议又常常被理工科学者、其他社会科学学者以及实务人士评价"过于幼稚""不接地气""泡沫化"，仿佛重现了上世纪"幼稚的法学"之评价。同时，法律人赖以生存的职业技能还面临被人工智能服务取代的风险。不过，这也正是构建中国法学自主知识体系、构建中国数字社会法律秩序的重要契机。如果中国法学不想被评价为西方法学的分支，法律人就应当抓住数字经济窗口，主动拥抱技术，产生自主性法学理论。法学教育作为法学知识传承、生产的重要源头，理应承担起数字法治人才培养的重任。

地方高校涉外法治人才培养的思考

李巧玲[*]

摘要 我国涉外法治人才培养经过10来年的发展取得了巨大成绩,但依然总量不足且地区分布不均;与此同时,各地对于涉外法治人才的需求也有差异,加上地方高校法学专业追求特色发展的内在动力,都为地方高校涉外法治人才培养提供了必要性支持。涉外法治人才内涵的多样化和地方高校良好的生源与师资条件使其具备了从事涉外法治人才培养的可行性。为克服涉外法治人才培养的难点,地方高校应该选择差异化的培养策略,避免同质化倾向。加大宣传吸引优秀学生选择涉外法治相关专业、强调德法兼修、合理设置人才培养目标、优化人才培养方案、开展模拟国际司法活动。

关键词 地方高校;涉外法治人才;必要性;可行性

2011年教育部、中央政法委印发的《关于实施卓越法律人才教育培养计划的若干意见》将涉外法律人才纳入卓越法律人才培养计划,提出由高校"培养一批具有国际视野、通晓国际规则,能够参与国际法律事务和维护国家利益的涉外法律人才"。随着法学专业人才培养目标从法律人才到法治人才的变迁,2019年中央全面依法治国委员会会议提出要加强涉外法治人才培养。党和国家的重要文件都表明涉外法治人才培养已成为国家战略需求。回顾近年来涉外法治人才培养的发展历程,由于其高端性,我国目前涉外法治人才的培养主要由知名的综合性大学和五院四系承担。随着涉外法治人才需求的加大,很多地方高校基于内在发展的需求也开始涉足其中,并以此作为其法学专业人才培养的特色。那么地方高校涉外法治人才培养是否具备必要性和可行性?其和知名综合性大学与五院四系涉外法治人才培养是否应该有所区别?如何让地方高校的涉外法治人才培养真正成为其专业特色?这些问题都值得深入思考。

---

[*] 李巧玲,福建江夏学院法学院国际法教研室主任、副教授,研究方向:国际经济法、国际公法。

一、地方高校涉外法治人才培养的必要性

1. 我国涉外法治人才依然紧缺，并且地区分布不均衡

经过知名综合性大学和五院四系十来年的努力，我国涉外法治人才培养有了很大的进步，但相较于涉外法治人才的需求还存在着很大的缺口。在全国层面一个共识性的判断是，当前涉外法律服务人才队伍存在总量偏小、质量不高、经验不足等问题，不能适应高水平对外开放格局和日益多元化的涉外法律服务需求。① 据司法部统计，我国目前从事涉外法律事务的人员约为12000名，约占律师总体数量的2‰。② 与此同时，我国高端涉外法治人才更是紧缺。据调查，我国在各类国际组织中任职人员占比远低于平均水准。以联合国为例，虽然中国目前已成为联合国常规预算和维和预算第二大出资国，但在联合国系统的雇员中，截至2018年年底，中国籍雇员546名，占比仅为1.46%，远低于美国的6.75%，属于40个"任职人数不足"的国家之列。③ 这与我国在国际社会的综合实力完全不匹配。可见，仅靠综合性大学和五院四系培养涉外法治人才并不足够，需要地方高校择机补充。

同时，我国涉外法治人才还呈现地区分布严重不均衡的特点。《中国涉外律师客户指南2020》收录的2262名涉外律师分布于我国31个省级行政区域。其中，北京、上海、广东3省市入选律师达943人，占总人数的41.7%。④ 除此以外的广大中西部和北方地区，普遍面临着涉外法治人才供需矛盾紧张的问题。由于各种各样的原因，中西部和北方地区要想引进涉外法治人才困难重重。因此，由地方高校培养本地区所需要的涉外法治人才就成为一种必然的选择。

2. 地方涉外法治人才需求具有特殊性

随着"一带一路"倡议的推进，外资进入我国的地域空间范围不断扩大，涉外纠纷不再局限于北京、上海、广东和沿海省份，地方涉外法律服务的需求在不断增加。同时，地方涉外法律服务需求还具有地域性特征。以西北地区为例，他们需要的涉外法律服务更多是要服务于他们和周边国家的对外交流。因此，这一地区的涉外法治人才除了要谙熟一般涉外法律服务所需的国际法规则和我国涉外的法律规定以外，还需要对周边国家的法律有深入了解，即国别法的学习需要提上议事日程。

---

① 全国政协召开双周协商座谈会 围绕"建设高素质的涉外法律服务人才队伍"协商议政 汪洋主持[J]. 中国政协, 2020(8):5.
② 黄素梅,孙昕文."一带一路"涉外法治人才培养需求及对策研究[J]. 当代教育理论与实践, 2023(3):76.
③ United Nations.Composition of the Secretariat: staff demographics—Report of the Secretary—General[EB/OL]. (2019-04-22)[2023-10-05]. https://undocs.Org/en/A/74/82.
④ 伊晓俊,毛姗姗.2262名中国涉外律师大数据分析[EB/OL].(2020-04-06)[2023-10-02]. https://www.sohu.com/a/385788157_120080023.

同时，涉外法治人才是复合型人才，至少需要复合法律知识和外语技能。为服务与周边国家相关的法律事务，地方涉外法治人才需要的外语技能不再局限于英语，最好还要掌握对方国家的语言，即在英语之外掌握一门小语种。地方高校立足于区域，他们在国别法和小语种的教学方面有优势，由他们承担地方涉外法治人才培养任务会比综合性大学和五院四系更合适。

3. 地方高校有投身涉外法治人才培养的内在动力

"坚持分类指导，特色发展"是建设高水平本科教育的基本原则。[①] 因此，地方高校都在不断凝练自己的特色，以适应新一轮本科专业评估的要求。目前全国至少有600多所高校开设法学专业，大部分的法学专业人才培养都有明显的同质化倾向，缺乏特色。如何在激烈的学科竞争中脱颖而出，符合国家高水平本科教育评估特色发展的要求，是摆在地方高校法学专业建设面前的重大课题。地方高校的使命之一就是要服务地方发展，面对地方涉外法治人才短缺的现状，挖掘自身在地方涉外法治人才培养方面的优势，走与知名的综合性大学和五院四系涉外人才培养差异化发展的道路，发挥自身的"后发优势"成为地方高校法学教育自发并自觉的选择。

二、地方高校涉外法治人才培养的可行性

1. 涉外法治人才内涵的多样化

早期的涉外法治人才主要是为了应对我国企业在对外经济交往中产生的法律纠纷，为保护私主体的利益而被动参与，处理的事务也多为涉外经贸争端。近年来，我国进入高水平对外开放新局面，涉外法治人才的内涵也在不断扩大。

首先，随着我国在全球治理体系中的国际影响力提高，中国不再只是国际规则的接受者，而是积极提升国际话语权，争做国际规则的制定者。为配合这一国家战略调整，我们需要一大批能够胜任在国际组织中工作和参与国际谈判的涉外法治人才，他们需要具有国际视野、熟悉国际规则、擅长处理国际事务，可以被称为高端涉外法治人才。

其次，随着"一带一路"倡议的推进，我国和共建国家的贸易往来日趋频繁，摩擦和争端也不可避免，需要更多的涉外法治人才来维护国家和企业的利益。这类涉外法治人才和早期的涉外法治人才没有本质的区别，但他们服务的对象却更为广泛，由主要处理与欧美国家的经贸争端扩大到处理与"一带一路"共建国家的经贸争端。从事这类涉外法律服务需要具有相应国家的国别法知识和语言能力，这类人

---

① 教育部关于加快建设高水平本科教育全面提高人才培养能力的意见[J]. 中华人民共和国国务院公报, 2019(3):34-41.

才可以被称为服务特定国家或地区的涉外法治人才。

最后，随着国家间合作领域的不断拓展，涉外法律服务也不再限于经贸领域。国际社会在知识产权保护、国际刑事司法合作、打击国际犯罪、保护环境、税收征管、公共卫生等领域的合作也需要具备相关专业领域知识背景的涉外法治人才参与，这类人才可以被称为专业领域型涉外法治人才。

内涵的扩大对涉外法治人才的培养提出了分类化、精细化的要求，也为地方高校结合自身特点探索涉外法治人才培养提供了空间，如南疆某大学设置"中巴经济走廊建设经济法律实务"系列特色方向课程，培养一批精通国际法与中巴法律、了解巴基斯坦国情、熟悉巴基斯坦风俗和习惯的涉外法治人才，为深入推进中巴经济走廊建设提供法治保障。①

2. 地方高校具备涉外法治人才培养的条件

涉外法治人才培养需要优质的生源和优秀的师资。2011年基于卓越法律人才教育培养计划，教育部会同中央政法委批准了22所高校为涉外法律人才教育培养基地，这22所高校无一不是知名的综合性大学或五院四系，没有一所地方普通高校。之所以作出这样的选择，既考虑到这些高校所处的地理位置，具备开展涉外法律人才培养的外在条件，也考虑到这些高校优秀的生源和师资的内在条件。经过十来年的发展，地方高校在生源和师资方面都有所改善，使参与涉外法治人才培养具备了可行性。

从生源角度看，虽然整体上地方高校的法学生生源质量相对偏弱，但高考应试教育和综合性选拔的特点与大学阶段的专业教育并不完全画等号。有部分学生可能由于偏科、临场发挥失利等原因，在高考排位中处于不利位置，但他们在语文、英语等涉外法治专业相关学科上表现优秀，这部分学生在地方高校进行涉外法治人才培养遴选时，可作为优先考虑的对象。

从师资角度看，随着地方高校人才引进力度的不断加大，近年来，地方高校高学历师资的占比越来越高。以笔者所在学校为例，近年来法学专业共引进了14名博士，其中不乏清华大学、武汉大学、中国政法大学等名校毕业生。加上学院原来的博士，目前教师中具有博士学位的占比超过40%。良好的师资为地方高校开展涉外法治人才培养提供了可能。

三、地方高校涉外法治人才培养的难点

面对涉外法治人才缺乏的现状，2011年国内有关高校就开始了各种努力，但

---

① 张炯,杨陶:地方高校培养涉外法治人才的战略定位、功能定位及模式选择——以南疆某大学为例[J].黑龙江教育,2023(2):67.

结果与培养目标之间仍存在较大落差。究其原因，除了涉外法治人才培养具有周期长的特点外，还存在着一些"痛点""堵点""难点"和"痒点"，[①]地方高校在涉外法治人才培养的过程中，既要面对这些共性的问题，还有一些个性化的困难。

1. 如何吸引优秀学生进入涉外法治人才培养的轨道

地方高校法学专业虽然不缺乏优秀学生，但由于高考的失利，他们自信心普遍不足，面对门槛高、难度大的涉外法学习存在畏难情绪。传统观念认为国内法，特别是民商法和刑法就业形势更好，要求也没有那么高，所以成为学生们的优先选择。从每年研究生考试的报录比可以看出，国际法相关专业研究生的报考热度仅高于法理学和法史学。同时，涉外法治人才需要重点学习的国际法相关知识，离普通人的日常生活场景比较远，学生的代入感弱，距离感强，学习兴趣不足。另外，涉外法治人才的就业区域一般认为主要在北京、上海、广东和沿海省份，对致力于毕业后留在本地的学生及其家长而言，他们担心毕业即失业，也不愿意学习涉外法。

2. 如何在本科教育中实现涉外法治人才复合型知识结构的搭建

涉外法治人才首先是法治人才，因此，需要具备一般法治人才的知识结构，法学基本理论和主要的国内法必须有所涉及。其次，涉外性要求其培养方案必须在满足共性的基础上突出个性。因此，在课程设置上需要加大国际法系列课程的比重。从国内高校已有涉外法治人才的培养方案来看，一般都会把法律英语、国际组织法、国际贸易法、国际投资法、国际金融法、国际争端解决法等列入其中。再次，要真正满足涉外法律服务的需要，熟练掌握一门外语也是必须的。因此，在人才培养方案中还需要适当增加外语类课程的课时。最后，随着涉外法治人才从事的专业领域和服务区域的拓展，他还需要具备相应领域和国家或地区的专门知识。前者如国际金融、国际税收；后者如相关国家的国别法和小语种能力等。可见，一个完整的涉外法治人才培养方案至少要复合法学、外语和相关专业的知识，才能实现涉外法治人才"通晓国际法律规则、善于处理涉外法律事务"高端复合型人才的培养目标。

落实上述完整的涉外人才培养方案需要时间，在本科阶段有限的时间内，很难在这三个方面都做到面面俱到。基于这一难题，国内知名高校开始探索本硕博贯通的涉外法治人才培养模式。[②]拉长学制，合理配置课程，而不是在短短四年的时间内密集加大学生的学习压力，影响学习效率和培养效果。但这种作法对地方高校来说却存在困难，因为相当部分的地方高校法学专业暂时还不具备硕士学位授予

---

① 张春良，魏瑛婕：涉外法治人才培养的当前困境与未来举措——西南政法大学经验谈[J].法学教育研究，2022(38):160.
② 如中国政法大学推行的"4+2"模式、中南财经政法大学推行的"2+2+2"等。

资格。

3. 如何在地方实现涉外法治人才实践能力的培养

实践能力是涉外法治人才培养的重点环节。但长期以来我国法学教育普遍存在着重理论轻实践的倾向，这无论是在实践课程比例还是实际操作方面都有所体现。一般法治人才实践能力培养的重要依托是专业见习和毕业实习，要求学生前往律师事务所或公、检、法等部门实习数月，所从事的实践活动几乎都与国内法相关；还有部分学生由于各种原因，将实习等同虚设，这对于涉外法治实践能力的培养并没有太大的帮助。

客观上专门针对涉外法治人才实践能力培养的平台非常有限。对北京、上海、广东和沿海省份而言，由于其涉外法律业务比较集中，学生还有可能到涉外律师事务所或具有涉外管理职能的政府机构实习。但对于地方高校而言，其所处区域在上述资源的供给方面明显处于弱势。虽然地方高校希望通过自己的努力培养出涉外法治人才填补本地区的缺口，但苦于能给学生提供的实践平台和机会非常少，其培养过程中如何实现实践能力的养成是一个现实的难题。

四、地方高校涉外法治人才培养的策略选择

地方高校涉外法治人才培养是顺应大势之举，但是也要满足当前涉外法治人才的结构性需求，实现"供给侧"与"需求侧"相匹配。随着国际国内形势的发展变化，我国对涉外法治人才的需求不仅总量大幅度提升，质量和类型也出现相应变化。这种需求侧的调整，既为地方高校涉外法治人才培养提供了可能，因为仅靠知名高校承担涉外人才培养已无法满足国家和社会的需求；也为地方高校涉外法治人才培养指明了发展方向，即要结合自身所处的区域特点、自身的学校特点和学科优势，走精细化和差异化的地方高校涉外法治人才培养道路。

首先，从涉外法治人才服务的对象看，有专门服务于国家战略的高端涉外法治人才。他们活跃于国际社会，发挥着"国际法律规则制定的参与者"、"国际法律理论变革的引领者"和"全球公共事务管理的决策者"的作用。[①] 这类涉外法治人才的综合素质最高，培养难度最大，对生源、师资和培养环境的要求最高，因此，这类涉外法治人才的培养适合由知名的综合性大学和五院四系承担，地方高校应避免与其竞争。

其次，我们还需要大量能够保护我国企业和公民在对外交往过程中私人利益的一般涉外法治人才。这类涉外法治人才早期主要是服务于欧美市场，但随着"一带一路"倡议的落地，对"一带一路"专门涉外法治人才的需求加大。这种涉外法治

---

① 毛俊响.国际化卓越法律人才的功能定位[J].现代大学教育,2012(3):91.

人才的培养可以更多地由地方高校承担，也必须由地方高校一起承担。对此，即便是一些传统的政法类名校也有清楚的认识。如地处重庆的西南政法大学很早就致力于东盟法治人才的培养。该校张晓君教授曾明确指出，"在涉外法治人才的培养上，各地高校都做了很多工作，北上广的高校可能更聚焦面向欧美的涉外法治人才，而西南政法大学依托着重庆的地缘优势，将目光更多瞄准了东南亚地区，在'一带一路'法治人才培养方面积累了更多经验。这种差异化竞争与发展将会更有力地促进涉外法治人才的培养和与实践接轨"[①]。西南政法大学的实践为地方高校涉外法治人才培养提供了借鉴。

最后，从涉外法治人才服务的专业领域看，不仅需要对各领域均有涉猎的普通涉外法治人才，还需要在某一领域有所专长的专业领域型涉外法治人才。这种涉外法治人才既需要具备法律知识和外语能力，也需要相关领域的知识储备。因此，承担此类涉外法治人才培养的地方高校应该在法律之外的某一特定学科领域有优势。如中南财经政法大学本身就是由原隶属于财政部的中南财经大学和原隶属于司法部的中南政法学院合并组建的，在财经类和法律类人才培养中都具有传统优势。为此，该校法律硕士专业学位（涉外律师）研究生培养项目中就有"涉外商贸法律与实务""涉外税收法律与实务"两个方向，既充分发挥了该校的学科优势，又满足了专业领域型涉外法治人才培养的需求。

综上所述，地方高校涉外法治人才培养要避免同质化的倾向，不能直接照抄名校现有的涉外法治人才培养模式，而是要在与其他地方高校涉外法治人才培养的竞争中寻找到自己的优势与特色，争取成为服务某一区域或某一专业领域的涉外法治人才培养的不二选择。

五、地方高校涉外法治人才培养的对策建议

地方高校涉外法治人才培养确定自身的发展策略之后，还要突破涉外法治人才培养的难点，找到适合自身的培养路径。

1. 加大宣传，吸引优秀学生选择涉外法治相关专业

当下，涉外法治人才培养的重要性已上升至党和国家的战略高度，但普通民众的认知还停留在涉外法治过于"高远"与我无关的层面，国家需求与民众认知的脱节难以吸引优秀学生。

客观来讲，专业选择的盲目性一直是中国高等教育需要解决的重要问题。学生对专业及其就业前景的最初印象过去主要来自亲朋好友的口耳相传，相当片面；随着信息技术的不断进步，情况有所好转。但涉外法治在我国本来就是一个比较新的

---

① 郭玲. 全球视野,中国立场! 论如何养成涉外法治人才[J]. 小康,2021(6):9.

领域,从业人员少,即便是在网络空间里介绍涉外法治相关专业的信息也存在种种偏差。因此,要加大对涉外法治的宣传力度,引导学生将个人发展、职业规划与国家战略、社会发展相结合。具体而言,除了需要国家层面有意识地通过官方媒体宣传涉外法治人才对国家发展的重要意义和迫切需求外,还需要相关高校在各自的高考招生宣讲中突出涉外法治相关专业的就业和发展前景,更需要地方高校在日常的法学本科教育中加大对涉外法治的宣传力度,吸引学生在研究生阶段选择涉外法治方向。

2. 以课程思政为抓手,强调涉外法治人才的德法兼修

涉外法治人才由于其特殊性,在培养过程中容易接受西方法律文化和价值观的影响;其毕业后的工作主要是维护国家利益、服务对外交往,需要他们有服务国家及人民的信仰与决心。[1]因此,在涉外法治人才培养的过程中要坚持课程思政引领,将思想政治教育贯穿人才培养全过程。借助鲜活生动的涉外案例和创新发展的涉外法治实践,深入开展社会主义核心价值观和中国特色社会主义法治理论教育,厚植涉外法治人才的爱国主义情怀和时代使命担当。根据习近平总书记"德法兼修"的法治人才培养要求,在涉外法治人才培养中增强"四个意识",坚定"四个自信",做到"两个维护",培养具有坚定理想信念、强烈家国情怀、高尚道德情操、扎实理论功底、实践能力强、政治素质和业务素质都过硬、法学和外语双精通的涉外法治人才。

3. 合理设置涉外法治人才培养目标

如前所述,涉外法治人才需要具备复合型的知识结构,在法学专业技能以外熟练掌握一门外语;如有必要,还需具备其他特定专业领域的知识储备,这个目标仅靠本科阶段四年的培养很难达成。也正因为如此,目前知名高校和五院四系涉外法治人才培养的层次基本都提升到了硕士甚至博士,但这并不能否定本科层次涉外法治人才培养的价值。人才培养是分阶段的,不同办学层次的人才培养目标应有所区别。对于大部分暂时还只能停留在本科办学层次的地方高校而言,虽然无法通过提升办学层次和拉长学制实现涉外法治人才复合型知识结构的完美搭建,但其在涉外法治人才培养中的基础性作用不容忽视。因此,地方高校涉外法治人才培养目标的设定不宜过分追求复合型知识结构,要强调其在涉外法治人才培养中的基础性作用。

基于精英化的要求,高级涉外法治人才的培养不可能在本科阶段就戛然而止,必须通过研究生阶段的继续学习才有可能最终实现。甚至还有学者认为仅仅通过学校教育只能培养出中级涉外法律人才,高级涉外法律人才必须经过实战的历练才能

---

[1] 曾令良:卓越涉外法律人才培养的"卓越"要素刍议[J]. 中国大学教学,2013(1):32.

养成。^①因此，地方高校涉外法治人才培养的目标要与本科教学层次相匹配，以培养初级涉外法治人才为目标，帮助学生具备从事涉外法律服务的基本知识结构和初步实践能力，重点为研究生阶段的涉外法治人才培养提供优质生源，也为学生后续学习奠定良好基础。

4. 优化涉外法治人才培养方案

基于初级涉外法治人才的培养目标，地方高校涉外法治人才的培养方案应致力于法学基础知识体系的构建、法学职业素养的初步养成、外语水平能力的切实提升、特定情况下其他相关专业的适当补充。

首先，一般法学专业培养方案除了国家统一规定的公共通识课，法学类课程基本上以国内法为主，10门核心课程中只有国际法一门，非核心课程最多再加上国际私法和国际经济法，完全无法满足涉外法治人才培养的需求。地方高校涉外法治人才培养方案应该在三国法的基础上，适当增加国际法相关课程，帮助学生构建起更为全面的国内法和国际法知识体系。具体而言，可设置国际贸易法、国际投资法、国际税法、海洋法、国际环境法、英美契约法等课程。当然，在课时有限的情况下，增加国际法类课程势必会影响到国内法的课程，这需要对两类课程进行相应的取舍和恰当的平衡。

其次，法律职业素养的形成是一个长期的过程，本科层次只能为涉外法治人才职业素养的养成提供初步训练，重点培养法律逻辑思维能力和法律职业意识。通过在理论课程中采用多元化的教学方法，如讨论式教学法、案例教学法、启发式教学法等，使学生形成思考、判断和分析能力。通过实践类课程，特别是专业见习或毕业实习，帮助学生初步锻炼运用法律知识的能力，培养执业过程中需要具备的团队意识和服务意识。

再次，外语能力是涉外法治人才的必备技能，因此涉外法治人才培养方案需要增加外语课程的比重。如果条件允许，尽可能将法学课程设置为双语课，实现法学知识和外语能力的同步提升。另外，定位于服务特定国家的涉外法治人才培养方案，还可以适当增加第二外语的学习。

最后，定位于服务特定领域的专业领域型涉外法治人才培养，还需要增加相应专业的基础性课程。仍然是限于课时，能增加的部分十分有限。因此，可以通过辅修第二专业的形式，帮助学生在大学本科阶段实现法学与其他专业的深度融合。

5. 开展模拟国际司法活动

就涉外法治人才培养而言，校外实践基地远不如国内法专业多，并且还大多分布在北京、上海、广东和沿海省份，地方高校合作的涉外法治实践基地非常有限。

---

① 邹爱华,张燚.开放理念与中级涉外法律人才培养研究[J].大学教育,2017(12):25.

面对此种情况，可以通过模拟国际司法活动的开展，帮助学生了解国际司法实践的基本程序，增强对涉外法治的认知。即，地方高校可以在人才培养方案中设置模拟商事仲裁、模拟国际法庭等课程给每个学生提供实践机会，还可以引导优秀学生参与国际模拟竞赛。目前，国内最知名的国际模拟竞赛是Jessup国际模拟法庭辩论赛、ICC国际刑事法院中文模拟法庭比赛、"贸仲杯"国际商事仲裁庭辩论赛等。早期这些比赛主要由知名综合性大学和五院四系参加，但近年来情况有所变化，一些地方高校也开始投入其中，并且也能取得不俗的成绩。① 同时，近年来还出现了一些新的国际模拟竞赛②，为地方高校涉外法治人才实践能力的培养提供了更多的平台。

六、结语

高素质涉外法治人才短缺已经成为我国在更大范围、更宽领域、更深层次构建对外开放新格局的短板。③ 地方高校应该找准定位，积极作为，探索出一条与知名的综合性大学和五院四系有区别的涉外法治人才培养路径，为地方涉外法治人才培养贡献自己的力量。

---

① 如2022，二十届"贸仲杯"国际商事仲裁模拟仲裁庭辩论赛，汕头大学和上海政法学院获得二等奖，华侨大学获得三等奖。
② 如内地与港澳大学生模拟法庭（仲裁庭）大赛、"贸仲杯"国际投资仲裁赛等。
③ 习近平.坚持走中国特色社会主义法治道路 更好推进中国特色社会主义法治体系建设[J].求是，2022(4).

福建省高校涉外法治人才培养的几点思考

【张　颖*】

摘要　涉外法治人才的培养是发展涉外法治的重要环节。本文从福建省高校涉外法治人才培养的战略和功能定位出发，结合福建省高校现阶段涉外法治人才培养的困境，提出加快福建省涉外法治人才培养的几点思考。将分流培养与复合培养模式相结合，力求解决现今福建省涉外法治人才培养的重要问题，以涉外实践和国家政策为导向，培养出高质量的涉外法治实践型人才。

关键词　涉外法治人才培养;战略定位;功能定位

福建地处中国东南沿海，是海上丝绸之路的重要起点，是连接台湾海峡东西岸的重要通道，是太平洋西岸航线南北通衢的必经之地，也是台港澳同胞和海外侨胞的主要祖籍地，历史辉煌，区位独特，且具有民营经济发达、海洋经济基础良好等明显优势，在建设21世纪海上丝绸之路中具有十分重要的地位和作用。2015年3月，经国务院授权，国家发展改革委、外交部、商务部发布《推动共建丝绸之路经济带和21世纪海上丝绸之路的愿景与行动》中明确提出支持福建建设21世纪海上丝绸之路核心区。为贯彻落实国家"一带一路"的重大倡议，加快福建省21世纪海上丝绸之路核心区建设，福建省委、省政府制定并发布《福建省21世纪海上丝绸之路核心区建设方案》。近年来，福建省已经成为21世纪海上丝绸之路互联互通建设的重要枢纽、经贸合作的前沿平台、体制机制创新的先行区域、人文交流的重要纽带。随着投资额与贸易额的增长，福建省急需处理涉外经贸实务的法治人才，但目前此类人才的储备远远不能满足实际需求。福建省各高校应承担起地理区位和历史赋予的重大使命，努力为地方培养涉外法治人才，服务于海上丝绸之路建设。

---

* 张颖，女，讲师，福建农林大学公共管理与法学院，研究方向：国际法、海商法。

一、福建省高校涉外法治人才培养的战略和功能定位

（一）福建省高校涉外法治人才培养应贯彻和践行习近平法治思想

中共中央办公厅、国务院办公厅于 2023 年 2 月 23 日印发的《关于加强新时代法学教育和法学理论研究的意见》提到法学教育和法学理论研究承担着为法治中国建设培养高素质法治人才、提供科学理论支撑的光荣使命，在法理学教育中应坚持以习近平新时代中国特色社会主义思想为指导，深入学习贯彻习近平法治思想，努力培养造就更多具有坚定理想信念、强烈家国情怀、扎实法学根底的法治人才。[①]坚持以习近平法治思想为根本遵循，广大法学院校师生和法学理论工作者做习近平法治思想的坚定信仰者、积极传播者、模范实践者。

据此，福建省高校在培养"地方型"涉外法治人才时，应制定严格的培养标准，培养一批以扎实知识为基础、以公平正义理念为标准，能够运用法治武器维护我国当事人合法权益，维护我国国家主权、尊严和核心利益的涉外法治人才，严格贯彻落实习近平法治思想。

（二）福建省高校涉外法治人才培养的理念应"接地气"

我国涉外法治人才培养初步形成了"内外有别"的平行培养路径。"对外"是指专门培养"国际法律规则制定的参与者"、"国际法律理论变革的引领者"以及"全球公共事务管理的决策者"三个方面的涉外法治人才。[②]《关于加强新时代法学教育和法学理论研究的意见》提到，各高校要加快培养具有国际视野，精通国际法、国别法的涉外法治紧缺人才。国家培养的这部分涉外法治人才旨在增强我国在国际社会上的话语权和影响力，提高我国参与全球治理的深度，增强我国参与国际规则制定、引领国际法律理论变革、维护国际组织运行以及维持国际公平正义的能力。此类人才主要活跃于国际政治舞台，是实现构建新型国际关系和人类命运共同体理念的重要路径之一。而"对内"则是指在自由贸易区（港）战略和"一带一路"倡议的实际要求下，为配合进一步深化对外开放政策的实施，结合地方实际情况，在"立足区域，面向全国"的理念下培养"地方型涉外法律纠纷的裁决者"与"地方型涉外法律服务的提供者"。[③]福建省高校应立足于每个学校的实际情况和办学特色来确定培养的涉外法治人才是"国际型"还是"地方型"。以福建农林大学为例，考虑

[①] 中共中央办公厅国务院办公厅印发《关于加强新时代法学教育和法学理论研究的意见》[EB/OL].(2023-02-26)[2023-09-19]. https://www.gov.cn/xinwen/2023-02/26/content_5743383.htm.

[②] 毛俊响.国际化卓越法律人才的功能定位[J].现代大学教育,2012(3):90-92.

[③] 孟庆瑜,李汶卓.地方高校涉外法治人才培养的目标定位与实现机制——基于我国自贸试验区建设的人才需求分析[J].河北法学,2021(8):67-84.

到本校的师资及经验上的不足，应该选择培养"地方型"的涉外法治人才。

（三）福建省高校涉外法治人才培养应立足于服务海上丝绸之路核心区建设

教育部与中央政法委联合发布的《关于坚持德法兼修实施卓越法治人才教育培养计划2.0的意见》就培养具有国际视野、通晓国际规则的涉外法治人才提供了纲领性意见，强调涉外法治人才培养应服务于"一带一路"建设。[①] 福建省高校涉外法治人才培养应立足于服务海上丝绸之路核心区建设。"地方型"涉外法治人才主要是指培养一批能够以高水平、高质量的方式参与涉外民商事纠纷的法官、仲裁员、调解员和律师。"地方型"涉外法治人才的功能定位为"涉外法治规则的制定者"、"涉外法治服务的提供者"、"涉外法治理论的研究者"与"涉外法律纠纷的裁决者"。此种功能定位具有一定的科学性和实用性，为地方高校培养"地方型"涉外法治人才提供了较为清晰的功能定位指导。以福建农林大学为例，我校培养的涉外法治人才的培养目标应确立为服务于海上丝绸之路核心区建设的"涉外法治服务的提供者"与"涉外法律纠纷的裁决者"。

二、现阶段福建省高校涉外法治人才培养的困境

（一）涉外法治人才数量较少

我国的涉外法治人才一直数量较少，截止到2022年6月，全国共有律师60.5万人，但截至2021年1月，涉外律师仅1.2万余人，仅占全国律师总数的2.3%。[②] 而随着我国对外开放的进一步推进和"一带一路"的构建，涉外法治人才的缺口逐步扩大，人才培养的数量和质量远远低于国家和社会的需要。

我国涉外法治人才的稀缺不单单是高校和学生的问题，更是一种社会性的结构问题。首先由于国际法学本身就属于二级学科，在教学中受到的重视较少，目前在法律职业资格考试中的占比也比较少，难以得到学生的重视，学生也很难真正地贴近国际法学，掌握其思维方式。其次，目前高校的涉外法治人才培养班的规模也小，在培养方式上不够精细，交叉领域不够多样，但是教学费用的负担却大多大于国内法，这也容易让普通学生感到压力，影响学生的个人选择。最后，人才的流动方向是发展潜力大或者前景稳定的领域，由于目前的涉外法治人才培养模式很少将实践与教育紧密结合，在法学就业常年红牌的情况下学生在就业方面也会感到迷

---

① 教育部.中央政法委关于坚持德法兼修实施卓越法治人才教育培养计划2.0的意见[EB/OL].(2018-09-17)[2023-09-19].https://www.gov.cn/zhengce/zhengceku/2018-12/31/content_5443534.htm.
② 何燕华.新时代我国高校涉外法治人才培养机制创新[J].中南民族大学学报,2023(7):106-114,186.

茫。这也是东部特别是北上广深法治人才更多，而西北和西南地区法治人才较少的原因之一。所以要真正解决法治人才的数量问题，吸收到更多优秀的学生进行培养，需要加大国际法学对学生的吸引力，保障学生的就业，减轻学生的学费负担。

（二）涉外法治人才的质量问题

当前我国的涉外法治人才普遍存在质量不足、无法熟练处理实务工作的问题，福建省也不例外。涉外法治人才需要交叉领域的知识背景、熟练的实践技能以及高水平的语言能力。在我国全面对外开放和"一带一路"倡议提出的背景下，涉外法治人才需要掌握更多的国家社会结构和知识背景，然而我国目前的培养方式比较单一，单纯的"英语"+"国际法学"的培养模式难以应对日益复杂的涉外法治案件。此外，我国在培养模式上还是围绕着传统的涉外法治领域，如涉外法治贸易和涉外海商等，然而随着现今社会人工智能和信息技术的飞速发展，工业产权的影响力不断扩大，我们也需要在涉外知识产权、涉外信息技术等涉外新兴领域的法治人才，这只能通过精细而灵活的复合课程来实现。

我国的涉外法治人才无法熟练处理实务工作还与长期以来我国法学教育的实践欠缺有关。我国目前的法学教育实践往往是以模拟法庭的形式进行的，难以覆盖到全体学生，且形式也比较单一。偶尔在课程上进行与讲解理论知识并存的案例研习无法真正起到实践课的作用。在课程设计上缺乏帮助学生提高能力的实践课，同时也没有给学生足够多的去单位实践的机会，实践时间较短，这些都是导致我国涉外法治人才难以与实际接轨的原因。

三、加快福建省高校涉外法治人才培养的几点建议

（一）设定明确的培养目标

涉外法治人才的培养目标是培养能够满足我国目前涉外事务需求和满足我国建设"一带一路"需要的人才。因此涉外法治人才的培养应当从复合型培养和地域化特色培养着手。依据当前的实际需求，为特定的领域和地区培养特定的人才。涉外法治人才的培养应该在不同的地区有各自特色的培养模式。依据我国涉外案件的分布量以及"一带一路"的规划发展，我们主要的涉外人才培养地区有东部地区（以长三角地区为主）、东南地区（以福建等省为主）、西部地区（对接陆上丝绸之路）、南部地区（以大湾区为主），而其中长三角以及大湾区这样的经济发达、师资力量雄厚、跨国企业众多的地域主要培养更多的全能高端的涉外法治人才，而西部地区和东南地区则应该紧贴"一带一路"的构建培养更多的特色化人才。不同地区培养人才有不同的方式与特色才能够让涉外法治人才的内部分工更加精细，人才类型多

样才能更好地应对目前涉外案件越来越复杂的当下。福建省涉外法治人才的功能定位为"涉外法治规则的制定者"、"涉外法治服务的提供者"、"涉外法治理论的研究者"与"涉外法律纠纷的裁决者"。

（二）创新培养方式

为了实现培养目标，需要创新培养机制。下面从复合课程培养模式、实践课程创新、语言学习方式的改进以及提升涉外法治专业的吸引力等方面进行探讨。涉外案件的综合性和多样化对涉外法治人才提出了更高的要求，因此需要进一步考虑课程设置的灵活性、实用性和学科交叉性。过去我国涉外法治人才培养的课程主要是简单的"国内法"+"国际法"的模式，忽视学科交叉融合，很难为学生安排交叉领域或者新兴领域的课程，很少真正根据学生的具体方向来设置学科，无法为学生提供更加有针对性的课程。因此，我们提出一种新型的复合模式，主要通过增加交叉学科课程、依据细化方向分流后选择课程等方式来进行。

1. 延长培养时间

考虑到涉外法治人才的高要求和学科的复杂性、交叉性，让学生在本科时间扎实掌握知识，了解交叉学科背景知识是非常困难的。为了培养出高质量的人才而不是流水线式的涉外法律人，首先要改变的就是学制问题。考虑到本科规定都是四年，而四年的时间对于培养涉外法治人才来说远远不够，因此可以创设特色的涉外法治人才班，通过类似医学的本硕连读方式为学生提供更加全面的教育。这样，选择涉外法学的学生，相当于接受"本科4年+研究生2~3年"的教育时长，也接受了更加全面繁重的课业。延长时长是复合化、精细化人才培养的基础，而由学时延长带来的就业风险应当由对应的优惠政策来解决。

2. 分流培养模式

一方面，涉外法治人才在实务中往往要面对综合性的问题，涉及国际化的案件背景需要法律人才了解各国的国际形势、制度、历史等知识，而另一方面要真正掌握国际法学的知识也需要这类通识课的帮助。因此基于学习理论和现实的需要，类似历史、国际形势、经济、信息技术、贸易等通识课也需要加入培养课程之中。另外，中国作为大国在与其他国家进行交流的同时同样承担着展示大国形象、发挥大国影响力的任务，涉外法治人才作为对外交流的重要参与人员也应当努力展示中国的影响力，因此也应当掌握国内法的内容，不可荒废。

基于多方的考量，采取其他专业的分流学习模式，将有利于在满足人才培养需求的同时对人才进行精细化培养。在课程设置上，大一、大二期间应当安排以国内法和国际法为主的基础课程，帮助学生搭建国内法和国际法的体系框架，同时让学生在学习的同时发现自己的兴趣与长处，有助于后续的分流。涉外法治人才的分流方向以涉外知识产权方向、涉外贸易方向、涉外私法方向、涉外海商法方向为主，辅修未来新兴方向的选修课（例如信息技术、人工智能等）。涉外法治人才的分流在大三开始，选择自己的主要方向作为培养模式的基础，依照这四种方向来安排课程内容。例如针对涉外知识产权方向的法治人才，除了安排通识课外，还应当安排和专利、商标、著作权等有关的课程，以及技术鉴定课程等。具体的选修课（通识课、分流后配套的课程）可以由高校自行安排，但经济、历史、国际形势等基础的通识课是不可或缺的。

3. 复合化的培养方式

复合化的培养模式的核心在于围绕实务需求进行培养。复合化的人才培养是基于分流的基础上进行的，同时应考虑到地域特色培养的角度。复合化培养的本质是多重学科交叉，让学生拥有综合性的法律思维。复合化培养主要有两个方面：基础通识课与专业课结合，专业方向与多领域结合。

（1）基础通识课与专业课结合

传统的人才培养的通识课教育往往存在着教学深度浅、学生对教学的重视程度低、老师的通识课储备差等问题。因此在通识课的教育上应当采用合作的人才培养方案，可以让跨专业的教师来授课（例如金融、会计专业的经济学老师来给涉外法学的学生授课），这样可以提高教学的质量与教学的深度。同时，通识课的学习成果也要与学生的专业水平挂钩，变更其教学评价方式以及增加其重要性，倒逼学生认真对待通识课教育，防止学生基于法考压力抛弃对通识课程的学习。

通识课的设置应当与学生的专业内容相挂钩。历史、国际形势与经济几乎是所有方向的涉外法学学生需要学习的，但是不同方向的学生对课程的要求可以有所不同。涉外经济贸易方向的学生经济学的学习内容与课时应当比其他细化方向的涉外法学生多，而国际形势重点的国际形势讲解也可以根据学校的地域有所不同。而在具体课程的设置上，对于未来有志于从事不同类型职业的同学，可以为其开设相应的实操类课程。在必修课设置方面，首先将涉外法治人才均需具备的技能设置相应专业基础课，如专设法律英语课程。其次将符合涉外法学方向的相关学科基础课程设置为专业必修课，如相关的基础思政课程、历史类课程、政治学理论、国际政治概论应当作为国际法学人才培养的专业必修课，而犯罪学、社会学、心理学、时间管理类课程、法律检索课程，甚至生活技能类课程，则作为涉外法治人才培养在选修课方面的设置，赋予学生根据兴趣选择的权利，但应有必要的选修规则或说明指导，以尽可能保障所选课程与本专业能够契合融通。选修规则的设立，则根据每个院校师资和优势的不同，自行制订具体的方案。

（2）专业方向与多领域结合

时代飞速变化，如果仅仅是学校安排课程而忽视学生的自主性是无法跟上时代发展的。因此学校应当给涉外法学的学生提供多样的选修普及课（可以与其他专业联合创办），例如生物、大数据、人工智能方面的选修课。这种选修课课程的设置本质是为了提高学生的素质与竞争力，让学生可以更好地跟上时代的发展。但要意识到，目前高校的选修课往往属于"水课"，学校宽松的管理模式与评价模式，让学生仅仅为了完成学分来学习，甚至只是走过场，没有真正掌握知识，而老师也是以完成任务的方式来授课，授课的质量参差不齐。因此在涉外人才培养的选修课设置方面，也应当更改其评价模式，不能是单一的学分评价，可以改为加分制。选修结束可以获得基础学分，而表现优异者可以获得智育的加分，这不仅仅可以增加学生的积极性，同时也贴合了课程创办目的——让学生可以掌握更多的交叉学科领域知识。

（三）强化实践能力

1. 深入对接实践单位

由于涉外法治业务的多样化、复杂化，涉外法治人才的培养必须立足实践，才能锻炼其真正处理问题的能力。目前，涉外法治人才培养的政策供给同我国新格局下的涉外法治人才需求不相适应，涉外法治人才的实际就业方向与其培养目标匹配度不高。[1] 法学专业就业向来存在学习和工作对接的"断崖困境"，因此采取涉外法治人才的就业去向的"订单式"培养，以需求为指引，有助于为学生未来就业搭建桥梁。[2] 承担涉外法治人才培养的高校应努力发挥现有优势条件，发展创造机会，以业务方向为指引，针对公法、私法、诉讼、非诉等业务，探究与"一带一路"建设相关政府部门、司法或仲裁机构、国际商事调解机制、国际商会、企业等多样化实践基地的深度合作，为人才培养提供真实、及时、富有特色的平台支撑。

此外，若实践时间过短，学生很难从其中学到扎实的真本领，也容易流于形式。因此，应当增加实践单位的数量和实习时间的要求，如需实习3个单位以上，且时间不得短于3个月等。

2. 设置针对性的实践课程

法治人才最终主要从事具象且精细的法律事务，加上两个培养计划文件关于"应用型"的人才定位，涉外法治人才培养实际上更强调的是法律职业教育而非理论教育。因此，须改变过去较为机械的书本教学与理论教学方式，充分强化培养学

---

[1] 韩永红,李明.我国高校涉外法治人才培养的现状分析及前瞻建议——基于十五所高校的考察[J].法学教育研究,2023,40(1):78-97.

[2] 李晓茜.高校涉外法治人才培养模式——助推"一带一路"迈向高质量发展新征程[J].知识经济,2020(9).

生的法律实践能力。除与实践单位合作外，校内能够开展的方式就是开设相应的法律实践课程，"将学生引入模拟或真实的涉外法务环境，让他们亲身体验涉外法律实务的各种角色和各个环节"，如涉外法务争端解决程序模拟课程、谈判课程、"法律诊所"课程等。邀请实务界的优秀实务人士参与到课程中来，选取最新的国际法实际案例进行研习。前有南海非法仲裁案、孟晚舟被意大利非法扣留案，后有TikTok被美国"封禁"和强制收购案等真实案例，把此类"生动形象"的案例搬上课堂，立足于中国立场，从理论、实务、国际关系等角度出发进行解读，切实培养学生处理案件的能力、增强学生参与涉外实践的兴趣，并在课堂上训练学生服务国家法治建设和维护国家利益的才智和能力。同时，有条件的学校还可以尝试将其引入双语方式，更好地锻炼学生的语言能力；采用"中国—其他语言国家"模式，引进相应语种的涉外法治教师，与学校原有的教师形成实践课程双导师制，训练学生对国别法的掌握能力，拓宽其国际视野。

同时，传统理念将应用能力主要理解为被动应用法律法规的能力，培养目标是懂法用法的法律实践人才，主要是指涉外律师，如2021年由教育部学位管理与研究生教育司、司法部律师工作局共同启动的"法律硕士专业学位（涉外律师）研究生培养项目"。涉外律师固然是需要重点加强培养的人才队伍，但传统理念将主要视角局限于"被动应用"无疑是对应用型人才的曲解。[①] 一个完整的法治过程包括立法、司法、执法、守法和法律评价等诸多环节，涉外律师主要处于司法和守法环节且只是参与者之一，完备的涉外法治人才队伍还应当包括涉外立法人才、司法裁判人才、涉外执法人才和国际法学学者等。因此，除坚持原先的"被动型"涉外法治人才外，还应培养针对法治全环节、生产端的"主动型"涉外法治人才。

（四）增强涉外法治人才的外语能力

传统法律人才培养模式存在英语为主，其他小语种人才储备和教学资源分配不足的现象。这与各高校师资力量有关，也与学生对其他语言的畏难情绪、错误认知其作用有关。这就导致不能针对性地提供各地所需的涉外法治人才。以"一带一路"倡议的对接为例，涉外法治人才培养不能仅仅局限在面向欧美国家的"英语型"法治人才，面对跨国贸易中规模体量较小的发展中国家，也要有充足的小语种法治人才资源。"一带一路"建设中对小语种法治人才的需要与日俱增，但目前我国高等教育中小语种与法治人才培养的结合度并不高，一些法学院所的人才培养体制机制和教学实力还难以在短期内实现法治人才培养和小语种进行深度交叉和融合。好在近年来一些外国语大学在此方面作出了有益的尝试和探索，法学院校与外

[①] 夏羽辰.涉外法治人才培养战略理念的革新[J].法学教育研究，2022(38).

国语高校可以发挥自身的分别优势，在涉外法治人才的培养上进行合作。

为解决这一问题，需要对不同学生适用不同的培养方案和模式。并非所有学生都愿意接受一样的培养课程，相同的培养课程也未必能满足所有人才培养的需要。在语言学习上分为"选修1+1"、"选修1"和补修模式，区别不同职业规划、不同外语水平，将学生分班教学、分类培养，既有利于学生的职业技能培养也减少不必要的教学资源浪费，切实做到对教学资源调取上的有的放矢。"选修1+1"是指对于外语水平较好的同学，在发展法律外语（通常是英语）能力的同时，为其创造修习第二外语课程的条件。"选修1"则是对于一般的学生，选择学习一门外语，英语和小语种均可；而对于外语水平较弱的学生，可以令其辅修增设的英语专业课程。

（五）高水平双师型师资力量的培养

加强法学教师队伍建设。突出政治标准，落实立德树人根本任务，推进法学教师队伍建设改革，打造一支政治立场坚定、法学根底深厚、熟悉中国国情、通晓国际规则的高水平专兼职教师队伍。坚持教育者先受教育，把师德师风作为评价教师队伍素质的第一标准，作为教师招聘引进、职称评审、岗位聘用、导师遴选、评优奖励、聘期考核、项目申报等的首要要求，加强日常教育管理督导，加强思想政治素质考察，强化法治和纪律教育，教育引导广大法学教师努力成为"四有"好老师。建立完善以教学科研工作业绩为主要导向的法学教师考核制度，提高法学教师教学业绩和教学研究在各类评审评价中的分值权重，建立符合法学学科特点的教师评价与职称晋升制度，着力破除唯分数、唯升学、唯文凭、唯论文、唯"帽子"倾向，弘扬"冷板凳精神"，激励引导法学教师专心治学、教书育人。推动法学院校、科研院所与法治工作部门人员双向交流，加大法学教师、研究人员和高等学校法务部门工作人员到法治工作部门挂职力度，在符合党政领导干部兼职等有关政策规定基础上，探索建立法治工作部门优秀实务专家到高等学校任教以及到智库开展研究的制度，实施人员互聘计划。充分发挥全国法学教师培训基地的作用。优化法学教师队伍结构，根据法学理论体系、学科体系、课程体系建设要求，形成梯次化法学教师队伍和学术创新团队。

四、结语

涉外法治人才的培养工作不可能一蹴而就，福建省各高校除了要高瞻远瞩地设定涉外法治人才培养目标，在进一步优化教学内容、创新教学方式等方面下功夫外，还应当不断地在实践中检验人才培养的成果。

新文科建设背景下涉外法治人才培养的创新路径研究

江悦庭　齐喜三[*]

摘　要　涉外法治人才符合国家政策需要，满足企业需求，是高校培养复合型法治人才的新趋势。新文科建设对涉外法治人才培养提出了新要求，需要我们在专业教学中从多学科交叉融合、改革课程设置、培养学生法治信仰等方面进行深层次的创新探索，培养学生的爱国情怀和国际视野，为全面推进新时代法治中国建设提供有力的人才保障。

关键词　新文科建设；涉外法治；人才培养

2020年11月，教育部在威海召开新文科建设工作会议，发布了《新文科建设宣言》，全面部署新文科建设工作。新文科建设是我国高等教育改革创新的重大战略举措，突破了文科人才培养的学科专业限制，对涉外法治人才培养提出了新的要求。[①] 涉外法治人才是既具备扎实的中国法律知识和执业能力，又精研国际法律规则、善于处理涉外法律事务的复合型高级法治人才。在"一带一路"倡议实施的重要时期，涉外法治人才面临着快速发展的新机遇，如何创新思路更好地培养涉外法律人才，是值得法学教育思考的一个重要问题。

---

[*] 江悦庭，福建技术师范学院副教授，法学博士，研究方向：国际经济法、比较法。齐喜三，福建技术师范学院教授，研究方向：民商法、法律诊所和课程思政。本文系在作者《新文科建设背景下国际经贸法律人才培养的新思路》（发表于《长春教育学院学报》2021年第3期）的基础上的再创作。

[①] 周毅，李卓卓. 新文科建设的理路与设计[J]. 中国大学教学，2019(6):52-59.

一、涉外法治人才培养的意义和现状

（一）涉外法治人才培养符合国家的战略部署

党的十九大报告提到"涉外法律服务工作是顺利推进对外开放事业的重要保障，涉外法律服务业的发展水平是衡量国家软实力的重要标尺"。党的二十大报告提出："统筹推进国内法治和涉外法治。"习近平总书记强调"要加强涉外法治人才建设"。培养既懂国内法律，又通晓国际法律规则的涉外法治人才是国家重要战略部署。尽管"一带一路"倡议实施10多年来已经取得了举世瞩目的成就，但我们在主动走出国门的同时也遇到了诸多风险和挑战，尤其是涉外企业面对投资、劳工、税收、环境治理等问题的困惑和教训日益增多，涉外法治人才综合治理能力需要大力提升等问题具有现实的迫切性。在国家建设一批规模大、实力强、服务水平高的涉外法律服务机构的过程中，需要大量的涉外法治人才。

（二）涉外法治人才培养契合企业的现实需求

随着经济全球化的发展，中国的对外经济贸易规模不断扩大，国际合作领域不断拓宽，也必然伴随着不断增多的国际经贸纠纷。在中西方贸易纠纷的大背景下，中国企业近年来频频在国际上遭遇诉讼或制裁，跨国大企业和中小跨境电商对精通国际法律规则的涉外法律人才也越来越重视。从国内来看，近5年来全国法院系统受理的知识产权案件中涉外案件比例占20%左右。根据司法部的统计，截至2022年底，我国拥有65.16万执业律师，其中从事涉外法律服务业务的执业律师约1.2万余人，仅占整个律师队伍的1.8%左右，且多集中于北京、上海、广州等一线大城市。绝大多数律师由于外语水平、域外法律背景等门槛的阻碍，没有能力办理涉外案件，其业务领域相对狭窄，缺乏国际竞争力。从国际来看，中国的涉外法律人才在国际商会等国际经贸组织的争端解决机构中任职的还不多，中国在国际经贸组织里的话语权相对较弱，对国际经贸规则和国际经贸事务的影响力还不足，也急需大量既懂外语又精通国际法律规则的涉外法治人才。

（三）涉外法治人才培养成为法学院校的共识

目前，国内许多法学院校在着力培养涉外法治人才的大方向上已达成共识，将涉外法律服务人才培养纳入学校整体发展规划中予以考虑。从近几年教育部的本科层次新专业申报数据统计来看，在法学成为控制布点专业的大环境下，越来越多的高校陆续开设了以涉外法律为特色的法学专业，把培养涉外法治人才作为法学人才培养的突破口和特色方向。如，中南财经政法大学法学院法学专业开设涉外经贸法方向，西南政法大学设置涉外经贸法律实务方向法律硕士点，上海对外经贸大学更是在国内创设国际经贸规则专业这一法学特色专业。就成果而言，"贸仲杯"等国际商事仲裁模拟仲裁庭辩论赛的规模和影响越来越大，中国学生在涉外经贸法律方面的能力和成绩相较于过去有了巨大的进步。此外，各地的律师协会、仲裁机构、大型律师事务所等法律实务部门也都意识到涉外法治人才的重要性，与高校在教学、实习、案件研讨等方面的衔接和配合也在逐渐加强。

二、新文科对涉外法治人才培养的新要求

随着新文科建设工作的启动和全面建设法治国家的深入，涉外法治人才培养也面临着新挑战，需要适应新时代对人才培养的新要求。

（一）新文科要求学科融合

新文科理念的本质在于学科融合和专业交叉。率先提出新文科概念的美国希莱姆大学是一所文科学校，他们把文科和理科结合起来，打破专业课程的界限，使得文理结合成为新文科的重要特点。所以，新文科代表了学科融合的趋势，其目的在于打破专业壁垒，扫除学科障碍。[1] 在新文科建设背景下，涉外法治人才培养需要在更大范围内进行学科融合和专业交叉，不仅要实现法学、经济学等社会科学的内部融合，还要做到人文科学和社会科学之间的交叉，甚至是文科和理科的结合。因此，新文科要求涉外法治人才培养应突破原有的学科限制，增加广泛的人文科目，做到文法融通，并将信息技术、人工智能、大数据等信息化科技手段与法学教育相结合，真正达到文理结合的目标。

（二）新文科要求改革课程设置

随着新文科对学科内涵的逐步拓展，在教学上要改变学生对知识的认知态度，要把知识从书本上的理论转化为可构建的并需要在实践中通过探索、讨论、辨析等方式达成的共识。[2] 从这个意义上说，涉外法治人才的培养必须切实推进改革教学，要从根本上强化实验性教学内容和实践性职业能力训练。除了在人才培养中赋予实践教学和知识教学同等重要的地位以外，对原有实践课程的内容、体系、考核方式都要重新设计，并通过搭建多元化的专业实践平台，让学生在实践中提高综合素质，建构知识和法律职业能力。

---

[1] 冯果.新理念与法学教育创新[J].中国大学教学,2019(10):32-36.
[2] 吴岩."守城"到"攻城":新文科建设的时代转向[J].探索与争鸣,2020(1):28.

（三）新文科要求树立学生正确的价值观念

新文科要求法学院校培养能够自由行走在国际的法律人才，把高素质、高水平、国际化作为法学人才的突出特色。[①] 因此，涉外法治人才的培养除了让学生获取从事涉外法律业务的职业能力外，更要注重树立学生正确的价值观念。法学教育本身就是一种对学生思想道德的塑造，因此新文科的法学教育不能让学生仅仅把法律视为谋生之道，而是要让学生具有爱国情怀和国际视野，崇尚法治。要通过提高学生的专业素养，坚守人文精神和文化传统，打造正确的价值观，培养学生时刻不忘推动国际法律规则重塑的历史使命感。

三、涉外法治人才培养的创新路径

在新文科背景下，涉外法治人才的培养需要我们在提升顶层设计、学科交叉融合、改革课程设置、树立法治信仰等方面进行深层次的创新探索。

（一）提升顶层设计

要充分认识涉外法治人才培养的重要性，在教育理念、师资保证、教学改革、质量保证、学生选拔与管理等方面应提高站位，提升顶层设计。一是制定明确的发展战略。教育部可制定明确的涉外法治人才培养发展战略，明确培养目标和定位，结合国家需求和国际形势，制定发展规划。二是精准定位与分类管理。基于高校实际情况，通过评估和分类管理，精准定位各高校涉外法治人才培养的方向和特色，合理划分培养单位的地域与专业特色布局，促进优势互补、特色发展。三是提供政策支持与资金保障。通过政策支持和资金保障，鼓励高校加强师资队伍建设和教学设施改善，提高涉外法治人才培养的质量和水平。

（二）多学科的交叉融合

1.专业设置的交叉融合

如前文所述，涉外法治人才的人才培养需要打破学科壁垒，促进融合。首先是法学专业之间的融合。现行国家普通高等学校本科专业目录中除了传统法学专业以外，还有知识产权、信用风险管理与法律防控、国际经贸规则等法学特色专业，在传统法学专业成为国家控制布点专业的大背景下，大部分高等院校在申办新的法学专业时开设的都是上述特色法学专业，客观上提供了学校里各法学专业之间融合和资源互补的机会。其次是法学和金融学、经济学、管理学等社会科学的融合。国际经贸规则等涉外法治人才培养方案中除了法学科目以外，还应当设置国际贸易学、

---

① 徐显明.高等教育新时代与卓越法治人才培养[J].中国大学教学，2019(10):11.

应用经济学、会计学、金融学、管理学、法律英语等专业科目。这些金融学、经济学、管理学、语言学等科目能为涉外法律提供大量的研究工具和教学案例。再次是法学和人文学科的融合。人文学科以人为研究对象，关注人的思维状态，是法学思维的基础。利用高校的人文学科基础，开设文学、哲学、艺术等公共课程，有助于提高学生的精神内涵和批判性思维能力，反过来帮助学生了解法律思维的精髓。最后是法学和理科的融合。除了在教学上应用信息技术、大数据等信息化科技手段以外，还要在法学教学中加入人工智能、算法等知识，让学生了解大数据、云计算、区块链等前沿信息，掌握相应的法律规制和解决相关法律问题的能力。

2. 师资配备的交叉复合

专业设置的交叉融合客观上要求师资配备也要交叉复合。在人才引进时不应再特别强调单一法学专业背景，而是通过引进、整合以法学为主，以金融学、管理学为辅等各研究方向的教师共同开展国际经贸法律的教学科研工作。许多法学院校的实践都表明，无论是民法、刑法这些法学基础学科的教师，还是金融学、管理学等非法学专业教师，都能够在涉外法治，特别是国际经贸法律领域内取得很好的教学科研成果，在学科建设和人才培养上发挥实质性作用。[①] 除了利用现有高校涉外教师之外，还应积极引进国内外的涉外律师、涉外法官、涉外仲裁员、国外著名法学教授以及对中国法律有研究兴趣的来华进修人员。同时，国内高校涉外教师应具备海外进修、访学以及法律实务经验。

（三）改革课程设置

1. 强化实践教学

实践教学是法学本科教育的重要环节，只有在学校里接受系统的职业能力训练，法学学生在毕业后才能对法律工作立即上手，到岗即用。客观地说，大部分法学院校都相当重视实践教学，除了开设了模拟法庭、法律诊所等实践课程外，也都在人才培养方案中设置了"3+1"的实训实习课程，让学生在大四整整一年能够参加专业实习实训。但新文科要求对教学内容和方式进行全方位的改革，突出实践操作和动手能力的培养。实践教学将不再是作为理论教学的重要补充，实践教学和理论教学不再有前后之分，而是同步进行，相互贯通。高校可以考虑在现有课程体系构建上进行调整，使得理论课模块占总学分的65%，其中国内法律制度、英语加小语种、国际法律通行规则以及目标国法律制度，各占理论课模块的25%；实践课模块占总学分的35%，其中沟通能力、逻辑思辨与文书写作、模拟仲裁、涉外法律谈判和法律实务处理能力，各占实践课模块的20%。就涉外法治人才培养而言，

---

① 韩强.法学交叉学科探索与复合人才培养的个案经验[J].北京航空航天大学学报(社会科学版),2018,31(2):27.

在课程安排上一是可以从大一开始就设置强调实战能力训练的实践课程，比如国际经贸谈判、法庭辩论技巧、WTO模拟法庭训练、国际贸易惯例解读、法律诊所、专项法律技能实训等课程。二是在实践课程中特别针对法律实务部门的需要，把内容分为贸易救济及产业损害、跨境投资、能源与基础设施、海商海事、跨境电商知识产权纠纷、国际民商事仲裁等模块进行实践教学。学生在巩固法律基础，积累法律系统知识的同时进行实践训练，确保大四毕业前就能具备相应的职业能力。[①] 通过这样循序渐进、逐步提高职业能力的方法，真正培养复合型的涉外法治人才。

2. 使用真实案件

以往在实践课程的教学中一般使用虚拟仿真案例让学生模拟开展活动。这样的案例教学法虽然也能让学生掌握实践操作，但效果往往不甚理想。有的学校花了很多经费购买各种线上法学虚拟仿真平台软件供学生使用。然而我们在教学中发现，市面上主流法学虚拟仿真平台软件中可实际操作真实案件的类型和数量还是不多，尤其是涉外案例偏少。能够让学生用双语练习涉外案件法律文书写作的平台软件更是空白。新文科对实践教学案例的要求不能仅仅限于"仿真"或者"虚拟"的程度，而是要在法律允许的范围内最大限度使用真实案件。这样，课堂上讨论的不再是虚构的法律问题，而是现实的当事方遇到的真实案件。在教学中，学生以律师助理的身份亲自处理案件，在具有律师资格的老师指导下全面为当事方提供法律服务，真枪实弹地锻炼倾听法律诉求、陈述法律意见、检索法律资料、撰写法律文书的职业能力。由于学生操作不再是软件平台上的虚拟案例，学生对于法律实际运用能有切身体会，加上和当事方的直接沟通交流以及指导老师的现场启发，能极大提高学生对实践课程的学习兴趣和求知欲望。

3. 开拓多元化实践教学环境

在科学整合校内教学资源的基础上，充分加强和校外法律实务部门的合作共建，把社会资源转化为高校的教育教学资源。所有的实践课程均设立实务教师岗位，选聘校外法律实务部门的专家到校任教。专业的人才培养方案制订、课程体系设计、专业教学等都吸收法治实务部门专家参加。同时，要打破校园与校外法律实务部门的距离，即用校内外实践相结合的方式，将实践课程的课堂放在大型律师事务所、涉外公司企业法务部门，在资深律师的指导下办理真实涉外案件，指导学生用英文接待外方当事人，协助涉外法律文书写作，分组讨论涉外纠纷案件的法律关系和法律适用，期末要求学生对案件进行归档，并根据学生实践操作情况对其进行综合评价。司法部门、教育部门、商务部门、法院、仲裁机构、律所、高校、相应

[①] 江悦庭，魏宏斌. 从服务地方产业谈法学教学创新——以福建师范大学福清分校法学专业"高等学校服务产业特色专业"建设为例[J]. 福建师大福清分校学报，2017(6):26.

研究机构之间的资源共享，权利与义务，协同的效果等要进行再界定与重组，形成培育人才共同体，把实践资源用好用足。

（四）培养法治信仰

要求树立学生正确的价值观念，实际上就是要培养学生崇尚社会主义法治理念，培养学生对法治的信仰。在教材上，要选用中国特色社会主义法治理论教材。在教学设计上，要把课题思政元素融入课堂教学，贯通法学学科体系、法学教学体系、法学教材体系，把法学的特色和优势有效转化为培养社会主义建设者和接班人的能力。比如在WTO模拟法庭训练中通过模拟贸易争端解决的真实案例，让学生在课堂上切身体会如何在国际交流中给出中国方案、发出中国声音、形成中国主张，在潜移默化中培养学生家国情怀。在课外的师生交流中，要以身作则，用良好的品德来言传身教，培养学生的社会责任感和历史使命感，把社会主义核心价值观教育贯穿于法治人才培养的全过程，让学生在感悟法治进步中坚定理想信念。

四、结语

新文科建设是新时代对高校文科人才培养的新要求。为了培养既具备扎实的中国法律知识和执业能力，又通晓英美国家法律制度，能够参与国际法律事务、善于维护国家利益、勇于推动全球治理规则变革的涉外法治人才，需要我们进一步加强法学与社会学科、人文学科以及理工学科融合的探索，改革课程设置，开拓多元化实践教学环境，在专业教学中培养学生爱国情怀和国际视野，使其具备服务"一带一路"建设，解决国际经贸争端的能力，为全面推进新时代法治中国建设提供有力的人才保障。

数字时代法学实践教学一体化模式之提倡

何 群 宋义杰[*]

摘要 随着数字时代的到来，法学教育也迎来了新的机遇和挑战。数字时代，科技赋能法学教学，法学教育从传统的教师讲授和线下实践教学，转变为线上理论和实践资源的多方位获取。同时，在资源共享时代，实践教学应该突破时空和地域的界限，整合和优化现有资源，走向线上线下一体化模式。在教学理念方面，提倡一体化教学理念。一体化教学理念具体包括：理论实践一体化、线上线下一体化和实体程序一体化。数智赋能法学教育的背景下，通过一体化教学方式的落实，最终实现法学实践教学之最高效率且最大化提升学生的综合素质。

关键词 数字时代；一体化教学模式；实践教学；人才培养

一、数字时代法学教育之机遇与挑战

在信息革命的巨大推动下，人类不可避免地进入到了数字时代，数字时代之变也催生出新的法学教育契机。教育部发布的《教育部 2022 年工作要点》指出："要以需求为导向，深化学科融合机能、创新技术赋能手段，大力发展'互联网＋教育'，加速推进数字教育的转型与升级，强化数据挖掘和分析，构建基于数据的全新教育管理模式。"[①] 教育因时制宜，因势利导，具有时代性、全局性和先进性的战略意义。科技赋能法学教学的同时也要求高校转变教育理念，从注重提供知识转向注重提供精神和方法论。

---

[*] 何群，福州大学法学院副教授，研究方向：刑法学；宋义杰，福州大学法学院刑法学硕士，研究方向：刑法学。

① 中华人民共和国教育部.教育部2022年工作要点[EB/OL].(2022-02-08)[2022-12-08]. http://www.moe.gov.cn/jyb-sjzl/moe/-164/202202/t20220208-597666.html.

（一）数智赋能法学教学

正如工业革命催生了近代西方法治那样，技术革命也必将因其对社会的影响催生出新的法治形态。在互联网时代，人工智能、大数据、物联网的发展在更大的程度上为法学教育赋能。比如在刑法领域，刑罚个别化思想在各国刑事立法和司法领域的发展，很难找到某种对各国通行的公式对刑罚配置进行有效的数值化演算，特别是在我国重定罪轻量刑的刑法体系下，罪刑之不均越加明显，然而随着实证研究、大数据、人工智能的运用，以及数量刑法学的犯罪，罪刑均衡得以通过科学精确的配刑模式有效实现。① 数字时代，法学教育颠覆了传统法律教育的投入方式，从原来的案例文书、法条、其他文本和教师的演讲，转变为更加注重对学生实践能力、综合能力及洞察力的培养。同时，现代信息技术的发展与应用也为法学专业混合实验教学提供了技术支撑。

2018年4月，教育部发布《高等学校人工智能创新行动计划》，明确提出要加强信息技术与人工智能、认知科学、量子以及法学、社会学、数学等相关学科的深度融合，探索"人工智能+X"的人才培养模式，构建技术赋能的新教学模式。② 同年10月，教育部发布《中国政法委关于坚持德法兼修实施卓越法治人才教育培养计划2.0的意见》，该文件强调要顺应教育的数字化和法治数字化的新发展趋势，促进法学教育和现代信息技术的深度融合，拓展"互联网+法律教育"融合发展路径，建立覆盖线上线下、课前课后、教学辅学的多维度智慧学习环境。③ 教育部、科技部等13个部门正式联合启动"六卓越一拔尖"计划2.0，全面推进新工科、新医科、新文科的建设。正如南开大学教授周志强所言，与学科分化不同，近年来越来越出现一种重新融合的可能，也就是技术的发展与人文社会的交汇，也就是用科学技术来解决过去放在社会学、精神和思想界所解决的问题。④ 2022年6月，教育部首批虚拟教研室建设试点"法学专业虚拟教研室"启动，强调以现代信息技术为手段推动共建共享，利用现代信息科技赋能法学教育研究，将社会主义法治国家建设中的最新实践经验和最鲜活的案例引入法学教育课堂，大力推进习近平法治思想进教材、进课堂、进头脑。⑤

---

① 储槐植,何群.论我国数量刑法学的构建[J].中国法学,2019(3):186-203.
② 中华人民共和国教育部.高等学校人工智能创新行动计划的通知[EB/OL].(2018-04-10)[2022-12-08]. http://www.moe.gov.cn/srcsite/A16/s7062/201804/t20180410-332722.html.
③ 中华人民共和国教育部.关于坚持德法兼修实施卓越法治人才教育培养计划2.0的计划[EB/OL].(2018-10-17)[2022-12-08]. http://www.moe.gov.cn/srcsite/A08/moe-739/s6550/201810/t20181017-351892.html.
④ 王之康.新文科.一场学科融合的盛宴[J].中国科学报,2019(5):1.
⑤ 普法教育.科技赋能法学教育 法学专业虚拟教研室启动[EB/OL].(2018-10-17)[2022-12-08]. http://www.chinapfjy.com.cn/news.asp?id=9418&channel-id.

信息技术向社会各领域迅速蔓延,"法律+科技"代表着法学研究的前沿议题,契合《新一代人工智能发展规划》的要求。国内一些法学院(系)已迅速建立了"人工智能+法律"学院、研究中心或实验室,打造法律与人工智能"产学研"一体化基地,培养复合型法律人才。① 例如,北京理工大学与其北京知识产权法院、九天微星公司和美团公司等建立了一批"法律+科技"的实践教学基地,还将数字法庭引入课堂,将科技引入法学实践教学。② 在中国特色社会主义进入新时代的背景下,法学教育以科技为桥梁,以继承与创新,交叉与交融、协同与共享为主要途径,促进多学科交叉融合。

(二)法学教学理念急需革新

作为行为规范,法律一直伴随着思想和文化的重大变化,在当下的数字时代自然也不例外。法律的实践、真理和正义是如何被表达和评估的,以上关于法律价值内核的表达,越来越依赖法庭、律师事务所、政府机构的电子屏幕上的内容。基于表达方式的数字化,研究生教学理念也必须适应这些变化。数字时代文化承载和传播方式的变化和发展,不仅是一个表面的修辞或风格的问题,更多的是思维范式上的转变。同时,数字技术中潜藏着巨大的价值,必将引起思维范式和产业运作等多方面的变革。一方面,数字技术在提升司法能力、优化司法资源配置、促进司法机关与社会公众的良性互动方面发挥着巨大的作用;另一方面,数字时代中的数据法益保护和证据规则亟待探索。③ 因此,数字技术的发展与运用,对法律行业产生了巨大的影响,也对现行的教育模式提出了新的要求。

在研究生法学教育模式方面,传统的以教授系统科学内容的教学模式占据了绝对的主导地位。尽管在教学过程中也采取了案例教学法,但仍然局限于传统的"举例教学"的模式,在教学过程中,经常会引用相关案例,便于学生结合所学理论知识及法律条文分析案情,以达至理解该知识点的目的,④ 在这种教学模式下学生接触实践问题时往往束手无策。学者和法律职业者看到了法学教育与法律实践的脱节,推动了法学教育中职业学位即法律硕士学位的设立。尽管法律硕士学位设置的初衷是以表明职业教育是法学教育的重要部分,但是就教学层面而言,法律硕士的

---

① 刘蓓. 论AI与法学教育耦合赋能的动因、范式及进路 [J]. 法学教育研究,2020, 30(3):3-18.
② 龚向前,李寿平."法律+科技"复合型高端人才培养的实践与思考[J]. 学位与研究生教育,2019(2):41-45.
③ 张吉豫. 大数据时代中国司法面临的主要挑战与机遇——兼论大数据时代司法对法学研究及人才培养的需求[J]. 法制与社会发展,2016,22(6):52-61.
④ 马颖章,林秋. 数字法治背景下高校法学专业混合实践教学模式研究与实践[J]. 教书育人(高教论坛),2022(21):102-106.

课程设置、培养方案和内容与传统的人文学科的理论教育并没有什么重大改变。①

在课程设置方面,"刑法"与"刑事诉讼法","民法"与"民事诉讼法","行政法"与"行政诉讼法"的教学"各行其是",导致实体与程序严重脱离。实际上,这种人为划分的学科在划分当时或许是合理的,但随着时代的变迁其未必能适应现在的社会发展。因为问题本身是不分学科的,社会问题很难说是属于某一个学科的,随着我们认知的深化和延伸,任何一个学科都难以囊括所有的问题,将来的知识划分可能仅分领域而不分学科。

在学术研究上,研究生的思维培养方式仍局限于如何理解法律知识的内涵和外延、如何建构逻辑严谨的法律体系等方面,这些思考无一例外地被限制在现代法学的逻辑框架下,在面临算法行政、信息权利、算法治理等诸多数字问题时,难免出现理论乏力。②启蒙时代对本质主义的坚持(无论是以洛克的经验主义、康德的理性范畴,还是其他认识论为基础),正在受到数字经验的挑战,摆在我们面前的任务是理解在这个非本质主义、屏幕主导和普遍的视觉数字时代的法律实践中,法律学者应当考虑的是如何在数字时代发展法律建设,如何将理论和实践融合发展,而不是把这些知识分解成纯粹的对抗性争论。③

数字时代的来临必将带来法学理论知识的深刻变革,尤其是会融入信息学、计算机、数学等相关学科的理论知识,用于应对数字时代的区块链治理、平台治理、算法治理等诸多新兴的法律问题。④相应的,法学研究生的教育要适应数字时代变革的新形式、新任务,转变传统的教师角色定位,改变单向灌输的教学模式,更新教学理念,提升智能化教学手段,强化教学的实践性和交叉复合模式的探索。

二、教学理念革新背景下法学实践教学理念之革新

数字时代,数字经济作为继农业经济、工业经济之后的新兴经济形式,其辐射范围之广泛、发展之迅速、影响之深远亘古未见,这股新兴的浪潮正迅速席卷人类社会的生产生活,推动社会的生产方式、生活方式和治理方式的深刻变革。⑤这一系列的变化既冲击了现有的法律体系,又对数字法学理论的创新和探索提出了迫切

---

① 王晨光.法学教育的宗旨——兼论案例教学模式和实践性法律教学模式在法学教育中的地位、作用和关系[J].法制与社会发展,2002(6):33-44.
② 马长山.数字法学的理论表达[J].中国法学,2022(3):119-144.
③ Feigenson N, Sherwin R K, Spiesel C. Law in the Digital Age:How Visual Communication Technologies are Transforming the Practice, Theory, and Teaching of Law[J].Ssrn Electronic Journal,2005(1):262.
④ 危红波.数字社会的法学教育因应——基于新文科建设视角的理论考察[J].华东政法大学学报,2022,25(3):169-176.
⑤ 国务院关于印发"十四五"数字经济发展规划的通知[J].中华人民共和国国务院公报,2022(3):5-18.

要求。正因为如此，新文科建设下的法学教育必须适应数字时代变革的新形式、新任务，积极进行复合发展模式的探索。[1]对于当代和未来的学生来说，学习和媒介不可避免地联系在一起。[2]结合无处不在的需求刺激和以学生为中心的教学，特别是通过数字媒体适应现实生活的日益异质的学生人口，高等教育的创新点就在于实现数字媒体教育。[3]高等教育机构应向"数字校园"的目标发展，所有的学科都将利用数字化带来的机会和可能，教育教学也必将从中获利。[4]换言之，面对伴随数字化时代成长起来的学生，高校也必须革新教育理念，积极利用数字资源实现教学一体化。紧紧围绕新一轮科技革命和产业变革的新趋势，遵循"重交叉、促融合、强创新"办学理念，探索一流法治人才培养体系。[5]

（一）科技化法学实践教学：资源共享，线上线下一体化

数字化时代使得大量的法律信息都得以存储于电子介质中，应用技术的发展也使得法学论坛更多地以网络直播的方式呈现在我们面前，过去那种教育资源垄断的局面不复存在。线上教学的方式具有可重复利用性、跨区域性和方便快捷的特点。与传统的资源空间需求相比，技术大大减少了信息存储需求，加快了信息检索的过程，技术的发展为资源的获取提供了更广泛的途径，否则像是司法文书之类的资料是难以获取的，技术通过高级检索创建了多个访问点，从而增强了搜索能力，使得在全文数据库中搜索关键词或短语成为可能。[6]科技化的储存技术大大提高了这些材料的存储和检索的便利性，研究生在学术研究的过程中可以随时随地地获取这些资料，为比较研究、历史研究等学术研究提供了广泛的资源。

线上学习也成为主流，各种综合有效的教学战略和手段，创造了新的教育空间，广泛的受众都可以使用在线学习，使处于教育环境不利地位的群体也能获得赋权，改善了学生的学习环境，为法学教育的现代化提供了机会，使其更加具有个性化、相关性、人性化和可访问性。[7]大数据和人工智能的发展拓宽了高校实验教

---

[1] 危红波.数字社会的法学教育因应——基于新文科建设视角的理论考察[J].华东政法大学学报，2022,25(3):169-176.

[2] Unger A. Lernumgebung upside down. Eine Auseinandersetzung mit der persönlichen Lernumgebung im Kontext des medienbasierten Lernens[J]. 2014:79.

[3] Digitalisierung H. Diskussionspapier: "20 Thesen zur Digitalisierung der Hochschulbildung"[C]// Zur Halbzeitkonferenz des Hochschulforums Digitalisierung, Arbeitspapier, 2015:14.

[4] Müller C, Füngerlings S, Tolks D. Teaching load-a barrier to digitalisation in higher education? A position paper on the framework surrounding higher education medical teaching in the digital age using Bavaria, Germany as an example[J]. GMS Journal for Medical Education,2018(3):2.

[5] 刘艳红,单平基.以专业深度交叉融合助推新法科建设[J].民主与法治报，2021(2):3.

[6] Cohen M L. Researching legal history in the digital age[J]. Law Library Journal, 2007(99):377.

[7] 杨学科.数字时代的"新法学"建设研究[J].法学教育研究，2021,33(2):61-76.

学的场所，智慧法院为学生模拟庭审、实战演练提供了广阔的空间，智慧普法让学生在线进行法律咨询，拓宽了实践教学的样态，制造了学生的"亲历性""亲临感"场景，有助于学生深入思考法律问题和社会问题，实现了高校与就业市场的无缝对接。①智慧法院、智慧检察和智慧律所的司法大数据的应用，使得实践教学突破了高校与实务部门的场所壁垒，实现了资源共享，为科技化法学实践教学提供了新样态。同步远程学习模式、非同步远程学习模式、大规模开放式网络课程、在线教学等新技术已经广泛运用于法学教育，线上线下优秀法学教育资源的推广，进一步推动了科技化实践教学方式的发展。科技化实践教学方式，不仅为调动学生积极性、提高学生参与度，实现实践教学形式的多元化与社会化提供了可能，而且为执着于法律教义学内循环的法学学科提供了外循环的机会。

（二）一体化教学理念之贯彻

数字时代，信息技术赋能社会生活的领域向纵深发展。AI 技术、大数据、人工智能和物联网将社会治理方式转变为数字化时代的同时，也在更大程度上加剧了社会的极端化发展，人类需要更好的理论想象力来理解如何以数据驱动数字化时代的治理。②正如习近平总书记所强调的，新时代，全面依法治国是一项系统的工程，培养法治人才是其中的重要组成部分，法学教育和法治人才的培养，都离不开一支高质量的教师队伍。③一支高质量的教师队伍的建设自然也离不开先进的教学理论的指导。

传统的研究生教学理念，在整体上重理论轻实践，在教学上重课堂教学轻实践教学，在实践教学上重分科型方式轻复合型方式。以"理论法学＋部门法学"学科体系为基础所构建的传统法学教学模式，使不同学科之间呈现割裂态势，培养出来的法律人才的思维方式相对狭隘、知识结构单一，实践能力薄弱，难以适应数字时代中社会问题跨界化、知识应用综合化的时代需要，④传统法学院一直关注理论教学，如今甚至更加关注法教义学知识，这当然是必要的，但令人费解的是它对于非法学知识的不了解、不关注或者说不愿意关注，由此导致中国法律人现有的知识储备根本无法回答这个时代带给法律人的问题。⑤传统的法学教育一直面临着理论与实践之间断层的问题，在数字时代人工智能技术大肆进入法律行业的环境下，这种交流的需求愈加迫切。⑥

① 程兰兰.法学教育实践性的反思与探索[J].司法智库,2021,5(2):260-271.
② 支振锋.新时代新格局需要新法治新法学[J].经济导刊,2020(10):15-17.
③ 黄进.培养德法兼修的高素质法治人才引领中国法学教育进入新时代[J].中国高等教育,2018(9):29-31.
④ 刘艳红.从学科交叉到交叉学科:法学教育的新文科发展之路[J].中国高教研究,2022(10):8-13.
⑤ 苏力.司法改革的知识需求——波斯纳《各行其是》中文版译序[J].法治现代化研究,2017,1(1):100-105.
⑥ 刘蓓.论AI与法学教育耦合赋能的动因、范式及进路[J].法学教育研究,2020,30(3):3-18.

信息技术的发展深刻影响了法学教学的传统模式，带动了理论实践的交汇发展，线上线下的融合发展，实体程序的贯通发展。数字时代无疑也是一个教育的新时代，它打破了时空边界的限制，实现了法律实务与课堂教学的对接，创新了法学教学的技术和方法，同时也要求我们更加注重"教"与"学"软技能的发展。一体化的教学理念与传统教学理念最大的不同点就在于：传统的法学教学理念往往从"本学科"出发，探索部门化的适用对象、规制方式和归责逻辑，而一体化的教学理念立足于数字时代发展的现实背景，以需求为导向，利用数字信息技术，以更广阔的视野思考如何提升学生的综合能力。最终，实现融合发展。

三、实践教学一体化模式之建构

传统的实践教学，一般理解为线下实务单位之实践学习。在数字时代，特别是疫情时期带来的线下实践之具体障碍，可以考虑借用线上资源，实现学生理论与实践一体化教学之线上线下一体化，以及在内容设置方面的实体程序一体化建构。

（一）学生综合能力提升：理论实践一体化培养

习近平总书记指出法学作为一门实践性较强的学科，在教育过程中，尤其要处理好理论知识的教学与实际教学的关系，要进一步突破社会与高等院校之间的藩篱，在教育教学中要积极引入司法部门的优秀实践教学资源，深化法学教育、法学研究和法治实际之间的交流。[1] 法学教师要对司法实践工作有深刻的认识，不能囿于理论与教学之间，在教育教学过程中要积极促进理论与实践的结合。利用自身参与法治实践的机会，对社会各个层面的深入感知，实事求是地看待社会，为社会培养德才兼备的法治人才。[2] 坚持理论和实践相结合，坚持专业能力培养和职业精神塑造相结合，坚持明理与笃行相结合。[3] 理论课程的教学要走出以讲解课本为主的传统教学模式，激发并且认可大学生理解教材的自学能力，从而实现以答疑解惑为主的启发式教学，调动学生积极思考的主动性，拓宽学生的视野。增加实践体验和实务操作的课时，化解理论与实务相脱节的问题。

首先，增加实践教学的比重，提升实践教学学分占比，积极鼓励学生参加模拟法庭、法律援助、法律诊所等实践活动，积极构建实践教学路径，有效促进实践教

---

[1] 新华网.习近平考察中国政法大学[EB/OL].（2017-05-03）[2022-12-08]. http://www.xinhuanet.com/politics/2017-05/03/c-1120913310.htm.
[2] 习近平.论坚持全面依法治国[M].北京:中央文献出版社,2020:178.
[3] 黄文艺.论习近平法治思想中的法治工作队伍建设理论[J].法学,2021(3):12.

学的质量和成效。① 对法律硕士而言，实践教学的重要性自不待言，法律硕士学位设置之本意就是职业性教育。而对于学术性硕士来说，实践性教学同样具有重要意义，无论是纯学术研究还是实务研究最终都是要反哺到实践之中去的。专业学位教育的"专业性"突出表现为职业性和学术性的统一，其职业性是基于学术基础的职业性，其学术性是以职业性为导向的学术性，专业学位教育的人才培养要坚持培养专业技能培训和专业理论知识探究相统一。② 其次，加强法学院与实务部门的工作衔接，充分发挥法院、检察院和企业在法治人才培养中的重要作用，健全学校和实务部门双向交流机制，将实践资源转化为教学资源。要注重吸收法律实务界的专业人才参与到法治人才培养目标的制定、课程体系的设计、实践基地的建设和实践课程的开发中，③ 而不是仅仅讲一堂课或办一场讲座。最后，开设"法律实践课程"，让学生在法律援助机构以参与办理案件的方式进行体验，对学术型研究生作为选修课程开放，对专业学位研究生，作为必修课程开放，同时认可教师以律师身份带领学生办案的工作量。④ 提高学生利用理论知识分析实务的能力，将实践教学与知识教学融为一体。

（二）实践资源获取方式：线上线下一体化教学

教育教学活动的中心应逐步从教师转向学生，教师的作用由传授知识转向教授方法，利用现代信息技术手段打破时空限制，培养学生获取优质法治实务资源的能力，改变传统的"老师讲，学生听"的模式，利用原始的庭审录像、原始卷宗等实践资源，形成学生展示教师点评的教学模式。例如，目前裁判文书上网，以及大量的在线审判视频等，都可以作为学生实践学习的很好素材。当然，这种实务操作的环节既需要实务部门的配合，也需要具有实操训练能力的教师。在目前条件下，可以通过线上共享数字资源，获取国内外优秀实践资源，实现线上线下一体化实践资源的整合运用。

首先，利用信息技术、数据网络等技术手段将微课、中国大学MOOC等高质量的教育资源延伸至线下课堂，通过直播的形式将庭审视频资料、互联网法院等公开的司法实践资源联结实践教学，将中国裁判文书网、北大法宝司法案例数据库中的先进经验和生动案例引入课堂。⑤ 突破学校和社会之间的藩篱，将司法实践

---

① 黄进.新时代高素质法治人才培养的路径[J].中国大学教学,2019(6):25.
② 张秀峰,白晓煌.专业学位教育"专业性"实践与保障机制探究——来自美国的经验与反思[J].中国高教研究,2020(7):55.
③ 于志刚.法治人才培养中实践教学模式的中国探索："同步实践教学"[J].中国政法大学学报,2017(5):45.
④ 蒋鹏飞.法学院校全真型实践教学的困境与应对[J].扬州大学学报（高教研究版）,2017(6):99.
⑤ 马颖章,林秋.数字法治背景下高校法学专业混合实践教学模式研究与实践[J].教书育人（高教论坛）,2022(21):105.

中的优质资源引进学校，加大学校和司法部门、学校和企业、学校与律师的合作力度。[1] 实现网络教育优秀资源和线下教学的融合，利用实践资源改变传统的满堂灌的教学模式，实现线上线下实践教学的一体化。其次，加强教师技术素养的培训。开展数字技术基础培训。培养一批有知识、懂技术的高素质教师。在大数据时代人们更加注重定量分析，它的一个核心理念就是将所有的数据都收集起来进行分析，而不是传统社会中的样本分析，通过大量的数据来进行定量分析，从而形成一种具有决定性的分析能力，这就决定了相应主体能否观察到大数据中蕴含的趋势和动向。[2] 面对变动不居的司法实践形式，教师必须保持敏锐的资源抓取能力，才能保障教育教学的质量。最后，化解僵化的财政预算与高昂的实践资源花费之间的矛盾。结合无处不在的需求刺激和以学生为中心的教学，通过实施数字媒体和适应日益多元化的学生群体的现实生活，将高等教育机构打造为"教育数字媒体实施的创新场所"，科学主体可以利用数字化带来的机会和可能性并从中获利。[3] 以线上线下一体化的方式汇集校内校外、国内国外的实践资源，打破学科藩篱，弥合理论与实践之缝隙。

（三）法学教学资源整合：实体程序一体化

在实践教学领域，实行实体法和程序法一体化教学，消除实体法与程序法相脱节的弊端。"刑法"与"刑事诉讼法"，"民法"与"民事诉讼法"，"行政法"与"行政诉讼法"，这几大部门法一直都是实体法和程序法分开教学的一种状态。这种分开教学不仅使学生理解教材具有相当的难度，也使教师的思维方式比较片面。教师在分析案例的过程当中就不容易很自然地把实体法和程序法的两种思维角度融合在一起，这会使学生难以形成对教材理解的整体印象。这两者的脱节，无论是对于学生理解教材，还是对于将来学生进行实务操作，都是非常不利的。法学作为一门实践理性学科，实践能力的提升是法学学习的核心要素。但从目前用人市场的回馈情况来看，学生实践和动手能力的严重欠缺，成为法科应届毕业生的短板和硬伤。笔者认为，学科分割、知识片段化甚至零碎化，很大程度上缘于法学教学过程中实体法与程序法的割裂。在实践教学过程中，可以通过具体案例的实践和研讨，将实体法与程序法的知识融会贯通，具体运用于案例实战。在具体实践的过程中，

---

[1] 黄进.培养德法兼修的高素质法治人才引领中国法学教育进入新时代[J].中国高等教育,2018(9):30.
[2] 孙光宁.大数据时代对司法审判的冲击及其应对——从指导案例29号切入[J].湖北社会科学,2016(5):152.
[3] Müller C, Füngerlings S, Tolks D. Teaching load-a barrier to digitalisation in higher education? A position paper on the framework surrounding higher education medical teaching inthe digital age using Bavaria, Germany as an example[J]. GMS Journal for Medical Education, 2018(3):4.

可以让学生参与国内外经典案例的实战分析，最终达到研究生综合能力的有效提升。

对典型案例的实战分析，有两种不同的目的：一是偏向学术性研究（强调对实体法和程序法的知识理解和运用），主要是对案例中反映出来的法律问题进行探讨，以启发立法或反思执法，二是偏向于职业性培训，侧重对案例中的司法经验进行学习，以训练职业技能。① 首先，对于实践案例的选择不能经过简化的情节或截取的片段，而应当选择原始和真实的整体案例。章武生教授等所提倡的"个案全过程教学法"，也是从整体案情出发对司法实务的全过程学习。② 其次，教师在选择实践案例时，应当考查该案例知识的覆盖面，最好是涉及实体与程序的双重争议。有争议的案例才有谈论的空间，有助于训练学生发现问题、分析问题和解决问题的能力，在思辨的过程中同时考虑实体和程序的争议点，以便培养学生实体程序一体化的思维方式。同时要注重案例的复杂性，对于研究生来说，过于简单的案例无法激发他们研讨的兴趣。最后，教师在案例实践教学的过程中，要转变自己的思维，将学者的思维方式转变为实务人员的思维方式，着重教授学生解决案例的方法，而不只是纸上谈兵式的片段化、割裂状的教学。引导学生探索案件背景，对特定的社会背景进行分析，因为同样的案件在不同的社会环境、司法政策下可能会有不同的结果；对案情进行深入讨论，剖析其中的实体法和程序法争议，对纷繁的案情抽丝剥茧整理案件事实，找到对应的法律依据，解决争议定纷止争；归纳案件启示，在完成对案件事实的分析之后上升到理论高度，达至实践反哺理论的效果。最终突破学科壁垒，实现教育教学的理论与实践、实体与程序一体化发展。

四、结语

数字化改变了法学体系的整体格局，数据资源在赋能法学教学的同时也要求法律教学理念作出应变。法学教育应以社会发展实践为导向，以数字时代的技术资源为依托，构建实践教学一体化模式。数字时代的法学变革趋势，虽然目前学界还没有提出一个详尽、完整的数字法学体系，但实际上这些重大任务不是某个学者、某篇论文的力量所能及的，它应当在制度变革和司法实践的基础上，经由前赴后继的高素质法治人才的长期探索才能完成，但是无论如何，数字时代的根本问题不在于法学如何对待数字社会，而是法律人如何借数字时代之东风重构法学。③ 法学自当

---

① 李丹.实践教学视角下法律案例教学思路的重塑[J].高教探索,2020(6):88.
② 章武生."个案全过程教学法"之推广[J].法学,2013(4):51.
③ 马长山.数字法学的理论表达[J].中国法学,2022(3):144;储槐植,何群.论我国数量刑法学的构建[J].中国法学,2019(3):187.

因时而变，因势而为，法学教育也应当融合新发展，迭代创新法学教育的新模式，扎根数字时代法学创新融合的新趋势。数字时代是一个快速变革的新时代，数字化重新定义知识，法治新课题层出不穷，也要求我国法学教育必须不断更新和升级，才能为我国在数字化的法治建设中提供高质量的人才支撑。

迈向中国式现代化的人工智能法学教育新思考

郭恩泽[*]

摘要 新时代是全面发展"互联网+"和人工智能的全新时代,在构建法治中国教育和推进全面依法治国的过程中,当前法学教育发展也面临着迫切的改革。人工智能时代的法学教育正在经受着悄然变革,这既是机遇,也是挑战。法学教育在人工智能的助力下,需要朝着更加智慧的新型教育改革方向不断朝前发展,充分发挥教师的主观能动性。以培养复合型新型法律高端人才为目标导向,不断深化法学专业教育教学改革,注重培养学生的法治思维与法治信仰。在法学教育理念、内容、方案以及综合评价中,进行探索总结,从而实现中国式现代化人工智能法学教育与传统法学教育发展改革之间的完美结合。

关键词 中国式现代化;人工智能;法学教育;新机遇;新挑战

党的二十大报告催人奋进,也为法学教育在新时代的同步发展和改革创新指明了方向和道路。改革开放四十余年来我国高等教育取得了长足的发展,在法学教育领域我国取得了更大的进步。进入新时代之后我国的高等教育法学专业教育规模也在不断扩大,全国高校成立法学院多达700个。随着高等教育入学率的提高,我国的法学教育面临一种饱和危机,[①]每年招录的各学位层次的法学专业学生达10万人以上,加之2020年起我国硕士招生和二学位招生的扩招,人数在逐年上升。但是法学专业的就业形势却依旧严峻,当前的法学教育模式呈现出"供大于求"的一种市场局面,法学教育应当以职业教育为主、学术培养为辅,即以培养适应社会发展需要的优秀和高级复合型法律专门人才为导向,适度培养和发展法学科研领域的学术人才。"十三五"时期,我国的人工智能发展规划中率先提出了以培养"人工智能+法学"的高级复合人才,以适应人工智能对法学教育所提出的新要求、新发

---

[*] 郭恩泽,泰国格乐大学博士研究生,研究方向:刑事法学.
[①] 季卫东.中国法学教育改革与行业需求[J].学习与探索,2014(9):83-87.

展和新思路，到"十四五"时期在制定2035年远景目标规划的同时也将人工智能的法学人才培养提上议事日程。为此，2018年教育部对现有的专业与学科设置进行微调，进一步强化了人工智能在各专业领域的交叉培养模式，2022年新版研究生专业目录作了较大幅度的调整并于2023年起正式施行。清华大学对此也作出了回应，该校的法学专业以"科技+法学教育"为主要法学专业发展方向。这极大地带动了全国高校法学教育的改革，也成为"十四五"时期法学教育改革的主要方向。新一代人工智能与法学教育相结合的法学教育改革模式，极大地克服了传统"应试教育"的弊端，与此同时法学教育也悄然面临着一场新的机遇与挑战。司法机关在全面深化改革中大刀阔斧地进行司法体制改革，强化人工智能在司法实践中的应用。一大批智慧型法院在人工智能中取得了改革的新发展，网上立案、网上开庭以及执行下达都已经实现了人工智能的应用。检察机关也在多领域内探索人工智能的运用。2021年"两会"过后，最高检积极拓宽律师在检察机关的网上阅卷形式，2022年全年又围绕如何让每一位人民群众都能实现对司法办案的全方位了解，加大在民生司法领域的改革探索。而教育作为国之大计、党之大计，法学教育的历史使命和重要职责尤为凸显。我们要紧紧围绕培养什么样的法律人才、怎样培养法律人才和为谁培养法律人才的教育实质化，突出法学教育的根本问题所在。人工智能在我们司法领域的实践与运用，已经成为一种常态化的模式存在于日常办案当中。换言之，司法机关人工智能的广泛运用，对我国的法学教育以及传统法学专业都带来了一定的冲击，我们应当予以高度重视和充分关注。

一、人工智能在法学教育中是一把"双刃剑"

人工智能技术在法律实践中的应用，其实早在1987年美国首届国际人工智能与法律会议中就得以确定，普通法系国家率先使用人工智能技术，对其本国的判例研究和司法实务提供了强有力的技术支撑，这也在很大程度上对本国的法学教育起着重要的推动作用。机器人律师已经在欧美发达国家应运而生，为我国机器人的适用提供了极大的启发。从党的十九大到党的二十大这五年来所取得的初步发展成果来看，我国对人工智能在法学教育领域的运用，极大地推动了全国法学教育研究领域对人工智能应用的实践指导。打破传统教育的单一培养模式，积极向高端、复合与应用为一体的高级型专门法律人才过渡。着眼于深化"一带一路"国际人工智能合作，不断向高科技新型人工智能领域的法学教育靠拢，培养习近平新时代中国特色社会主义法治新人才。人工智能与我国法学教育利弊相连，机遇与挑战并存，我们应当将这把"双刃剑"利用好，健全和完善新时代法学教育体系。

（一）人工智能时代法学教育面临的新挑战

人工智能在全球已经有学者进行了70多年的研究，我国自开展"互联网+"业务以来，人工智能为我国社会发展提供了较大的便利。行政审批及办理业务，可以在无人工操作和引导的情况下，通过现场机器的语音操作提示系统自助办理，不仅实现无纸化的环保办公，同时在疫情期间也极大减少了因排队办理而感染的风险。通过对人工智能的认识与应用，人工智能时代的法学教育依旧面临着一些前所未有的挑战：

一是人工智能技术的快速发展，使得传统法学教育观出现了偏颇。人工智能技术的熟练应用，催生了一些关于法学教育的新思考。一味地摒弃传统"板书教育"，会导致法学教育思维不能很好地连贯运用到人才培养中，因此需要将法学教育与人工智能有序连接起来。在这种人机与共的时代相处模式下，法学教育过度依赖于机器，会出现将人才培养的重任交付于机器来完成的问题。这与法学教育传统模式出现冲突，机器难以代替人工的思维取向，不能很好地引导学生对问题进行思考。这是一个需要重新审视的重要问题，我们应该以新的定位重新认识人工智能在法学教育中发挥的根本作用究竟有多大。

二是人工智能技术对于传统法学教育造成巨大冲击。我们应当清醒地认识到，在传统法学教育中，机器以及机器人只是一个工具，起到辅助作用，并不能给法学教育带来彻头彻尾的改变。人工智能应用于法学教育，极大地撼动了我们人类的传统价值观，从而使我们产生前所未有的困惑和焦虑，[①] 如果照此发展下去传统教育伦理观就会发生彻底的改观。这种人工智能直接参与人类传统价值观改写的形式，将极大的挑战着传统法律法规制度下的教育模式，对于法学教育而言是一种难度极大的全新挑战，既不利于通识阶段法学教育的知识传授，因为其会改变学生对固有知识的原有认识，也不利于对法学专业的深度学习。这个问题应当引起我们的充分重视和高度关注。

三是人工智能技术对于构建和谐有序的法治社会带来了一定的阻力。生活在人与人沟通、联系与交往的现实社会中，人们从小接受的思想品德及政治教育中所涉及的法律常识较为传统。随着我国法治大国的建设，人们学会运用法治的思维、方式和理念妥善处理和解决好问题。解决人际交往的问题时，人们很难求助于智能机器人，因为它们是没有人类情感的机器，人们很难放心踏实地与其进行沟通。这是对人类价值与法治思维的一种挑战。在开展法学教育的同时，我们应当传输新型的价值观念。

四是人工智能技术的新发展引发法学教育方式方法的新思考。目前大多数高

---

① 唐汉卫.人工智能时代教育将如何存在[J].教育研究,2018(11):18-24.

校的法学教育依旧处于对人工智能应用的探索阶段,由于各个高校的师资力量不一,学生的理解能力也参差不齐,这给法学教育改革带来了一定的困惑。在人工智能技术还未全面发展之时,法学教育就在对"课程改革"的响应中,尝试了一些新的改革路径。在北大法学院车浩教授的倡导下,早在2011年就开始学习和引进德国法学教育中的案例教育方式,并取得了较大的成效,但案例鉴定式的课堂教学在很多高校仍无法开展,传统法学教育改革的难度之大引发了我们对法学传统教育的深思。

五是人工智能技术的快速发展挑战传统法学教育培养模式。当前新型法学教育培养模式还没有达到像人工智能技术那样的成熟,所以在逐步转变其教育培养模式的同时,还需要在较长一段时间内以过去传统法学教育为主。高校可以尝试在传统教育模式培养下,将目前现有的人工智能技术加以试用,但最终效果如何,还要看学生对专业知识的吸收情况而定。所以对传统教育来说的确是一种冲击,但是站在发展的角度辩证地看待,这是时代对法学教育改革提出的新课题、新命题,我们理应迎难而上,如果二者之间能够实现最大的"双赢"是最为理想的效果。

(二)人工智能时代法学教育面临的新机遇

新时代是法治的时代,也是人工智能时代发展的鼎盛时期,在这样的时代下传统教育与创新教育之间出现了衔接不到位的瑕疵。人工智能应在教育领域的方方面面发挥重要的作用,唱响新时代法学教育改革的号角。在机遇面前牢牢地把握住机会,时代不等人,要告诫我们的教师在全面深化教育改革的同时,充分发挥专业教师的主观能动性,变被动为主动,积极投入到深化法学教育改革研究当中去,为教育强国法学教育积极建言献策,让新时代的法学教育更加充满时代活力,借此机遇将人工智能技术充分运用于法学教育的全新改革当中。

一是人工智能技术为法学教育提供了新的发展机会。人工智能技术发展的初衷至今没有改变,用它先进的技术服务并造福于人类以及全社会。可以说人工智能技术的变革是人类的"第三次工业革命"。人工智能新技术能推动社会物质的丰富发展,并且不断获得新的成果。法学教育应借助人工智能的"东风",在课程改革、人才培养以及创新教学上,充分利用人工智能技术的发展理念和创新思路,在与人工智能技术的互动中,获取新的教育改革成果。

二是人工智能技术的成熟为法学教育改革提供了新的发展模式。在成熟的人工智能技术之下,全新教育理念也在发生着转变。比如利用智能机器人走进案例教学课堂中,与现场的师生进行互动与交流,通过专业教师的生动口述和叙事表达,迅速学习和了解司法实务中的最新案例,同时通过点击语音播报,了解智能机器人对此案的相关看法。人工智能的强大的智能检索功能,不仅可省去人工查找时间,而且其获取的信息准确度也极高。因此，我们需要让师生充分了解到我国当前的人工智能技术发展程度，及时调整法学教育的发展方向。

三是人工智能技术有助于法学教育改革中培养新的法治思维。人工智能技术的首要目的就是满足人类的社会需求，法治思维的培养是法学教育改革中关键的一环。人工智能技术对法学教育改革提出了较高的要求和标准，法治思维迎合了法治社会的发展与进步，师生之间应当改变传统的"应试思维"模式。高校所培养的法学专业人才应符合社会的潮流，顺应法治社会的需要。法学教育要结合学生的自身综合素养，因地制宜开展法学教育改革，扩宽人才的培养思路，创新学生的法治思维。

四是人工智能技术加快了法学教育的改革步伐。法学课堂，要结合创新改革方向，在人工智能技术的推动下，以全新的法学教育理念，培养社会急需的法律人才。目前多所政法高校已经开设了人工智能方向的法学专业，从反馈的教育成效来看，广大师生之间都受益颇多，这也为今后的法学人才培养方向提供了宽广的改革思路。师生互动更加密切、频繁，人工智能 PPT 模式授课，成为运用人工智能的一个新路径。法学教育在人工智能的不断引领下，在全面深化改革的道路上，积极探索人工智能与"互联网+"双引导模式下的新的课堂教育模式。

五是人工智能技术为法学教育改革提供"大数据"支持。目前全国审判文书网已经运行了 8 年之久，案件的审理过程也可以登录庭审直播网进行全程观看，极大地方便了广大人民群众对司法机关的监督。人工智能技术还催生了如无讼等类似的APP，这将对法学教育改革提供更加科学、准确的数据支撑。在新时代法学教育改革中，将人工智能成果应用于人才培养中，有助于进一步实现法学专业教育全面发展的改革目标。进言之，人工智能成熟技术可为建设高水平的法学教育提供更多的支持。

人类历史存在的前提无疑是有生命个体的存在。[1] 人工智能的发展使人类获得了一次全面且自由发展的机会。在法学人工智能领域，存在着强人工和弱人工之分。我国当前人工智能还处于低端发展时期，尽管目前人工智能还没有像国外技术那样成熟，但是中国制造、中国技术会更加成为新时代的智能发展动力。面对这个突如其来的人工智能时代，有些教师可能还无法彻底接受，但是这已经成为不得不需要面对的现实。在机遇和挑战的双重考验之下，一些"80后""90后"的高校讲师，在接受新鲜事物时要比一些年长的教授更容易。"00后"已经成为法学专业学生的庞大群体，他们从一开始就在接受人工智能时代法学教育改革。但是对于一些在接受硕博学位教育的"90后"学子们来说，他们在接受更新的法学教育时，存

---

[1] 中共中央编译局.马克思恩格斯全集:第3卷[M].北京:人民出版社,1960:23.

在一定的落差，需要一个适应与缓冲的过程。在这期间机遇会战胜挑战，法学教育会在人工智能的推动下不断取得更大的成果。

二、人工智能时代下的法学教育改革方案

人工智能发展，对当前法律职业、法学教育研究以及司法实践都带来了知识、能力与思维的挑战，法学教育改革已经迫在眉睫。作为法律人，我们要在理论与实践中不断往返，在规范中寻找理性应对人工智能所带来的挑战的方法。时代在进步、社会在发展，法学教育也在不断发展。就法学教育而言，要从以下几个方面围绕改革调整人才培养方案，使各学位级别的法学专业学生在接受法学教育时，特别是普通本（专）科生，就可以具备"科技＋法律"的双重专业能力，以便更好地适应人工智能时代的社会需要。

（一）夯实法学教育专业知识

传统法学教育在培养模式和实践能力上存在严重不足。追根溯源还是我们的专业教育不够扎实，脱离专业的实务是空虚的，只有实践的实务也是不完整的。所谓"基础不牢地动山摇"，这句话可以十分精辟地概括夯实基础知识的重要性。法学教育注重基础知识，过去这些基础知识，只有在学校的考试中才会被学生快速背诵与吸收，用以应付每学期的期末考试。在 2021 年 3 月 25 日举行的国务院新闻发布会上，司法部有关负责人表示 2016—2020 年"法考"通过率保持在 13% 左右。[①] 法科生法考通过率低，制约了其未来从事法律职业。这些问题的根源就是专业教育与资格考试出现"脱轨"，绝大部分学生连法学专业教育都没有学扎实，为就业而强迫自己去尝试另一种全新的应试模式，难免会"水土不服"，所以尽快夯实法学专业教育迫在眉睫。

在课程开设上作出调整。严格按照教育部规定以 16 门法学主干课程为主，在普通本专科教育阶段，以最为常用的实体法与程序法为侧重点，其余法学课程以熟悉了解为主。在平时的法学课堂教育中要融入法考真题（含主客观题），与法律职业资格考试相衔接，在进一步扎实专业教育的基础之上适度拔高，对基础知识进行拓展。硕博学习阶段以培育创新法学思维和法学方法论为主，以满足司法实务部门对于复合型法治人才的需要。引入德国案例鉴定式的课堂教学不失为一种好的方法，它可在短期内见效，让学生受益，而且老师的教学水平也会得到提升。

在教学方式方法上讲求创新。除去传统的法学课堂教育，还要结合案例以及情

---

① 光明网.法律职业资格考试通过率为13%[EB/OL].(2021-03-25)[2024-06-25].https://m.gmw.cn/baijia/2021-03/25/1302189641.html.

景课堂打造全新的教学方法。邀请更多的法律实务专家、律师作为课堂的兼职老师或者导师为在校学生授课，深入高校课堂教育，与在校师生开展互动与沟通。处于封闭教学状态的师生对于实务的了解要稍逊色一些，开展实务走进课堂将极大的丰富教学内容，有利于法学教育的未来发展。与此同时，校方还应积极与司法实务部门取得联系，让师生深入法院、检察院以及律所等实务部门进行实地体验教学，从而强化"校局（企）合作"的实习实训基地教育。

对于硕博学生的较高层次培养。这部分学生通过选拔进入更高层次的阶段学习，说明他们的学习能力要稍强一些。因此，应注重培养其"说理讲法"的能力，因为高校所培养的不应该是只会应试的传统学子，而是未来要在复杂实务中发挥所长的法律人才。人工智能时代的法学教育以培养宏观视野为主，可以尝试将更多的课堂教学空间交给这些硕博学子。这样的好处一是可以促进小组之间的团队合作能力；二是可以锻炼硕博学生在"讲"方面的能力，以弥补这方面的不足；三是在教学相长中不断促进师生之间对于某个问题的理解，达到相互指点、共同学习的教学目的。

（二）强调天理国法人情之间的融合

作为一个法科生，如果一味地机械式套用和背诵法条，就会失去一个法律人应有的温度，如果我们只强调法律对案件的适用，就无法培养出新时代的创新型法律人才，这样依旧是在传统的法学教育中徘徊，与人工智能时代的创新型人才培养背道而驰。比如"昆山龙哥案"，如果学生只是机械式地强调所谓的正当防卫条款，那么就会忽略法条背后的法理，而法理的背后就是情与法之间的博弈，最终的司法裁判结果就难以服众。法科生要有基本的家国情怀，在实务案件中感受法律的冷暖。值得庆幸的是，此案成为司法实务中敢于认定正当防卫的典范。

法理学和宪法学更多强调公民的权利、义务以及人权等，多以法理学理论为主，对于一些法与情的交叉讲述较少，实务案例也没有融入其中。这样的知识讲授是空洞的，现如今刑民、刑行交叉案件在实务中居多，对法学教育提出了更高的新的要求。在讲授刑法学科时可以将涉及的民法知识交叉串讲，进行学科之间的彼此融合，将其中法理讲述得更为透彻，引入更多的实务案例，便于学生对所学知识的吸收。培养我们的学生在未来的司法实务中，敢于向法律"质问"，并且说"不"。

注重选修课程的多样性。作为法律人，要拓宽学生对于法学知识的吸收维度，积极培养创新的法学思维，对于与法学存在交叉或者处于边缘的学科，如法哲学、法科学、法社会学等可以提倡学生多多涉猎，不断拓宽自身的眼界。培养以法学通识教育为主的多功能复合型法律人才，不断适应人工智能时代法学教育在新时代的新变革和新发展，将习近平法治思想的核心要义与法学教育培养结合起来。

（三）开设人工智能课程学习

在没有设定培养方向的法学专业中，将人工智能课程作为一门主修课纳入学分考核。在人工智能时代，法科生对于人工智能要有基本的了解，文科教育不同于自然学科，学生随着阅历和年龄的增长，会加深对课堂知识的理解，对于生活中的实务也会有所认知。目前西南政法大学和北大对于人工智能法学专业的培养走在了我国法学教育的前列，通过与司法机关的密切合作，培养新时代的高端复合法律人才，[①] 此举成为全国法学院校培养法律人才的学习典范。从法学教育的长远角度考虑，开设人工智能课程就成为一种必然的选择。

对于此课程的中间环节，以熟悉计算机的专业教师为主，精通法理学知识的理论专业老师为辅，二者交叉授课，每周完成规定的课时任务，以最大限度地进行"文理结合"式讲授。在考核方面，应当设立理论与实务操作的双重考核方式，只有二者都通过才算该课程顺利完成并合格结业，反之，则应当重修或补考。开设课程的最终目的是让学生对于新时代的人工智能不至于那么陌生，以适应人工智能时代对于法学教育改革的迫切要求，这也是作为新时代法科生的必备功底。

加强与司法实务部门的联系，为学生争取到更多的人工智能实践操作的机会。单纯在学校的课堂教学中，进行简单的理论学习与情景演练，很难让学生实现对基础知识的巩固。[②] 人工智能是操作性和实践性很强的一门学科，增设该课程也是贯彻落实习近平新时代中国特色社会主义法治教育观的重要途径，应当将其作为一项新增基础必修课程常态化开设下去，使之成为培育卓越复合创新型的高级法律人才的重要途径。

三、结语

中国式现代化法学教育发展离不开人工智能的支持与配合。本文针对新时代人工智能对我国法学教育改革的影响进行初步的探索，高校法学院对于应对人工智能时代的法科生培育，依旧处在摸索阶段，但是"法律+科技"的复合型人才培养模式已经成为未来法学教育发展和改革的趋势，只有对传统法学教育进行改革，确定改革方案，制订人才培养方案，才能为法治大国培育更多的优秀法律人才打下基础。高校应不断加强新文科建设，在学科建设、人才培养、培养模式以及对人工智能的高瞻远瞩上狠下功夫，更加强调人工智能技术与法学课堂教育的不断融合与发展。法学课堂作为培育社会急需的法科创新人才，是高校义不容辞的使命与职责所

---

① 程凡卿.我国司法人工智能建设的问题与应对[J].东方法学,2018(3):119-130.
② 宁虹,赖力敏."人工智能+教育"：居间的构成性存在[J].教育研究,2019(6):27-37.

在。创新法学教育理念、思路、方法以及立场，是人工智能时代对法学专业教育提出的更高标准。人工智能时代的高等法学教育，应当在各个学科之中不断交叉与徘徊。为此，肩负培育新法学人才使命的专业院校要有迎难而上的信心和勇气，在机遇与挑战的双重考验中不断实现人工智能在法学教育中的应用与突破，为中国式现代化培养更多优秀的法治人才。

试论应用型法律人才培养模式优化路径
——以新建本科院校闽江学院为视角

林安民*

摘要 我国法学本科偏重理论知识的讲授，实践教学还存在较多欠缺。由此，法学毕业生难以成为应用型法律人才，也无法适应社会的发展。在课堂教学过程中灵活运用案例教学、诊所法律教育、模拟法庭等实践型教学手段，是培养应用型法律人才的关键。同时，加强教师队伍建设与实践教学基地建设也是应用型法律人才培养的重要保障。

关键词 应用型；人才培养；案例教学；诊所法律教育；模拟法庭

近年来法学毕业生就业率持续低迷，据分析法学专业本科实践教学的缺陷是就业困难的重要原因，目前的法学教育被认为与法律职业严重脱节。[①] 也就是我们在培养应用型法律人才方面存在较大问题，由此导致法律人才就业率不高。为此，很多法学院（系）开始关注并试点实施一些新型实践性教学方式，以期能够更好地培养学生的操作技能，如20世纪末的案例教学法，2000年我国七所大学率先开设的诊所法律教育课程，以及近年来提倡的模拟法庭教学等。但单一的课堂教学方式改革难以达到培养应用型法律人才的目的，应当综合利用各种教学方式的优势以完善在课堂内培养学生应用能力的路径，同时还要通过强化双师型教学队伍建设、扩大校外教学实践基地等方式，只有这样才能优化我们的应用型法律人才培养模式。

一、应用型法律人才培养的重要性与紧迫性

我国的法科教育一直坚持学术教研人才的培养取向，[②] 由此长期以来，我国法

---

* 林安民，闽江学院法学院教授，研究方向：刑法学。
① 杨贵先. 我国法学教育的现状与面临的挑战刍议[J]. 山西青年，2018(17):235.
② 陈来宏. 司法大数据对法学教育的影响与变革[J]. 黑龙江教育（高教研究与评估），2022(8):21-23.

学教育目标倾向于培养掌握法学理论知识的法律工作者，也即教育重点在于传授法学知识，而非培养学生的法学素养与能力，在教育方法上则注重书本和课堂理论教学，而忽视了对学生实际工作技能的训练。① 在此教育体系下培养出来的法律人才，难以直接胜任法律实务工作，顶多属于法学教育的"半成品"而不能属于合格的教育"成品"。这些法学毕业生难以适应社会发展的需要，通常必须具备工作经验才能被用人单位接受，因此法学专业就业持续低迷，连续多年一直被评为红牌专业。② 针对这一问题，越来越多的学者与法律界人士意识到应用型法律人才培养的重要性，也提出法学教育本应该包括职业教育，③ 各大法学院（系）开始注重实践教学，④ 教育部也适时启动了"卓越法律人才教育培养计划"。

根据统计，截止到2009年我国开设法律专业的院系有630多所，在校法学本科生超过40万人，法学院系中具有法学硕士学位授予点的有333个，有博士学位授予点的有35个；到2020年，全国有635所高校设置了法学专业，法学本科在校生人数已远超60万，全国一级博士点已超50个，法学博士研究生的招生人数已超1600名。⑤ 通常认为法学硕士与博士是学术型法律人才，而需要学术型法律人才的主要是法学教育机构与研究机构。近年来随着高校严重扩招，法学教育机构与研究机构对学术型法律人才的需求量明显下降。这些学术型法学人才也寻求更多的法律实务工作，由此更加恶化了法学本科生的就业问题。但对于目前绝大多数的法学本科生而言，其最根本的问题在于法律应用能力有待提高，换言之，法律职业技能不佳是其无法获得合适岗位或在职场中获胜的主要原因。一方面我们的法学本科生就业面临巨大的问题，但另一方面社会却缺乏应用型法律人才，包括实务能力较强和有特色的法律职业人才。⑥ 无论是公司还是社会团体，事实上几乎任何单位都需要应用型法律人才，但是我们的法学本科生却由于缺乏实务操作能力而无法胜任，往往只能在工作若干年以后成为应用型人才才能胜任。此外，虽然近年来我国律师数量不断增多，但一般认为建设完备的法律服务队伍需要持续相当长的时间，尤其在涉外法律人才方面的缺口十分之巨大；⑦ 但是，由于专业能力不强，不少青年律师无法适应岗位的需求，有一部分律师甚至都无法度过执业的前三年。⑧ 这些法学教

---

① 邹益民.论我国法学教育对反思能力的培养——基于理论与实践的关系角度[J].河南大学学报（社会科学版）,2020,60(5):58-63.
② 白宇辰.应用型法律人才培养背景下案例教学模式研究[J].山东商业职业技术学院学报,2022,22(6):47-50.
③ 温美芬.探究独立学院法学教育的实践教学改革[J].吉首大学学报（社会科学版）,2018,39(S2):283-285.
④ 宗栋.法律职业视角下法学教学创新与实践[J].淮南职业技术学院学报,2022,22(6):60-62.
⑤ 王健.法学本科专业的若干基本概念[J].新文科教育研究,2021,1(1):90-107,143.
⑥ 董娟,崔祯珍.中国特色法学本科教育的创新思考[J].安阳工学院学报,2021,20(1):114-117.
⑦ 孙露.新时代法律职业共同体研究[D].长春:吉林大学,2022.
⑧ 包慧珍,陈佩琪.基于扎根理论的青年律师离职影响因素研究[J].秦智,2023,21(3):24-26.

育与法律人才市场之间存在的尖锐矛盾，足以反映了目前法学本科教育中存在的严重问题，也显示出了应用型法律人才培养的重要性与紧迫性。

对21世纪的中国法学教育来说，通过正规的培养途径，造就为社会所需的应用型法律人才是至关重要的教育目标。我们的法学教育不能仅仅是理论灌输，应更关注对学生应用能力、思辨能力的培养，使学生能够适应未来环境下的司法工作。也正因为如此，近十年来，"案例教学""诊所法律教育"等实践型教学方法成为法学教育改革的讨论重点，并且正付诸教学实践中。实践型教学模式是今后法学教育的一个重要方向，因为应用型法律人才的培养是社会之所需。

对于闽江学院这类新建本科院校而言，虽然与传统的法学强校相比，在师资队伍、办学经验、学生层次、社会资源等方面存在较大差距，暂时无法培养高层次的学术型法律人才。但是，这类新建本科院校多数是从专科院校升格而来，传统上注重学生实践能力的培养，因此大力发展应用型法律人才的培养，不仅有条件做到，也有一定的优势。新建本科院校，只有着重于培养应用型法律人才，才能在法律人才培养的竞争中得以生存甚至脱颖而出。

二、灵活运用校内实践教学手段是核心

培养应用型人才是法律人才培养的根本目标，实践应用能力是应用型法学人才的核心能力。[①] 法学教育，不仅要进行法学专业知识的传播和解惑，更重要的是法律职业能力的教育，这已经成为当前法学教育界的共识。但是，社会上法学专业学生无从适岗的事件并不稀奇，相当多的法学专业本科生毕业后要经过大半年甚至更长时间的岗前培训才能胜任工作，甚至法学博士不懂得撰写简单的诉状也不再是奇闻怪事。这种教育目标与教育结果严重脱节的奇怪现象，成为我国法学教育中存在的一个严重问题。其所折射出的是高校传统的法学教学模式难以承担现代法学教育的需要，教学模式的改革就成为近一段时间内法学教育的一个重要问题。

在传统教育模式弊端严重且日益显现的情况下，"案例教学"最先成为法学教育改革中尝试的手段。教师在课堂内大量引用案例，通过指导学生运用理论知识分析、讨论现实的案例，由此在不完全改变传统教学模式的情况下引入新的元素，使得学生摆脱完全沉浸于乏味的理论知识的困境，可以接触鲜活的案例。这种教学方式的最大特点在于，改变全理论性的教学方式，将理论知识与现实案例相结合，在一定程度上实现了理论性与实践性的结合。20世纪末，法学教育界开始大量编写案例书籍，案例教材也不断推出，案例教学开始盛行。由此，在一定程度上缓解了

---

① 王磊.新时代开放大学法学教育人才培养的目标定位与模式改革[J].广东开放大学学报，2020,29(2):28-33.

法学学生成为只懂理论知识或者法律条文，而不懂操作的"书呆子"的教育弊端。

但是，案例教学的局限性也十分明显，这种教学只是死板地通过理论知识运用于指定的案件，很难考虑到现实案例中的复杂性与多样性。即使是根据现实编写的案例，也不可能面面俱到地如实反映案件的各种真实情况，只能摘要地归纳案件的大体内容。特别是考虑到中国的学生往往"两耳不闻窗外事，一心只读圣贤书"，其接触社会的机会不多，不用说现实的专业性法律问题不会解决，即使是简单的生活问题也难以应付，因此，案例教学模式中培养出的学生多数还是只懂得"纸上谈兵"，而难以符合现实生活的需要。从根本上讲，案例教学并不属于纯粹的实践教学，因为这些案例相对死板、单调，只能说案例教学使得法学教育引入了实践性因素。最近几年随着科技的发展，在课堂上通过视频资料更直观地反映鲜活的案例，成为案例教学的一个趋势，这种教学的实践性在不断加强。但是，这种教学无法让学生亲自参与到实践中的弊端还是无法改变。

正是由于案例教学中实践性元素的不足，21世纪以来"诊所法律教育"这种具有更强烈实践色彩的教学方式开始由国外引进。诊所法律教育，是指仿效医学院学生在医疗诊所临床实习的做法，原则上在教师的指导下，将法学专业学生置于"法律诊所"中，为需要法律援助的人提供法律咨询，"诊断"其面临的法律问题并开出"处方"。[①] 这种诊所法律教育，也是源自美国的教育方法，对美国培养应用型法学人才起到了重要作用。据称美国律师协会认可的法学院均被要求开设诊所法律课程，诊所法律教育已经成为美国法学院校普遍适用的一种教学方法。但是由于国情的差异，笔者认为这一方法不能作为适用于我国本科法学教育的常规性手段。首先，经过十年左右的试点，我国有不少高校开设诊所法律教育课程，但这些课程的受众群体相对较小。根据我国《法律援助条款》第8条的规定，国家支持和鼓励社会团体、事业单位等社会组织利用自身资源为经济困难的公民提供法律援助，但是在校生的身份与社会定位使得诊所法律教学不能够达到预期的教学目标，[②] 并且目前我国开设的诊所法律课程往往只设定为三年级以上的本科和研究生的选修课，[③] 这主要考虑到诊所法律教育受教育的群体只能是专业知识体系相对齐全的学生，对于低年级学生由于法律知识还不全面而无法适应这种需要综合运用多门法律知识的课程训练。另外，诊所法律教育要求采用师徒式的小班化带教教学，这与目前我国高校教育普及化的教育模式相背，故此也限制了学生对这门课程的选修。还有一点，由于目前法学本科生就业难的问题突出，所以学生往往从大三就开始为毕

---

① 崔冬.基于OBE教育理念的法律诊所教育创新研究[J].创新与创业教育,2022,13(6):109-115.
② 刘加良,刘晓雯,张金玲.法律诊所教育研究[J].山东大学法律评论,2007(1):261-263.
③ 赖桂林,韦荣贵,周富亮.论诊所法律教育与实践教学体系完善——以北京工商大学法律硕士培养经验为例[J].教育现代化,2020,7(16):17-19.

业的出路做准备。学生要么为考研作准备，准备延迟就业时间；要么选择准备法律职业资格考试（以下简称：法考），为大四的择业准备基础要件；甚至有不少学生做好两手准备，根本无心于与法考或考研无关的课程。在此国情下，对我国本科生进行常规化的诊所法律教育，几乎是不可能实现的任务。其次，目前我国诊所法律教育中的案件来源较少，从而也限制了该课程的教学。现在各大院校存在的一个现实问题是，法学本科教育几乎都在远离市区的大学城，因此鲜有法律援助案件大老远送到学校求助于法律援助中心。即使确实有个别案件交付至法律援助中心，但本科生教学时间的固定性、周期性与案件本身所需要的时间与周期性的矛盾，也可能使当事人对法律援助中心望而却步。因为我们正常的教学都安排了特定的时间，法学本科生在正常教学时间内必须完成各门学科的学习，因此无法应付诊所法律教学中真实案件的不特定时间要求。另外，即使在专门的实践性学期或者寒暑假中，这种诊所教育也存在时限的要求。因为真实案例中的案件往往跨越三四个月甚至一两年，而我们对学生的教育则只能限定在一两个月甚至一两个小时之内。由此，诊所法律教育与现行教育体制以及教学的现实存在较大距离，其在现实中进行普及还存在较大困难。再次，诊所法律教育的高成本迫使我国不可能将其视为一种常规教育手段。就目前的情况来看，绝大多数的高校并未为法律诊所课程配备相应的研究经费；并且政府部门对于该项目的资助并没有制度上的约束，对于资金数量的安排任意性强，不具有长期的稳定性；同时，目前我们国内的社会公益组织对于该项目的教学资助也十分少。要想实施诊所法律教学，目前只能向中国诊所法律教育委员会申请3万元的资金援助，且该资助也只能涵盖诊所法律教学的一小部分费用。[①] 据初步统计，四川大学2005年学生每代理一个案件所需要的成本约为数百元，由此即使在经济相对落后的西部地区，要维持一个小规模的法律诊所，其直接成本至少要几万元。[②] 而按我国目前法学教育的经费来看，绝对不可能维持常规的诊所法律教育。早期我国七所高校之所以能引入诊所法律教育，主要是因为美国福特基金的大力赞助。最后，目前我国教师队伍的状况不适合将诊所法律教育作为一种常规性教学手段。诊所法律教育要求教师对实务操作非常熟悉，虽然目前允许高校教师兼职当律师，但教师兼职当律师的比例并不高。以闽江学院法律系为例，现有的法学教师中只有半数同时具备律师身份，而经常接触案件的教师更少。因此有能力作为诊所法律教育的指导教师数量较少，而这些教师由于在外兼职当律师，在学校还要顾着教学任务与科研任务，甚至还有行政任务，所以精力十分有限。虽然诊所法律教育这种教学模式在我国展开有很大的现实困难，并且在一定程度上不完全符合中

---

① 左卫民.诊所法律教育若干基本问题研究[J].环球法律评论,2005(3):263-269.
② 杨娅敏.地方高校法学专业实施诊所法律教育路径研究[J].大理大学学报,2020,5(3):79-84.

国国情。但是，考虑到这种教学模式所具有的实践型教学方法对学生素质培养的重要性，各大法学院（系）仍然在积极探索、研究这种教学模式的可行性。

　　模拟法庭作为一种教学手段虽然也具有很强的实践性，并且几乎不存在诊所法律教育中所存在的前述弊端，但其也存在着无法解决的自身问题。首先是场地的问题。在普通教室进行模拟法庭教学无法达到预期效果，而专门的模拟法庭却很有限。以闽江学院为例，目前只有一个小型的模拟法庭教室，不具备将模拟法庭作为常规教学手段引入多数教学课堂中的条件。其次是教学内容的局限性。模拟法庭是对法庭审理案件过程的模拟，因此仅限于法庭审理过程的教学内容，而对于刑事案件中的立案、侦查、审查起诉、执行等相关内容却无法通过模拟法庭表述出来。而像法理学、法制史等课程不仅几乎不存在法庭审理的教学内容，即使是民商法等学科，在律师实务中非诉业务则是发展趋势，因此实践教学中更需要一些非法庭审理的案件。再次是模拟法庭适用的学生对象有限。模拟法庭要求学生必须要掌握诉讼法的相关知识，而按目前闽江学院的教学培养方案，诉讼法的课程通常安排在实体法之后，这就意味着只有高年级学生才可以适用模拟法庭，或者说绝大多数课程无法适用模拟法庭。最后是学生参与模拟法庭的面较窄。一方面是每场模拟法庭所需要参与的学生人数不多，另一方面是模拟法庭对学生要求较高，通常学生准备一场模拟法庭要耗费较多精力。因此，即使某一门课程采用模拟法庭的教学方法，但每个学生在该课程教学活动中并没有太多精力参与更多的模拟法庭。也正因为如此，模拟法庭作为学生的课外活动更为合适，目前模拟法庭公演比模拟法庭教学更为常见，如闽江学院早期的模拟法庭主要运用于学生法律协会每年组织的一次模拟法庭公演活动中。而即使模拟法庭引入教学活动，也只能设置一个专门供选修的模拟法庭课程，在该课程中综合模拟民商法、行政以及刑事案件，如闽江学院自2009年起就在学生培养方案中采用了这一方式。由此看来，模拟法庭教学并不属于一种常规性的实践教学方法，无法广泛运用于各法学科目，存在较大的局限性。

　　实践型教学模式是今后法学教育的一个重要方向，因为应用型法律人才的培养是社会之所需。实践型教学手段在法学教育中的运用，是促使学生从课本走向现实，从理论走向实践，成为社会需要的应用型人才的保证。但在课堂教学中，应当根据实际情况优化实践教学手段，将案例教学或视频案例教学作为一种常规的教学手段，特别是针对低年级的学生更应该强化此种教学手段；同时，应当将模拟法庭引入诉讼类课程中，并可以将其作为高年级学生的一门选修课，还可以将其作为一种常规的课外活动；而诊所法律教育可以作为尝试，同时将其与法律援助中心结合在一起。

三、加强教师队伍与实践教学基地建设是重要保障

（一）"双师型"教师是应用型法律人才培养的关键

无论是案例教学、模拟法庭还是诊所法律教育，各类实践教学手段的灵活运用都离不开优秀的教师。而且这类教学手段效果的好坏，很大程度上取决于教师本身的实务经验；这类实践教学手段的运用，要求老师对法律实务操作非常熟悉，也即教师必须是"双师型"教师。但据调查，目前高校中不少法学教师对所讲授课程的内容没有任何实务经验。[①]事实上高校教师兼职当律师的比例不高，一些教师没有律师资格而无从执业；个别教师即使有律师资格，但由于其他原因而没有执业。以闽江学院为例，现有的法学教师中约有一半具备律师身份，但经常接触案件的教师却不到1/3。因此，如何提高这些教师的实务经验，使其成为"双师型"教师，这是全方位提升实践教学效果的重要保障。北京、上海等一些高校早就通过让教师到法院、检察院等实务部门进行挂职的方式，提升专任教师的实务能力；有些高校还聘请大量实务专家作为客座教授开讲座甚至开设实务性较强的选修课，以此建立起第二支实务型教师队伍。[②]而教育部的"卓越法律人才教育培养计划"也强调加强教师队伍建设，提出探索建立高校与法律实务部门人员互聘制度，鼓励支持法律实务部门有较高理论水平和丰富实践经验的专家到高校任教，鼓励支持高校教师到法律实务部门挂职，努力建设一支专兼结合的法学师资队伍。以闽江学院为例，近年来大力强化"双师型"教师队伍的建设，首先鼓励教师自行到实务部门锻炼，三年来，"双师型"教师由原来的不足1/3提升到超过一半。其次还从法院、检察院、人大、律师事务所等法律实务部门聘请了多位实务专家作为客座教授，不定期开设讲座。需要完善的路径，还包括在条件允许的情况下由实务专家直接开设一门选修课；由学校派教师到实务部门进行一年左右的挂职以进一步提升实务能力，不具备律师资格的教师还可以以人民陪审员的身份参与到法院案件的审理等。

（二）实践教学基地的建设与运用是人才培养的重要保障

校内实践教学手段再丰富，学生也只能在模拟情形下接触法律实务，而只有在法学实践中学生才能获得真实的法感。[③]因此，校外教学实践基地的建设，是应用型法律人才培养的又一重要保障。与课程学习、法庭模拟等知识传授和现实模拟教

---

① 王辉.法学"双师型"教师队伍建设的思考[J].中国高等教育,2020,643(Z1):71-73.
② 刘超.基于应用型人才培养的高校法学教育改革探索——评《高校法学教育改革与法律人才培养模式研究》[J].教育发展研究,2022,42(9):85.
③ 吕涛,张玉成.全面贯彻习近平法治思想实施七项工程,培养高质量应用型法治人才[J].法学教育研究,2022,37(2):65-72.

学不同，法律实践基地建设是为法学专业的学生提供一个参与法律实践的机会，亲身参与案件的处理。这有利于增加学生对法律实务的感性认识，也能够让学生在实践中深化对理论知识的理解，提高应用法律的能力。实践教学基地对学生培养所发挥的作用，主要体现在两个方面：第一是组织学生进行专业见习，由此让学生从感性上对法律实务操作有一定的认知。闽江学院从第二届法律学生开始，就组织学生暑假到司法机关进行为期一个月的专业见习，而且四年来暑假实践教学的单位由最初的1家增加到7家；此外，在平时的教学过程中，也组织学生到法院进行现场观摩，让学生感受氛围；将来的目标，是将法庭搬到校内进行现场审理。由此，可以培养学生的观察能力，让学生了解法律实务部门办案程序和办案技巧，对今后所要从事的法律职业有更深刻的认识，缩短其从学校到社会的适应时间，增强其竞争力。第二是组织学生进行毕业实习，由此让学生亲自接触法律工作内容，积累一定的实务经验。目前大四学生在第一学期往往面临着法考、考研、公务员考试等多项对其前程有直接关系的重要考试，因此如果安排其参加毕业实习往往心不在焉、应付了事；而大四第二学期学生也面临着考研复试、公务员考试、就业面试等事项，通常也不太愿意参加毕业实习。因此如何合理建设实习基地，并安排学生统一到实习基地进行毕业实习，就显得尤为重要。闽江学院前几届学生毕业实习往往采取自主实习的办法，不少学生往往找个单位盖章应付，并没有进行真正的实习，因此缺少了实践教学的重要环节。除了前述几个方面原因以外，闽江学院的实习基地有限且实习制度有待完善，也导致学生不愿意参加实习。近年来，闽江学院的实习基地从数量上增加了一倍，而且在质量上明显优化，将一些专业不对口、学生不愿意参加实习的实习基地予以淘汰，实习基地的使用率也大大提高；同时，对于参加统一实习安排的学生，予以一定的经济补贴，对于需要考研复习等特殊的同学予以灵活安排实习时间以及完善请假制度等，由此大大提高了学生统一参加实习的比例。

四、结语

应用型法律人才的培养是一个综合工程，包括培养方案的合理制定、实践教学手段的灵活运用等一系列措施。其中，完善实践教学手段，从而提高学生的实践操作能力是最为核心的要求，加强师资队伍建设，特别是培养"双师型"教师是一个重要保障，而开拓并充分利用实践教学基地则是另外一个重要保障。只有从以上三个方面努力，才能做到对应用型法律人才培养模式的优化。

习近平法治思想关于宪法宣传教育的原创性贡献

何家华*

摘要 习近平法治思想提出了一系列关于宪法宣传教育的新理念、新思想、新战略,推动了宪法宣传教育的理论创新、制度创新和实践创新。习近平法治思想科学分析了宪法宣传教育的内涵、理念、发展方向等原则性、根本性问题,深刻阐释了宪法宣传教育的背景、问题、目标、影响因素、工作方向和工作格局,彰显了宪法宣传教育的主体性、科学性、系统性、战略性、创新性等特征,是对宪法宣传教育的原创性贡献,是新时代宪法宣传教育的根本遵循和行动指南。

关键词 习近平法治思想;宪法宣传教育;原创性贡献;宪法意识

习近平总书记关于宪法宣传教育的一系列重要论述,坚持把宪法宣传教育作为党和国家政治生活中的一件大事,[①] 坚持把宪法宣传教育作为治国理政的一项根本要求,坚持把宪法宣传教育作为法治建设和宪法实施的一项基础性工作,坚持把宪法宣传教育摆在全民普法的重要位置,多次明确提出"深入开展宪法宣传教育"这一命题,[②] 确立了这一命题在习近平法治思想中的重要地位。习近平法治思想科学地分析了宪法宣传教育的基本内涵、理念、基本规律等原则性、根本性问题,深刻阐释了宪法宣传教育的背景、问题、目标、影响因素、工作方向和工作格局。习近平总书记关于宪法宣传教育的重要论述,立足于新时代,扎根于中国大地,萃取世界上优秀的宪法宣传教育成果,坚持和完善宪法宣传教育工作,彰显了宪法宣传教育的主体性、科学性、系统性、战略性、创新性等特征,是对宪法宣传教育的原创性贡献,是宪法宣传教育的根本遵循和行动指南。

---

* 何家华,华侨大学法学院讲师,研究方向:法治与公共政策、法治智库、立法学。
① 习近平.论坚持全面依法治国[M].北京:中央文献出版社,2020:232.
② 习近平.论坚持全面依法治国[M].北京:中央文献出版社,2020:24,51,94,126,128,232.

一、科学界定宪法宣传教育的内涵

习近平法治思想坚持系统观念、守正创新，科学地回答了宪法宣传教育的目标、内容、主体、客体、体制机制、方式方法等基本问题，它们之间按照一定的联系相互作用、相互影响、互为条件，形成一个系统。我们据此可把宪法宣传教育的内涵界定为各主体在习近平法治思想的指导下，运用一定的体制机制和方式，向全社会普及宪法知识、弘扬宪法精神，为增强全民的宪法意识、营造良好宪法环境的一项系统性基础性的宣传教育研究工作。

第一，宪法宣传教育的目标源于公民对宪法的认知、态度、行为、情感和评价。习近平法治思想划分了宪法宣传教育的三个层层递进的目标层次[①]（见表1），并且每个目标层次都具有相对应的宪法内容以及相反的两个极端表现。宪法宣传教育目标的第一层次是普及宪法知识，培养公民对宪法的理性认知。宪法宣传教育目标的第二层次是运用宪法，培养公民良好的宪法能力和坚强的守宪护宪意志。宪法宣传教育目标的第三层次是信仰宪法，既培养公民对宪法思维、宪法态度上的共同性或一致性，更培养公民对宪法规定、宪法原则、宪法精神的接受和内化。

表1：宪法宣传教育的目标层次

层次	对应的主要内容	表现
认知	如宪法知识、宪法观念、宪法意识、宪法制度等	正确
		错误
行为	如遵宪、宪法惯例、宪法实施等	积极
		消极
情感	如尊宪、信宪、宪法精神、宪法权威等	强
		弱

第二，宪法宣传教育的内容源于宪法本身的根本性、重要性和可实施性，宪法学的知识体系，宪法社会化、生活化的程度。这主要包括宪法规定、宪法制度、宪法理论、宪法历史等内容。

第三，宪法宣传教育的主体是指对宪法宣传教育对象发生作用、施加影响和作用的力量范围。习近平法治思想站在国家治理的高度，建立了纵向到底、横向到边的宪法宣传教育体制机制。横向层面是指党委领导、政府负责、人大监督、政协支

[①] 2018年2月24日，习近平总书记在中共中央政治局第四次集体学习时的讲话指出："要在全社会广泛开展尊崇宪法、学习宪法、遵守宪法、维护宪法、运用宪法的宣传教育，弘扬宪法精神，弘扬社会主义法治意识，增强广大干部群众的宪法意识，使全体人民成为宪法的忠实崇尚者、自觉遵守者、坚定捍卫者。"还可参见习近平. 习近平谈治国理政：第1卷[M]. 北京：外文出版社，2014:141,145,204.

持、部门各负其责、社会参与、人民群众参与的全社会宪法宣传教育机制。纵向层面是指依法治国、依法治省、依法治市、依法治县、基层社会治理、行业治理、专项治理等依法治理实践机制。习近平法治思想从教育的特点、方式、对象等方面出发，建立了多层次、多类别的宪法宣传教育体系，实现了宪法宣传教育全民化、终身化。这主要包括面向国家工作人员的干部教育体系、面向青少年的大中小学教育体系、面向社会群体的社会教育体系、面向儿童的家庭教育体系。

第四，宪法宣传教育的客体是指宪法宣传教育接受的对象，这主要源于国家和社会的需求、公民的需求和宪法实施的要求。习近平法治思想明确了宪法宣传教育的对象，包括领导干部、普通国家工作人员、青少年、企业家和基层群众。其中，领导干部是关键，普通国家工作人员是模范、青少年是基础、企业家是重点、基层群众是根基。[①]

第五，宪法宣传教育的方式是指宪法宣传教育的途径与方法，这源于人们在宪法宣传教育过程中的选择、运用、改善和创新创造。习近平法治思想明确了讲座、课堂教学、新媒体、宪法宣誓、法治教育基地、宪法创建活动等丰富的宣传教育方式。其中，讲座、课堂教学等属于宪法宣传教育的基础阵地，新媒体属于宪法宣传教育的主阵地，宪法创建活动等公众参与方式属于宪法宣传教育的重要平台。

宪法宣传教育的内涵还科学回答了宪法宣传教育的性质和具体边界。宪法宣传教育的性质是指其为一项系统性长期基础性的宣传教育研究工作。这反映了宪法宣传教育的三大特征：第一，宪法宣传教育是由主体和客体、目标和内容、体制机制和方式方法等因素构成的系统工程。在系统内部，各个因素彼此相互影响相互作用，比如，宪法宣传教育的目标指示方向并规定内容，宪法宣传教育内容体现目标并界定范围。在系统内部，其目的在于形成由各要素、各要素连接和目标构成的稳定系统。在系统外部，宪法宣传教育不仅体现为国家、社会团体、企业组织和公民等主体之间的互动关系，还体现为宪法、国家制度、道德、政治、文化、社会规范等内容之间的互动关系，其目的在于在宪法与社会生活之间建立有机联结。第二，宪法宣传教育是一项基础性工作。习近平法治思想锚定了宪法宣传教育在治国理政、全面依法治国、宪法实施、全民普法的实践中的基础性地位。一是明确了宪法宣传教育在治国理政中的重要地位。习近平总书记指出："宪法宣传贯彻工作是党和国家政治生活中的一件大事。"[②] "要发挥宪法在治国理政中的重要作用。"[③] 二是明确了宪法宣传教育在全面依法治国中的重要地位。习近平总书记指出："坚持把

---

① 习近平.习近平谈治国理政:第2卷[M].北京:外文出版社,2017:30-40,60;习近平.论坚持全面依法治国[M].北京:中央文献出版社,2020:14,94.

② 习近平.论坚持全面依法治国[M].北京:中央文献出版社,2020:232.

③ 习近平.论坚持全面依法治国[M].北京:中央文献出版社,2020:128.

全民普法作为依法治国的长期基础性工作。"① "把宣传和树立宪法权威作为全面推进依法治国的重大事项抓紧抓好。"② "开展宪法宣传教育是全面依法治国的重要任务。"③ "宪法宣传教育是法治建设一项基础性工作。"④ 三是明确了宪法宣传教育在宪法实施中的重要地位。习近平总书记指出："加强宪法学习宣传教育是实施宪法的重要基础。"⑤ 第三，宪法宣传教育是一项政治性、跨学科和专业性的工作。从学科上看，宪法宣传教育是法治教育、国民教育、社会科学教育、公民教育的部分，是思想政治工作、意识形态工作的一部分。从知识内容构成上看，宪法宣传教育涉及宪法学、教育学、思想政治教育、政策科学、传播学等多个学科的知识。从教育体系上看，宪法宣传教育涉及干部教育体系、国民教育体系和公民教育体系等。因此，做好宪法宣传教育工作必须坚持宣传、教育、研究共同推进，坚持宪法理论、政策规划、宣传技巧、教育引导、制度建设等方面形成合力。宪法宣传教育的具体边界取决于宪法宣传教育效果发挥的制约性因素，包括目标层次的设定、体制机制、主体和对象、内容等。

二、创新发展宪法宣传教育的理念

理念是对宪法宣传教育内涵的精神表达，是战略性、纲领性、引领性的东西，是思路、方向、工作着力点的集中体现。⑥ 理念不是凭空得来的，习近平法治思想在总结本地经验，借鉴域外有益经验的基础上，结合客观实际，针对我国宪法宣传教育中的突出矛盾和问题，提出一系列关于创新发展宪法宣传教育的理念。

（一）坚持党的领导

坚持依宪治国、依宪执政，首先就包括坚持宪法确认的中国共产党领导地位不动摇。⑦ 新时代，我们党主要在以下六个方面加强和改进党对宪法宣传教育工作的领导：一是党正确处理党的政策和国家法律的关系，正确处理坚持党的领导和国家机关依法行使职权的关系，完善党领导立法、保证执法、支持司法、带头守法制度。⑧ 为宪法宣传教育提供了根本政治保证。二是党加强政治教育、纪律教育、党史教育等，为宪法宣传教育奠定了思想基础。习近平总书记指出："要紧密结合党

---

① 习近平. 论坚持全面依法治国[M]. 北京: 中央文献出版社, 2020:115.
② 习近平. 论坚持全面依法治国[M]. 北京: 中央文献出版社, 2020:94.
③ 习近平. 论坚持全面依法治国[M]. 北京: 中央文献出版社, 2020:127.
④ 习近平. 论坚持全面依法治国[M]. 北京: 中央文献出版社, 2020:205.
⑤ 习近平. 论坚持全面依法治国[M]. 北京: 中央文献出版社, 2020:218.
⑥ 关于理念的阐释，可参见习近平. 习近平谈治国理政：第2卷[M]. 北京: 外文出版社, 2017:197.
⑦ 习近平. 论坚持党对一切工作的领导[M]. 北京: 中央文献出版社, 2019:60.
⑧ 习近平. 习近平谈治国理政：第4卷[M]. 北京: 外文出版社, 2022:286.

的理论路线方针政策的宣传教育,解读好宪法的精神、原则、要义。"①三是党深化党和国家机构改革,为宪法宣传教育提供了制度环境。四是党加强和改善对宣传工作、网络治理、新闻工作、文化工作、民族宗教工作等方面的领导,为宪法宣传教育明确了政治方向和工作指引。五是党制定法治规划、设立宪法日、建立健全宪法宣誓制度等,为宪法宣传教育明确了工作部署、工作方式和工作内容等。六是各级党组织和广大党员、干部发挥好先锋模范作用,为宪法宣传教育提供了组织保障。

（二）坚持以人民为中心

习近平总书记指出:"宪法的根基在于人民发自内心的拥护,宪法的伟力在于人民出自真诚的信仰。"②坚持以人民为中心是宪法宣传教育的题中应有之义。宪法宣传教育坚持以人民为中心是坚持唯物史观的体现,是顺应新时代我国社会主要矛盾变化的客观要求,③是党和国家政权的性质和宗旨的具体反映,是充分反映人民共同意志、维护和保障人民根本利益的必然选择。宪法宣传教育坚持以人民为中心就是要使人民群众有主人翁感、参与感、安全感、物质感、获得感和信仰感。这要求我们首先要讲好宪法凝聚着党带领人民百年奋斗取得的伟大成果和宝贵经验。其次,我们要讲好我国宪法的制定、修改和实施充分体现了人民的共同意志、充分保障了人民权利、充分维护了人民的根本利益。再次,我们要讲好宪法坚持一切权力属于人民的理念,充分保障人民参与管理国家和社会事务,把宪法制度同人民群众对美好生活的向往联系起来。④最后,我们要讲好宪法是保障公民权利的法律武器,宪法如何维护社会公平正义,让宪法真正走入日常生活、走入人民群众。⑤

（三）坚持把宪法宣传教育摆在全民普法的重要位置

习近平总书记指出:"宪法学习宣传教育是普法的首要任务。"⑥全国人大常委会作出的"八五"普法决议,中央宣传部、司法部出台的"八五"普法规划,之所以都把宣传宪法摆在突出位置,是因为宪法在促进和实现国家治理、依法治国以及凝聚共同理想方面具有基础性地位。第一,我国宪法是历史经验的总结和理性设计的结果,调整着最重要、最基本的社会关系,是治国理政的总依据,是治国安邦的总章程。第二,宪法是国家的根本法。我国宪法集中体现了党和人民的统一意志和

---

① 习近平.论坚持全面依法治国[M].北京:中央文献出版社,2020:218.
② 习近平.论坚持全面依法治国[M].北京:中央文献出版社,2020:204.
③ 习近平总书记指出:"人民群众对美好生活的向往更多向民主、法治、公平、正义、安全、环境等方面延展。"参见习近平.论坚持全面依法治国[M].北京:中央文献出版社,2020:224.
④ 习近平.论坚持全面依法治国[M].北京:中央文献出版社,2020:206.
⑤ 习近平.论坚持全面依法治国[M].北京:中央文献出版社,2020:204,218-219.
⑥ 习近平.论坚持全面依法治国[M].北京:中央文献出版社,2020:219.

共同愿望，是国家意志的最高表现形式，规定了国家的重大制度和重大事项，是国家一切法律法规的总依据、总源头，具有最高的法律地位、法律权威、法律效力。①我国宪法通过制度化、程序化和法律化的方式确认了党的领导、中国特色社会主义法律体系、政权制度的合法性，维护了人民的根本利益和保障了公民的基本权利。第三，宪法不仅是人类对现实政治秩序的规范，也是人类对理想政治秩序的建构。我国宪法规定了社会主义、共同富裕、民族复兴、人类命运共同体等价值目标，我国宪法规定了党的领导、人民民主专政、人民代表大会制度等制度优势，是人民的共同理想，具有适应性、发展性和开放性。

（四）坚持全社会共同参与

习近平总书记指出："法治建设需要全社会共同参与。"②宪法宣传教育工作正确厘清了党、国家机关、群团组织、企事业单位和基层社会组织之间的关系，构建了"全社会宪法宣传教育机制"，宪法宣传教育工作格局基本形成。党的领导机制、国家机关"谁执法谁普法"普法责任制、国家工作人员学法用法制度、青少年宪法教育制度、新闻媒体和互联网公益普法宣传制度等不断地建立健全，实现了全社会共同参与。习近平总书记指出："普法工作要在针对性和实效性上下功夫。"③宪法宣传教育的针对性和实效性的关键不仅在于完善普法资源供给，更在于实现普法供给和满足普法需求之间的有效连接。习近平法治思想运用辩证思维，一方面注重制度体系的系统完备高效和公民对宪法认知的有效性，另一方面注重全社会参与的有效性和宪法与公民生活的互动的有效性。

（五）坚持以全民为宪法宣传教育的对象

习近平总书记指出："要在全党全社会深入开展尊崇宪法、学习宪法、遵守宪法、维护宪法、运用宪法的宣传教育活动。"④马克思主义认为，社会主义制度下的矛盾表现为人民内部矛盾，这要通过完善制度和提高人民素质来解决，由此，社会主义法治国家的理想图景应该是，国家各项工作制度完善，人民法治素养普遍很高。对应到我国宪法层面，就是宪法制度完善，人民宪法意识普遍很高。在全面依法治国总体格局基本形成的情况下，⑤党要提高依宪治国、依宪执政的能力和水平，政府要提高依宪行政的能力和水平，社会要提高依宪治理的能力和水平，公民要提

---

① 习近平.谱写新时代中国宪法实践新篇章——纪念现行宪法公布施行40周年[N].人民日报，2022-12-20(1).
② 习近平.论坚持全面依法治国[M].北京：中央文献出版社，2020：275.
③ 习近平.论坚持全面依法治国[M].北京：中央文献出版社，2020：4.
④ 习近平.论坚持全面依法治国[M].北京：中央文献出版社，2020：205.
⑤ 习近平.习近平谈治国理政：第4卷[M].北京：外文出版社，2022：286.

升宪法意识。由此可知,宪法宣传教育必须坚持以全民为对象。宪法宣传教育要根据教育对象的不同进行因材施教,根据学习要求的不同进行专业宪法宣传教育和大众宪法宣传教育的区分,根据学习安排的不同进行集中教育与常规教育的选择。

(六)坚持宪法宣传教育与法治实践相结合

习近平总书记指出:"要坚持法制教育与法治实践相结合。"[①] 宪法宣传教育和法治实践相结合的目的是构建宪法和公民之间的联系和信任,使宪法社会化、生活化。宪法的力量在于公民共享的宪法理念与实践。党的十八大以来,我国在以下三个方面增强了宪法对社会生活的形塑力:一是宪法宣传教育与廉政教育、国家安全教育、基本法教育、制度教育等相结合,发挥了宪法宣传教育在国家社会生活中的基础性、支配性的作用。二是更好发挥宪法在治国理政中的重要作用。随着宪法的指导思想、发展目标、宪法制度的创新发展,以宪法为核心的中国特色社会主义法律体系不断完善,宪法实施与监督制度化法规化,宪法权威性显著增强。三是在广泛开展依法治理活动中,尤其是宪法宣传教育坚持向基层延伸,深刻改变了公民对宪法的理解以及宪法影响人民群众生活的程度与范围。例如,"法治政府""法治城市""民主法治示范村""依法行政示范单位""诚信守法企业"等法治创建活动,又如,宪法进企业、进乡村、进机关、进学校、进社区、进军营、进社会组织等活动。[②]

(七)坚持宪法规范与其他规范宣传教育相结合,坚持宪法制度与其他制度宣传教育相结合

习近平总书记指出:"坚持依法治国与依规治党统筹推进、一体建设"[③],"坚持依法治国和以德治国相结合"[④],"社会主义市场经济是信用经济、法治经济"[⑤],"健全自治、法治、德治相结合的乡村治理体系"[⑥],"推进法治社会建设,加快形成共建共治共享的现代基层社会治理新格局"[⑦]。这意味着宪法宣传教育必须面对多元规范这一现实,社会学理论认为,人们的宪法观念与其他规范观念相互影响、相互作用,因此,宪法宣传教育要坚持宪法规范与社会规范、党内法规等其他规范相结合。同时,还意味着我们不应只关注法律职业共同体的宪法观念,也要关注其他社

---

① 习近平.论坚持全面依法治国[M].北京:中央文献出版社,2020:24.
② 习近平.论坚持全面依法治国[M].北京:中央文献出版社,2020:219.
③ 习近平.论坚持全面依法治国[M].北京:中央文献出版社,2020:169.
④ 习近平.论坚持全面依法治国[M].北京:中央文献出版社,2020:165-168.
⑤ 习近平.论坚持全面依法治国[M].北京:中央文献出版社,2020:29.
⑥ 习近平.论坚持全面依法治国[M].北京:中央文献出版社,2020:191.
⑦ 习近平.论坚持全面依法治国[M].北京:中央文献出版社,2020:234.

会主体的宪法观念，社会其实被多元的法律观念和秩序所占据，我们要注意在时间维度和社会关系维度中其他社会主体对宪法的社会理解，以便更好地开展宪法宣传教育。习近平总书记指出："强化法规制度意识"①，"要加强制度宣传教育"②。这意味着宪法宣传教育要坚持制度意识和宪法意识共同树立，坚持宪法制度与其他制度相结合。全国人大常委会作出的"八五"普法决议，中央宣传部、司法部出台的"八五"普法规划，之所以都把宪法制度宣传摆在重要位置，是因为我国的国家制度体系由根本制度、基本制度、重要制度和具体制度构成，其中，宪法制度是最重要的国家制度。同时，宪法制度和其他制度之间还是相互补充、相互协调、相互支撑的关系。在实践中，只有广大党员、干部做制度执行的表率，③全社会才能增强制度意识，树立制度权威。

（八）坚持宪法文化引领

习近平总书记指出："坚持文化自信是更基础、更广泛、更深厚的自信，是更基本、更深沉、更持久的力量"④，"努力培育社会主义法治文化"⑤。这意味着宪法认同最终取决于人民对宪法文化的认同，宪法宣传教育要坚持宪法文化引领。宪法文化是指人们所创造的宪法设施和宪法制度以及人们对宪法认知的心理状态，是推动宪法实施的内生性力量。"五四宪法"历史资料陈列馆、红色法治宣传教育基地、宪法主题公园等宪法设施建设使宪法宣传教育实现了可视化、情境化，润物细无声地对人民群众进行宪法熏陶。在党史和国史教育、社会主义核心价值观教育、爱国主义教育等中开展宪法宣传教育，使人们深刻认识当代中国宪法制度是我们党领导人民长期奋斗历史逻辑、理论逻辑、实践逻辑的必然结果。⑥"纪念现行宪法公布施行四十周年档案资料展""红色法治及新中国宪法回顾"、宪法宣传片及优秀法治微视频作品、宪法晨读等广泛开展的群众性宪法文化活动增强了宪法在人们心中的力量和温度。宪法文化建设不仅是文化建设在宪法领域的实践，也是我国宪法条文规定的重要内容。我国宪法的一大特色是精神文明建设，按照我国宪法的规定，宪法文化建设要始终坚持马克思主义的指导地位，广泛践行社会主义核心价值观，提高全社会文明程度，繁荣发展文化事业和文化产业，增强中华文明的传播力影响力，激发人们文化创新创造活力，凝聚思想上文化上精神上的共识，引导人们坚定道路自信、理论自信、制度自信、文化自信。

---

① 习近平.论坚持全面依法治国[M].北京:中央文献出版社,2020:154.
② 习近平.论坚持全面依法治国[M].北京:中央文献出版社,2020:267.
③ 习近平.论坚持全面依法治国[M].北京:中央文献出版社,2020:266.
④ 习近平.论党的宣传思想工作[M].北京:中央文献出版社,2020:338.
⑤ 习近平.习近平谈治国理政[M].北京:外文出版社,2014:141.
⑥ 习近平.论坚持全面依法治国[M].北京:中央文献出版社,2020:206.

三、深刻洞察宪法宣传教育的发展方向

党的十八大以来，习近平总书记从宪法实施、全面依法治国、国家治理和中国式现代化建设的高度统筹谋划宪法宣传教育。宪法宣传教育先后经历了正式制度为主、组织动员为辅的国家主导阶段，全社会宪法宣传教育机制的国家治理阶段，坚持宣传、教育、研究共同推进，坚持知识普及、理论阐释、观念引导全面发力的系统集成阶段。2012年12月4日，习近平总书记在《在首都各界纪念现行宪法公布施行三十周年大会上的讲话》中把宪法宣传教育作为全面贯彻实施宪法的一项举措，并明确了宪法宣传教育的原则、对象、目标、内容、形式和重大关系，为宪法宣传教育指明了方向，[1] 宪法宣传教育进入国家主导的阶段。党的十八届三中全会提出："健全社会普法教育机制"的改革举措，党的十八届四中全会明确了健全普法宣传教育机制改革的具体内容，把宪法宣传教育纳入到全面深化改革、全面依法治国中，宪法宣传教育进入国家治理的制度顶层设计阶段。2022年12月19日，新华社刊发习近平总书记的署名文章《谱写新时代中国宪法实践新篇章——纪念现行宪法公布施行40周年》明确指出，把加强宪法理论研究和宣传教育作为新时代新征程上更好发挥宪法在治国理政中重要作用的基本要求，提出并系统论述宪法宣传教育的工作方向和工作格局，把宪法宣传教育纳入中国式现代化建设中，宪法宣传教育进入系统集成的阶段。

（一）加强宪法理论研究和宣传教育

习近平总书记指出："加强宪法理论研究和宣传教育，坚持宣传、教育、研究共同推进，坚持知识普及、理论阐释、观念引导全面发力。"[2] 这反映出宪法宣传教育正在从专业化向科学化、学科化迈进的总体趋势。

1. 专业化是新时代宪法宣传教育工作的内在要求

宪法宣传教育是高度专业化的创新性工作，需要专业化的组织、队伍、平台、网络、方法，更需要专业化的理论研究、顶层设计与基层实践探索、精准的宣传渠道、稳定的制度安排。从支撑宪法宣传教育专业化发展的要素来看，我国宪法宣传教育卓有成效，主要体现在以下六个方面：一是有效的制度安排。我国形成了科学化、民主化、规范化的宪法宣传教育决策规划制度，全社会普法教育机制，依法治理、法治示范创建等参与机制，报、刊、网、端、微、屏等10多种载体相融合的传播机制，高校、党校（行政学院）、部队院校、科研院所、党政部门研究机构

---
[1] 习近平.论坚持全面依法治国[M].北京：中央文献出版社，2020:7-16.
[2] 习近平.谱写新时代中国宪法实践新篇章——纪念现行宪法公布施行40周年[N].人民日报，2022-12-20(1).

组成的研究体系，组织、经费、队伍和科技等保障机制，评估、考核、检查等监督机制。二是顺畅的供需对接机制。宪法宣传教育的目的就是使宪法深入人心，走进人民群众，这就要求普法供给端和普法需求端之间建立常态化对接机制。例如，各普法部门通过加强普法讲师团、志愿者和专家咨询委建设、"智慧普法"平台建设、优化公共法律服务体系等方式与普法需求主体建立了直接对接机制。三是专业化的机构和人才队伍。例如，中央和地方司法部门成立普法依法治理领导小组办公室，中央和地方司法部门成立"八五"普法法治宣传教育专家咨询组和"八五"普法讲师团等等。四是统一规范的宪法宣传教育制度。从规划、年度工作要点，到具体工作方案，再到考核方案和评估指标体系，为宪法宣传教育构建了明确的价值导向、实施标准、评价导向和依据。五是科学的理论与方法。宪法宣传教育是一个动态的、复杂的系统工程，决定了宪法宣传教育理论与方法的重要性。实践证明，一方面与时俱进地推动宪法宣传教育的理论创新、制度创新、实践创新、方法创新，另一方面总结和发展具有普遍适用性宪法宣传教育的规律、理论和方法，是推动宪法宣传教育高质量发展的有效路径。六是广泛的交流机制。全国各地通过成果发布、座谈会、经验交流会、论坛和考察等多种方式，建立了广泛的国内国际连接。

2. 科学化是新时代宪法宣传教育工作的关键之举

宪法宣传教育是一门理论与实践相结合的应用科学，需要大胆地进行理论想象与规范性论证，进而发展理论，也要在实践中检验相关的理论，发现理论适用和可推广的条件性。同时，还要持续地跟踪和观察实践中的试点、试验和典型样本，总结提炼出一些规律、模式和经验。这是一个理论和实践探索与创新的长期迭代过程，也是研究范式、研究方法、知识体系、研究共同体、人才培养、平台建设等融合发展的过程。

宪法宣传教育的研究对象属于由交叉学科或跨学科构成的问题领域，包括宣传学理论、学习理论、组织理论、心理学理论、守法理论等，亟需进行知识生产创新和研究组织体制机制创新。我们虽然在宪法宣传教育政策、法规、制度、战略、理念、经验、机制、方法等方面不断丰富发展，但也存在着理论阐释不足不深，理论应用的检验性不够，实践中的具体方案、机制、实效性的实证分析不足，知识生产的体系性不足等问题。因此，宪法宣传教育要坚持科学性、系统性、专业性、实效性为导向，不仅为推动宪法宣传教育实践提供可持续发展的思路，还要促进宪法宣传教育研究从零碎式向系统性、从经验式与理论式向实证化与应用化、从向单一视角向多元视角、从静态向动态、从单科学向多学科融合方向发展。

3. 学科化是新时代宪法宣传教育工作的发展方向

宪法宣传教育的制度化、专业化、科学化正在催生着宪法宣传教育的学科化发展方向。学科化的标志特征体现在成熟的学科体系、稳定的学术共同体、完整的人才培养体系、学术带头人的出现以及学术组织、期刊和平台载体的建立等方面，习近平法治思想和宪法宣传教育的实践极大地促进了以上条件的形成。

宪法宣传教育学科化的目标是构建以核心概念为统领的中国特色宪法宣传教育知识体系。习近平法治思想把宪法宣传教育视为一个复杂系统，宪法宣传教育学科要以系统科学为基础，建立科学的知识体系，目的是揭示宪法宣传教育发展的基本规律。学科知识体系的建立主要解决本学科的学科内部结构与功能和其他邻近学科之间关系这两大问题。这主要包括：第一，宪法宣传教育的内部系统，主要阐释宪法宣传教育的性质、定位、理论、核心内容，包括宪法宣传教育的基本概念、基本原理、运行规律，政策法规制度体系，效果评估理论与方法等。第二，宪法宣传教育的主要交叉系统，主要阐释宪法宣传教育与相关领域的重大关系。一是宪法传播学，包括宪法宣传的基本原理及运行规律，宪法宣传的历史发展及其制度体系等。二是宪法教育学，包括宪法教育的基本原理及其运行规律、宪法教育的历史发展、宪法教育的制度体系和宪法教育的科学方法等。三是宪法宣传教育制度学，包括宪法宣传教育制度设计学、宪法宣传教育制度运行学、宪法宣传教育制度监督考核学和宪法宣传教育制度文化建设等。

（二）完善宪法宣传教育工作格局

习近平总书记指出："要完善宪法宣传教育工作格局。"① 习近平法治思想既是科学理论，又是行动指南。习近平法治思想不仅科学回答了宪法宣传教育的重大意义、基本内涵和创新理念，为宪法宣传教育工作提供了理论基础和理论指导，在此基础上，还统筹谋划了宪法宣传教育工作格局。

1. 推动宪法宣传教育常态化长效化

宪法宣传教育属于法治宣传教育的重要内容，党的十八大以来，宪法宣传教育侧重于制度化体系化建设。习近平总书记指出："深化宪法宣誓、宪法纪念、国家象征和标志等制度的教育功能。"② 让人们时时刻刻感受到宪法权威，实现了宪法宣传教育的制度创新和机制创新。

2. 持续深入开展宪法宣传教育

宪法宣传教育的针对性和实效性来自针对重点对象、完善重点载体、围绕重点阵地，持续深入开展宪法宣传教育。习近平总书记指出："宪法宣传教育要抓住

---

① 习近平.谱写新时代中国宪法实践新篇章——纪念现行宪法公布施行40周年[N].人民日报，2022-12-20(1).
② 习近平.谱写新时代中国宪法实践新篇章——纪念现行宪法公布施行40周年[N].人民日报，2022-12-20(1).

领导干部这个关键少数，抓住青少年、网民等重点群体。"[1]例如，截止到2022年6月，我国网民规模为10.51亿，网络已经成为宪法宣传教育的主战场。习近平总书记指出："宪法宣传教育要抓宪法纪念、宪法宣誓、宪法教材建设等重点载体。"[2]宪法宣传教育不仅需要丰富的宣传教育形式还需要高质量的宣传教育内容。习近平总书记指出："宪法宣传教育要抓学校、社区、媒体等重点阵地。"[3]学校、社区、媒体不仅是非常重要的宪法宣传教育力量，还是公民参与宪法宣传教育的重要阵地。[4]注重利用社会力量参与宪法宣传教育和打造宪法宣传教育阵地是宪法宣传教育发展的重要趋势。

3. 加强中国宪法理论研究

习近平总书记指出："全面推进依法治国，法治理论是重要引领。没有正确的法治理论引领，就不可能有正确的法治实践。"[5]宪法理论是由规范、科学的概念和范畴，按照清晰的逻辑结构构成的知识体系，它是学科体系、学术体系、话语体系的基础。宪法理论背后是由一定的方法论支撑的，它不仅决定着研究对象的认知和研究范围的界定，还规范着研究行为，保障着研究质量，引导着研究方向。宪法理论确保了宪法学研究的规范性和科学性，但是却不能确保宪法学研究的公共价值，带来可能的结果是体系庞杂却无用。宪法学研究要对实践产生作用，必须要改变仅仅从概念或者某些现成观念、原理出发，必须要从现实的宪法问题出发，提出原创性观点。习近平总书记指出："要提炼标志性概念、原创性观点。"[6]原创性观点是针对特定时代具体问题的解答。它可以是一个具体的概念，比如，依宪执政、法治国家。它也可以是一个命题，比如，宪法序言的最后一段、宪法第三条。它也可以是一个判断，比如，中国共产党领导是中国特色社会主义最本质的特征。它也可以是价值表达，比如，人民主权原则、尊重和保障人权原则。一方面。我们需要加强语言上精雕细琢、论证上严密精细，实践检验上长期反复，促使上述原创性观点成为社会的普遍性共识。另一方面，我们还需要运用规范性和可操作性分析的具

---

[1] 习近平.谱写新时代中国宪法实践新篇章——纪念现行宪法公布施行40周年[N].人民日报,2022-12-20(1).

[2] 习近平.谱写新时代中国宪法实践新篇章——纪念现行宪法公布施行40周年[N].人民日报,2022-12-20(1).

[3] 习近平.谱写新时代中国宪法实践新篇章——纪念现行宪法公布施行40周年[N].人民日报,2022-12-20(1).

[4] 习近平指出："互联网是当前宣传思想工作的主阵地。"参见习近平.习近平谈治国理政:第2卷[M].北京:外文出版社,2017:325.

[5] 习近平.论坚持全面依法治国[M].北京:中央文献出版社,2020:175.

[6] 习近平.谱写新时代中国宪法实践新篇章——纪念现行宪法公布施行40周年[N].人民日报,2022-12-20(1).

体方法予以贯彻实施,并在操作层面和方法论层面保持反思,保证相应的观点既融洽又开放。习近平总书记指出:"加强中国宪法学科体系、学术体系、话语体系建设。"①学科体系要求宪法学要构建出与其他法学学科、其他社会科学学科相区别的具有自主性的知识谱系,②学术体系要求宪法学对中国宪法实践解释的科学性和理论性,话语体系要求宪法学要在其他话语、世界宪法话语竞争中取得话语优势和影响力。习近平总书记指出:"巩固中国宪法理论在我国法治教育中的指导地位。"③宪法学在法治教育中既属于基础法学又属于部门法学。宪法学的基础法学的地位决定了宪法理论在我国法治教育中的指导地位。一方面,宪法学是现代的法理学,宪法的性质、基本原则、宪法制度、宪法精神、基本权利、研究方法等理论与法理学的基本范畴和原则相通。另一方面,宪法是价值法,是规则之上的规则,为部门法学提供价值基础和合法性。同时,宪法作为部门法学,基于其在我国法律体系和治国理政中的重要作用,宪法教义学对立法、司法、执法等起着指导与规范作用。

4. 讲好中国宪法故事

习近平总书记指出:"要讲好中国宪法故事。"④宪法是一个国家重要的软实力资源。软实力是一种依靠吸引力来达到自己目标的能力,它是一种可以构建的资源,一般表现为思想、文化、制度、政策、象征形象等内容。一方面,我们要坚持以习近平法治思想为指导,以中华优秀传统文化为根基,以中国宪法理论为主要内容,讲清楚中国宪法背后的文化、思想、知识体系支撑。另一方面,我们要加强中国宪法叙事体系,把中国宪法规定、宪法原则、宪法精神、宪法制度的共同性和特色性,宪法制定与实施的背景和细节等内容,通过经典宪法故事、经典宪法人物、经典宪法案例等方式形象地表达出来。习近平总书记指出:"要善于提炼标识性概念,打造易于为国际社会所理解和接受的新概念、新范畴、新表述,引导国际学术界展开研究和讨论。"⑤软实力是一种力量,这种力量的效果取决于环境,取决于应用技巧和相关科技、制度和人才等方面的保障。一方面,我们要创造良好的话语体系、丰富交流方式和共享的价值观念,加强对话与多元合作,积极构建良好的交流渠道和环境。另一方面,我们要加强传播能力建设,注重运用新媒体新技术,革新话语体系,加强制度、科技和人才队伍保障。比如,全国人民代表大会常务委员会

---

① 习近平.谱写新时代中国宪法实践新篇章——纪念现行宪法公布施行40周年[N].人民日报,2022-12-20(1).
② 莫纪宏.中国特色社会主义宪法理论体系建设的三重维度[J].重庆大学学报(社会科学版),2022(6).
③ 习近平.谱写新时代中国宪法实践新篇章——纪念现行宪法公布施行40周年[N].人民日报,2022-12-20(1).
④ 习近平.谱写新时代中国宪法实践新篇章——纪念现行宪法公布施行40周年[N].人民日报,2022-12-20(1).
⑤ 习近平.习近平谈治国理政:第2卷[M].北京:外文出版社,2017:346.

法制工作委员会宪法室编辑出版了《中华人民共和国制宪修宪重要文献资料选编》，全国人民代表大会常务委员会法制工作委员会宪法室自 2017 年开始公布备案审查工作情况报告，全国人民代表大会常务委员会法制工作委员会宪法室建立发言人机制等等。

四、结语

现代社会秩序的维持越来越依靠宪法而不是道德共识。宪法不是一个封闭的系统，而是受到社会影响的，宪法能否得到遵守，与人们的宪法意识密切相关。习近平总书记关于宪法宣传教育的重要论述，全面阐释了宪法宣传教育的内涵、理念、发展规律，引领宪法宣传教育迈入新阶段。与制度变迁相比，我国公民宪法意识的培育是更为复杂的系统工程。在全面建设社会主义现代化国家的新征程上，我们要坚持以习近平法治思想为指导，深刻把握宪法宣传教育的时代定位、理论逻辑和发展规律，坚持问题导向、目标导向、实效导向，把宪法宣传教育进一步地精细化、科学化、现代化、法治化、中国化，谱写宪法宣传教育的新篇章。

法学教育助力职业发展
——构建法律人才新引擎

许　偲　张　扬*

摘要　随着社会的不断发展和法律环境的日益复杂化，法学教育的重要性愈发凸显。法学教育承担着培育法律专业人才的功能，培养学生法律知识和专业技能，以面对新时代的挑战。法学教育与法律职业需求密切相关，需要不断调整以满足法律职业市场的要求。同时，法学教育对法律职业起点和法律职业发展路径均有深远的影响，为法律专业人才的培养和职业发展提供支持和保障。法学教育可从法律知识与技能培养、实践教育和职业素养强化、跨学科能力和综合素质的培养、终身学习和职业发展的支持等方面促进法律职业发展。

关键词　法学教育；法律职业市场；法律职业技能；实践教育；跨学科

一、引言

当今社会，法学教育扮演着培养法律专业人才的重要角色。法学教育不仅传授法律知识和理论，还致力于培养学生的实践技能和适应法律职业发展的能力。[1] 随着法律环境的不断变化和法律职业需求的多样化，如何融通法学教育与法律职业发展成为一个亟待研究和探索的课题。

法学教育与法律职业发展密不可分，它们相互影响、相互促进。法学教育在培养具备全面素质和实践能力的法律专业人才方面发挥着重要作用，法律职业发展对

---

*　许偲，闽江学院法学院副教授，研究方向：国际法。张扬，闽江学院本科生。基金项目：闽江学院引进人才课题"公共法律服务体系现代化服务福建现代化建设研究"；福建省社会科学项目"大数据时代消费者个人信息保护机制研究"．（FJ2023BF094）

[1]　蒋银华．多元一体化：法治人才培养的实现机制——基于改革开放40年法学教育的经验总结[J]．广州大学学报（社会科学版），2020，19(1)：88-89．

法学教育的质量和成效提出了更高的要求。

法学教育作为培养法律专业人才的主要途径，对法律职业发展起着基础作用。通过传授法律理论、培养法律技能和塑造法律职业素养，法学教育为学生打下坚实的法律基础，使他们能够适应复杂的法律职业环境。[①] 同时，法学教育还注重培养学生的批判性思维、问题解决能力和团队合作精神，以应对法律职业中的挑战和嬗变。

然而，法学教育也面临着一些挑战。法律职业市场的需求不断变化，对法学教育的要求也日益提高。法学教育需要与法律职业市场保持紧密的联系，及时了解行业发展趋势和需求变化，并相应地调整教学内容和方法。此外，法学教育还应关注跨学科能力的培养、实践教育的强化和职业道德的培养，以提升学生的综合素质和竞争力。[②]

通过加强实践教育、跨学科能力培养、职业素养的培养，可以进一步提高法学教育的质量和效果，为法律职业的发展提供更好的支持。只有通过不断地改进和创新，才能培养出适应现代法律职业需求的法律专业人才，从而为法律行业的繁荣作出贡献。

二、法学教育的演变与发展

（一）法学教育的历史回顾

法学教育的历史可以追溯到古代文明时期。在古希腊和罗马时代，法学作为一门独立的学科开始发展。古希腊的哲学家和思想家提出了关于法律和正义的理论，为法学教育奠定了基础。罗马帝国的法律制度也对后来的法学教育产生了深远影响。罗马法的学习和传承成为法学教育的重要内容，成为欧洲法律教育的基石。

中世纪时期，教会法成为法学教育的主要内容之一。教会法学校成立，培养出一批教会法学专家。教会法的学习不仅仅是为了传授法律知识，更是为了服务于教会和神职人员的需要。这一时期的法学教育更加注重宗教和神学的影响，法学和神学的结合成为主流。

随着近代国家的崛起，法学教育逐渐与政治和社会联系紧密。在欧洲，法学教育开始成为国家培养法官和律师的重要途径。法学院的设立和法学课程的改革成为推动法学教育发展的关键因素。同时，现代法学教育中的科学研究和理论构建也开始兴起。法学家通过研究法律规则和原则，试图发现普遍适用的法律规律。

---

① 涂富秀,陈笑霞.法科学生职业能力培养的改进路径研究[J].福建江夏学院学报,2020,10(3):103.
② 季卫东.我国法学教育改革的理念和路径[J].中国高等教育,2013(12):31.

20世纪以来，随着社会的变革和法律职业的多元化，法学教育也不断调整和改革。传统的法学教育模式逐渐与实践教育相结合，注重培养学生的实际操作能力和职业素养。与此同时，跨学科和国际化的趋势也在影响着法学教育。学生需要掌握多个领域的知识和技能，具备跨文化和跨国法律事务的处理能力。

（二）当代法学教育的特点和趋势

当代社会的快速变化和法律领域的多样化对法学教育提出了新的要求和挑战。当代法学教育具有以下特点和趋势。

1. 综合性和跨学科性。传统的法学教育强调法律知识的传授，而当代法学教育更加注重学生的综合素养和跨学科能力的培养。法学教育与经济学、社会学、心理学等其他学科的交叉融合日益增多，为学生提供了更全面的视野和分析能力。

2. 实践导向和实用性。在面对日益复杂的法律实践和职业需求时，当代法学教育强调学生的实践能力和实际应用能力的培养。[1]通过实习、模拟法庭、案例分析和法律实务课程等方法，学生能够更好地理解和应用法律知识，培养实际操作的技能。

3. 全球化和国际化。全球化的到来使得法学教育需要培养学生跨文化和国际化的视野。法学院开设跨国合作项目、提供国际交流机会，加强对国际法、比较法等领域的教育，以培养具备全球视野和跨文化背景的法律专业人才。

4. 新技术的应用。信息技术的快速发展为法学教育带来了新的机遇和挑战。在线教育、虚拟教室、电子资源等新技术的应用丰富了法学教育的手段和资源，为学生提供了更广泛、灵活和个性化的学习方式。

（三）法学教育的挑战和机遇

1. 法学教育的挑战

随着社会的发展和科技的进步，法律领域不断面临新的挑战和变化。人工智能、大数据和网络安全等新兴领域的出现，对法学教育提出了新的要求。[2]法学教育需要及时调整课程设置和内容，以适应法律环境的不断演变。同时，现代社会的多元化使得法律需求呈现出多样化的趋势。法学教育需要关注不同领域和行业的特殊法律需求，如环境法、知识产权法和国际商法等。这要求法学教育在教学和课程设置上更加灵活和多样化。随着科技的快速发展，法学教育需要与新技术进行融合，培养学生的科技素养和法律智慧。新技术对法学教育带来了新的挑战，将引发法律方法和法学方法的深度变革。[3]

---

[1] 刘坤轮.走向实践前置：中国法律实践教学的演进趋势[J].政法论丛,2019(6):153.
[2] 杨学科.论人工智能时代的法学教育新挑战、新机遇和新模式[J].法学教育研究,2018,23(4):140-141.
[3] 马长山.数字法学教育的迭代变革[J].中国人民大学学报,2022,36(6):36.

2.法学教育的机遇

首先,全球化的进程使得法学教育具有更广阔的发展空间。法学院可以开展跨国合作项目、提供国际交流机会,培养具有全球视野和跨文化背景的法律专业人才。同时,全球化背景下的法学教育可以借鉴其他国家和地区的成功经验,推动法学教育的国际化和跨国合作。其次,新兴技术的应用为法学教育带来了创新的机遇。[①]在线教育、虚拟现实和智能辅助学习等技术的应用,丰富了教学的手段和资源,提供了更灵活、个性化的学习方式。这为学生提供了更广阔的学习机会,并促进了教学效果的提升。再次,多元化和包容性的价值观在当代社会得到了广泛的认可。法学教育注重多元化和包容性,能够更好地满足不同学生群体的需求。通过关注性别平等、种族多样性和文化敏感性等议题,法学教育可以培养出具有包容性和社会责任感的法律专业人才。最后,法学教育需要在职业化需求与学术性平衡之间寻找机遇。培养学生的实践能力和职业素养,使其具备应对法律职业市场需求的能力。同时,保持学术研究的深度和广度,培养学生的研究能力和学术造诣。如此,要求法学教育机构与法律职业界的合作与沟通,为学生提供实践机会和职业导向的教育。

三、法学教育与法律职业需求

(一)当前法律职业市场的需求分析

当前法律职业市场的需求不断变化和多样化,随之法学教育需要不断适应和调整。法学教育与法律职业发展密切相关,了解当前法律职业市场的需求对于法学教育的调整和改进至关重要。

法律职业市场的需求不再局限于传统的法律实务,而是涵盖了广泛的法律领域,如商业法、知识产权法、环境法、国际法等。法学教育需要跟随时代发展,培养学生具备多领域的法律知识和技能。全球化的发展使得法律职业市场对具有跨国和跨文化背景的法律专业人才的需求增加。法学教育应关注国际化和国际交流,培养学生跨文化沟通和解决跨国法律问题的能力。[②]科技的快速发展和数字化的浪潮对法律职业市场产生了深远的影响。法学教育需要适应这一趋势,培养学生的科技素养和信息技术应用能力。

(二)法学教育与法律职业技能的对接问题

法学教育需要与法律职业技能的需求相对接,确保学生毕业后能够适应法律职

---

① 南景毓.大数据时代高校法学教育适应性变革的机遇与挑战[J].潍坊工程职业学院学报,2022,35(6):68.
② 梁敏.法学教育国际化之理念与模式探索[J].高教学刊,2020(22):26.

业市场的要求。尽管法学教育在传授法律理论知识方面取得了巨大成效,但在培养学生实际法律职业所需的技能方面仍存在一定的差距。

传统的法学教育在重视理论知识传授的同时,却在一定程度上忽视了对学生实际法律工作中所需实践能力的培养。[①] 为了解决这个问题,法学教育应增加模拟法庭、实习和案例分析等实践活动的机会。如此,学生能够接触真实的法律案件和情境,锻炼解决实际法律问题的能力,提升法律职业的实践能力和素养。

法学教育应注重培养学生的职业素养。法律职业不仅需要具备专业知识和技能,还需要具备一定的职业素养和职业道德。法学教育应加强对学生职业道德和职业规范的培养,引导学生正确理解和遵守法律伦理和职业规范。学生需要了解并秉持法律职业的核心价值观,如公正、诚信和保密。此外,法学教育还应注重学生的沟通能力、团队合作和解决问题的能力,培养学生良好的职业形象和人际关系处理能力。通过开设职业素养课程、举办职业道德研讨会和提供职业咨询,法学教育可以促进学生职业素养的提高。

法学教育需要与法律职业市场保持紧密的联系,了解市场对法律专业人才的需求和变化。法学教育机构可以与法律从业者、律师协会和法律职业监管机构等建立合作关系,共同探讨法学教育与法律职业技能的衔接问题。通过行业交流、实践导师和就业导向的课程设置,法学教育可以及时了解行业的发展动态和趋势,并相应地调整教学内容和方法。与法律职业界的合作还可以提供学生就业机会和实践经验,为学生顺利进入法律职业市场提供支持和指导。

(三)法学教育的职业化倾向与学术性的平衡

法学教育作为培养法律专业人才的重要环节,一直面临着职业化倾向与学术性之间的平衡问题。职业化倾向强调培养学生法律职业所需的专业知识和技能,以满足法律职业市场的需求。而学术性则注重法学的研究和学术追求,强调理论思考和学术成果的产出。在法学教育中,如何平衡职业化倾向与学术性的关系,既满足法律职业市场的需求,又保持学术的深度和广度,是一个具有挑战性的问题。

首先,法学教育需要注重职业化知识和技能的培养。法律职业市场对法学专业人才的需求不仅仅是其具备理论知识,还需要具备实际操作能力和专业技能。[②] 因此,法学教育应当注重培养学生的实践能力,通过实践教学、模拟法庭、实习等形式,使学生能够熟悉法律实务,掌握法律职业所需的技能,如法律研究和分析能力、法律写作和口头表达能力、解决问题和团队合作能力等。如此,学生在毕业后

---

① 李倩,李保芳.人工智能时代法学实践教育模式的五维变革[J].昆明理工大学学报(社会科学版),2022,22(5):133.
② 刘伟丽.论法学的实践性教育[J].华北水利水电大学学报(社会科学版),2017,33(5):100.

才能够顺利适应法律职业市场的要求，增加就业竞争力。

然而，职业化倾向并不意味着忽视学术性。法学教育应保持学术的深度和广度，注重法学的研究和学术追求。法学是一门理论性和系统性较强的学科，需要学生具备扎实的理论基础和学术素养。法学教育应当注重培养学生的法学思维、独立研究能力和批判性思维能力，培养学生对法律问题的深入思考和独立判断能力。同时，法学教育应鼓励学生参与学术研究和学术交流活动，提供机会让学生发表学术论文和参与学术会议，培养他们的学术能力。如此，为学生提供更广阔的学术发展空间，培养高水平的法学研究人才。

在实践中，法学教育需要寻找职业化倾向和学术性之间的平衡点。一方面，法学教育应不断了解法律职业市场的需求和变化，及时调整教学内容和方法，以培养具备实践技能的法学专业人才。另一方面，法学教育也要保持一定的学术追求，注重培养学生的理论思考和学术素养，以培养善于研究和创新的法学人才。另外，法学教育机构与法律职业界之间的合作与交流也至关重要，以确保法学教育与法律职业发展的紧密对接，为学生的职业成功奠定坚实的基础。

法学教育在与法律职业发展的联系中，需要寻找职业化倾向与学术性之间的平衡。法学教育既要注重培养学生的实践能力，满足法律职业市场的需求，也要保持学术的深度和广度，注重法学的研究和学术追求。只有找到职业化倾向和学术性的平衡点，才能更好地培养具备实践能力和学术素养的法学专业人才，为法律职业的发展作出积极贡献。

四、法学教育对法律职业发展的作用

（一）法学教育对法律职业起点的影响

作为法律专业人才的培养环节，法学教育对学生在法律职业中的起步有着深远的影响。

首先，法学教育提供了法律知识和理论基础。通过法学教育，学生能够系统地学习法律学科的基本理论和法律规范，掌握法律原理和法律思维的基本方法。这为学生在法律职业中建立起坚实的学科基础，具备处理法律问题的基本能力和素养，在法律职业起点上奠定了重要的基础。

其次，法学教育培养了学生的法律职业技能。法律职业需要具备一系列的专业技能，如法律研究和分析能力、法律写作和口头表达能力、解决问题和团队合作能力等。法学教育通过课程设置和实践教学，培养学生的职业技能。在法学教育过程中开展模拟法庭、实习和案例分析等实践活动，可以锻炼学生的实际操作能力，增强他们在法律职业起点上的竞争力。

再次，法学教育还对学生的职业定位和就业方向产生影响。通过法学教育，学生能够对不同法律领域有更深入的了解，了解不同法律职业的特点和要求。法学教育可以帮助学生明确自己的兴趣和擅长领域，并为他们选择适合的职业方向提供指导。例如，学生在法学教育过程中可能对刑事法、商法或知识产权法等领域产生浓厚兴趣，从而决定将来从事相关的法律职业。法学教育还可以提供就业指导和就业资源，帮助学生顺利进入法律职业市场，开启他们的职业发展之路。

综上所述，法学教育对法律职业起点产生着重要的影响。通过提供法学理论和知识、培养法律职业技能、影响学生的职业定位和就业方向，法学教育为学生在法律职业中的起点打下了坚实的基础，为他们的职业发展奠定了重要的基石。[1]因此，法学教育应当重视其对法律职业起点的影响，不断提升教学质量和效果，为学生的职业发展提供更好的支持和机会。

（二）法学教育对法律职业发展路径的塑造

作为法律专业人才的培养环节，法学教育对学生在法律职业中的发展方向和职业道路产生深远影响。

首先，法学教育提供了广泛的法律知识和理论基础。通过法学教育，学生可以系统学习法律学科的各个领域的知识，包括民事法、刑事法、行政法、商法、劳动法等，为学生的法律职业发展提供了广泛的选择和发展路径。

其次，法学教育培养了学生的法律职业技能。法学教育不仅仅注重理论知识的传授，还注重培养学生的实践能力和专业技能。学生在法学教育中的实践活动，可以锻炼学生的实际操作能力，增强他们特定领域的法律职业发展能力。[2]例如，模拟法庭活动可以培养学生的辩论和辩护能力，适合他们从事诉讼律师的职业道路。实习经验可以让学生在具体领域中积累实际工作经验，从而更好地适应特定领域的法律职业发展。

再次，法学教育对法律职业发展路径的塑造还体现在职业指导和就业资源上。法学教育机构可以为学生提供就业指导和职业规划的支持，帮助他们更好地了解法律职业市场的需求和趋势，明确自己的职业目标和发展方向。法学教育机构可以与律师协会、法律事务所和企业建立合作关系，提供就业资源和实习机会，为学生的职业发展提供支持和机会。[3]通过与法律职业界的合作，法学教育可以帮助学生了

---

[1] 陈海平.法学教育应当强化法律职业能力培养——兼记燕山大学的改革与探索[J].教学研究,2019, 42(1):106-108.

[2] 刘灵芝.中国法学教育与法律职业发展的困境与出路[J].大连民族学院学报,2015,17(4):400.

[3] 吴松强.高校法学教育与律师教育发展的契合性研究[J].法学教育研究,2017,19(4):326.

解不同领域的法律职业机会，拓宽他们的职业发展视野。

最后，法学教育对法律职业发展路径的塑造还体现在职业素养和职业道德的培养上。法学教育注重培养学生的职业素养和道德观念，引导他们正确理解和遵守法律伦理和职业准则。学生在法学教育过程中接受的法律职业道德的培养，对其未来的职业发展路径具有重要的指导作用。法学教育通过案例研究和讨论等形式，让学生了解并掌握法律职业的道德标准和职业规范。

五、法学教育助力法律职业人才培养

作为培养法律专业人才的重要途径，法学教育对法律职业的发展起着关键作用。法学教育需要与法律职业需求保持紧密的联系，以满足法律市场的需求，培养具备全面素质和实践能力的法律人才。下文通过探讨法学教育与法律职业发展的关系，并提出相关的启示和建议，旨在促进法学教育的改进和发展。

（一）法律知识与技能的培养

扎实的法律知识是法学教育的基石。法律是一门复杂而广泛的学科，它涉及各个领域的法律规范和原则。通过法律知识的培养，学生可以全面了解不同法律领域的基本概念、原理和规定，掌握法律体系和法律制度的基本框架。学生能够在实际工作中熟练运用法律知识，准确理解和解释法律问题，为客户或组织提供准确的法律意见和解决方案。

法律职业需要具备一系列的专业技能，如法律研究和分析能力、法律写作和口头表达能力、解决问题和团队合作能力等。通过实践教学和模拟法庭等实践活动，学生可以在法学教育过程中培养法律职业技能。实践教学可以帮助学生模拟真实的法律情境，培养运用法律知识和技能解决实际问题的能力，以增强学生的就业竞争力。

为了培养扎实的法律知识和技能，法学教育可以采取多种实施方法。第一，教学内容应当全面系统，并注重理论与实践的结合。应当注重培养学生的学科思维和法律逻辑，引导学生进行案例分析和讨论实际法律问题。第二，法学教育应该注重学生的实践能力培养。通过实践活动，学生可以将理论知识应用于实际情境，锻炼解决实际法律问题的能力。第三，鼓励学生参与学科竞赛、模拟法庭比赛和研究项目等学术活动，以提升他们的专业水平和技能。

通过培养学生的法律知识和技能，法学教育能够为学生提供坚实的法学基础，

使其在法律职业中具备丰富的素养和能力。[①] 为了实现这一目标，法学教育应采取多种实施方法，注重理论与实践的结合，培养学生的实践能力，鼓励参与学术活动。如此，学生在毕业后才能够更好地适应法律职业的要求，并取得更好的职业发展。

（二）实践教育和职业素养的强化

实践教育和职业素养的强化在法学教育中具有重要的意义。实践教育能助力学生将所掌握的理论知识应用于实际情境中，从而锻炼他们处理真实法律问题的能力。而职业素养的强化则可以提升学生在法律职业中的社会道德、职业道德和职业形象等方面的素养和能力。

实践教育可以提升学生的实际操作能力。法学教育不仅仅是理论知识的传授，更重要的是使学生能够将所学的知识应用于实际情境中。通过实践教育，学生有机会参与模拟法庭、实习和案例分析等实际活动，锻炼解决实际法律问题的能力。[②] 这种实践经验可以让学生更加深入地理解和应用法律知识，增强他们在法律职业中的实际操作能力。实践教育中的实际案例和问题能够激发学生的分析思维和创新能力。学生在解决实际法律问题的过程中，需要运用所学的法律知识和技能，同时也需要灵活运用创新的思维方式来找到解决问题的有效途径。通过实践教育，学生能够培养独立思考、问题解决和创新思维的能力，为日后的法律职业发展打下坚实的基础。

除了实践教育，职业素养的强化也是法学教育的重要方面。职业素养涉及职业道德和职业形象等多方面的素养和能力。法学教育应该注重培养学生的职业道德和职业伦理，引导他们正确理解和遵守法律伦理和职业准则。学生通过法学教育中的案例研究和讨论，可以了解并掌握法律职业道德标准和职业规范，培养他们正确处理法律职业伦理问题和职业道德困境的能力。此外，法学教育还可以通过组织职业道德和职业素养的培训活动，帮助学生树立正确的职业形象，培养良好的职业礼仪和沟通技巧，提升他们的职业素养和职业形象。

实践教育可以提升学生的实际操作能力、团队合作能力和问题解决能力，培养他们的实践能力和创新思维。同时，职业素养的强化可以增强学生在法律职业中的道德素养、职业道德和职业形象，提高他们的职业素养和职业形象。通过实践教育和职业素养的强化，法学教育能够更好地培养出具备实践能力和职业素养的法律专业人才。

---

① 胡永平,龚战梅.法学实践教学改革与创新研究——以法律职业能力培养为目标导向[J].大学教育,2018(1):23.
② 魏建新.法学教育中的实践与法律实践中的教育[J].中国法学教育研究,2021(4):10.

（三）跨学科能力和综合素质的培养

随着社会的发展和法律职业的多样化需求，法学专业人才需要具备跨学科能力和综合素质，以适应复杂多变的法律环境。

跨学科能力培养可以拓宽学生的学科视野和思维方式。法学作为一门交叉学科，与其他学科有着紧密的联系和互动。通过跨学科能力培养，学生可以了解和学习其他相关学科的知识和方法，如经济学、社会学、心理学等，从而能够从不同学科的角度分析和解决法律问题，提升专业能力和综合素质。此外，跨学科能力培养可以促进跨领域合作和创新。在现代社会中，法律问题往往与其他学科和领域有着紧密的联系。通过跨学科能力的培养，法学教育可以培养学生具备与其他学科专业人才合作的能力，共同解决复杂的法律问题。这样的跨领域合作不仅可以提升问题解决的效果，还可以促进创新思维和方法的产生，推动法学领域的发展和进步。[①]

除了跨学科能力，综合素质的培养也是法学教育的重要任务之一。综合素质包括综合思维能力、创新能力、领导能力、沟通能力等多个方面。法学教育应该注重培养学生在综合素质方面的能力，使他们能够在法律职业中全面发展和成长。例如，培养学生的综合思维能力，可以通过组织案例研讨、小组讨论和课程项目等形式，激发学生的综合思考和问题解决能力。同时，培养学生的创新能力可以通过开设创新课程、组织创新竞赛等方式，鼓励学生提出新的观点和解决方案。

综上所述，跨学科能力的培养和跨学科领域的研究，可以拓宽学科视野、促进跨领域合作和创新。[②] 同时，综合素质的培养可以提升学生的综合思维能力、创新能力、领导能力和沟通能力。为了实现这一目标，法学教育可以采取多种实施方法，如开设跨学科课程、组织跨学科项目、鼓励学生参与综合素质培养活动等。通过跨学科能力和综合素质的培养，法学教育能够为学生的职业发展提供更广阔的发展空间和机会。

（四）终身学习和职业发展的支持

法学教育中的终身学习和职业发展的支持是为了帮助学生在法律职业中不断提升自己，以适应变化和发展的需求。终身学习和职业发展的支持对于法学教育的重要性不言而喻，因为法律领域的知识和实践一直在不断演变和发展。

终身学习可以帮助学生不断更新法律知识和技能。法律职业需要与时俱进，紧跟法律发展的步伐。通过终身学习，法学教育可以为学生提供持续学习的机会和资源，使他们能够不断更新自己的法律知识和技能。这可以通过举办专业培训、讲座、研讨会和提供在线学习资源等形式来实现。通过这些支持，学生能够了解法律

---

① 韩大元,等.跨学科教育与研究:新时代法学学科建设的实现路径[J].中国大学教学,2018(4):17-18.
② 武西锋.法学跨学科研究的中国之道[J].学术论坛,2021,44(3):53-54.

领域的最新发展内容，提高他们在法律职业中的竞争力和适应能力。

职业发展支持可以帮助学生规划和实现个人的职业目标。法学教育不仅仅是为了获得学位，更重要的是帮助学生实现个人的职业发展。[1] 通过提供职业指导、就业咨询和实习机会等支持，法学教育可以帮助学生了解不同法律职业的发展路径和要求，培养他们的职业规划和就业能力。此外，法学教育可以与法律行业建立合作关系，提供就业资源和校企合作机会，帮助学生进入法律职业并实现个人的职业目标。

除了终身学习和职业发展支持，还有其他方法可以加强这种支持。例如，法学教育可以与法律行业建立紧密的联系，建立校友网络和专业导师制度，为学生提供专业指导和就业机会。[2] 同时，法学教育可以通过提供实践教学、实习经验和研究项目等机会，帮助学生获得实际工作经验，并发展他们的职业技能和素质。此外，持续改进法学课程，紧密关注法律行业的需求和发展趋势，也是法学教育中支持终身学习和职业发展的重要手段。

综上所述，通过提供终身学习机会和职业发展支持，法学教育可以帮助学生不断更新法律知识和技能，规划和实现个人的职业目标。法学教育可以采取多种实施方法，如提供专业培训、职业指导和实习机会等，与法律行业建立联系，并持续改进法学课程。法学教育能够为学生提供终身学习和职业发展的支持，促使他们在法律职业中不断成长和发展。

六、结语

法学教育与法律职业发展密不可分。通过扎实的法律知识与技能培养、实践教育和职业素养的强化、跨学科能力和综合素质的培养，以及终身学习和职业发展的支持，法学教育可以为学生的法律职业发展提供坚实的基础和全面的支持。同时，法学教育需要与法律职业需求保持紧密的联系，及时了解市场的变化和需求，为学生提供更适应职业发展的教育。通过不断优化法学教育的内容和方法，法律职业发展必将迎来更加繁荣的前景。

---

[1] 赵哲.法科学生职业规划的检视与重构[J].法学教育研究,2018,22(3):184-185.
[2] 车立春,方锡浩.法学本科学生职业规划与能力培养的对应研究[J].经济研究导刊,2018(33):144.

法治教育师范生培养路径探究

陈圣利　魏以淋*

内容摘要　习近平总书记在中央首次全面依法治国工作会议上强调，在普法工作中应特别加强青少年法治教育。法治教育师范生的培养，将为中小学校输送专业的法治教育师资，并将改变"道德与法治"课程被弱化乃至被虚化的现象，从而切实提升青少年法治教育的成效。法治教育师范生的培养目标不同于传统法学专业，其旨在培养能够胜任中小学法治教育工作、有志于传播习近平法治思想和社会主义法治理念、符合《卓越教师培养计划2.0》要求的"四有"法治教育师资。其在人才规格要求、师资队伍配置、课程体系设计、专业教材选用以及实践教学改革等方面，亦应呈现出有别于传统法学专业的师范元素。

关键词　法治教育；教学改革；师范生；应用型师范学院

一、研究的背景

2020年11月，习近平总书记在中央首次全面依法治国工作会议上强调，普法工作要在针对性和实效性上下功夫，特别是要加强青少年法治教育，不断提升全体公民法治意识和法治素养。[①] 法治兴则国兴，法治建设的成效事关一个国家的兴亡，因此加强法治中国建设、全面推进依法治国的重要性不言而喻。全面依法治国，建设社会主义法治国家需要从立法、执法、司法、普法四个维度协同推进，着力解决各领域的突出问题。而法治进程的推进不仅有赖于顶层设计，基层落实亦不可忽视。少年强则国强，一个国家法治素养、法治水平的提升离不开青少年阶段的

---

* 陈圣利，福建技术师范学院文法学院副教授，研究方向：民商法、法教育学；魏以淋，泰和泰（福州）律师事务所律师助理，研究方向：民商法、法教育学。基金项目：福建技术师范学院省社科培育项目"习近平法治思想体系化研究"（项目编号：KY2023FSB02）。

① 最高人民法院新闻局.习近平出席中央全面依法治国工作会议并发表重要讲话[EB/OL].(2020-11-18) [2021-04-18]. https://baijiahao.baidu.com/s?id=1683645255314974668&wfr=spider&for=pc.

涵养与积淀，因此，习近平总书记在中央全面依法治国工作会议上亦着重强调了在普法工作中加强青少年法治教育的奋斗目标。这为普法工作的现实开展指明了前进方向。

若要现实开展法治教育，尤其是针对青少年的法治教育，仅仅依靠媒体的报道宣传或父母的言传身教是远远不够且收效甚微的，更具成效的根本的教育途径应是义务教育阶段所在学校的法律知识传授和法治理念传播。而进行这一专业传授的前提在于学校的授课教师自身具备一定的专业素养与过硬的授课能力。因此，从源头着重培养高素质的法治教育师范生将成为开展青少年法治教育的根本路径，甚至可以称得上青少年法治教育的必由之路。因此，本文将从法治教育师范生的培养目标入手，在中央全面依法治国工作会议精神的引领下明晰法治教育师范生的系统化培养方案，探寻培养法治教育师范生的现实路径。

二、法治教育师范生的培养目标

（一）培养目标

"法学教育改革的先决条件是转变法学教育中陈旧的指导思想和培养目标。"[①] "培养目标的问题是法学教育改革的基础性问题。"[②] 当前大多数高校均把"应用型高端人才"作为法学人才培养目标，致力于培养"公检法司"、国家公务员、律师等方面的专业人才。毋庸置疑，高端法律人才的培养，对于全面推进依法治国、建设社会主义法治国家具有重大意义。但各个高校培养目标的雷同，导致大量的法学本科毕业生出现了"相对过剩"的现象。而从当前实际来看，中小学法治教育师资出现了庞大的缺口，这为教育改革提供了新的发展契机。因此，部分地方普通高校（特别是师范类院校）有必要转变培养目标，应对法治教育的现实需求，培养一批能够胜任中小学法治教育工作、有志于传播社会主义法治理念、符合《卓越教师培养计划2.0》要求的"四有"法治教育师资队伍。

（二）规格要求

法治教育师范生的培养模式，跟"应用型高端人才"的培养模式，应有不同。"应用型高端人才"的培养，要么致力于培养"像法官那样思考"的人，要么致力于培养"像律师那样思考"的人。而法治教育师范生的培养模式，应该是培养"像教育家那样思考"的法律人。这种模式所培养的人才，既不要求具备像法官那样

---

① 王晨光.法学教育的宗旨[M].北京：北京大学出版社，2016：11.
② 郭剑平.我国法学教育的目标定位及其教学改革要点探析——以统一法律职业资格制度为分析视角[J].高教论坛，2020(11)：10-14.

"高冷"的理性思维，也不要求具备像律师那样"强悍"的雄辩能力，其所培养的是一批兼具法律知识和教育科学、兼怀理想信念与仁爱之心的法治教育工作者。

1. 法治教育师范生应具有综合知识素养。法学教育是全方面的"心""智"开发，① 是素质教育和专业教育基础上的职业教育，在本科阶段应开展多门类的人文素质教育，提升学生的人文素质和综合能力。② 对于法治教育师范生，应以专业教育与素质教育并重，既要培养其职业技能，也要提升其综合素质。法治教育师范生需要具备多学科素养，包括多学科意识、多学科知识基础、多学科综合应用能力。在多学科素养当中，对法治教育师范生来说，法学和教育学的综合应用素养尤其重要。

2. 法治教育师范生应具有社会主义核心价值观意识。法治教育师范生未来工作的主要任务是，承担"道德与法治"课程教学以及中小学法治辅导员。这就要求法治教育师范生具有较高的政治素养、良好的道德品质、敬业奉献的价值追求，能够深刻领会社会主义核心价值观的内涵，具有强烈的社会主义核心价值观意识。

3. 法治教育师范生应具有人本关怀的儿童视角。法治教育师范生在未来工作岗位上面临的对象主要是中小学生，且以儿童为主体，这就要求其时刻秉持以儿童为本的意识，须具有仁爱之心，能够了解儿童、"读懂"儿童，能与儿童顺畅沟通。③

4. 法治教育师范生应具有展开活动教学的能力素养。虽然法治教育师范生也可以参加国家法律职业资格考试，从而从事律师行业或进入"公检法"系统，但法治教育师范生的培养目标重点并不在于此。法治教育师范生的培养目标，主要是培养能够胜任"道德与法治"课程、承担中小学法治辅导员工作的法治教育人才。因此，法治教育师范生不仅需要拥有系统的法学知识结构，还应具有展开活动教学的能力素养。

三、法治教育师范生的培养方案

（一）专业设置

有学者指出，就本科生而言，大学学习是打基础的过程，其掌握的知识面应广一些，故而专业设置过分狭窄将不利于人才的培养。④ 近年来，教育部也开始充分重视这一点，故而在"基本专业"之外，还放开了"特设专业"的申报。根据

---

① 徐显明,黄进,潘剑锋,等.改革开放四十年的中国法学教育[J].中国法律评论,2018(3):2-27.
② 冯象.政法笔记[M].北京：北京大学出版社,2018:202.
③ 钟晓琳,唐延延.小学道德与法治教师教学素养解读[J].中小学德育,2019(6):16-18.
④ 王晨光.法学教育的宗旨[M].北京：北京大学出版社,2016:5.

2020年版的《普通高等学校本科专业目录》，法学类专业有七个，其中传统的法学专业（即以"法学"命名的专业）当前系国家控制布点专业，也就是外界俗称的"红牌专业"，其他六个专业是法学类特设专业。① 为了控制招生数量，提高办学质量，教育部对传统法学专业的开办提出了更高的要求。但是，对于那些新兴的、具有广阔发展潜力的特设专业，教育部多持包容态度。

法治教育专业应定性为新型的"法学类特设专业"，其有别于传统的法学专业与现有的法学类特设专业。法治教育专业在培养目标、培养规格方面，与传统的法学专业以及现有的法学类特设专业有明显的差异。故而，法治教育专业在师资配置、课程设计、教材选用、教学实践等方面，也应有明显的不同特色。

（二）试点院校

法治教育专业应开设在设有法学专业（或有法学办学经验）的师范类院校。与政法类院校和综合性大学相比，在师范类院校开设法治教育专业具有天然的优势。师范类院校的最大特色在于"师范"，它主要是为中小学培养师资队伍，故在培养中小学师资方面有着丰富的办学经验。通俗来讲，法治教育专业主要是培养"懂得教书"的人，而不是"懂得办案"的人。因此，师范类院校是法治教育专业开办的理想场地。

法治教育专业不能"遍撒于"师范类院校，应当要限制那些没有法学办学经验的师范类院校开设此类专业，否则又将可能加剧法学人才"相对过剩"的现象。在设有法学专业（或有法学办学经验）的师范类院校开设法治教育专业，除了其"师范"的天然优势外，还可以在一定程度上解决法学本科生"相对过剩"的问题，推动一部分法学本科生从事法治教育，并且有助于填补中小学法治师资的空缺。

（三）师资配置

"教改的关键在于教师，因此改善师资队伍成为首当其冲的任务。"② 教师的素质情况与教师队伍结构直接关系到普通高校师资水平与教学质量。③ 在开设法治教育专业，致力于培养一批法治教育师范生的进程中，及时配备、完善相对应的师资队伍是发展法治教育师范生人才培养模式的关键一环。

1. 在教师专业背景方面，"法治教育师范生"作为一种全新的师范生类型，所意在培养的是"像教育家那样思考"的法律人，故而对于培养这类人才的教师有着更高、更全面的要求，需要充分整合法学和教育学专业的师资力量。具体而言，在

---

① 这些法学类特设专业的名称分别为"知识产权""监狱学""信用风险管理与法律防控""国际贸易规则""司法警察学""社区矫正"，其中，"司法警察学""社区矫正"也属于国家控制布点专业。
② 王晨光.法学教育的宗旨[M].北京：北京大学出版社，2016:204.
③ 张萌.现阶段我国普通高校师资队伍建设的现状、问题及对策探讨[J].山西青年，2019(6):75.

法治教育专业的专任教师当中，应当配备一定数量具有教育学专业背景的教师。然而，在当前高校的法学专业师资队伍中尚不具备传授教育学知识的专职教师，因此，计划培养法治教育师范生的院校要将加强教师队伍建设作为发展法治教育专业的重要环节来抓，从根本上解决法治教育师范生人才培养模式发展中出现的教育资源不足的问题，及时补充相应的教育学师资力量进行教学，"让专业的人做专业的事"，使人才培养方案落实到位。

2. 在教学水平方面，培养法治教育师范生要求教师具备良好的、综合性的教学能力与教学素养。从事法治教育师范生培养的教师，尤其是学科教育的教师，若学历层次或研究水平相对较低，存在专业发展水平和专业特殊性的限制，从学术性来讲通常理论水平较低，从实践性来讲亦缺乏实证研究的基础，[①]这将制约法治教育专业的发展。因此，在配置师资队伍时首先应以较高的教学水平作为"基础门槛"。当然，教学水平并非一成不变的定量，而是处在一个动态变化的过程中，确保法治教育专业的师资队伍具备较高的教学水平与教学质量，不仅依靠师资队伍固有的教学能力，也有赖于对师资队伍进行有效管理，从而不断提升师资队伍的教学水平。在师资队伍的管理上，可以通过建立与法治教育相关的教研评估组，定期对法治方向课程以及教育方向课程的师资进行综合评估与考核，一方面充分调动教师提升自身教学水平的积极性，另一方面也可以透过评估情况对法治教育师范生培养过程中存在的问题不断反思与改进，促进法治教育师范生人才培养模式的良性发展，推动法治教育朝着更贴合中小学生需求的方向发展。[②]

四、法治教育专业的课程教改方案

鉴于法治教育师范生在将来的工作岗位上面临的主要群体是中小学生，并且将从事"道德与法治"课程的教学工作，故而应当首当其冲地确保其中法治教育课程的落实到位，开设一系列中小学生适用的法律基础配套课程。法治教育专业作为一种全新的法学类特设专业，在课程体系的设计上应综合考量，与传统法学专业相区别，在充分涵盖法治课程的基础上吸纳相应的教育学方向课程，从课程内容、课程比例以及教材选用三个方面着手，以确保法治教育专业课程设置的合理化与教学成效的最大化。

（一）课程内容

在课程内容的设置上应将公共通识课程与专业课程区别开来。公共通识课程与

---

① 王克勤,马建峰,盖立春,等.师范教育的转型与教师教育发展[J].教育研究,2006(4):76-79.
② 周丽云,李祥.中小学法治教育师资队伍建设的困境及出路[J].教学与管理,2017(36):47-50.

其他各专业大同小异,包括思想政治理论课以及外语、体育、计算机等通识课程。对于专业课程而言,由于法治教育专业属于一种法学类特设专业,因此其首先具备传统法学专业应有的基本特征,与法学专业的基本培养方向相一致。中央首次全面依法治国工作会议召开后,教育部办公厅就习近平法治思想融入高等学校法治理论教学的部署落实,于 2021 年 5 月 19 日下发了教高厅函[2021]17 号文件,根据该文件的最新要求以及附件"法学类教学质量国家标准(2021 年版)"中"课程设置"部分的基本标准,法学专业的核心课程采取"1+10+X"的设置模式。① 因此,法治教育专业的课程设置也可围绕该标准进行,专业课程一般包含专业必修课与专业选修课,其中专业必修课应当增设"习近平法治思想概论"课程以响应贯彻习近平法治思想的精神要求,其他必修课程原则上应涵盖标准中所列举的 10 门核心课程,这些核心课程的学习对于基础法治知识的积淀乃至于其中一部分学生仍选择参加国家法律职业资格考试都具有不可或缺的现实价值。同时,法治教育专业又不同于以往传统的法学专业,出于培养法治教育师范生的考量,在专业课程的设置上须借鉴其他师范类专业的课程设置,相应地增设教师教育类的课程,如教育学、教育心理学、教育政策与法规、课堂教学技能训练等课程。在课程性质上需将此类核心教育课程设置为必修课性质,若将该类课程设置为专业选修课则可能会因为选修比例不均而无法使全体师范生充分受教,或者会因为选修人数过少而最终无法开设相关课程,如此将达不到增设师范类课程培养计划的目的。在确保核心专业课程能够以必修课的形式开设外,按照不同培养模块另设专业选修课以供学生选择。

（二）课程比例

就课程比例而言,当前传统法学专业的各项课程比例存在失衡现象,一部分法学本科毕业生之所以感觉大学所学知识无用武之地、法学专业之所以陷入"就业红牌"的发展困境,在很大程度上是由于课程比例设置的不合理,为了追求知识的覆盖性而增设了过多无关紧要的课程,忽视了法学作为一级学科的专业性特征,淡化了法学的专业教育特性。② 因此,各高校在培养法治教育师范生时,应当以此为鉴,不可过分扩大法学核心专业课程的课时比例,也不可稀释法治方向课程在专业必修

---

① 教育部下发《教育部办公厅关于推进习近平法治思想纳入高校法治理论教学体系的通知》(教高厅函〔2021〕17 号),附件"法学类教学质量国家标准(2021 年版)"中明确:法学专业核心课程采取"1+10+X"设置模式,"1"指"习近平法治思想概论"课程;"10"指法学专业学生必须完成的 10 门专业必修课,包括:法理学、宪法学、中国法律史、刑法、民法、刑事诉讼法、民事诉讼法、行政法与行政诉讼法、国际法和法律职业伦理;"X"指各院校根据办学特色开设的其他专业必修课,"X"选择设置门数原则上不低于 5 门。

② 李勇军,欧阳仁根.法学本科教育的定位及其课程设置的思考——基于我国法学教育现状与长远发展[J].安徽大学法律评论,2008(2):232-242.

课中的分量，而应当沿袭对法学核心专业知识、基础法律知识的教学，并在此基础上增加一定师范类课程、教师教育类课程的比例，使二者的设置比例达到一个平衡状态，这样才可避免陷入"顾此失彼"的异常境地。法治教育专业的专业必修课包含法治方向的法学专业核心课程以及教师教育方向的课程，这种模式培养的是兼具法律知识和教育科学的法治教育工作者，因此需要召集法学与教育学两方面的专家，共同研讨，改革现行的课程体系，综合确定课程比例，遵循"宜精不宜多"的设置原则。

（三）教材选用

在学校学生学什么往往取决于任课教师讲什么、期末考什么，而任课教师授课内容与期末考试内容应当以教材为指向，故而教材选用是否得当，将影响人才培养目标能否实现、在多大程度上实现。据学者调查，当前师范学院的本科法学教材与其他院校几无差别。[1]这意味着，相较于政法类院校和综合性大学，师范学院法科生的知识结构并无特色。

法治教育师范生毕业之后，主要从事中小学"道德与法治"课程的教学工作。因此，法治教育师范生在专业课程的教材选用方面，应呈现师范特色，从课程体系设置出发，充分涵盖经典的教育学方向教材。此外，在法治课程方向的教材选择上还应当重点涉及中小学生常见的法律问题，以回应加强青少年法治教育的现实需求。

五、法治教育专业的实践教改方案

孔夫子在《论语》开篇就提出治学的精髓，即"学而时习之"。此处的"习"，不能狭隘地理解为"温习"或"复习"，它还包括"练习""实习"的意思。[2]高校有义务引导在校学生正确把握"知"与"行"的关系，尤其是在机遇与挑战并存的21世纪，对于这样一个处在学校的象牙塔与社会的大熔炉交界处的大学生群体而言，仅仅通过课本、教师的传授以及其他途径掌握"知"尚且不足，只有及时将所"知"借助各种形式实际转化为"行"，并不断通过现实践行来实现"知行合一"，才能真正发挥"知"的价值，也只有这样，在校大学生才能实现"学有所成"。因此，作为"传道授业解惑"的教育平台，各高校应为"行"的现实开展创造充分的机会和条件，使在校大学生得以了解实践、体验实务、感受"知"的真实性。

法治教育专业，作为一个直接对接中小学"道德与法治"专任教师岗位的新型

---

[1] 吴凡,宋婷婷,戴欣.师范院校学生法治教育"双轨模式"的构建[J].学校党建与思想教育,2019(16):83-84.

[2] 王晨光.法学教育的宗旨[M].北京:北京大学出版社,2016:26.

特设专业，无形中增强了其自身的实践性，对于法治教育师范生的培养自然也离不开从"知"通往"行"的必经之途。因此，开设法治教育专业的试点院校应提供不同形式的实习、实训契机，实行高校教师与中小学优秀教师共同培养的双导师制，与当地的中小学校合作共建实习实训基地，建立健全双向交流长效机制，从而强化法治教育师范生教育类课程的实践能力训练，提升学生对未来职业的认知。

对法治教育专业的实践教学环节实行改革，可创新性地将OBE理念（Outcome-based Education）融入实际教育教学模式中，以结果为导向反向设计，让学生成为主角，使学生明白自己所需要的以及如何通过自己的努力达到预期目标，从而保证学生可以掌握将来适应岗位的能力[1]落实到具体措施，各高校可以通过建设法治教育师范生自主实践平台的基本形式进行，即在校内搭建各种形式的角色模拟平台，如开设微格教室等多种类型的教学试验室、举办模拟教学的学科竞赛等，让学生提前体验真实的执业状态，将所学知识以现实教学的方式呈现出来，着重对学生的实践教学技能展开综合性培养。同时，各高校应安排专职导师对学生的实践活动进行点评指导与定期考核，实时跟踪、切实保障师范生的实践成效。对于法治教育专业的学生而言，掌握好师范类、教育教学类的知识与技能比单纯的法学知识更为不易，也更为陌生，因此只有抓好学生师范方向的实践教育，才可有效提升法治教育师范生的实践教学能力，不断塑造学生的"教育家"思维模式。

---

[1] 周洪波,周平.基于OBE理念的高校教学模式改革研究[J].中国成人教育,2018(4):92-94.

论毕业论文选题之校际特色育成机制

陈小彪*

摘要 从实证数据来看，西南政法大学的学生培养质量以及培养单位的学科风格并未凸显，硕博群体的毕业论文选题也尚未形成校际特色。然而，校际特色选题的形成对于西南政法大学刑法专业学科建设本身，对地方乃至国家犯罪治理的客观需要，以及对特色学科领域的研究质量而言都具有重要意义。基于此，应当根据地方和国家犯罪治理的客观需求，以及西南政法大学的刑法学科发展状况，科学定位刑法专业硕博毕业论文选题的校际特色，并配套相应的师资育成机制、学生培养机制、师生互动机制和保障鼓励机制，以科学育成刑法专业硕博毕业论文选题校际特色。

关键词 学科建设；校际特色；毕业论文选题；培育机制

自1999年硕士研究生扩招以来以及法学专业硕博点的急剧扩张，刑法专业硕士、博士招生规模扩大，但是，培养质量以及各培养单位的学科风格并未凸显，而各培养单位的学科校际特色的培育及成熟最能彰显学校学科特色并形成学科影响力，学科的校际特色除了教师这一主体的研究成果外，大量存在的硕博群体的毕业论文选题的校际特色亦是形成学科特色的重要成因。因此，本文以西南政法大学刑法专业硕博毕业论文选题作为分析对象，对西南政法大学刑法专业硕博毕业论文选题质量作出较为全面的判断，并在此基础之上探寻学科校际研究特色之育成路径，以形成学科学术研究制高点。

一、西南政法大学刑法专业硕博毕业论文选题现状概述

项目组通过知网检索西南政法大学的学位论文，学科限定为"刑法学"，专业限定为"刑法"专业，时间限定为2016—2019年（因2020年的毕业论文未在知网

---

* 陈小彪，西南政法大学法学院副教授、硕士生导师、西南政法大学特殊群体权利保障与犯罪预防中心副主任，研究方向：刑法学、犯罪学、国家安全学。

进行分类，且未全面上传，相关数据不完整，故不在本次研究之列），共得到西南政法大学刑法学专业研究生毕业论文 346 篇，其中硕士毕业论文 310 篇，博士毕业论文 35 篇，涉及 23 位指导老师。

（一）选题现状概述

笔者将所获论文研究方向大体分为刑法基础理论、刑法分论、犯罪学、特殊群体犯罪与被害研究、比较法和刑事政策 6 大类。其中刑法基础理论可按照西南政法大学教材编排内容进行细化，分则具体罪名一般按照《刑法》条文的罪名章节再细分为各研究方向。如下几种分类需作出特殊说明。

1. 危害国家安全犯罪

为了进一步完善国家安全体制和国家安全战略，确保国家安全，中共中央于 2014 年 1 月 24 日设立国家安全委员会。2015 年 7 月 1 日，《中华人民共和国国家安全法》出台。为响应"将国家安全教育纳入国民教育体系"的要求，2020 年 9 月 28 日，教育部印发《大中小学国家安全教育指导纲要》的通知，同年 12 月 30 日，国务院学位委员会批准设置"国家安全学"一级学科。随着各部门对国家安全学科建设的探索，西南政法大学刑法学毕业论文也受其影响，逐渐涉及与国家安全有关的罪名，因此将"国家安全"单独作为分则具体罪名中的一个研究方向。本文所称危害国家安全犯罪除了刑法分则第一章"危害国家安全罪"专章集中规定的罪名，还包括分则第二章"危害公共安全罪"规定的恐怖活动犯罪，[①] 分则第四章"侵犯公民人身权利、民主权利罪"中规定的有关民族、宗教的罪名，[②] 分则第六章"妨害社会管理秩序罪"规定的第 281 条至第 284 条、第 288 条、第 290 条第 2 款、第 296 条、第 299 条以及第 300 条所涉及的罪名，[③] 分则第七章"危害国防利益罪"中规定的多数罪名以及分则第十章"军人违反职责罪"中规定的许多罪名。上述这些罪名经常是危害国家安全犯罪人采取的手段行为或者常与危害国家安全的行为交织在一起，因此应一并归纳为危害国家安全犯罪。[④]

2. 网络犯罪

2019 年 10 月，最高人民法院、最高人民检察院联合对外发布《最高人民法院、

[①] 包括组织、领导、参加恐怖组织罪，资助恐怖活动罪。
[②] 包括煽动民族仇恨、民族歧视罪，出版歧视、侮辱少数民族作品罪，非法剥夺公民宗教信仰自由罪，侵犯少数民族风俗习惯罪。
[③] 非法生产、买卖警用装备罪，非法获取国家秘密罪，非法持有国家绝密、机密文件、资料、物品罪，非法生产、销售间谍专用器材罪，非法使用窃听、窃照专用器材罪，非法侵入计算机信息系统罪，扰乱无线电管理秩序罪，聚众冲击国家机关罪，非法集会、游行、示威罪，侮辱国旗、国徽罪，组织、利用会道门、邪教组织、利用迷信破坏法律实施罪，组织、利用会道门、邪教组织、利用迷信致人死亡罪。
[④] 马章民,张琛.危害国家安全犯罪及立法完善[J].河北法学,2014(11):128-130.

最高人民检察院关于办理非法利用信息网络、帮助信息网络犯罪活动等刑事案件适用法律若干问题的解释》。2021年1月，最高人民检察院专门发布《人民检察院办理网络犯罪案件规定》的通知。此外，由于网络犯罪具有智能性、隐蔽性、复杂性、匿名性等不同于传统犯罪的特征，所以将其单独作为一类研究方向列出。本文所称网络犯罪，是指针对信息网络实施的犯罪，利用信息网络实施的犯罪，以及其他上下游关联犯罪。①

3. 毒品犯罪

"禁绝毒品，功在当代、利在千秋。"习近平总书记一直高度关注禁毒工作，近年来多次"督战"禁毒工作，将全民禁毒推升至新高度。西南政法大学在上个世纪90年代就批准成立了"毒品犯罪与对策研究中心"，并在2017年拥有了最高人民法院刑事审判第五庭、国家禁毒委员会办公室与西南政法大学合作共建的高端智库型研究基地——国家毒品问题治理研究中心。中心的建设和发展奠定了良好的人员基础、文化基础和学术基础，中心成立后，依托中心的资源和平台，中心研究团队成员指导完成和在读的硕士、博士及博士后选题、学位论文共有38篇（2017年至2021年）。②因此，研究方向为毒品犯罪的毕业论文在样本中所占比例不容忽视。本文所称"毒品犯罪"是指违反国家和国际有关禁毒法律、法规，破坏毒品管制活动，应该受到刑法处罚的犯罪行为，包括走私、贩卖、运输、制造毒品罪，非法持有毒品罪，包庇毒品犯罪分子罪等。

4. 环境犯罪

2012年11月，生态文明建设被纳入中国特色社会主义事业"五位一体"总体布局中，生态文明建设也上升到国家战略。我国所查处的环境违法案件也从2012年的0.88万件上升至2019年的16.28万件，③2020年全国下达环境处罚决定书12.61万份，④可见2020年查处的环境违法案件仍不容小觑。环境违法案件连续9年平均增长率高达52%。受社会热点案件以及国家政策影响，西南政法大学的研究生毕业论文也愈发关注环境犯罪并将其作为选题研究方向。环境犯罪，是当今各国普遍认可的一种说法，但是关于其实质的内涵，在世界范围内并没有统一的定义。在英美法系国家中，行为只要违法，无论程度如何，都可能构成犯罪。在大陆

---

① 人民检察院办理网络犯罪案件规定[N]. 检察日报，2021-01-26(3).
② 国家毒品问题治理研究中心.国家毒品问题治理研究中心人才培养一览表[EB/OL].(2021-10-20) [2021-10-20]. https://dcppc.swupl.edu.cn/zxcg/rcpy/index.htm.
③ 中华人民共和国生态环境部.2012中国生态环境状况公报[EB/OL].(2013-06-05) [2021-10-20]. https://www.mee.gov.cn/hjzl/sthjzk/zghjzkgb/；中华人民共和国生态环境部.2019中国生态环境状况公报[EB/OL].(2020-06-03) [2021-10-20]. https://www.mee.gov.cn/hjzl/sthjzk/zghjzkgb/.
④ 中华人民共和国生态环境部.2020中国生态环境状况公报[EB/OL].(2021-05-26) [2021-10-20]. https://www.mee.gov.cn/hjzl/sthjzk/zghjzkgb/.

法系国家，则强调对法益的保护，如德国注重环境本身的法益保护，日本则注重对于人身健康和生命安全的保护。但在中国，环境犯罪则作为妨碍社会管理秩序罪的一个亚类罪名，只有《刑法》明文规定的、实际造成严重后果的环境损害行为才是"环境犯罪"。① 因此，本文所称环境犯罪，是指违反我国刑法分则第六章第六节的规定，故意或过失实施的污染或破坏生态环境，情节严重或后果严重的行为。

5. 特殊群体犯罪与被害研究

受西南政法大学特殊群体权利保护与犯罪预防研究中心的影响，不少研究生毕业论文着墨于未成年人及其特定群体，如留守儿童、闲散儿童、孤儿、残疾儿童、违法犯罪未成年人等的权利保护与犯罪预防研究。因此，本文也将"特殊群体犯罪与被害研究"作为一类单独的研究方向。本文所称"特殊群体"，根据我国2017年3月1日施行的公共文化服务保障法的第一章总则的第9条提及的"各级人民政府应当根据未成年人、老年人、残疾人和流动人口等群体的特点与需求，提供相应的公共文化服务"，可知，特殊群体的定义是：未成年人、老年人、残疾人和流动人口。

6. 比较法

关于比较法是不是一门专业的法律学科历来颇有争议。笔者赞同"工具论"，即法律比较（Rechtsvergleichung）的简称，体现为对不同的法律制度的比较而其本身并不是一门法律学科。② 加之西南政法大学拥有校级基地外国及比较刑法研究中心，依托该基地智库成果，也有部分学生选择以此作文，通过对外国法律制度的分析，把握各项具体法律制度的发展趋势，并提出健全本国法律的相关建议。

7. 行刑衔接

行政犯因其具备双重违法性，应负行政责任与刑事责任双重法律责任，而在行政处罚与刑罚的衔接过程中，受刑事先理的传统法律文化影响，学界和司法实务部门常采"刑事先于行政"的做法。最近几年，随着刑法修正案对有关行政犯罪的修改，愈发表现出"以行政优先为原则、刑事先理为例外"的程序设计和制度安排。③ 加之最高人民检察院法律政策研究室公布了典型行刑衔接案例，包括广东戚某某拒不支付劳动报酬案，江苏肖某某等生产、销售不符合安全标准的食品案，北京刘某某非法采矿案，上海某电子科技有限公司、某信息技术有限公司涉嫌虚开增值税专用发票案，重庆谈某某涉嫌非法占用农用地案等。因此，对于知识产权犯罪、税收犯罪、金融犯罪等典型的行政犯罪，部分学生选择以此为研究方向，以期

---

① 高铭暄,郭玮.论我国环境犯罪刑事政策[J].中国地质大学学报(社会科学版),2019(19):9.
② 张礼洪.比较法学的目的和方法论[J].现代法学,2005(4):18.
③ 田宏杰.行政优于刑事:行刑衔接的机制构建[J].人民司法,2010(1):86-87.

厘清行刑衔接程序，探究行政犯罪的本质和刑事法治的科学定位。本文所称"行刑衔接"，并非将研究方向扩展为所有行政犯罪，仅限于学生在毕业论文中明确表示其研究内容为程序衔接、行为界定的文章。

8.民刑交叉

由于民法调整社会关系具有广泛性以及民法相对于刑法的前置法地位，实践中出现了大量的"民刑交叉"案件，成为理论界和司法实务部门研究的热点。"民刑交叉"并不是一个法定概念，也没有清晰的内涵和外延，多指民事与刑事法律关系交织的一类疑难复杂案件。① 本文所称"民刑交叉"包括观念上的民刑交叉和事实上的民刑交叉案件。前者是指本属于单纯的民事纠纷案件，因司法工作人员对法律知识掌握不够、主观认识不清所导致的适用边界争议；后者是指本来属于民法调整的社会关系，由于不法程度严重进入刑事评价视野而受到刑法、民法双重调整的案件，如"高空抛物"。

（二）选题现状分析

在上述各研究方向中，本次统计的346篇刑法学专业研究生毕业论文共涉及401个研究方向。通过系统梳理、归纳，发现同类院校同一专业硕士毕业论文选题。本文拟总结西南政法大学硕博毕业生选题所呈现的基本规律，以便于后续采取有针对性的措施，逐渐形成具有明显学科优势、校际特点、具有影响力和学科品牌的毕业论文选题体系。

1.研究方向所涉领域分析

在西南政法大学401个刑法学研究生毕业论文研究方向中，刑法基础理论有184个、刑法分论有196个、犯罪学有7个、特殊群体犯罪与被害研究有6个、比较法有4个、形势政策有3个。此外还有1位同学的毕业论文选题为认罪认罚，属于诉讼法研究的范畴。

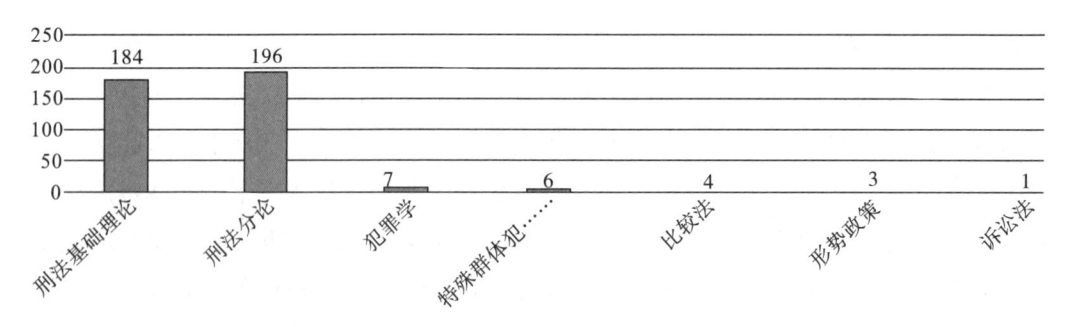

图1 西南政法大学研究生毕业论文研究方向所涉领域

---

① 最高人民检察院.民法典时代:从"民刑交叉"到"民刑协同"[EB/OL].(2020-12-03) [2021-10-20]. https://www.spp.gov.cn/spp/llyj/202012/t20201203_488016.shtml.

由图1可知，西南政法大学研究生毕业论文选题多集中在刑法基础理论与刑法分论具体罪名两大领域，而比较法、刑事政策等则涉猎较少。

（1）刑法基础理论内部选题分析

笔者参照西南政法大学教材内容对刑法基础理论进行细化，内部逻辑可用图2表示，本文样本未涉及的内容不再赘述。

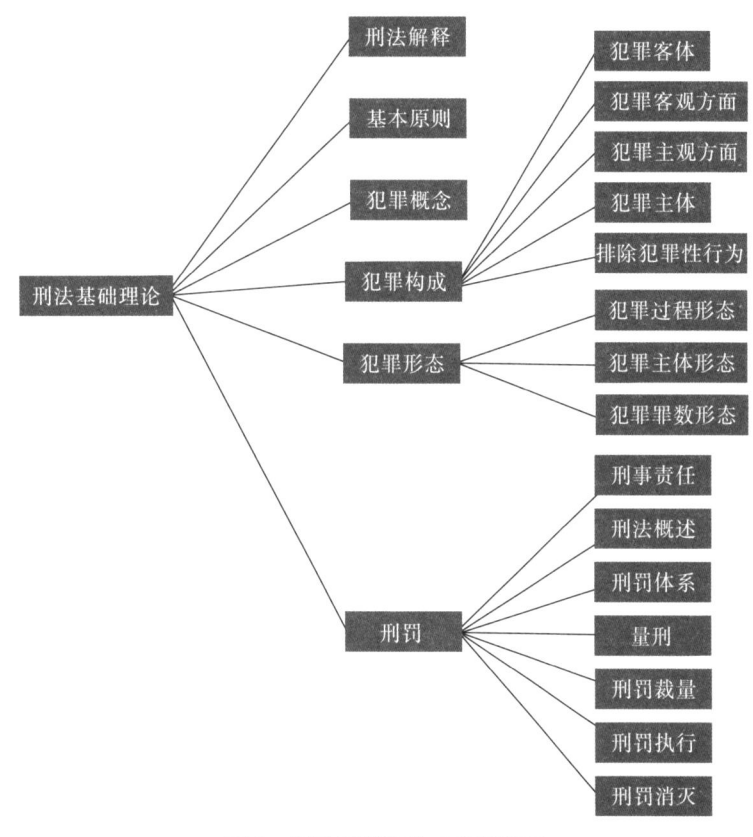

图2 刑法基础理论内部逻辑图

从图3可知，西南政法大学研究生毕业论文关于刑法基础理论的选题主要集中在犯罪构成、犯罪形态、刑罚这3个板块，均属于内部知识点多、理论研究涉及频繁的内容，因此笔者将对这3个板块内部数据做详细分析。此外，图3的数据总数为174，还有10篇无法归入上述分类的文章，选题研究方向分别是：风险刑法、司法犯罪圈、以刑制罪、主观超过要素、罪状、立法语言、违法所得、法律拟制、条文体系性研究、刑法规范的司法适用。

由图4可知，西南政法大学学生在"犯罪构成"板块内部，除"犯罪主体"外，选题方向较为平均。而关于"犯罪客观方面"的13个选题方向，有5个是对"不作为"的研究，3个是对"因果关系"的研究。

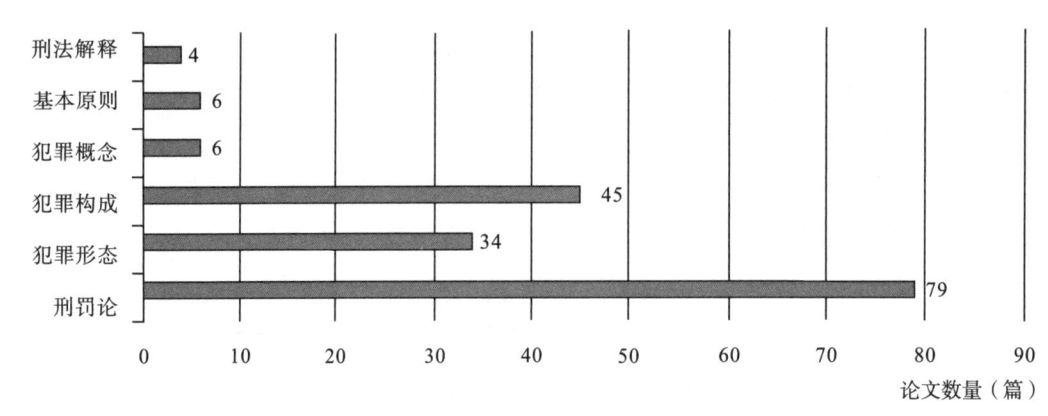

图3 刑法基础理论内部选题分析

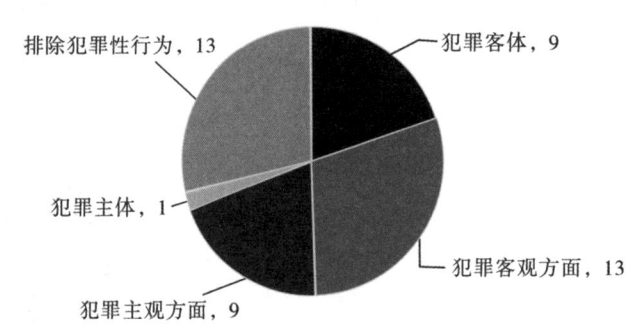

- 刑法解释：4
- 基本原则：6
- 犯罪概念：6
- 犯罪构成：45
- 犯罪形态：34
- 刑罚论：79

图4 犯罪构成内部选题分析

- 排除犯罪性行为，13
- 犯罪客体，9
- 犯罪主体，1
- 犯罪客观方面，13
- 犯罪主观方面，9

由图5可知，西南政法大学学生在"犯罪形态"板块内部，对"共犯理论"更加青睐。

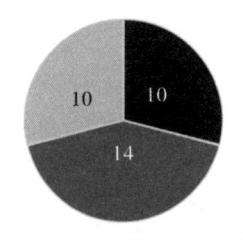

图5 犯罪形态内部选题分析

- 犯罪过程形态：10
- 犯罪主体形态（共犯）：14
- 犯罪罪数形态：10

由图6可知，在79个研究方向为"刑罚论"的论文中，有24个研究方向为"量刑"，这主要是因为西南政法大学拥有校级研究基地量刑研究中心，在研究人员的指导下，再加上依托中心研究成果，所以该部分选题较多。而在刑罚体系中，由于具有五主四附以及非刑罚处罚方法，所涉理论庞杂，所以有34个研究方向涉及此处，其中共有9篇论文对"终身监禁制度"进行探讨，涉及"终身监禁制度"的适用问题、现实困境、改革完善以及纠正路径等方面。刑罚概述部分主要指对刑罚目的、刑罚机能的研究。

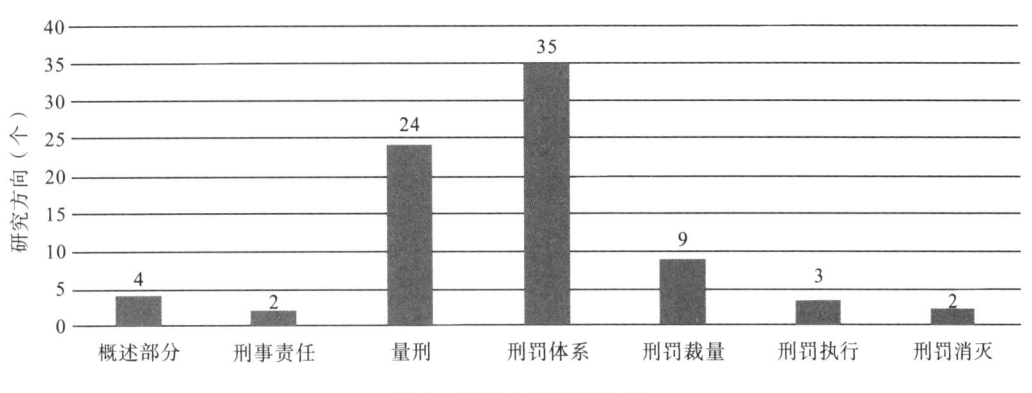

图6 刑罚内部选题分析

（2）刑法罪名内部选题分析

笔者参照刑法条文罪名的章节分布对刑法分论罪名进行细化，而危害国家安全犯罪、网络犯罪、毒品犯罪、环境犯罪、行刑衔接以及民刑交叉六种细化分类则单独列出。

说明：第一章危害国家安全罪的研究方向纳入危害国家安全犯罪（见图7）统计，故在图7中不显示。图7第六章妨害社会管理秩序罪中，第六节破坏环境资源保护罪纳入环境犯罪（见图7）统计，第七节走私、贩卖、运输、制造毒品罪纳入毒品犯罪（见图7）统计，第九节制作、贩卖、传播淫秽物品罪若是线上形式则纳入网络犯罪（见图7）统计。

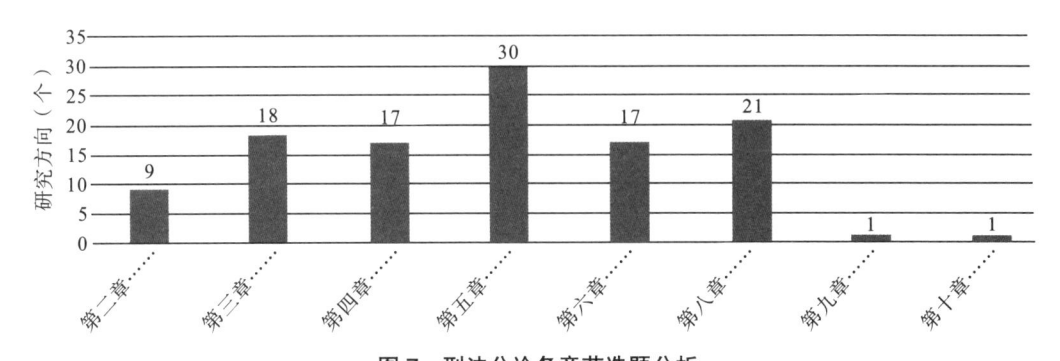

图7 刑法分论各章节选题分析

由图7可知，西南政法大学研究生2016至2019年的毕业论文对于刑法分论各具体罪名的研究方向，主要集中在第三章破坏社会主义市场经济秩序罪，第四章侵犯公民人身权利、民主权利罪，第五章侵犯财产罪，第六章妨害社会管理秩序罪，以及第八章贪污贿赂罪。除第四、第五、第八章属于一直以来的研究重点外，第三章、第六章主要是因为内部章节多、罪名多，涵盖面广显得比较抢手。笔者将对这两章内部各节所涉研究方向数量进行具体统计。由图8可知，在一些专业化领域，西南政法大学学生对网络犯罪、行刑衔接问题这两个研究方向更感兴趣。而西南政法大学在2020年设了新型犯罪研究中心，将网络犯罪作为毕业论文选题的文章在未来一定会增加。

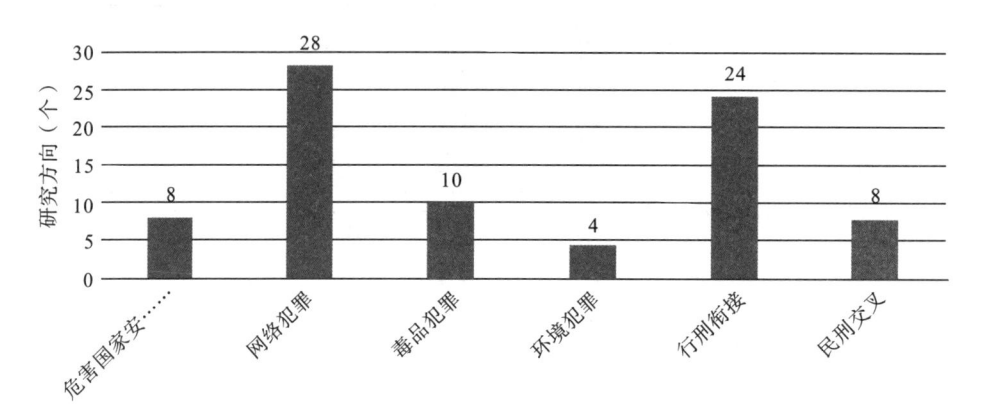

图8　特殊说明罪名类型选题分析

由图9、图10可知，本校学生对破坏社会主义市场经济秩序罪一章内部各罪名的选题倾向较为平均。但在妨害社会管理秩序罪一章，毕业生们则主要集中于对"扰乱公共秩序罪"这一节罪名进行研究，其中有一半是对"寻衅滋事罪"的研究。

图9　破坏社会主义市场经济秩序罪选题分析

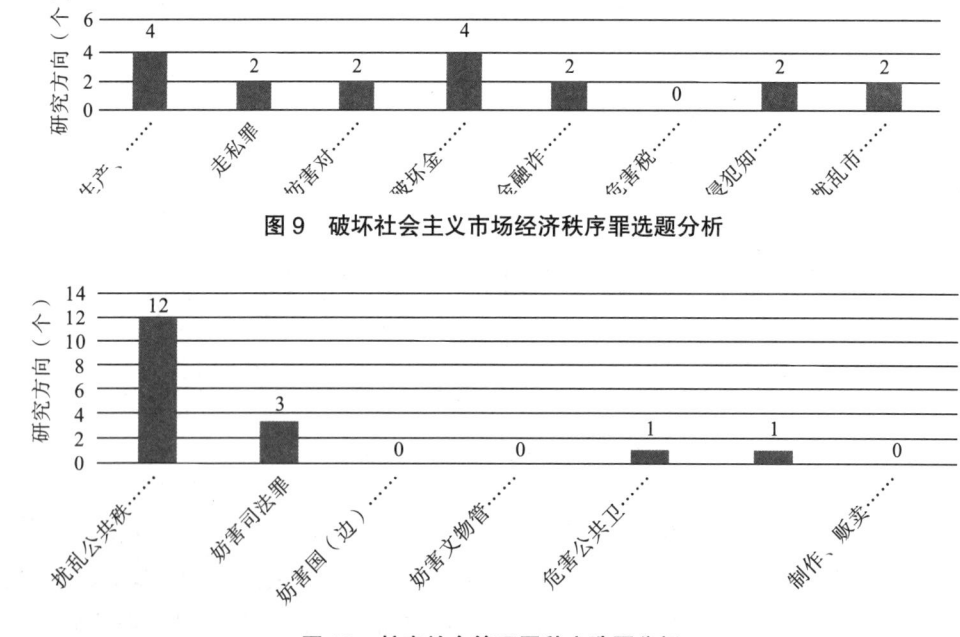

图10　妨害社会管理罪秩序选题分析

2.学生论文选题与导师研究方向相关度分析

在项目组统计的346篇毕业论文、401个研究方向中,发现学生的毕业论文选题与导师的研究方向关联度不够紧密。在23位指导老师中,研究方向与学生毕业论文选题最紧密的是陈荣飞老师,具体内容见表1。

表1 陈荣飞老师研究方向与学生毕业论文研究方向的关系

导师研究方向	学生姓名	学生论文题目	学生论文研究方向	年份
刑法基础理论—刑罚—量刑、执行	王舒玉	论被害人弱势身份对定罪量刑的影响	刑法基础理论—刑罚—量刑	2019
	郝梦竹	激情犯罪刑事责任探析	刑法基础理论—刑罚—量刑,侵犯公民人身权利罪、侵犯财产罪、扰乱公共秩序罪	2019
刑法基础理论—犯罪构成—犯罪客观—不作为	宁微姣	论法定犯的违法性认识	刑法基础理论—犯罪构成—犯罪主观	2019
	张康	阻碍救援类犯罪中的刑法因果关系问题研究	刑法基础理论—犯罪构成—犯罪客观—因果关系	2018
	林育青	我国犯罪故意的要素分析模式研究	刑法基础理论—犯罪构成—犯罪主观	2018
特殊群体犯罪与被害研究	周华萍	犯罪论中行为人情绪、情感因素研究	刑法基础理论—犯罪构成—犯罪主观	2018
	王斯栋	未遂教唆的可罚性研究	刑法基础理论—犯罪形态—犯罪过程形态	2018
	胡菲菲	事故类犯罪空白罪状研究	刑法基础理论	2017

其余老师的研究方向与学生毕业论文选题之间视同秦越,由于导师们的研究方向比较庞杂,几位主持研究中心的老师,其导师研究方向与学生论文选题密切度分别为15%、18.1%、3.7%,甚至为0。

综上可知,西南政法大学的学生培养质量以及培养单位的学科风格并未凸显,硕博群体的毕业论文选题并未能依托导师的研究成果或者学校各中心的智库成果,尚未形成校际特色。

二、刑法专业硕博毕业论文选题校际特色定位

定位刑法专业硕博毕业论文选题校际特色需要秉持科学、客观、理性的基本态度,一方面需要根据高校所在地的区域因素和政策因素,另一方面则需要充分了解学校已有科研资源和学术优势。立足地方积极探索与区域社会有机结合的渠道,以特色发展服务区域社会,增强为社会服务的功能,既是区域社会发展的需要,也是

高校自身谋求发展的需要。以北京三所高校为例，北京大学、中国政法大学、人民法学在各自发展过程中就充分考虑了区域因素和学校因素，从而科学确定了校际特色定位。

（一）区域因素定位

刑法专业选题校际特色定位的科学性和客观性就体现在研究成果能够有效服务于地方犯罪治理和社会发展的需要。地方行业特色高校的一流学科所赋予的学科特色和优势已非单一地来自学科内部，而更多地承载了服务地方需求的使命。① 根据区域因素定位选题既要考虑地区刑事司法特点，也要充分结合地方刑事政策的需要。高校服务地方社会发展有"三个境界"，第一是主动适应，第二是支撑发展，第三是创新引领。② 所谓主动适应，是指校际特色定位需要主动适应犯罪治理实践的现实需要；支撑发展是指校际特色选题需要在主动适应的基础上对刑事司法、区域刑事政策的发展需求起到支撑作用；创新引领则是指在主动适应、支撑发展的前提下，发挥理论创新引领的重要作用。然而，前述三个境界都需要建立在对高校所在区域因素的充分把握之上，才能防范理论研究脱离现实需要而最终导致研究成果沦为空中楼阁的风险。

1. 根据所在地区的刑事司法特点与现实需要

"立足地方，面向全国"，是刑法专业硕博毕业论文选题校际特色定位的基本理念，这就需要高校立足于区域的刑事司法特点与现实需要，兼具研究的全国视野。面向全国，就是突出办学的全国视野，这种全国视野是由地方高水平大学办学目标决定的。地方高水平大学的特色和水平，不只是省域的概念，而且是跨省域的概念。③

以西南政法大学为例，西政毒品犯罪治理研究的校际特色定位就充分立足于川渝地区的刑事司法特点与现实需要。西南政法大学位于我国西南川渝经济片区，从区域刑事司法特点与现实需要来看，川渝片区临近云南，毒品犯罪较为严重，亟需在禁毒领域开展深入研究，完善禁毒刑事政策，解决毒品犯罪社会治理的痛点难点问题。在这样的背景下，2017年6月22日，最高人民法院会同国家禁毒办与西南政法大学合作成立了国家毒品问题治理研究中心，目的是进一步推动禁毒基础理论研究，为完善禁毒刑事政策、促进完善禁毒刑事立法、提高禁毒工作特别是刑事司

---

① 高雪梅,于旭蓉,胡玉才.地方行业特色型高校一流学科建设路径的思考[J].学位与研究生教育，2017(6):34.
② 张大良.改革创新,努力构建具有区域特色的现代应用性高等教育体系[J].中国高教研究，2014(12):7.
③ 张立彬."区域特色、全国一流"：地方高水平大学办学目标定位及其路径选择——以浙江工业大学建设地方高水平大学为例[J].中国高教研究，2013(5):68.

法工作水平提供理论支撑。毒品犯罪的猖獗一方面为禁毒工作的开展带来了挑战，另一方面则为毒品犯罪治理研究提供了丰富的实践经验和疑难案例。着眼于地区特点与现实需要，2015—2019年西南政法大学的刑法专业硕博毕业论文共计440篇，而其中选题与毒品犯罪相关的共计72篇，约占16.36%。

再以西北政法大学为例，其边境反恐研究的校际特色研究同样是紧紧围绕西北地区反恐的刑事司法特点和现实需要开展的。2010—2020年间，西北政法大学教师在CSSCI及以上发表论文88篇，[①]2000—2020年间则在国家社科、中国法学会、司法部等组织立项60个，结项34个。[②]同时，该校还成立反恐怖主义研究院、民族宗教研究院以整合教师资源，开展深入研究。西北政法大学的教师队伍深入剖析反恐法治建设的重大理论和实践问题，提出反恐领域法治难题以及对策措施，对当前国际恐怖主义活动日益猖獗、欧洲和中东地区多次发生重大恐怖袭击事件、我国新疆等地暴恐活动接连发生的情况亦有独到见解。

由此可见，根据区域刑事司法特点与现实需要定位硕博毕业论文选题校际特色既具有合理性也具有可行性。

2. 根据所在地区的地方政策与资源优势

除了要考虑区域刑事司法特点与现实需要外，刑法专业硕博毕业论文选题校际特色的定位还应当充分发挥所在地区的政策与资源优势，才能为特色选题的形成与发展提供源源不断的动力支撑。高校借助所在区域的政策与资源优势开展研究，相较于其他高校而言能够发挥得天独厚的资源优势。

以位于上海市的华东政法大学为例，上海既是直辖市又是经济特区，能够为高校的学术研究提供丰富的政策扶持与资源优势。华东政法大学刑事法学院拥有生命科学与法律研究所，而同样坐落于上海的中国科学院上海生命科学研究院作为中国生命科学领域重要的综合性国立研究机构，能够为华东政法大学生命科学与法律的研究带来丰富而前沿的科学理论研究成果，也为跨学科研究的深度开展带来可能。在中国知网以"生命科学"为搜索主题、关键词、摘要得到12篇，其中期刊6篇，硕博毕业论文6篇。相比之下，西南政法大学"生命科学"相关文献共7篇，其中期刊2篇，硕士学位论文5篇；中国政法大学共5篇，都是期刊论文；西北政法大学为1篇期刊论文。由此可见，虽然总体数量不多，但华东政法大学生命科学方面的研究成果还是近两倍于中国政法大学和西南政法大学。（见图11）

---

① 2010—2020年反恐法学院教师论文汇总[EB/OL].(2021-04-14)[2024-07-20].https://nss.nwupl.edu.cn/hsxj/kxcg/83551.htm.

② 2000—2020年反恐法学院教师课题汇总[EB/OL].(2021-04-14)[2024-07-20].https://nss.nwupl.edu.cn/hsxj/xmkd/83550.htm.

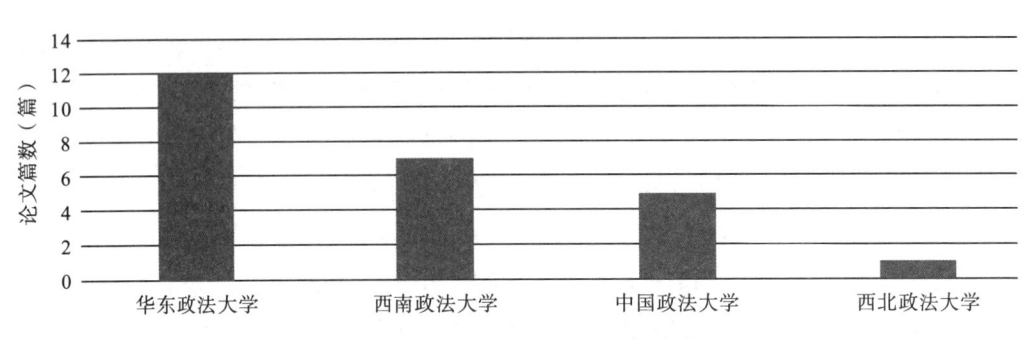

图 11　生命科学主题研究成果统计

再如东南大学法学院，在地方政策与资源优势的支持下也形成了网络犯罪方面的校际研究特色。从整体角度看，东南大学是教育部直属并与江苏省共建的全国重点大学，也是"985工程"和"211工程"重点建设大学之一，[①]科研与教育方面的资源都较为丰富。从具体学科优势来看，东南大学在网络犯罪方面与地方检察院成立了专门的研究中心，如苏州市相城区人民检察院与东南大学法学院合作共建的"网络犯罪研究中心"暨"法学教育实践基地"，相城区人民检察院表示将会为东南大学法学院的学术研究、学科建设及人才培养提供源源不断的案例素材与实践平台。[②]在各种政策与资源的培育下，东南大学硕博毕业论文选题也开始形成网络犯罪方面的校际特色雏形。在知网直接检索学位授予单位"东南大学"的文章，几乎没有法学门类，而在学科选择上也没有"法学"这一选项。因此，笔者先从东南大学官网找到刑法学教研室的老师，再由知网检索相关导师指导的毕业论文。为保证样本的一致性，排除法律硕士的毕业论文，仅以刑法学专业学术性硕博的毕业论文作为研究对象，共得出2016—2020年样本论文43篇，其中博士毕业论文5篇，硕士38篇，研究方向46个。经统计，东南大学的硕博毕业生有将近1/3选择就网络犯罪作文（见图12），这与导师的研究方向密不可分，如刘艳红、欧阳本祺、李川教授的研究方向就包括网络犯罪。可见，东南大学在网络犯罪方面已开始形成校际特色优势选题的雏形。

即便是内陆地区的高校，也同样可以发挥所在地区的资源优势。陕西历史文化资源具有极大的丰富性、地域性与开放性、散发着强烈的思想光芒、悠久持续对国内外的影响性。[③]这就为坐落在十三朝古都的西北政法大学开展法律史方面的研究

[①] 李震.东南大学简介[EB/OL].(2020-04-14)[2021-10-20].https://www.seu.edu.cn/2017/0531/c17410a190422/page.htm.

[②] 相城区检察院.本院与东南大学法学院合作共建"网络犯罪研究中心"暨"法学教育实践基地"签约揭牌仪式在南京顺利举行[EB/OL].(2020-06-18)[2021-10-20].http://szxc.jsjc.gov.cn/yw/202106/t20210618_1238782.shtml.

[③] 赵东.陕西历史文化资源的特性与类型[J].西安财经学院学报,2014(6):101.

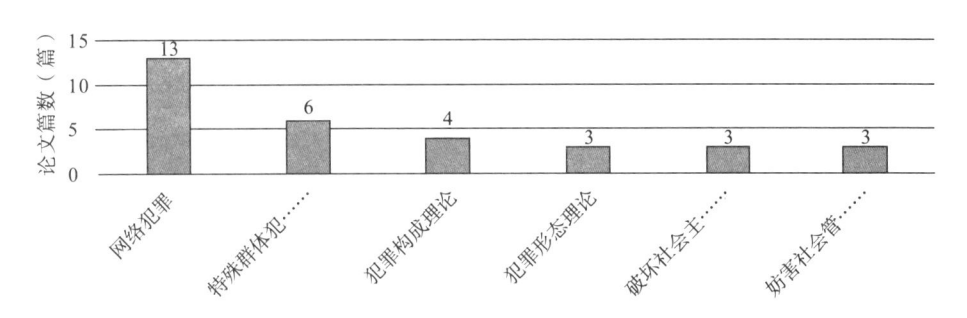

图 12 东南大学硕博毕业论文选题较多的方向

提供了天然的古籍资源优势。

（三）学校因素定位

对于校际特色的形成，需要了解本校的研究传统，寻找本学科的学术高点，横向比较其他培养单位的选题风格，避免跟风式的选题。他校的办学模式和办学特色可以借鉴和学习，但办学特色是不能相互"克隆"的。[①] 因此，在定位刑法专业硕博毕业论文选题校际特色过程中，对学校现有学术传统和实务资源进行梳理和统筹是必不可少的重要环节。

1. 探索本校学术传统

学术传统的确定不是随心所欲，也不是随大流，而是需要对本校已有的研究基础进行细致的梳理、归类。一流学科建设中非常重要的是学术传统的形成，良好的、独具特色的学术传统的形成，不是靠钱堆积起来的，也不是仅仅靠人才引进就可以做到的。[②] 高校的研究人员、研究成果和研究资料都是本校最为独具特色的研究基础，因此有必要对现有研究人员，已有成果和资料进行梳理、归类。唯有明确已有研究成果和资料，才能知晓本校对某些领域的研究进度和基础，进而对已经形成一定规模和特色的研究领域开展重点关注，以探寻该领域形成硕博毕业论文选题校际特色的价值和可行性。此外，还应当对教师和科研人员进行进一步的归类，交叉比对各研究人员的研究领域，以研究方向为单位将领域有交叉的人员进行统一归类。因此，学术传统的确定一方面需要对研究资料和成果进行梳理，另一方面则需要对研究人员和领域进行归类，才能在此基础上切实根据本校特色探寻得良好可行且独具特色的研究方向。

2. 统筹已有实务资源

对本校学术基础进行梳理是从学术资源角度出发定位刑法专业硕博毕业论文选

---

① 赵东.陕西历史文化资源的特性与类型[J].西安财经学院学报,2014(6):101.
② 周杨.在科学和法治的轨道上推进中国特色世界一流法学学科建设——张文显教授访谈录[J].中国大学教学,2017(8):13.

题的校际特色，除此之外，还可以从实务资源的角度出发进行定位。实务资源同样是确定校际特色选题需要重点考量的因素，通过统筹分析现有校友资源、实践基地，能够为校际特色选题的研究带来实务资源方面的独有优势。以西南政法大学刑法学为例，西南政法大学刑法学科已在全国实务部门建有90多个相应的教学科研实践基地并从全国司法系统聘请了30多名资深实务专家做实务导师，共同打造兼有深厚专业知识与实务能力的高层次法治人才。[①] 这些教学实践基地除了能为硕博毕业生提供实习机会之外，还能为研究团队提供实证调研的机会，而实务导师、校友资源则同样能够在硕博毕业论文校际特色选题的研究中发挥重要作用，分享实务经验，以及从实务领域提供新的研究视角。

三、刑法专业硕博毕业生论文选题育成机制探索

在明确刑法专业校际研究特色学科建设目标之后，通过内部科研培养机制的完善，或是外部引进人才等方式，整合各类资源持续发力，最终定能育成硕博毕业生论文选题的校际特色。诚然，资金和人力是硕博毕业生论文选题的校际特色形成所不可缺少的因素，然而校际特色选题的形成不是简单靠人力财力堆砌就必然能够实现的，还需要配套相应的师生培养、互动机制，并构建鼓励制度进行保障。师资育成机制如骨干，学生培养机制如血肉，师生互动机制如经脉，保障鼓励机制如肌肤，共同构建起系统、能动、有机的刑法专业硕博毕业生论文选题育成机制。

（一）师资育成机制

师资育成机制如骨干，在优势学科选题的育成中搭建起基本框架。教师等研究人员在刑法专业硕博毕业生论文校际特色选题的形成和研究中起到主导作用，在母课题和子课题所搭建的系统性研究框架中则发挥着支撑功能，因此，校际特色选题的师资育成机制就显得尤为重要。

1. 招募、培养特色研究领域的研究人员

根据区域因素和学校因素科学定位刑法专业硕博毕业生论文校际特色选题之后，应当通过引进人才或者培养现有研究人员的方式，为搭建特色选题研究框架储备人才。中共中央办公厅、国务院办公厅发布的《关于深化项目评审、人才评价、机构评估改革的意见》中明确指出，应当"克服唯论文、唯职称、唯学历、唯奖项

---

① 刑法学科简介[EB/OL].(2020-03-11)[2024-07-20].https://fxy.swupl.edu.cn/xygk/xkjj/280307.htm.

倾向……把学科领域活跃度和影响力……作为重要评价指标"①。由此可见，在人才评价改革中，应当更重视研究人员在特色学科研究领域的活跃度和影响力。在部分特色而较为冷门的研究领域内，有影响力和活跃度的学者往往难以在高质量期刊上发表文章，学会、各级政府的奖项也较少，倘若对研究人员的招募、培养秉持以往的唯论文、唯职称、唯学历、唯奖项标准，那么容易遗漏前述研究领域内的优秀学者。论文的数量增加并不意味着学科影响力的提高。②因此，在刑法专业校际特色选题的师资育成机制中，对于特色领域研究人员的招募、培养也应当克服唯论文、唯职称、唯学历、唯奖项倾向，把招募、培养的重点转向对于特色研究领域具有活跃度和影响力的研究人员身上。

2. 招聘特色实务领域的实务指导人员与研究顾问

在刑法专业硕博毕业生论文选题育成机制建构中，不能忽略实务领域人员的指导和顾问地位，否则容易导致研究脱离现实而最终被束之高阁。如前文所述，刑法专业硕博毕业生校际特色论文选题的定位乃至于育成，都必须"立足地方，面向全国"，紧紧围绕着刑事立法、司法实践对犯罪治理的现实需要。如果缺乏实务指导人员与研究顾问，选题轻则与现实需要有偏差，重则完全脱轨于实践，人为制造无意义的理论纷争。基于此，在刑法专业硕博毕业生论文选题育成机制建构中，高校可以从校友资源或者所在城市的实务部门中挖掘、培养、吸收具有一定研究基础与能力的司法实务人员担任研究团队的兼职甚至是专职指导或顾问，以确保选题的育成中能够紧贴司法实践的客观需要，为后续研究成果切实发挥犯罪治理的功能奠定基础。

3. 教研室组织研究团队开展专题研讨

人才储备的最终目的在于针对特色选题开展深入研究，因此刑法专业教研室应当定期或者不定期组织研究团队开展专题研讨，在思维碰撞中推进研究的不断深入。在传统的合作研究模式下，刑法教研室的教师和其他科研人员虽然会通过课题项目的方式开展合作研究，但课题式合作模式中主要是以项目负责人主持研究的方式进行，导致思维交锋犹有不足。而在刑法专业硕博毕业生论文校际特色选题式研究模式中，系统性研究框架由母课题和若干子课题所共同搭建，每一位或者几位研究人员都分别或共同负责某一课题的主持，平等课题组之间自然会产生思维的碰撞

---

① 《关于深化项目评审、人才评价、机构评估改革的意见》指出，"科学设立人才评价指标。突出品德、能力、业绩导向，克服唯论文、唯职称、唯学历、唯奖项倾向，推行代表作评价制度，注重标志性成果的质量、贡献、影响。把学科领域活跃度和影响力、重要学术组织或期刊任职、研发成果原创性、成果转化效益、科技服务满意度等作为重要评价指标。"中华人民共和国中央人民政府.[EB/OL].（2018-07-03）[2024-07-20].http://www.gov.cn/zhengce/2018-07-03/content_5303251.htm.

② 郑琰燚,李燕文,莫弦丰,毛善锋.高校学报在"双一流"建设中的机遇和挑战[J].编辑学报,2017(2):162.

与交锋。基于此，子课题和母课题之间，以及若干子课题之间都需要通过专题研讨的方式梳理分歧、达成共识，或者在研讨中推进研究的广度和深度，这就为教研室组织研究团队开展专题研讨提出了客观要求。

4.加强国际、校际交流访学

各类高校的学科优势是刑法专业硕博毕业论文校际特色的选题和理论研究的有效助力，因此在相似或关联的领域内，校际、国际交流也是师资育成机制不可缺少的一环。从校际交流来看，通过校际之间的协作搭建学科教学与技术实践融合的交流平台具有重要的实践意义。① 具体而言，校际交流的实践意义在于为学科建设提供多学科的视角、理论基础和方法指导，通过与其他硕士点展开交流合作，推动专题研究不断深入。② 从国际交流来看，在"双一流"建设的背景下，"推进国际交流合作，加强与世界一流大学和学术机构的实质性合作，加强国际协同创新，切实提高我国高等教育的国际竞争力和话语权"③ 已经明确成为此轮改革的任务之一。着眼于《统筹推进世界一流大学和一流学科建设总体方案》的相关表述和刑法专业硕博毕业论文校际特色的选题的育成目标，应当明确开展国际交流不只是为了"引进来"，不能为了"国际化"而"国际化"，要坚定立足于本土语境，服务于校际特色学科育成的最终目的。因此，需要确定共同科研选题，共建科研团队或平台，形成学术共同体，最终是为了能够拓展国际学术交流的广度、深度，催生出实质性的学术成果。④

（二）学生培养机制

学生培养机制如血肉，在优势学科选题的研究框架中起到填充作用。硕博研究生在刑法专业硕博毕业生论文校际特色选题的形成和研究中则起到基础作用，在教师和其他研究人员搭建起系统的研究框架后发挥着血肉一般的功能，因此，每个研究生的研究工作成果将会直接或间接地影响到整个学科的建设。⑤

1.采集研究方向组建跨师门研究小组

为了科学育成刑法专业硕博毕业生论文选题的校际特色，学生培养机制的设计

---

① 马可,班轩,杨振涛.信息化环境下教师专业能力发展的实践研究——以校际间协作促进教师专业发展[J].中国电化教育,2015(6):110.
② 宫雪.我国职业教育学科建设情况的定量研究——基于职教硕士学位论文的文献计量与知识图谱绘制[J].职教论坛,2012(10):8.
③ 国务院关于印发统筹推进世界一流大学和一流学科建设总体方案的通知[J].中华人民共和国教育部公报,2016(Z1):2-7.
④ 任友群."双一流"战略下高等教育国际化的未来发展[J].中国高等教育,2016(5):17.
⑤ 苏颖怡.从三所高校院系的学位论文主题分析——谈谈我国图书情报学研究生教育与学科建设[J].四川图书馆学报,1999(1):54.

就不再只是综合培养,而应当围绕着校际特色组建专门的研究小组。刑法学科可以通过大数据采集学生有基础、有能力、有兴趣的研究方向,并根据数据统计结果,以特色领域研究方向为标准组建研究小组。相较于传统的以同一导师为单位的研究小组而言,根据研究方向进行分类能够最大限度整合学科内部对相同、相近或相关联研究方向有基础、有能力、有兴趣的学生,所能形成的硕博研究团队的规模也更为庞大。在制定研究生的培养方案时,应当根据其本科学习的具体情况,有针对性地设计选课计划,有的放矢地培养和发展学生已有的知识结构、能力和专业特长和方向。① 通过组建跨师门研究小组,能够为刑法专业硕博毕业生论文选题的校际特色研究团队储备学生资源。

2. 定期开展硕博论坛加强学生内部交流

类似于教研室定期组织研讨会的功能,定期开展专题硕博论坛同样有利于刑法专业硕博毕业生论文选题校际特色的科学育成。相较于硕士研究生,博士研究生的研究能力、思辨能力以及对于特定研究领域的研究基础总体上都要高于硕士研究生。而相较于老师和其他研究人员,博士研究生则更有充足的时间对硕士研究生进行指导。因此,在硕博毕业生论文选题校际特色研究框架中,博士毕业生在导师和硕士毕业生中间发挥着承上启下的桥梁纽带作用。基于此,定期开展硕博论坛能够通过硕博研究生内部的交流互动,在培养学生对于校际特色研究领域的兴趣和热情的基础之上,双向夯实硕博研究生研究团队的知识储备,甚至在思维碰撞中实现观点的创新。

3. 加强国际、校际交流,派遣、招收特定研究方向学生

着眼于刑法专业硕博毕业生论文选题校际特色的科学育成,在开展国际、校际硕博研究生交换时,也应当紧紧围绕优势学科开展。在世界政治经济形势发生深刻变化的情况下,我国进行高等教育国际交流与合作对于高等教育自身的发展具有重要意义。② 但同时,在开展国际、校际合作的过程中,应当立足于本校特色学科开展工作,这不仅是校际特色优势选题育成的需要,更是学科发展,提升学科乃至学校核心竞争力的必然要求。国际合作要实现"强强合作"就必须发挥学科优势,每所大学都有自己的强势学科,这些学科构成了大学的核心竞争力。③

4. 培养校际特色学科文化

刑法专业硕博毕业生论文选题校际特色的育成不能急于求成,而应当通过逐渐形成学科文化的方式循序渐进,进而培养师生的研究热情。在学术自由和教育自由

---

① 彭慧,张剑平. 我国教育技术学硕士学位论文的实证分析[J]. 现代教育技术,2006(4):48.
② 黄巨臣."一带一路"倡议下高等教育国际交流与合作路径[J]. 现代教育管理,2017(11):63.
③ 邹亚军. 大学国际合作与交流面临的挑战与对策[J]. 江苏高教,2002(2):32.

的前提下，学校只能对学生选题采取鼓励的态度引领硕博毕业论文校际特色的形成，因此学生对校际特色研究领域的研究热情和基础是学生培养机制的关键一环。而其中，学科文化能够通过润物无声的方式让学生在日积月累中增强对校际特色研究领域的熟悉度，渐渐培养研究热情。学科文化具有濡化功能，文化的潜移默化能够有效促进新成员熟悉所在学科的价值、范式、规则和行为，通过不断地代际传播进而实现长远发展。[①] 学校可以通过举办特色领域专题讲座、举办主题活动、推送相关资讯等方式，在校内逐步形成校际特色学科文化。在学科文化的浸染中，师生对于校际特色研究领域的研究热情和关注度会逐渐提高，为后续校际特色研究领域的选题和研究奠定基础。

（三）师生互动机制

师生互动机制如经脉，在骨架和血肉中间扮演着纽带桥梁的角色。具有校际特色的选题群需要师生的相互引领与良性互动：指导老师应有团队的研究方向，学生应在团队研究方向之下形成选题，选题应具有该研究方向的前沿性。在当前的选题模式下，师生间缺乏选题互动机制，这是学生选题随意、缺乏引领、不成体系的重要原因。因此，需要通过增设师生互动机制的方式，实现师生的相互引领与良性互动，强化校际优势研究方向对学生选题的影响力。

1. 强化导师的日常引领

在刑法专业硕博毕业生论文选题校际特色选题育成的师生互动机制中，硕博毕业生与导师的相互引领与良性互动是确保选题科学合理的前提。在以往的选题模式下，师生之间虽然也会在选题前进行一定的互动交流，但这样的方式只能围绕选题的基本问题，如规范性、前沿性开展交流，而无法通过提前引领逐渐育成学生对校际特色优势研究领域相关选题的基础和兴趣。因此，应当强化导师在学生日常研究生活中的引领作用，导师可以通过定期举办读书会、学术沙龙等方式，早在硕博研究生研一、博一时就定期对指导的硕博研究生进行指导。通过读书会、学术沙龙就校际特色研究领域的撰写文章、研究文献开展专题讨论，从而逐渐培养硕博研究生在这些领域的研究兴趣和问题意识，为后续毕业论文选题形成校际特色奠定基础。

2. 与实践基地建立特色培养中心

在刑法专业硕博毕业生论文选题校际特色选题育成的师生互动机制中，法学教育实践基地对于保障选题的现实研究价值具有重要意义。为了使得刑法专业校际特色选题能紧紧围绕地方乃至国家的战略需求，促使研究的学术成果在犯罪治理的各

---

① 吴叶林，崔延强. 基于学科文化创新的一流学科建设路径探论[J]. 清华大学教育研究，2017(5):91.

个环节中发挥指导功能，需要有教学实践基地作为实务导师与硕博研究生开展良性互动的平台。同时，刑法学科的教学实践基地还能为硕博毕业生提供选题背景，指导老师也可以借此激励学生立足于司法实践的现实需要，在校际特色研究领域的方向内选择对犯罪治理具有现实意义的选题。除此之外，刑法学科的教学实践基地还能通过案例指导对学生的思辨能力和研究能力进行训练，为后续刑法学科校际特色研究领域的研究奠定基础。由于司法实践和理论研究之间有一定的差异，因而在实践教学与毕业实习的过程中，应当强化校内导师与校外导师的联系。校内导师应当就校际特色研究领域问题与校外导师进行深入交流，以便于校外导师在实务训练与实习指导的过程中有针对性地选择相关案例，让学生从实践的角度针对校际特色研究领域相关问题充分思考，并带着从实践中获得的感悟开展进一步的理论研究。基于此，可以认为法学教学实践基地的建设是实现法学教育培养目标，培养学生的创新精神和实践能力的关键环节。[1]

3. 建立若干特色领域研究中心

在刑法专业硕博毕业生论文选题校际特色选题育成的师生互动机制中，特色领域研究中心的搭建对于凝练优势学科领域，强化指导老师的指导作用具有关键作用。从总体来看，各个法学院校或多或少都会在科研与学科建设的过程中成立若干研究中心。以西南政法大学为例，西南政法大学在开展科研与学科建设的过程中，构建了校部共建研究基地、市级研究基地、校级研究基地、院级研究基地共计四级科研基地。[2]其中，刑法学科有校部共建研究基地两个，分别是刑事检察研究中心、重庆市新型犯罪研究中心；市级研究基地一个，国家毒品问题治理研究中心（毒品犯罪与对策研究中心）；校级研究基地四个，分别是量刑研究中心、特殊群体权利保护与犯罪预防研究中心、外国及比较刑法研究中心、金融刑法研究中心；院级研究基地两个，分别是少年司法研究中心、刑事辩护研究中心。然而，从前文所展示的数据来看，西南政法大学刑法学科近五年的硕博毕业论文选题与前述研究中心的关联性也不强。此外，研究中心导师化的倾向过于明显，在导师化的倾向下，研究中心的研究成员都默认是研究中心负责导师所指导的学生，既缺乏选拔标准，也排除了其他师门硕博研究生加入的可能。因此，应当明确研究中心的学科化而不是导师化，以刑法学科校际特色领域为导向建立研究中心，并跨师门吸纳硕博研究生为研究人员，在研究中心开展科研活动的过程中培养其研究能力与热情，夯实相关研究领域的理论基础。当前述研究人员开展毕业论文选题工作时，研究中心指导老师

---

[1] 罗辉勇. 法学教学实践基地建设的研究[J]. 福建农林大学学报(哲学社会科学版), 2010(3):97.
[2] 西南政法大学法学院. 科研基地[EB/OL].(2023-01-06)[2024-07-20].https://fxy.swupl.edu.cn/kyykxjs/kypt/xbgjyjjd/index.htm.

就可以通过对硕博毕业生进行引领的方式,指导学生在研究中心方向之下形成选题。除此以外,特色领域研究中心除了对选题的校际特色形成具有价值之外,对于搭建特色学术平台,推动学术成果转化[①]也具有重要意义。

4. 举办专题学术研讨会议

在刑法专业硕博毕业生论文选题校际特色选题育成的师生互动机制中,专题学术研讨会议的开展可以在老师等研究人员与硕博研究生之间搭建起学术沟通的桥梁纽带。前文已经分析过学术交流研讨对于思维碰撞、观点创新、推进研究广度深度而言意义重大,但前述教研室研讨、硕博论坛所开展的学术研讨都是基于教师等研究人员内部或者硕博毕业生内部的。然而,不能忽视的是导师等研究人员与硕博毕业生之间的学术研讨同样重要,因此围绕校际特色选题举办专题学术研讨会议对于师生之间的相互引领和良性互动而言有积极意义,也有利于硕博毕业生在校际特色研究方向之下形成具有前沿性的选题。

5. 加强院际交流以实现跨学科研究

在刑法专业硕博毕业生论文选题校际特色选题育成的师生互动机制中,对师生互动的理解不能局限于师门内,应当拓展到跨师门、跨部门法甚至是跨专业领域。20世纪下半叶,交叉学科研究解决了许多科学前沿中无法突破的问题,随着交叉学科研究的兴起和重视,它所产生的理论影响和实践作用越来越突出。[②]因此,在刑法专业校际特色选题的育成机制中,也应当高度重视交叉学科的研究,如刑民交叉、行刑衔接、金融犯罪等跨部门法甚至是跨学科领域的研究。而落脚到选题育成的师生互动机制中,则需要对师生交流活动进行延伸。以金融犯罪为例,对该领域的研究决不能局限于刑法内部,而应当充分结合经济法学、行政法学的相关理论,甚至需要了解经济学、金融学领域的基本理论,这就为跨部门法乃至于跨专业的师生交流提出了要求。对于综合性大学而言,可以通过跨专业举办专题研讨会等方式增强交叉学科的探索;对于政法类院校而言,则可以通过跨学院组织专项研究等方式强化跨部门法的师生交流。

(四)保障鼓励机制

保障鼓励机制如肌肤,是确保骨架与血肉不流失的重要屏障。由于刑法专业硕博毕业论文选题校际特色之育成需要师生共同投入,也不能缺少相应经费的支撑,因而保障鼓励机制对于校际特色选题研究团队而言是必不可少的。如果只是倡导育成毕业论文选题的校际特色,就难以调动师生积极性;而如果在毕业论文选题的问题上采取强硬态度,又于《教育法》《高等教育法》无据,也可能导致人才的流失。

---

① 谢丽.大学排名视角下基于"双一流"目标的大学发展战略[J].西部素质教育,2016(8):24.
② 游士兵,惠源,崔娅雯.高校协同创新中交叉学科发展路径探索[J].教育研究,2014(4):94.

因此，应当配套相应的激励机制以调动师生积极围绕校际特色优势选题开展研究，同时，还应当落实研究的专项基金，为研究的开展扫除后顾之忧。

1. 组织申报特色研究领域课题项目

在刑法专业硕博毕业生论文选题校际特色选题育成的师生互动机制中，特色研究领域课题项目的申报机制对于调动师生的研究热情而言具有激励作用。由于刑法专业硕博毕业论文选题只能采取倡导和引领的方式开展，不能采取强硬态度，因而应当通过组织课题申报的方式鼓励师生积极对校际学科研究领域开展研究。虽然校际特色研究选题的确立会充分考虑师生的研究方向、研究基础、研究兴趣等相关因素，但仍然有部分研究领域可能因研究难度较大、专业性较强、较为冷门等原因难以充分调动师生的研究热情，也可能有部分师生的固有研究方向与校际特色研究领域关联性较小。在这样的情况下，可以组织申报各级特色研究领域课题项目，如鼓励申报国家级、省部级的关联课题，以及学校自行设立的校级课题，通过发放课题研究经费，给予结项证明等方式，调动指导老师的研究热情，鼓励硕博毕业生自觉自愿选择校际特色研究领域的主题作为毕业选题，逐步育成硕博毕业生论文选题的校际特色。

2. 为研究配备专项研究基金

在刑法专业硕博毕业生论文选题校际特色选题育成的师生互动机制中，专项研究基金的配备对于保障研究质量而言具有保障作用。财务维度指标包括建设经费和科研经费，[①]在刑法专业硕博毕业生论文选题校际特色选题育成机制中，建设经费主要指校际特色研究领域的学科建设经费，而科研经费则主要是以项目为单位分配到校际特色领域研究框架中各个课题中用于开展科研活动的经费。虽然一流的投入、一流的规模不一定能带来一流的教育产出，但是没有足够的教育经费也绝对不可能建设出世界一流的大学。[②]从校际特色研究领域的学科建设经费来看，前文围绕刑法专业硕博毕业论文校际特色选题的育成构建了师资育成、学生培养、师生互动三个方面的体系，而其中国际交流、校际交流、教学实践基地、特色研究中心、专题学术会议等具体活动都离不开学科建设经费的保障。从校际特色研究领域的具体科研经费来看，虽然校际特色的定位与区域乃至国家发展的战略相衔接，能够申请国家级、省部级或者地方科研经费，但部分研究领域未必能够有充足的科研经费保障，如法制史相关领域，以及特色领域研究框架下的子课题。因此，应当为校际特色选题的育成机制配备专项研究中心，以填补部分研究领域或课题在无法获得其他项目经费时的空挡，为校际特色研究领域框架的完整构建攘除后顾之忧。

---

① 万莉，程慧平，杨伟. 高等学校学科评估指标体系构建研究[J]. 重庆高教研究，2017(1):100.
② 王世华. 世界一流大学的办学理念及启示[J]. 中国高教研究，2007(9):4.

英文资料挖掘在涉外法治人才培养中的应用
——以法学硕士学位论文的创新为视角

郑丽珍[*]

摘要 在政府日益重视涉外法治人才培养的背景下，以法律英语为工具的英文资料的挖掘可以发挥"借鉴"和"探索"的功能，从选题、论证、文字表达等方面加强学生的原创能力。针对法学硕士生毕业论文撰写存在的创新困境，本文建议将英文数据的挖掘贯穿于论文的选题、资料收集、论证与语际解释的全过程，以便为法学硕士学位论文的写作注入国别比较视角或国际法元素，提升选题的新颖度，延展论证的广度和深度，实现语际解释的"流畅性"。

关键词 英文资料挖掘；法学硕士学位论文；创新；涉外法治人才

导 论

当前党中央、国务院高度重视统筹推进国内法治与涉外法治，以期提升中国在全球治理中的规则制定能力、议程设置能力、舆论宣传能力、统筹协调能力；由此，培养具全球视野、通晓国际规则、精通国际谈判的涉外法治人才成为法学教育尤其是法学研究生教育的迫切任务。[①] 涉外法治人才的培养不仅要求法学硕士生具备扎实的法律英语的功底，还要求他们围绕需要解决的涉外法律问题，练就应用法律英语进行外文资料挖掘的能力。众所周知，学位论文撰写是法学硕士生训练自身的学术创新能力以应对将来复杂的涉外法治实践需要的重要方式。然而，反观国内，近期媒体频频曝光的"论文抄袭"、"学位论文作假"等学术不端现象引发教育

---

[*] 郑丽珍：福建师范大学法学院副教授，硕士生导师，研究方向：国际经济法、国际劳动法、国际环境法。基金项目：本文系福建师范大学 2019 年研究生教改研究项目"反学术不端背景下法学硕士论文指导模式的创新——以英文文献资料的挖掘与运用为视角"以及国家社科基金项目"自由贸易区战略背景下经济协定中劳动标准对中国的挑战及对策研究"（17BFX217）的阶段性成果。

① 参见习近平于 2016 年 9 月 28 日在中共中央政治局第三十五次集体学习时的讲话以及于 2020 年 11 月 16 日在中央全面依法治国工作会议上的讲话。

部和各高校法学院系对法学硕士学位论文创新不足的担忧。尽管设有预答辩、答辩、查重、论文外审、盲评等校内环节，以及教育部在论文答辩之后的抽检、问责等外在约束机制，但仅此"外压"并不足以解决法学硕士学位论文的学术创新问题。此外，各法学院系引入的"中国知网"查重系统虽然能够在技术层面直观呈现复制比例，但也只能发现"显性学术不端"；对于那些通过改变语词、语序、标点符号等方法绕过查重软件的"隐性学术不端"问题，查重软件显得无能为力。之所以产生学术不端行为，一方面固然与少数学生学习态度不认真有关，另一方面也暴露出学生借助资料挖掘（包括中外文资料挖掘）自主探索与解决问题的创新能力不足，将直接影响我国涉外法治人才培养的质量。

为提高法学专业研究生撰写毕业论文的能力，早在 1956 年，《教学与研究》就刊登了由毛天祜翻译，苏联法学家伐·雅·柯尔金撰写的《法学副博士学位论文写作的几个问题(提纲)》，其中"法学博士论文的选题应该兼具理论和实践意义"[①]之观点对法学硕士论文的撰写同样适用。进入 20 世纪 90 年代，探讨法学论文（包括硕士学位论文）的写作进入了一个小高峰，肖蔚云（1991 年）、司文（1991 年）周国均（1992 年）、肖永平（1996 年）等学者就法学论文（包括硕士学位论文）题目的新颖性、材料收集、提纲撰写、修改等提出了原则性要求，这些论文得到《中外法学》、《政法论坛》、《法学评论》等重要法学刊物的青睐。随着中国加入 WTO，基于国内学术成果向世界传播的客观需求，法学论文（包括硕士学位论文）的学术规范成为新的关注点，邓勇（2005 年）、杨洁（2007 年）、涂永前（2008 年）等学者分别从中文摘要规范化、英文摘要的写译、引文注释和参考文献的规范化、应当避免的误区等方面，提出自己的见解。在既有的相关文献中，专门介绍法学硕士学位论文撰写技能的文章有两篇，其中苏彩霞和邓文斌（2010 年）合作的论文着力阐述论文创新的内涵以及判断的标准，马荣春（2014 年）则对经常出现的"好大喜功""概述不当""视角缺乏"等问题提出章法方面的应对。此外，还有少数论文从反向角度研究论文创新的底线，即确保论文不构成学术不端，其中胡大敏和刘春华（2020 年）关注了学术不端产生的根源，胡科和陈武元（2020 年）则针对如何预防和惩治学术不端，分析了域外实践的可借鉴性。

国内既有相关文献对本文的研究提供了有益的借鉴。必须承认，尽管多数学者都敏锐地抓住了法学论文（包括硕士学位论文）的新颖性要件和资料收集的关键步骤，较准确地诠释了"何为新颖性"并列举了"资料收集"的方法，但在"如何实现新颖性"、"如何建构材料与新颖观点之间的内在联结"、"如何实现从选题、材料

---

① 伐·雅·柯尔金.法学副博士学位论文写作的几个问题（提纲）[EB/OL].（2017-07-31）[2024-12-26]. http://www.sohu.com/a/160992398_748103.

到结构、观点和文字表达的整体创新"等方面，还有提升的空间。与此同时，消除研究生学术不端对于确保论文的创新固然必要，但根本之策在于对准创新能力不足的"内因"，加强能力建设。与既有的相关研究仅将英文资料纳入论证环节（材料收集和调研）的做法不同，本文认为，英文资料挖掘作为动态的思维过程，应贯穿于法学硕士学位论文撰写的各个环节。为此，论文在分析英文资料挖掘对于法学研究的必要性（第一部分）之后，分别就英文资料挖掘如何助力学生选题（第二部分），如何帮助学生评估论文撰写的可行性（第三部分），如何确保论证的充分性（第四部分），以及如何确保语际解释的流畅（第五部分）展开研究。最后得出简短的结论。

一、英文资料挖掘之于法学研究的"借鉴"与"探索"价值

当前，全球化影响的广度、深度、频率都超过以往，信息技术的发达使得国际交往与人际交往日益频繁和便利，各国法律之间的互动日益明显。以目前所建构的具有中国特色的七个法律部门观之，无论是宪法及宪法相关法、民法商法、行政法、经济法、社会法，还是刑法、诉讼与非诉讼程序法，均有浓厚本土化的色彩，却不排斥国际比较与借鉴。立基于本土化目标所采取的对域外学术理论与实践的借鉴，对于构建"中国法律的理想图景"具有重要价值。[①] 在此背景下，法学各二级学科比过去任何时候都渴望吸收借鉴其他法域的优秀成果，以便融合国际有益经验，完成主体性的建构，提升在国际规则制定中的话语权。由此，英文文献资料作为沟通中外法学研究的桥梁与纽带，在法学硕士学位论文撰写中的"借鉴"价值日益凸显。

与法学本科教育重在培养学生的法律通识能力不同，[②] 法学研究生教育更侧重于培养学生对某一特定问题的分析和解决能力，因而成为推动法学学生由低阶学习迈向高阶学习的重要环节。[③] 根据中国知网博硕论文库的检索可以发现，当前法学硕士论文的撰写存在如下三个方面比较典型的问题。其一，若从题目看，当前法学硕士学位论文多数具有较强的本土问题意识，"关于XX法律问题的研究""XX困境及其破解"等问题导向型选题受到学生的青睐；但若从参考文献来看，还有相当数量的学位论文仅包含中文文献资料，或者仅列出个别的外文参考文献。

其二，部分法学硕士学位论文的选题较为简单，缺乏问题意识，类似"XX制

---

① 李晓郛,周全.学术自由权的规范内涵、内外界限及中国语境[J].海峡法学,2020(4):88.
② 杨阿丽.法考背景下新建本科高校法学教育改革路径探析[J].海峡法学,2019(4):118;涂富秀.新建本科高校法学教育的误区与转型进路研究——以国家统一法律职业资格考试为视角[J].海峡法学,2020(1):110.
③ 蔺振芳.只有"以本为本"，才能"以研推新"[N].中国科学报,2020-11-10(5).

度的研究""XX合作的研究""XX制度建构的研究""XX法律关系的研究""论XX法律制度的影响"的选题,带有明显的介绍色彩,显出研究的维度比较单一。

其三,部分论文结论比较宽泛,所提的建议停留在空泛的口号上或仅仅是政策的宣示,缺乏深入、细化和针对性的法律建议。

必须承认,基于母语的优势,中文文献资料可以帮助学生快速了解国内已有的相关研究。但是,相对而言,已有的中文文献只能提示已存在或者已发现的本土化问题,并不能导向对"新问题"的认识或帮助学生拓展"新视角"。再者,只阅读同一语言文化环境下的文献资料容易形成思维定势,不容易创新文字表达和逻辑思路,可能引发较高的复制比。相比之下,以法律英语为工具的英文资料的挖掘,在扩展学生的研究视野,提升学生的思考深度,创新学生的文字表达等方面,拥有较大的发挥空间。申言之,在不否定中文文献资料作用的前提下,法学英文资料的挖掘可以发挥"探索"的功能,帮助学生在不断发现问题、分析问题和解决问题的过程中,逐步建构对某一法律问题的原创性认知。具体而言,英文资料挖掘所具有的"探索性"主要表现在四个方面。

首先,有助于培养学生的国际化视野,帮助他们更快地掌握国内外相关法律问题的发展动态,避免论文选题因"闭门造车"而出现褊狭或过时问题。作为全球人口大国和国际贸易投资大国,中国的问题与世界问题的联系日益紧密,中国的经验和中国方案的作用也日益明显。社会学领域非常强调"不能局限于理解中国社会,不能止步于解释中国经验,而是要将本土化与国际化结合起来,打造能被国际社会理解和接受的新概念、新范式、新表述"[①];与此对应,考虑到"法制现代化不是孤立封闭的法律现象,也不是某一个国家或某一个地区的个别态势,而是一个开放式的国际性的法律发展过程"[②],以研究社会问题为对象的法学学科对法律本土化与国际化的探索从未止步。为适应涉外法治人才培养的需求,法学研究生不仅需要知晓如何从国内法角度诠释所存在的"中国问题",而且需要掌握从国际法或国别比较法的角度去求解更好的"中国方案"并证成其合法、合理性的专业技能。

其次,可以让法学研究生接触相关法学数据库(如Heinonine、LexisNexis、Westlaw、Springer等),并尝试进入相关国际组织(如UN、WTO、ILO、IMF、WORLD BANK GROUP、ICSID、UNCITRAL等)、民间机构(如Fair Labor Association、Social Accountability International等),以及相关国家的政府职能部门的官方网站,搜集到第一手条约、法律法规、案例以及其他相关资料,为论文的创新性研究提供更为丰富的"原材料"。

---

① 胡翼鹏.关系社会学:迈向国际化的中国话语[J].武汉大学学报(哲学社会科学版),2020(6):28.
② 公丕祥.国际化与本土化:法制现代化的时代挑战[J].法学研究,1997(1):87.

再次，可以帮助法学研究生学习如何借鉴国外相关问题的研究成果。在充分了解针对某一特定法学问题的国外相关论著的分析脉络之后，若结合国内既有相关研究加以梳理，则比较容易找到相关研究的空白点。以此为基础，学生更有可能"站在巨人的肩膀上""百尺竿头、更进一步"。

最后，在挖掘外文文献资料的过程中，学生由于经历法律文化、法律制度和法律思维的头脑风暴，更容易创新论文的逻辑起点、章法结构与文字表达。比之单纯借鉴国内文献资料容易陷入的思路"雷同"与思维"定势"，挖掘英文资料的过程同时也是跨文化的思维撞击与融合的过程，因此更容易激发原创活力，呈现较低的复制比。

二、英文资料的挖掘与"新问题"的发现

法学研究生在毕业论文选题方面经常面临三大困境，即"问题重要，但国内研究相当丰富""问题新，但国内研究已经较多"或者"选题高冷，但支撑资料难寻"。因此，如果仅局限于国内中文文献的挖掘，或者只了解国内相关法律法规和政策，则很难找到可供研究的"新问题"。遵循发现问题——提出问题——分析问题——解决问题的逻辑思路，法学硕士学位论文可以从以下四个方面入手确定选题。

首先，广泛阅读国内新闻热点问题，针对自己感兴趣的社会问题，运用已有的法律知识进行初步思考，梳理出该问题哪些方面可以借助现有的法律制度得到解决，还有哪些方面无法找到解决的法律依据，或现有的法律不足以解决。然后初步思考"为什么会出现该问题"以及"应当如何解决此问题"，从中提炼出自己感兴趣的研究对象。

其次，带着对问题研究的兴趣和迫切求解的心态，在中国知网、维普等主流的中文期刊数据库以及中国国家图书馆、上海图书馆进行系统的搜索，查看相关论著。在综合考虑论著发表的年份、期刊或出版社的专业程度、作者的职业等因素的基础上，确立重点文章和一般文章的先后阅读顺序。尽快全面阅读已有的相关研究文献，初步把握国内相关文献在研究方法、研究视角和研究结论方面的总体情况。

再次，深入评估国内学界对相关问题的回应是否充分。肖永平老师以"信""达""雅"分别作为评判法学论文"结论是否令人信服""论文道理是否已经分析透彻""行文是否规范、简洁、优美"的标准。[①]据此，"信""达"标准可以用来评估现有研究是否还有进深空间。对照初步选定的研究对象，可以将搜索到的国

---

① 肖永平. 从编辑的角度谈法学学术论文的写作[J]. 法学评论, 1996(4):63-65.

内研究情况大致区分为五种情况：一是相关论文数量众多，但并没有从法学学科的角度展开分析；二是相关论文虽然是从法学学科的角度，但缺乏足够的法学理论、立法执法和司法经验的支持，得出的结论科学性不足；三是虽然属于法学类论文，但局限于某一部门法的论证视角，而相关问题涉及多个法律部门，立足于不同法律部门的研究视角将得出不同的结论；四是国内的法学研究已经足够回应该问题；五是国内尚无相关研究。从选题的价值看，第五种情况理论上最可取，但是对于研究羽翼还不丰满的硕士生而言，后续的论文写作可能会因缺乏足够的国内参考资料而增加难度。第四种情况的选题价值最小，应该首先排除。前三种情况都说明，国内相关研究在"信"与"达"的程度上还有欠缺。陈瑞华教授将法学论文的原创性界定为能够"提出新的理论和概念，实质性推进某一理论，或实现从经验到理论的升华"[①]。据此，针对这三种情况，若选题能分别借助法学学科或法学与其他学科交叉的视角、新的规范和实证材料、不同的法律部门或部门交叉的视角开展研究，分别得出基于法学领域的独到见解、在充分理论和实证基础上的较为科学的结论，或者基于另一法律部门的新思考，则可预期该硕士毕业论文具有较高的原创性。

最后，应用英文数据挖掘，为论文加入国别比较或国际法研究的研究视野。正如习近平主席在2020年9月第75届联合国大会上所指出的，当今世界正经历百年未有之大变局；人类已经进入互联互通的新时代，各国利益休戚相关、命运紧密相连。国家之间的法律互鉴以及国际监管合作日益成为构建人类命运共同体的重要条件。在此背景下，为更好地开拓国内研究的不足领域，法学硕士学位论文应尽可能扩展国际化的维度。具体而言，可以首先在百度等搜索引擎中收入英文关键词，了解国外是否有类似新闻，如有，则可以进一步进入相关新闻网页，了解同类问题的背景资料。与此同时，可以借助HEINONLINE、WESTLAW等法学类英文数据库，输入英文关键词进行较全面的搜索。在综合考虑发表时间、影响因子、论著援引率等要素的基础上，结合泛读（尽可能快速阅读所有相关的资料）和精读（锁定参考价值高的论著深入阅读），总体把握国外学者已有的研究情况。若国外针对同类问题的研究较为充分，则可初步判定，引入国别比较或者从国际法角度进行研究的可行性较高。相反，若某一问题没有相关的国外研究，也找不到第一手的立法、执法和司法材料，则可初步判定该选题进行国际化拓展的难度较高。

值得一提的是，随着选题思路从粗到细、由浅入深不断推进，以上四个环节经常彼此交错，因而需要反复对比分析，才能最终确定一个较为理想的论文题目。

[①] 陈瑞华. 论法学研究方法[M]. 北京: 北京大学出版社, 2009:157.

三、英文资料的挖掘与写作的"可行性"评估

前述第二目主要解决某一选题"是否值得研究",一个较为成熟的选题还要解决"是否可能研究"的问题。总体而言,在把握中文文献基础上的英文资料挖掘,若挖得越广越深,则毕业论文撰写的可行性就越高。

硕士学位论文选题的可行性主要取决于所收集的国内外第一手资料是否充分。在进行英文资料挖掘之前,可以先收集国内相关的第一手资料。针对拟研究的选题,可从相关的法律、行政法规、地方性法规、相关的司法案例(如中国裁判文书网公开的裁决)、各地的执法案例、尚未进入司法或执法但已经具有较高的社会关注度的新闻等入手收集国内资料。相比之下,外文法律数据库是挖掘英文资料的便捷渠道。以 LexisNexis 数据库的应用为例,通过输入英文关键词,即可快速获取相应的法律文件或案例资料。但是,LexisNexis 等数据库的法律文件和案例资料具有滞后性,同时这些数据库通常无法查到那些处于草案状态的法律文件或者最终未以裁决结案的案例。针对该不足,需要充分利用 WTO 的法律透明度原则所带来的福利,[①] 以及国际组织和相关学术团体固有的信息传播功能,进一步查找相关法律文件的立法进展、相关条约的谈判进程,以及相关案件的处理情况。具体操作选择如下:

第一,根据问题所属的类别,找到相应国际组织、外国政府职能部门、国外研究机构的官方网站,在搜索栏(一般位于右上角)上输入有关文件或案例名称的 Key Words,获得相关链接。

第二,如不确定研究问题所对应的国际组织或相关国家的网站,也可以采取广泛搜索的方式。具体的做法是借助百度、谷歌等搜索引擎,输入 Key Words,筛查相关链接,选择那些有 .gov(政府部门的网站)或 .org(政府组织或学术机构)等标志的网站,获取相关资料。

第三,特别关注外文论著提供的信息线索。在阅读国外相关论著的过程中,应留意论文的参考文献或注释所提示的国际和国别立法文件、执法和司法案例信息。可以通过其中的链接,进一步获取这些国外文件或案例的详尽内容。若所阅读的论著并未提供查找链接,则可利用论文所提示的文件或案例的英文全称,借助百度、谷歌等搜索引擎,通过 Key Words 查找全文。

需要注意的是,相对而言,国外学术机构或非政府组织网站上发布的法律文件或案例资料的权威度不如国际组织及相关国家的官方网站。因此,为确保写作的

[①] 即根据法律的透明度原则,WTO 成员(截至2020年3月共164个)一旦制定影响贸易的法律法规和政策,都应该在指定的官方网站上公布;在实践中,国家自有关草案征求意见阶段开始就会保持透明度。

严谨性和科学性，建议可以通过注释对所挖掘的英文法律文件或案例的来源作出说明。

四、英文资料的挖掘与"论证"的充分性

在确定某一选题具有创新空间且具有写作的可行性之后，学生最重要的任务就是消化和运用这些文献资料，完成论证。周国均老师对此环节提出的要求是"充分占有、提炼升华"[①]。为满足论证的充分性，可以从材料、视角、方法和结构这四个方面做好准备。

首先，需要对收集到的英文资料进行分类。可以先分为原理和实践两大类，前者指可以为论证提供理论支持的材料，后者则可细分为立法、执法和司法三个子类。带着分类思维去消化英文资料的好处在于，可以尽快确定论证的基本向度，奠定论证的雏形。

其次，需要从消化的英文资料中挖掘论证的视角。社会科学的开放性决定了其研究角度的多样性。基于专业特色，法学硕士学位论文应突出法学的视角，引入法学的分析工具，运用法言法语和法律逻辑，得出具体有针对性的法律建议，切忌采取空泛的政策说辞。当前宪法及相关法、民法商法、行政法、经济法、社会法、刑法、诉讼及非诉讼程序法这七个法律部门对应的调整对象和调整方法差别较大。为此，需要尽量将所挖掘的英文资料归入某一或某几个法律部门的范畴，从中确定主要的研究视角，以避免论文焦点过于模糊或者过于分散。建议学生在撰写硕士学位论文时，应该以法理学为基础，立足于某一部门法或某几个部门法的交叉，对挖掘的英文资料展开分析。这样做的好处在于，可以依托部门法的理论基础、法律关系特性、现有的立法、执法和司法的现状，对具体的问题展开较为全面细致的分析，突出论证的专业性。不可否认，法学硕士学位论文完全可以采取法学和非法学的大交叉，或者法律部门之间的小交叉展开分析，但并不建议平均给力；而是建议以法学学科为主，运用非法学学科知识来加强法学的论证，或者以某一法律部门的视角为主，交叉运用其他部门法的知识来强化该部门法视角下的论证效果。

再次，基于社会科学各学科研究方法的共性和法学学科的特性，法学研究生可以选择调研、统计、案例分析、历史分析、比较分析和规范分析方法等展开毕业论文的论证。[②] 在对英文资料进行挖掘时，如果涉及的案例较多，可以结合案例分析和统计，展开案例要素（当事人、案件事实、争议焦点、各方主张及其依据、裁决

---

① 周国均. 试谈法学学术论文的写作[J]. 政法论坛（中国政法大学学报），1992(4):69.
② 孙占利，刘志娟. 法学学位论文写作中的常见问题与指引——以硕士学位论文为例[J]. 法学教育研究，2016,1(14):182-184.

结果）的大数据分析。历史研究方法的应用在英文资料挖掘中具有天然的优势，建议充分利用所挖掘到的法律文件的历史资料和有关案例的进展报道，析出相应问题的历史背景或相关制度的历史演变脉络。比较分析方法贯穿在英文资料的挖掘中，因为消化英文资料的过程同时也是学生在域外实践与本国实践之间来回穿梭思考的过程。比较分析方法的应用需要注意提取中外实践的共同元素，萃取出各自相异的内容，并对不同元素的成因及影响作出分析，从而对这些域外实践的可借鉴性或不可借鉴性作出较为客观理性的判断。对英文法律文件进行规范分析与对中国法律文件的分析要求基本一致，都涉及价值和观念这两个维度的判断，只是由于各国国情之间的差异，在对英文法律资料进行规范分析时需要特别考虑形成这些实践的政治、经济、文化和社会条件。

最后，除了以"章–节–目"的传统方式体现行文结构之外，还可以萃取所挖掘的英文资料的核心元素，根据需要纳入各级标题之中，提升标题的内涵，并作为加强论证的广度和深度之指引。根据中国知网博硕论文库的搜索，类似"中外（具体国家）XX问题的比较研究""外国XX法的适用及对中国的启示"等题目，可以较清晰地突出论文涵摄域内和域外实践的二元结构。从论证的骨架来看，以问题为导向展开论证时，若能沿着"问题是什么——问题如何形成——中国现有的法律制度是否足以应对——域外实践是否具有可借鉴性——中国如何更好地应对该问题"的思路展开，则其论证结构可以突破简单的从问题到决策的线性逻辑结构，而将呈现较为立体化的模型，从而增强思维的冲击力。

五、英文资料的挖掘与语际解释的"流畅性"

法学英文资料的挖掘是一个集阅读、理解、跨语言的解释于论证的动态思维过程。英文资料的挖掘成果最终需要透过语言文字加以表达。对法学英文资料的解释可分为语内解释（以同一语言作出解释）和语际解释（以另一种语言作出解释）。[①] 法学硕士学位论文对英文资料的解释属于第二种，需要注意以下三个方面的问题。

第一，把握英文资料挖掘的准确性。由于英文法学资料所依托的法律语言本身就带有模糊性，加上其所根植的国情与中国不同，因此，为提高英文资料挖掘的准确性，需要特别注意语际解释中的翻译技巧。在需要对相关英文资料进行翻译时，若上下文清晰明了，则可采取直接翻译，但要确保中文译文尽量与外文资料相对应。若外文资料包含多个可能的解释，则需要结合域外法律文化的特点，采用间接翻译，并通过相关语境的推理分析，得出最为接近的解释。

第二，清晰界定所挖掘的英文资料在论文中的地位和作用。在挖掘英文资料的

---

① 熊德米. 模糊性法律语言及其翻译[J]. 外语学刊, 2008(6):71.

过程中，部分学生可能借助翻译软件，并将译文直接植入论文主体之中。该做法容易产生两个问题。一是翻译的痕迹太过明显。尽管翻译软件可用于简单内容的直接翻译，但对于那些语境较为复杂且术语具有多元含义的英文资料，翻译软件常常会出现语法、词义方面的明显错误。因此，需要核对译文与原文意思是否一致。如果差别较大，则需要进一步判断是否包含特定文化语境、术语的多个含义差别在哪里等因素，并反复揣摩，以作出最为接近的解释。应尽量坚持自己翻译，虽然这样做速度较慢，但由于翻译者在资料挖掘的过程中对相关资料的术语性语境和文化性语境已有一定的了解，更容易把握译文的准确性。另一个问题是"两张皮"现象。若挖掘的英文资料只是作为纯粹的介绍，缺乏针对性的评析，其存在的必要性就值得怀疑。因此，在设计论证结构时，需要认真思考所挖掘的外文资料要在哪个部分发挥作用，能够期待发挥什么作用（如佐证、反证、例证、说理等），从而尽力让这些外文资料能够与中文资料融为一体，确保论文的结构匀称，逻辑层次协调。

第三，注意语言文字的通顺与严谨。英文资料挖掘中的语际解释要注意以符合中文语法结构的方式加以表达，尽量体现主、谓、宾、定、状、补的成分。在不确定某一英文资料的翻译是否准确时，也可以采取加注原文的方式，以供读者做进一步判断。

六、结论

综上所述，法学硕士学位论文的创新是一个突破国内外研究现状，针对新问题，采取新方法、新视角或新结构展开原创性研究的尝试过程。以法律英语为工具的英文资料的挖掘可以发挥"借鉴"和"探索"的功能，帮助法学硕士生扩展选题的国际维度，提升选题的新颖度。与此同时，具备一定深度和广度的英文资料的挖掘可以从材料、视角、方法和结构上加强论证的充分性，从而确保某一选题后续撰写的可行性。此外，由于法学英文资料的挖掘是一个集阅读、理解、跨语言的解释于论证的动态思维过程，因此需要把握英文资料挖掘的准确性，清晰界定所挖掘的英文资料在论文中的地位和作用，并注意语言文字的通顺与严谨，最终实现语际解释的"流畅性"。

新时代面向司法实践的法学教育
——以本科生毕业论文的指导为例

吴情树[*]

摘要 法学教育的核心内容有三个：一是培养学生对法律规范的领悟力和解释力，树立他们的正义感和培养他们的法治情怀；二是训练和提升学生对具体案件事实的分析和概括能力；三是培养学生对案件事实和法律规范符合性的判断能力。前者可以依靠日常课堂的教学来完成，而后两者则必须指引学生回到司法实践。其中，案例分析报告既可以作为法科学生毕业实习的总结，也可以作为学生毕业设计的考核根据，以案例分析报告替代传统的毕业论文写作形式，是法学实践教学的努力方向之一。

关键词 法学教育；实践教学；毕业设计；案例分析报告

自上个世纪70年代末期以来，我国的法学教育已经走过了40多年，形成了较为固定的教育培养模式，培养了大批法治建设的人才。但法学教育如何更好地回应现实法治生活，如何处理好法学知识教学与实践教学之间的关系，如何将司法实践经验和裁判思维有机地引入法学教育的日常教学活动，如何培养和训练青年法科大学生的法学思维方法和思维能力，引导学生将学习同思考、观察同思考以及实践同思考紧密结合起来，让法科大学生保持对法治和法律问题的敏锐性，学会用正确的法学立场和观点来分析司法实践中遇到的法律问题，则是长期以来法学教育始终需要面对和思考的问题。本文以法学本科生的毕业论文指导为例，提倡本科毕业论文应该撰写案例分析报告，并以此来替代目前盛行于各大法学院校的法学学术论文，从而培养和提高法科学生的实践技能和办案能力，这是我国新时代面向司法实践的法学教育应该努力的方向之一。

---

[*] 吴情树，华侨大学法学院副教授、北京市京师（泉州）律师事务所律师，研究方向：刑法学的教学研究与刑事辩护工作。

一、新时代法学教育千载难逢的机遇

自党的十八届三中全会、四中全会以来，法治建设日益受到重视，司法改革的大幕已经拉开。习近平总书记在党的十九大报告中，再次明确强调：全面依法治国是中国特色社会主义的本质要求和重要保障。全面依法治国是国家治理的一场深刻革命，必须坚持厉行法治，推进科学立法、严格执法、公正司法、全民守法。坚持依法治国、依法执政、依法行政共同推进，坚持法治国家、法治政府、法治社会一体建设，坚持依法治国和以德治国相结合，依法治国和依规治党有机统一，深化司法体制改革，提高全民族法治素养和道德素质。

可以看出，依法治国，建设社会主义法治国家已经成为我们党治国理政的根本方略和奋斗目标。"法治中国，建设法治国家"是这个时代最强的主题和声音，法治建设已经成为我国不可逆转的历史潮流。因为所有人越来越意识到，只有法治才能保障我们国家、民族和社会克服"弱肉强食"的丛林法则，才能有效地将公权力关进法律制度的牢笼当中。司法改革与法治建设和发展带来了法学教育的重视和繁荣，反过来，法学教育的重视和繁荣也将进一步推动司法改革以及法治的建设和发展。[1] 法学教育的目标是培养优秀的法律人，只有优秀的法律人才能担当起法官、检察官和律师等法律职业者的重任，才能担当起建设社会主义法治国家的伟大任务，没有法学教育的繁荣和发展，就没有现代法治国家的建设，正如1934年民国时期的法学教育家孙晓楼先生所言——"一国法律教育的得失，有关国家法治的前途，我们看到欧美各国杰出的政治领袖，十之六七出身于法律学校，便可以见得法律教育地位的重要性"[2]。

2017年5月3日，在"五四"青年节前夕，中共中央总书记、国家主席习近平同志考察了中国政法大学，并同中国政法大学师生和首都法学专家、法治工作者代表、高校负责同志座谈。在座谈会上，习近平强调，没有正确的法治理论引领，就不可能有正确的法治实践。高校作为法治人才培养的第一阵地，要充分利用学科齐全、人才密集的优势，加强法治及其相关领域基础性问题的研究，对复杂现实进行深入分析、作出科学总结，提炼规律性认识，为完善中国特色社会主义法治体系、建设社会主义法治国家提供理论支撑。同时，他还指出，法学学科体系建设对于法治人才的培养至关重要。我们有我们的历史文化，有我们的体制机制，有我们的国情，我们的国家治理有其他国家不可比拟的特殊性和复杂性，也有我们自己长期积累的经验和优势，在法学学科体系建设上要有底气、有自信。要以我为主、兼

---

[1] 许少波.法治的布道者——法学名家华园讲演录[C].北京:中国民主法制出版社,2015:207.
[2] 孙晓楼.法律教育[M].北京:中国政法大学出版社,1997:6.

收并蓄、突出特色,深入研究和解决好为谁教、教什么、教给谁、怎样教的问题,努力以中国智慧、中国实践为世界法治文明建设作出贡献。对世界上的优秀法治文明成果,要积极吸收借鉴,也要加以甄别,有选择地吸收和转化,不能囫囵吞枣、照搬照抄。①

习近平总书记的这一次重要讲话是我国法治建设具有明显象征意义的风向标,也给我国的法学教育带来了千载难逢的机遇,法学教育必须顺应时代发展潮流作出相应的变革,才能培养出建设法治国家所需要的法律精英人才,才能有力地推动我国坚定不移地走依法治国、建设法治国家的道路。换言之,我国的法学教育就是要立足国情,挖掘特色,发挥主体意识,培养适合我国社会主义法治建设的优秀法律人。正如朱苏力教授所言:"现代的作为一种制度的法治之所以不可能靠变法或者移植来建立,而必须从中国的本土资源中演化创造出来,还有另外一个理由,即知识的地方性和有限理性。具体的、适合一个国家的法治并不是一套抽象的无背景的原则和规则,而涉及到一个知识体系。一个活生生的有效运作的法律制度需要大量的不断变化的具体的知识。"②

习近平总书记在上述讲话中还一再强调法学学科是实践性很强的学科,法学教育要处理好知识教学和实践教学的关系,并且指出,青年时期是培养和训练科学思维方法和思维能力的关键时期,无论在学校还是在社会,都要把学习同思考、观察同思考、实践同思考紧密结合起来,保持对新事物的敏锐,学会用正确的立场观点方法分析问题……。因此,在法学教育中,除了要注重学生健全的法律人格、严谨的职业操守和职业伦理的培养以外,也要重视与我国司法实践相结合,重视培养学生掌握扎实的法律知识和熟稔的司法实务技能。

众所周知,法学是一门实践性、专业性都很强的学科,法学教育必须面向中国特色的社会主义法治实践,立足国情,结合特色,努力培养出符合自己国家需求的法治建设人才。法学教育的主要内容包括法学理论教学和司法实践教学,前者的目的在于培养学生对法律规范的领悟力和解释力,训练和培养他们的正义感,提升他们的法律素养和人文情怀;后者的目的在于培养学生对案件证据的分析和判断能力,进而提升学生对具体案件事实分析、归纳和概括能力。

法学理论的教学可以在日常课堂上完成,但司法实践能力的培养则必须回到实践,只有通过鼓励学生参与司法实践,才能有效地让学生了解司法实践的规律,掌握司法实践的操作技能。对此,有学者认为,"欲在大学法学教育中就培养出学生

---

① 习近平五四前夕考察中国政法大学,话青春谈初心讲法治[DB/OL].(2017-05-03)[2017-06-08]. http://finance.sina.com.cn/wm/2017-05-03/doc-ifyexxhw2172055.shtml.

② 苏力.法治及其本土资源[M].北京:中国政法大学出版社,1996:17.

真正的法律实践能力，这本身就是不可能完成的任务。以法官、检察官或者律师的角色去解决生活中的实际案件，这或许才是真正的法律实践，这是一个法律职业者基于知识储备而形成的主观意识和客观技艺的综合展现过程"①。目前大多数法科生在毕业之后主要还是从事法律实务工作，从事法学理论研究和教学的学生毕竟是少数。而要做好法律实务工作，关键还在于要具备对法律规范的解释能力、理解能力以及对案件事实的概括、归纳、提取的能力，而不在于是否具备超强的记忆能力和背诵能力。

二、传统法学教育长期存在的问题

2023年2月26日，中共中央办公厅、国务院办公厅印发的《关于加强新时代法学教育和法学理论研究的意见》更是明确指出："……更新完善法学专业课程体系，一体推进法学专业理论教学课程和实践教学课程建设。……强化法学实践教学，深化协同育人，推动法学院校与法治工作部门在人才培养方案制定、课程建设、教材建设、学生实习实训等环节深度衔接。"

我国法治建设要求法学教育要做相应的调整和变革，因为传统法学教育存在多方面的严重问题。例如，徐立教授就指出："中国法学教育面临着四大困境：法学教育大而不强，学科设置全而不专，人才培养缺乏广博的知识基础，理论脱离实践。摆脱这四大困境的出路是：法学教育由数量型向质量型发展，学科设置由全面型向精专型发展，拓宽学生知识面，理论教育和职业实践并重。要及时转变法学教育理念，使法学教育走上正轨，使法学院培养的人才在国内具有适应性，在国际上具有竞争性。"②具体到法科学生法律职业能力的培养上，葛云松教授指出："应当借鉴德国经验，将中国法学教育的目标定位在法官能力之培养，即培养学生掌握我国主要实体法、程序法的基本知识，并具备法律解释与适用的能力。法学教育改革中最困难的部分是教学方法的改进。"③

近年来，由于笔者经常参与一些在定罪上比较有争议的刑事案件的辩护，发现司法实践中所谓的疑难案件，更多的不是法律规范的解释问题，而是对案件事实的判断问题，或者说是对证据的收集和判断问题，因为办案人员首先需要通过各类证据将已经发生过的案件事实进行观念意义上的还原。而证据的判断包括证据能力和证据证明力的判断，前者是指证据在取证手段、证据形式以及证据调查程度等方面

---

① 胡选洪.犯罪论体系的教学功能[C]// 陈兴良.刑事法评论:犯罪的阶层论.北京:北京大学出版社，2016:229.
② 徐立.中国法学教育的困境与出路[J].教育研究，2011(1):78.
③ 葛云松.法学教育的理想[J].中外法学，2014(2):285.

的法律资格,是案件的事实材料能否作为定案证据的资格问题,也是一个单纯的法律问题;而后者是指证据的真实性和相关性,是证据法对证据在事实和逻辑上提出的必要条件,也就是在经验上和逻辑上发挥证明作用的能力,用以证明一个案件事实是否存在以及以何种形式存在。① 在还原案情的过程中,证据证明力的判断就显得非常重要,证明力的问题总体上是事实问题、逻辑问题和经验问题,严格而言并非一个纯粹的法律问题。② 这种经验的积累需要丰富的社会阅历,更需要大量反复的司法实践,只有对案件事实具有亲历性和感悟性,才能比较准确地把握这些证据的证明力,才能判断证据与证据之间是否能够相互印证,从而断定某个案件事实是否存在以及存在的形态,这也是司法改革中一直强调审判中心主义的意义所在,而这些能力的培养则是我们法学教育一直所忽视的。

  1.法学教育的日常课堂教学没有也无法传授学生对案件事实的判断能力。俗话说"打官司就是打证据",如何对证据进行归纳、概括及判断直接影响到裁判结论的形成。因为司法过程是一个面向案件事实不断解释法律规范与面向法律规范不断概括、归纳案件事实之间不断调适的过程,司法人员的目光要不断往返于规范与事实之间,在事实与规范之间来回审视。③

  长期以来,我国法学教育的最大问题是法学理论与司法实践的严重脱节,通过日常的课堂教学只传授给学生解释法律规范的能力,但不能传授、也难以传授学生归纳、概括、分析案件事实的能力,即将案件情况进行还原的能力。在我们的日常法学教学中,任何一个法学教师所举的案例基本上都是那些证据已经确实充分,事实已经清楚,信息比较充分的案件,基本上不需要,也不存在学生对这些证据进行一系列的归纳、分析和判断的情况,这样培养出来的学生基本上就缺少一种运用法律规范的模型对现实生活中千奇百怪的案件事实进行归纳、概括,并提取符合法律规范的那些事实要素的能力。只要办过现实案件的司法人员都很清楚,他们所面对的不是一个经过剪辑、加工和制作的案件事实,而是一堆没有经过剪辑、加工、整理的原始事实。他们在进行案件事实是否符合法律规范的判断之前,首先要对这些原始证据进行整理、归纳和提取,然后再运用法律规范对这些事实进行涵摄,最后形成一个供我们进行规范判断的案件事实。这种对证明案件事实证据的整理、归纳和提取并不是课堂教学所能传授的,而只能通过法律的实践教学,例如,通过法律援助、法律诊所或者毕业实习等方式,带领和指导学生办理案件才能培养和训练出来前述能力。

---

① 陈瑞华.刑事证据法学(第2版)[M].北京:北京大学出版社,2014:88-95.
② 田文昌,陈瑞华.刑事辩护的中国经验[M].北京:北京大学出版社,2013:33-34.
③ 张雪纯.刑事裁判形成机制研究[M].北京:中国法制出版社,2013:100.

2. 目前的国家统一法律职业资格考试无法检验学生对案件事实的判断能力。现在的法律职业资格考试更多的是考查学生对法律规范的解释能力，而不是考查学生对案件事实的判断能力。笔者通过对法律职业资格考试中刑法真题的考察发现，案例经过命题人员的加工和制作，已经丧失了案件事实的原始形态。在考题中，命题人员没有列举，也不可能列举那些能够证明案件事实的所有证据，而是假定这些案件事实已经存在，并且是明确成立的，不需要考生再次进行案件事实的判断，考生要回答的是运用现有的法律规范对这些事实进行判断，看这些案件事实是否符合某种法律的规定。而这种考题的致命弱点就是忽略了对考生进行案件事实的归纳、推理、提取以及判断的考核，而仅仅考查考生对法律规定以及法学理论的理解和记忆能力，这样选拔出来的学生，即使非常熟悉法律条文的规定，也非常熟悉法律规范的理论，但由于缺乏考查考生对证据的概括、归纳能力以及对证据证明力的判断能力，即使通过了法律职业资格考试，一旦到了司法实践中，当他们面对着纷繁复杂的案件材料时，仍然一脸茫然，无所适从，仍然必须从头开始学起。

民国时期的法学家孙晓楼认为："讲到法律人才，我认为至少要有三个条件：（1）要有法律的学问，（2）要有社会常识，（3）要有法律道德。只有法律学问而缺少了社会常识，那是满腹不合时宜，不能适应时代需要，即不能算做法律人才；有了法律学问，社会常识，而缺少法律道德，那就不免流为腐化恶化的官僚政客，亦不能算做法律人才；一定要有法律学问、法律道德和社会常识，三者俱备，然后可称为法律人才。"①

笔者认为，这里的社会常识就是指社会经验和人生阅历，包括常识、常理、常情，法学教育要重视学生社会经验和人生阅历的积累，因为对案件事实证据证明力的判断，更多的是依赖判断者的人生阅历、生活常识（经验）、社会洞察力以及自己的价值观念，这些能力的培养有利于帮助学生学会对案件事实的归纳和概括。这一系列实践能力的培养唯有让学生参与司法实践，亲自办理案件才能够养成，唯有通过毕业实习、法律诊所、法律援助、模拟法庭等法律实践教学的推进才能够完成。

2012年5月26日，由中共中央政法委员会、中华人民共和国教育部联合举办的卓越法律人才教育培养计划工作会议在北京召开，来自法院系统、检察系统和高等学校的代表共商法学人才培养规划和方案。在会上，正式成立了由公检法司等多部门和高等学校负责同志组成的卓越法律人才教育培养计划指导委员会、专家委员会，并将正式启动建设北京大学、中国政法大学等20多所高校与各级法院、检察院、律师事务所、企事业单位等部门共建的一大批法学教育实践基地和100多个卓

---

① 孙晓楼.法律教育[M].北京:中国政法大学出版社,1997:10.

越法律人才教育培养基地。那么，什么样的法律人才才能被称为卓越法律人才？一些杰出的法学家作出了自己的界定。例如，王利明教授认为："所谓卓越，就是卓尔不群，拒绝平庸，说到底，卓越法律人才就应当是优秀的法律人才，他们是一群具有良好的职业道德和修养，掌握扎实的专业知识，娴熟地运用法律解决实际问题，具有国际视野的优秀法律人才。"[①] 何勤华教授眼中卓越法律人才的内涵是"具有良好的人文科学素养、较强的社会责任感和法律职业道德、法治精神、丰富的法学知识、充足的法制实践，具备某一领域法律技能的高素质创新人才，其本质就是法律职业人才，尤其是应用型、复合型的法律职业人才"[②]。

从上面法学家对卓越法律人才内涵的界定中可以看出，他们都强调卓越或者优秀的法律人才必须具有运用法律知识解决现实问题的能力，强调法律的实践性和应用性，强调对学生进行法律专业技能的培养和训练。这就要求各大法学院的教学应该非常重视法律实践的教学。同时，国家法律职业资格也不应该忽视对考生有关案件事实能力的考查，希望在今后的法律职业资格考试改革中，命题人员在编撰主观类考题的时候，要将现实生活中发生的案件以及证明案件的证据罗列出来，让考生通过对这些证据的分析、概括和判断，从中提取出符合某种法律规范的事实性要素。只有通过这样的考查，那些通过法律职业资格考试的考生才能具备最基本的办案能力与技巧。

十八届四中全会之后，2015年1月召开中央政法工作会议，会议要求完善并实施法律职业准入制度，研究将司法考试制度改为国家统一法律职业资格考试制度。2015年12月20日，中共中央办公厅、国务院办公厅印发了《关于完善国家统一法律职业资格制度的意见》(以下简称《意见》)特别指出，本意见提出的各项改革措施应于2017年年底前全部落实到位，即2018年正式落实实施。《意见》除了扩大了必须取得法律职业资格的人员范围，将部分涉及对公民、法人权利义务的保护和克减、具有准司法性质的法律从业人员纳入法律职业资格考试的范围之外，在法律职业人员队伍的建设上，强调要遵循法治工作队伍形成规律，遵循法律职业人才特殊的职业素养、职业能力、职业操守要求，按照法治工作队伍建设正规化、专业化、职业化标准，科学设计和实施国家统一法律职业资格制度，提高法律职业人才选拔、培养的科学性和公信力，并提高了参加统一法律职业资格考试的门槛，特别强调今后的法律职业资格考试以案例为主，每年更新相当比例的案例，而且将大幅度提高案例题的分值比重。

因此，在法学教育中，必须非常注重法学理论与司法实践的结合。其中，在法

---

① 王利明.卓越法律人才培养的思考[J].中国高等教育，2013(12):27.
② 何勤华.建立质量保障体系:提高卓越法律人才培养质量[J].中国高等教育，2013(12):24.

学本科毕业论文的撰写上，应该提倡学生结合真实的具体案件，撰写案例分析报告，以替代目前盛行于各大法律院校的本科毕业论文。目前，各大法律院校都要求毕业生有毕业实习的经历，学校可以要求各位学生在法院、检察院、律师事务所以及其他单位毕业实习期间，注意收集那些有争议和有价值的真实案件，并对这些案件的证据材料予以摘录，然后结合法学理论，以中立裁判者的立场对控辩双方或者原被告双方争论的观点予以全面的分析，并延伸论述与案例有关的法学基本问题，最后得出自己的结论。

三、新时代法学教育的努力方向

近二十多年来，由于法学院建设发展的"大跃进"，各个法学院的法学教育质量和教育水平参差不齐，法学教育面临着诸多的尴尬和困境，其中，最重要的是对法学实践教学重视不够，法学教育基本上停留在培养法学家的教育模式上，尚未转向培养法律家的教育模式，过于重视抽象的法学概念和理论的传递，而缺乏对具体问题解决能力的培养。根据上述教育部推进的卓越法律人才培养计划，法学教育的目标定位于培养高层次的，甚至是卓越的法律人才，这里的高层次或者卓越应该突出体现在重视法律人对实务技能的训练和培养。我国要实现现代法学教育的转向还有许多工作要做，包括专业课程的调整、教育教学方法的改进、法学教育考核机制的转变等，而这些改革和转变并非一朝一夕就能够完成的，而是需要观念的转变和长期的努力。因此，笔者认为，在当下，可以以鼓励和提倡学生撰写真实案例分析报告为突破口，倒逼我国传统法学教育教学方法的改革，以此来提升法科学生分析和处理实践问题的能力。

（一）法学本科生撰写案例分析报告的必要性

一直以来，为了改变传统法学教育教学的方式，笔者非常强调法学教育与司法实践相结合。例如，在刑事案件处理能力的培养上，在判断案件事实是否符合某个犯罪的构成要件的问题上，就要求学生必须把应当处理的具体个案与规定构成要件的刑法规范联系起来，要从案件事实到刑法规范，从刑法规范到案件事实，对二者反复进行比较、分析和判断。对于案件事实，要以可能适用的刑法规范为指导进行归纳和分析，反之，对于刑法规范，要通过特定个案或者案件类型进行解释。换言之，学生要懂得以犯罪的保护法益为指导（法益保护），以刑法分则的用语可能具有的含义为限度（罪刑法定），目光不断往返于案件事实与刑法规范之间，反复对刑法规范进行解释，对案件事实进行归纳，直至得出妥当的结论。[①] 近年来，笔者

---

① 张明楷.刑法学(第5版)[M].北京:法律出版社,2016:59.

在我院本科毕业论文指导这个教学环节中，一直倡导学生撰写案例分析报告，取得了良好的效果。例如，在我指导的本科毕业生中，先后有杨佳容同学撰写的《论客观事实到法律事实的提炼进路——以林某华故意杀人案为例》、陈柳清同学撰写的《刘某国涉嫌故意杀人罪一案的评析报告——以刑法第20条规定的正当防卫权的理解与适用为视角》、贺昊同学撰写的《论司法工作者厘清法律概念之必要——以蔡某财涉嫌生产、销售有毒、有害食品案为研究对象》、魏彤同学撰写的《电信诈骗"外围"帮助行为的刑法定性》、阙凤闪同学撰写的《法秩序统一视角下不法原因给付物的处理规则研究》等5篇案例分析报告被评为法学院和学校的优秀毕业论文（每年学校给法学院优秀本科论文的名额只有4个）。由于这些案例分析报告全部根据现实真实司法案例而撰写的，有些案例来自笔者办理的案件，有些案例来自我的同事办理的案件，有些案例来自裁判文书网公布的判决书。如果是我办理的案件或者同事办理的案件，我会给他们案件的全部卷宗材料，如果是来自网络上的裁判案例，我会给他们题目和这些判决书，由他们按照要求进行分析和撰写，这种案例分析报告的撰写能够较好地体现和考核学生综合运用法律解决实际案例的能力而引起法学院领导和同事的注意，并且准备推广到法学院每年本科生的毕业设计上，提倡本科毕业生利用毕业实习的机会，收集有争议和研究价值的案例进行研究。笔者认为，鼓励和提倡本科生撰写真实案例分析报告具有以下几个优势：

1.可以提高本科毕业设计的质量。目前，法学本科毕业生的问题意识比较弱，研究能力普遍比较低，难以期冀他们写出高质量的学术论文。他们在毕业之际，为了找到一份好工作，成天忙碌于公务员考试、法律职业资格考试，奔波于各大就业市场，很少花心思去认真思考、撰写本科毕业论文，也无心去思考、研究以及撰写一篇比较有质量的学术论文。由于有了发达的互联网，各种学术论文很容易通过中国期刊网、微信公众号等途径进行传播，学生下载论文资料非常方便，尤其是当前有人工智能AI技术的情况下，他们的毕业论文很容易通过复制、粘贴或者人工智能AI而迅速完成，难以反映出一个学生的实际学术水平，也难以考察一个学生的法学实践能力。而如果能够鼓励学生在毕业实习期间，利用他们到各大司法实务单位的实习之便，收集各种有价值的真实案例，利用所学的法学理论，以中立法官的视角，对这些真实案例进行全面的分析，那么就可以有效地避免学生撰写那些空洞的理论文章，同时也可以避免他们去抄袭现有的法学理论文章，降低本科毕业论文电子检测的重复率，提高毕业论文的质量。

2.可以锻炼学生分析证据的能力。如上所述，在司法实践中，案件事实是由各种各样的证据材料所编织和构造起来的，如何根据这些证据材料抽象和归纳出案件事实，需要具有很强的证据理论知识和经验知识，需要他们去观察社会现实生活，比较其他类似案件的处理，如果能够鼓励和提倡法学本科毕业生撰写真实案例的分析报告，那么可以更好地引导学生尽早进入司法实践的训练，培养他们分析证据，归纳和概括案件事实的能力，日后走上了工作岗位，也能很快适应现实工作的需求。

3. 可以考查学生利用法学理论解决实际问题的能力。在司法实践中，每个案件总会出现控辩双方或者原被告双方针锋相对的观点和主张，各方都有自己的利益诉求和理由，如何对这些观点和主张进行有力的分析，如何对各方诉讼参与的利益进行平衡，以作出一个公正的裁判，需要学生很高的理论功底和法学水平。而鼓励学生撰写真实案例的分析报告，就可以考查学生利用法学理论解决现实案例的能力，可以挖掘他们处理和解决社会复杂法律问题的能力。

4. 可以实现毕业实习总结与毕业设计的无缝衔接。目前，各大法律院校仍旧要求本科毕业生在毕业之前要有至少两个月的实习经历，并且还要汇报自己的实习心得，许多同学在汇报的时候，都是泛泛而谈，问题意识不突出，汇报问题不集中。如果能够鼓励和提倡学生结合自己在实习单位接触的具有争议或者价值的真实案件，运用所学的法学理论知识对这些真实案例进行分析，然后撰写出一份具有分量的分析报告以替代目前盛行的毕业论文，那么就能充分调动学生关注和思考真实案例的积极性，从而能够实现毕业实习总结与毕业设计的无缝对接，可谓一举两得，两全其美。

（二）法学本科生撰写案例分析报告的设想

当今社会是一个浮躁而又充满功利的社会，高校里学术论文的抄袭现象时常见诸报端，这种不良的学术风气也严重影响了在校法科毕业生，在每年提交的本科毕业论文中，抄袭现象屡见不鲜。如上所述，鼓励和提倡本科毕业生撰写案例分析报告既可以避免学生抄袭，又能考查本科毕业生的研究能力和全面考核学生运用法律知识分析现实案例的能力。具体设想如下：

1. 法学院可以要求毕业生在实习过程中，在征得实习单位的同意下，摘录自己感兴趣而且有研究价值的已结案件的笔录和材料，案件的性质不做硬性要求，可以是刑事案件或民商事案件，也可以是行政案件或其他案件。在摘录之后，要求学生根据摘录的证据材料，对该案件的性质和判定结论进行分析，并写出一份完整的案例分析报告。

2. 报告的内容具体可以包括：案件的简介、证据的认定（事实认定）、法律适用（实体法和程序法）以及最后的认定结论。在撰写过程中，也可以引用一些学术文献，在学术规范要求上，与一般的学术论文的要求相同。

3. 法学院可以要求每个同学在毕业答辩的时候，出示自己摘录的案件材料，介绍该案件的基本情况，并提出自己的处理意见以及事实与法律根据。答辩老师可以根据该案件的具体情况，从实体法和程序法的角度，对该案件的处理提出自己的问题，要求学生回答自己是如何处理案件以及认定结论的事实与法律根据。答辩老师可以根据毕业生撰写的案例分析报告的质量和答辩的表现进行评分。

4. 法学院应当要求学生在处理真实案件的时候，对于案件中当事人的姓名、单位、案发地点等信息进行模糊处理，以保障案件当事人的隐私权，避免案件信息的泄露，防止造成不必要的麻烦。

总之，鼓励和提倡学生撰写案例分析报告是法学实践教学的一项探索与尝试，不仅能有效防止学生抄袭，还能提高学生对案件的实务分析和操作能力，对以培养法律实务工作者为己任的法学院来说，或许更加有意义，也更加科学。

（三）法学本科生撰写案例分析报告的指导

指导本科生撰写案例分析报告是法学实践教学的重要环节，根据笔者多年的指导经验，提出如下几点意见：

1. 指导教师要纠正学生的写作动机和目的，告诉学生撰写案例分析报告的优点。笔者以往在指导学生撰写毕业论文中发现，本科毕业生，尤其是哲学、人文社会科学的本科毕业生普遍存在这样一种错误思想：毕业论文写作仅是一个形式，对自己的能力提高没有什么作用。在就业形势严峻的情况下，他们更是无心去研究如何写好毕业论文。于是，许多人就不去学校图书馆或期刊室查找有关资料，而是借助互联网，下载几篇相关论文，然后通过剪接方式进行拼凑，往往是一夜之间就写出了"长篇大作"。这是一种错误的思想，需要加以纠正。因为毕业论文的写作是本科教学中一个重要的环节，写好一篇毕业论文，是培养学生初步的写作能力，锻炼学生最基本学术规范的重要方法，同时也是对学生四年本科学习效果的一个总检验。

2. 指导教师应当面对面与学生就摘录的案件材料进行深入分析，告诉学生该案存在的争论焦点是什么，如何对这些争论的焦点进行分析，需要哪些方面的理论知识，应该从什么角度去分析以及如何论证。

3. 指导教师要把关论文的写作格式。案例分析报告的撰写主要是锻炼学生思考实际问题的能力同时检验其是否掌握了基本的学术规范，前者通过文章的内容体现出来，后者通过文章的格式体现出来。但笔者发现许多学生对格式非常不重视，经常出现一些常识性错误。例如，有学生不懂得 [M]、[N]、[J]、[D] 等参考文献代码的意思，在脚注或后面所附参考文献中，经常标注错误文献代码。在某种意义上，对写作规范的锻炼比思考和解决问题的能力更加重要。笔者常套用一句俗语形容格式和内容对学生的意义，"文章内容是能力问题，能力不是一两天就能提高，内容写得不够好可以原谅；但格式规范是一个态度问题，态度不端正是不可原谅的"。

笔者认为，案例分析报告的写作规范与其他学术论文的写作规范基本上是一致的，按照一般学术论文的标准，将内容摘要和关键词放在目录前，具体格式应是：封面—论文题目—内容摘要和关键词（包括英文翻译）目录—引言—正文—参考文献—附录（法科学生可不要）—致谢词（相当于后记，可有可无）—封底，这样才比较符合阅读习惯。

四、结语

按照清华大学已故的普通法教授何美欢老师的说法：这是中国法学院最好的时刻，也是最坏的时刻。最好的时刻是指"法律热"的潮流好像还未冷却，证据之一就是法学院/系愈办愈多等。最坏的时刻是指，一方面农村乡镇闹律师荒，另一方面，精英法学院的毕业生中，希望执业的同学不能顺理成章地走进占据高端业务的外国律师事务所。[①] 虽然我国每年报考法学专业的考生也不在少数，但是，每年法学专业毕业生的就业形势却不容乐观，就业率排在倒数第一、第二位，曾多次被教育部发出红色预警并要求各大法律院校压缩招生规模。法治国家的建设需要大量的法律人才，目前的数量尚远远不能满足法治建设的需求，但就业环境为什么如此恶劣，这里面还是我们的法学教育和教学方法出了问题，不能培养出高质量的复合型法律人才，大量的考生进入各大法学院学习，而最后能够真正成为法律精英的又是极少数人。

因此，必须改变传统的法学教育理念，改革我国传统的法学教育和教学方式，重视法学理论与司法实践的有机结合，鼓励和提倡法学本科毕业生撰写真实案例的分析报告，可以倒逼学生关注我国的司法实践，参与我国的司法实践，从司法实践中获取基本的生存能力，而这将不失为一种有益的教育教学方式的改革。

---

① 何美欢.理想的专业法学教育[M]// 清华法学:第9辑.北京:清华大学出版社,2006:110.

论法学专业实践教学之融合观
——以厦门大学嘉庚学院法学专业实践教学探索为例

姜 宇[*]

摘要 进入数据智能时代，法学专业实践教学面临时代挑战，应树立起自身的"融合观"，从理论与实践的融合、实践教学与思政教育的融合、实践教学与综合能力培养的融合、实践教学与第二课堂活动的融合四大方面进行教学改革。在理论与实践融合方面，法学专业教学重点可从"是什么"走向"为什么"与"怎样办"，通过构建理论与实践充分融合的教学模式，实现"为什么"这类问题探究的深化，"怎么办"这类问题回应的拓展，提升学生运用综合能力解决实际问题，处理复杂社会关系的能力。在实践教学与思政教育的融合方面，法学专业可将德法兼修的培养理念贯穿于实践教学之中，通过构建实践教学与思政教育融合的教学模式，让学生在真实的场景中切实体悟"立德"对于从事法律职业行稳致远的重要意义。在实践教学与综合能力培养融合方面，法学专业可设置丰富的多元性、交叉融合性的课程库与综合性法律实操训练，打通多元多维思维的"任督二脉"，增强学生不同专业知识的可迁移能力，提升学生运用综合知识解决实际问题的能力。在实践教学与第二课堂活动融合方面，要加强与实务部门的合作共建，让第二课堂活动成为法学专业实践教学的重要载体，提升学生解决数字智能时代中复杂问题的综合能力。

关键词 实践教学；数字智能时代；思政教育；综合能力培养；第二课堂

一、法学专业实践教学的时代挑战

有"大学之母"之称的博洛尼亚大学自建立时起，法学专业就已诞生。这所大学是一所学生自己筹建和管理，直面社会实际需求的大学，故就此意义而言，法学专业自诞生之日起，就带着"实践"的基因，法学理论与法律实践密不可分，法学

---

[*] 姜宇，厦门大学嘉庚学院法学院副院长，研究方向：金融法、商法、经济法。

是一门应用型学科。

随着我们进入数字智能时代，具备"实践"基因的法学教育也迎来了全新的挑战。世界所呈现出的样貌不再是工业时代中各个专业的简单排列组合，而更多的是一个个综合性的问题，甚至是综合性的挑战。因此，当今社会对法学专业人才的期望并非一个个只懂得法学专业知识，掌握法律实操技能的"工具人"，而是能够运用综合能力解决实际问题的法治人才。

立于此背景之下，我国提出了"四新"建设，其中"新文科"中的"新法科"建设是目前法学界所热议的论题。无论是"新法科"建设，还是"四新"建设，其背后的逻辑都指向着时代的变迁。因此，在当今时代下，法学专业的实践教学迎来了新的挑战，其不应再视作一种孤立的教学形式，我们必须站在理念高度，全面重新理解时代挑战之下的法学专业实践教学。如此，笔者认为，面对数字智能时代的"大融合"主题，法学专业的实践教学亦应树立自身的"融合观"。法学专业实践教学的目前状况和未来发展而言，笔者认为我们至少应做到四方面的融合，即理论与实践相融合、实践教学与思政教育相融合、实践教学与综合能力培养相融合、实践教学与第二课堂活动相融合。在此，厦门大学嘉庚学院法学院作出了一些探索，供法学界同仁指导和交流。

二、理论与实践之融合

进入数字智能时代，"人与人工智能的关系"之问一直是人们热衷讨论的问题，尤其 ChatGPT 等人工智能工具的出圈大火着实又让很多人关切这一问题的答案，甚至"人被替代论""学习无用论"一度甚嚣尘上。事实上，从信息论的角度来看，ChatGPT 等人工智能工具发挥作用的技术路线从本质上讲就是通过语言模型对既存的网络数据更加优化地处理和呈现，而非无中生有地创造新知，故人云亦云的惶恐大可不必，但数字智能时代法治人才的培养是我们必须认真对待的，我们要认真思考数字智能时代中"法治人才"不可被替代的价值究竟是什么？

在法学院，一堂课的内容可以粗浅地分为"是什么""为什么"以及"怎么办"三个层次。在传统教学中，掌握"是什么"是教学核心，而探究"为什么"与"怎么办"往往是为了更好地掌握"是什么"这类知识而进行的教学设计；但在处于社会快速发展的今天，"是什么"这类知识的"保鲜期"将会越来越短，很多法律人常感叹"一次立法，半生所学，重新来过"，然与此形成鲜明对比的是，人工智能"学习"新知的能力（也就是整合新信息的能力）似乎表现得更好。因此，在未来，我们所需要的法治人才绝不是简单的法条复述机，而是通过借助先进智能工具整合信息，真正能够在具体场景中处理复杂社会关系，彰显并维护人的尊严和价值的专业人才，而要具备这一素质，法治人才则需要深刻理解法条背后的法理、法律底层的逻辑，以及整个法治体系所致力于维护的价值。如此，面向未来，我们的人才培养方式应当要有所转变，"是什么"这类问题不是不重要，而是要从"教学核心"转变为"教学抓手"，要通过这些抓手让同学们重点理解其背后的法理、逻辑和价值，即"为什么"；而"怎么办"这类问题，则要保持足够的开放性，培养同学们以"道"御"术"在实践中发掘更多可能性的能力。

目前，厦门大学嘉庚学院法学院已构建了以法治实践与法律实操为导向，将有效教学的理念贯穿于人才培养的全流程，理论与实践结合，课上与课下衔接，校内与校外联动的法治人才培养体系，这为我们践行新的人才培养理念奠定了非常好的基础。例如，我院在围绕人才培养目标对传统理论课程进行不断优化的同时，还为主要的专业课配套了由实务专家主理的案例讨论课以及实务类课程，为此，我院除了聘任了一批来自海内外知名学府、具有深厚学术背景的专任教师外，还聘请了一批广受业界好评、具备法官、检察官、律师、企业法总等背景的资深实务专家，让理论与实践充分融合，两类课程彼此贯通，"双师型"师资团队共同发力，如此，"为什么"这类问题的探究即可在理论与实务间的穿梭中得以持续深化，"怎么办"这类问题的回应在理论与实践的融合空间中得到更加多元可能性；又如，厦门大学嘉庚学院法学院在每学年末设置了为期两周的专门的实践周，开设了符合不同年级学情的系统的丰富的实践教学活动，这些教学活动可让同学们在理论与实践融合场域下提升其运用综合能力解决实际问题，处理复杂社会关系的能力。

三、实践教学与思政教育之融合

德法兼修是中国特色社会主义法治人才培养的应有之义，厦门大学嘉庚学院法学院对于思政课程、课程思政，以及法律职业伦理教育一直非常重视，而进入数字智能时代，德法兼修在法治人才培养工作中只会越来越重要，甚至远比想象的更重要。人与工具最大的不同是人是目的而工具仅仅是手段，人的主体性告诉我们无论技术发展至何等水平，技术必须为人服务，必须让人更有尊严、更有价值，而非相反。因此，从法治人才培养的角度而言，法学院绝对不应陷于对人"工具性"的追逐，而忽视其"伦理性"。在数字智能时代中，法治人才绝不是与人工智能争夺谁更好"用"地位的"工具人"，而是要善用工具，秉良知、以法律人的信誉筑牢世界的信任网络。如此，我们万不能把学生培养为一个个的精致利己主义者，德法兼修应作为我们数字智能时代人才培养工作的重中之重。

对此，厦门大学嘉庚学院法学院已经作出了很多有益的探索。我院积极推进思政教育与专业教育的融合，避免思政教育与专业教育"两张皮"。2021年5月，由我院法学专业教师担任重要编写力量的法学课程思政教学著作《法学学科课程思政教学范例》问世，该书系统地阐论了法学学科课程思政建设的整体思路与具体设计，这是我院法学专业课程思政建设部分经验的阶段性提炼总结，也是我们继续开展课程思政建设，并将实践教学与思政教育融合的重要基础。同时，我院还构建了理论课教师与实务专家"双师同堂"的法律职业伦理课程教学模式，让法官、检察官、律师、公证员、仲裁员、劳动仲裁员、行政执法人员、企业法总等资深实务专家从思政教育与实践教学融合的视角，带领学生在真实的法律职业场景中切实体悟法律职业伦理及其重要意义，让职业伦理切实直抵学生的内心。此外，厦门大学嘉庚学院法学院还将课堂上的思政教育延伸至课堂下，在法学实践中开展思政教育，例如，我院与政府部门共建了"廉政模拟法庭"，将实践教学与廉政教育相融合，目的在于让学生在未进入社会前，就通过"沉浸式体验"真切地理解廉政的重要意义，帮助学生扣好人生第一颗扣子，让学生自觉成为廉政的践行者和弘扬者。又如，厦门大学嘉庚学院以法学院为依托还成立了校级学生组织"青廉社"，让法学专业的学生运用本专业所学，开展廉政宣讲实践。

四、实践教学与综合能力培养之融合

诚如前论，进入数字智能时代，我们越来越多地感受到了工业时代以来越来越细分的各专业的边界逐渐模糊，甚至出现了大面积的交叉；我们也越来越多地感受到了我们所处的世界可能并非由一个个细分专业有序组成，更多的可能是一个个问题交织而至的状态，而面对这些问题，"专科医生"的"手术刀"愈显捉襟见肘，"全科医生"的综合施治在未来社会中愈显重要。因此，未来法治人才的培养绝不能只聚焦于专业本身，一定要让学生多涉猎，广涉猎，要让学生具备不同专业知识的可迁移能力，要让学生具备运用综合知识解决实际问题的能力。

事实上，厦门大学嘉庚学院自建院起即秉持着培养"一专多能"人才的办学理念，设置了非常丰富的选修课课程库，其中不仅有法学院所开设的司法法务模块、市场法务模块、涉外法务模块、法律实务模块的专业选修课，还包括全校各学院所开设的人文艺术类、社会科学类、自然科学类的通识选修课，以及技能选修课，让学生可以真正根据自己的学术兴趣、对学业和未来职业的规划配置修读课程，拓宽其思维广度，培养其综合能力。

在未来，法学院将思考如何将实践教学与综合能力培养进一步相融。一方面要在实践类课程设置和设计层面，强化课程的"融合性"和"交叉性"；另一方面要设置更丰富的综合性法律实操训练，让学生在真实的实践场景中，打通多元多维思维的"任督二脉"，以为学生在多变、未知的未来社会中运用综合能力解决实际问

题做好准备。

五、实践教学与第二课堂活动之融合

法学专业教育绝不应局限于课时极其有限的课堂之中，有效的法学专业教育应当贯穿于法治人才培养的全过程和各方面，因此，第二课堂活动与第一课堂教学应紧密贯通，尤其是需要学生躬身实操，沉浸体悟的实践教学。实践教学与第二课堂活动形式具有天然的紧密联系，将其与第二课堂活动紧密融合可以极大地提升实践教学的效果。

目前，厦门大学嘉庚学院法学院与30多家实务单位共建了实践基地，遍及福建省、福州市、厦门市、漳州市的法院、检察院、公安局、律师事务所、公证处、行政服务中心等多元实务部门，这些合作单位、实践基地是我们深化人才培养的重要载体。我院与合作单位合作精心打造融入实践教学内容的第二课堂活动，例如，我院与合作单位共同建设"全真模拟法庭"，采用"全真案例模拟，一线专家指导"的模式，即"选取真实典型案例""一线律师带队指导""一线法官、检察官等实务专家现场点评"，让同学们在真实法律实操场景当中切实提升法律实务能力。在未来，法学院拟进一步继续深化与合作单位的合作，在实践教学与第二课堂活动融合的广度、深度和丰富度层面上下功夫，让第二课堂活动成为法学专业实践教学的重要载体，提升同学们解决数字智能时代中复杂问题的综合能力。

六、结语

进入数字智能时代，面对时代挑战，我们应重新思考法学专业实践教学的理念、形式和内容。在数字智能时代的"大融合"主题下，法学专业实践教学应树立起自身的"融合观"，从理论与实践的融合、实践教学与思政教育的融合、实践教学与综合能力培养的融合、实践教学与第二课堂活动的融合四大方面进行教学改革。在此，我们要立足本校校情，结合学生学情，探索出一条科学的，可以因应时代需求的具备融合性的法学专业实践教学模式。

法律诊所特色实践教育模式研究
——以福建师范大学协和学院为例

翁 怡[*]

摘要 以应用型本科教育培养应用型人才为主的特点，依托互联网信息技术实现互联网与法学专业的法治宣传相结合，依托高校丰富的师生资源和分布广泛的社区组织介入到基层社区中开设法律诊所联合促进社区式法律诊所的特色实践教育。社区式法律诊所即将诊所式法律教育与社区法律咨询、诊所实践课堂，既可以提升公共法律服务质量，还可以培养具备实践经验、坚持中国特色社会法治体系的法律人才队伍。

关键词 互联网+；应用型法学本科；社区式法律诊所

一、法律诊所教育概况

（一）法律诊所的起源

诊所法律教育起源于20世纪60年代的美国大学法学院，它借鉴临床教学模式，让学生在教师的指导和监督下接待案件当事人，为其提供咨询、代理等法律服务，培养学生"像律师一样思考"[①]。诊所法律教育于美国发端后，便迅速在欧洲、澳大利亚等多个地区兴起和发展。法律诊所教育最初的宗旨是向社会弱势群体提供免费或低价的法律服务，作为一种权利救济的手段。如今，法律诊所教育在高校法学教育中已成为不可或缺的一部分。

（二）社区式法律诊所教育在其他国家的发展

诊所式法律教育在美国经历了三个发展阶段。在萌芽阶段，耶鲁大学法学院教授首先组织了"法律诊所或诊疗所"来弥补案例教学法的不足。诊所式法律教育的

---

[*] 翁怡，福建师范大学协和学院副教授，研究方向：经济法。
[①] 杨娅敏. 地方高校法学专业实施诊所法律教育路径研究[J]. 大理大学学报，2020,5(3):79-84.

蓬勃发展阶段正处于美国民权运动盛行时期，这就促使了众多法律工作者和法学专业的学生意识到法律体系不健全，司法制度存在缺陷，法律资源缺乏以及将理论知识转化为实践的重要性。第三阶段在上个世纪末，美国已有 98% 的高校法学院建立法律诊所教育平台，涉及人权、移民、社区发展等领域。在英国，法律诊所教育更是创新了校内外真实当事人诊所和模拟诊所，让学生在实践中运用法律、分析法律。

社区式法律诊所是由美国诊所式法律教育进一步发展而来的。从 1972 年美国乔治敦大学首次发起到现在，美国已有 40 多所高校法学院开展社区式法律诊所项目。在国外，大部分的社区法律诊所都是由高校和其他社会团体的合作，在社区里建立了一个法律服务咨询站，并安排学生在这些法律服务咨询站里为当地的居民提供法律咨询等法律服务。①

（三）社区式法律诊所教育在中国的发展

20 世纪末，我国法学教育界开始关注在美国法学院兴起多年的诊所法律教育，并将其引入我国高校，旨在重塑中国"重理论轻实践"的法学教育模式。2002 年 7 月，在中国法学会的批准下，"中国法学会法学教育研究会诊所法律教育专业委员会"正式设立，诊所法律教育专业委员会的设立，对我国诊所法学教育的推广和发展起到了巨大的推动作用，在中国法学教育改革中具有里程碑意义。

国内各大高校法学院纷纷开始探索法律诊所的实践教育，到 2020 年全国已有 200 多所高校法学院设立法律诊所并开设法律诊所教育课程。"北大—迁西社区法律诊所"是全国第一家社区式法律诊所，由北京大学与河北省迁西县于 2001 年合作设立的，是一种以营造良好法治环境为切入点，并通过参与社区立法、法治教育和法治宣传等方式，实现了一种新型的、综合性的法律教育模式。另外，西北政法大学注意到了农村的法律需求，考虑到了新农村的特征和要求，在 2003 年首次尝试建立了一家农村社区法律诊所。在北京交大和中山大学等多所高等院校，都已对"以社区为单位"的法律诊所的实习教学进行了初步的尝试。

虽然我国法学教育在实践教育上已经有了实质性突破，但北京大学法学教授仍然认为我国法学教育在传授知识的层面上存在基础性不足、覆盖面不广等问题，在技能训练方面则"全方位缺席"。目前，在中国知网中输入"社区法律诊所"这个关键词，能够查询到的有关文章只有 24 篇，而在 2006—2014 年之间，与之有关的文章也只有 8 篇，2015—2018 年之间虽上升到 16 篇，但是总体数量少，且研究侧重于依托非互联网的线下地推模式，以"互联网+社区式法律诊所"为关键词进行

---

① 杨馥溢.基层社区法律诊所公共法律服务的理论和实践[J].法制博览,2018(25):89-90.

检索，可以搜索到相关论文研究为 0 条。由此可见，在数字化大数据联网时代下，这样落后的教学模式及研究模式亟需突破。

传统的法律诊所存在服务范围狭窄、获取案源渠道单一、案件数量少等问题，但是随着网络技术的发展，网络服务形式的多样化，其在法律服务中的重要性也越来越突出。借助互联网的发展，建立一个社区式法律诊所在线服务平台，可以切实地解决社区式法律诊所在发展过程中遇到的瓶颈问题①。

二、"互联网+"社区式法律诊所的研究价值

（一）顺应国家教育改革

2011 年，《关于实施卓越法律人才教育培养计划的若干意见》中明确提出："加大实践教学比重，加强校内实践环节，搞好案例教学，办好模拟法庭、法律诊所等。"法学教育目标应转变为培养应用型、复合型法律人才，实施"互联网+"诊所法律教育，是应用型本科法学院培养实践性、地方性法律人才的重要教学方法之一。②福建师范大学协和学院深刻贯彻落实国家教育方针，在法学专业的教学上，通过建立"互联网+"社区式法律诊所实践教学基地，开展诊所法律教育，为社会培养法律实践人才。

2015 年 11 月，教育部、发改委、财政部印发《关于引导部分地方普通本科高校向应用型转变的指导意见》，引导地方普通本科高校的法学教育进一步向实践能力和创新能力培养的方向深化，③以培养面向地方、服务地方的法律实践性人才为特色和重点。福建师范大学协和学院作为应用型本科高校，为贯彻落实国家指导意见和教育方针，充分发挥其在地方社会中具有较大的社会影响力作用，开展立足当地实际，面向当地经济发展，服务当地社会的诊所法律教育，训练学生掌握各种法律实践技能以满足地方需求，为地方发展与法治建设输送所需的人才，为当地的发展和法治建设提供良好的保障，更好地为地方发展及地方法治化服务。④

（二）"互联网+"社区式法律诊所的研究意义

"互联网+"社区式法律诊所是依托地方高校法学专业教育，利用互联网这一平台，通过地方高校和地方基层自治组织的合作而设立的社区式法律诊所项目，让大学生走进社区讲授法律知识，为社会上的弱势群体或社区居民提供各项法律服

---

① 李雄.我国法学教育改革的理念目标及若干关系[J].法学教育研究,2015,13(2):29-44.
② 崔玲玲."互联网+法律诊所"运行模式探析[J].政治学研究,2018,39(1):51-55.
③ 姚迪迪.以模拟法庭为基础的实战型教学模式构建——以肇庆学院为例[J].肇庆学院学报,2018,39(4):75-78.
④ 卫江波.基于案例诊断法的高校法律教育路径初探[J].山西省政法管理干部学院学报,2019,32(3):91-93.

务，并主动参加到社区的普法宣传和其他有关的法律工作中去。法律诊所课程由指导教师选取较为经典和具有教学意义的真实案件作为"教材"，采用提问、讨论、模拟等方式，在互动交流中，让学生经过自己的思考，从而得到在事实和法律方面的知识和判断，改变了以往那种"满堂灌、填鸭式"的教学方式。课堂外，学生通过教师指导，能够向弱势群体或者社区居民提供实际法律援助，独立完成案件代理工作并对案件代理的全过程负责。在这个过程中学生既感到了压力，又受到了鼓舞，更加充满了干劲，法律知识和实务经验可以得到极大的丰富和充实，能力也能得到显著的提升。①

打破传统法律诊所教育的局限性，创新"互联网+"法律诊所教育模式，开辟"互联网+教育"新途径。通过建立法律诊所在线服务平台，突破时空壁垒，提高法律服务的便捷性。

对于法学生而言，社区法律诊所的价值首先体现于学生通过会见当事人并提供法律服务等工作使得自身思维和能力均能得到锻炼；其次，学生通过亲身接触案件可以更深切地理解律师等法律服务工作者的社会角色；最后，因为社区法律诊所的无偿性，法学生在帮助弱势群体的同时也在不断地培养自己的社会责任感和职业责任心。总之，对于法学生而言，能够得到传统学校教育所缺失的实践教育，获得全方位的培养。

对于高校法学院而言，社区法律诊所项目的开设不仅培养和锻炼了学生的实践能力，还弥补了高校法学院纯理论教育的不足。此外，高校建立法律诊所、为社区居民提供法律服务也是高校承担社会责任的一种体现，实则其在承担社会责任的同时也能赢得社会的认可。

社区法律诊所在帮助解决社区居民法律问题的同时也增强了社区居民的法律素质，推动了社区普法教育宣传活动，让法治走向基层。对于社会而言，社区法律诊所在一定意义上是对法律服务资源的进一步整合，体现了对社会管理的创新。社区法律诊所的设立，能够让法治站上更高的台阶，得到更广阔的宣传和实践，让全面依法治国在基层社区中得到顺利推进。②

---

① 卫江波.基于案例诊断法的高校法律教育路径初探[J].山西省政法管理干部学院学报,2019,32(3):91-93.
② 秦勇,赵慧敏.中国社区法律诊所实践教学模式运行的困境与出路[J].中国石油大学学报,2016,8(32):50-54.

三、福建师范大学协和学院"互联网+"社区式法律诊所的建设及运行

（一）福建师范大学协和学院"互联网+"社区式法律诊所的建设目标

福建师范大学协和学院在积极响应国家的应用型高校转变的过程中，通过自己的摸索和努力打造了一种新型的、顺应时代发展的教育模式，即基于"互联网"平台，以"学训一体"的社区式法律诊所模式开展特色实践教育，那么如何在弘扬现有的教育特色的同时引入创新性"互联网+"社区式法律诊所实践教育是我们目前要关注和研究的目标。

福建师范大学协和学院秉承国家提出的"应用型高校转变"这一精神以及贯彻落实国家的卓越法律人才教育培养计划，以学院所在地为中心点向全市辐射，与法律援助中心、律师事务所、村民委员会等组织合作，以获取更广阔的案源。[1]"互联网+"社区式法律诊所特色实践教育由课堂教授和社区实践组成，诊所的课内讲授活动地点设在学院内，由学院教师开展诊所教育；外设式诊所主要在社区内。学院中的每一位法学专业的学生，都要参加法律诊所实践课程的培训，通过参与法律宣传、普法、提供法律咨询等方式，介入到了基层的社区工作之中，将社会最底层的弱势群体和社区居民作为主要的服务对象，运用参与式、互动式等方式，开展与之有关的免费法律服务，亲自为当事人的法律困惑提供咨询和意见，[2]并由指导老师根据学生在实践中的表现进行评分，对该门法律实践课程进行成绩认定。此外，福建师范大学协和学院所建设的法律诊所的特色之处在于其依托互联网平台，为此我们还计划建设社区式法律诊所的网络平台App，并将该网络平台App与社区对接，使法律诊所的课堂教学走入社区，实现网络平台与面对面服务"双管齐下"。

（二）福建师范大学协和学院"互联网+"社区式法律诊所的运行情况

福建师范大学协和学院"互联网+"的社区式法律诊所通过互联网与社区两大平台为学生提供了一个实践和了解社会的平台，使法学生们能进入现实的社会环境中，正视社会现实生活中的法律纠纷问题，并与实际生活中的法律问题进行最直接的沟通交流，提供法律咨询和意见，促使学生提高自己的实践能力，让学生的各种法律技能在实践当中得到全面的锻炼。[3]学生们面临的问题不仅是法律咨询、案件代理，更包括法治宣传，为社区法治建设建言献策等。[4]

---

[1] 杨娅敏.地方高校法学专业实施诊所法律教育路径研究[J].大理大学学报,2020,5(3):79-84.
[2] 杨馥溢.基层社区法律诊所公共法律服务的理论和实践[J].法制博览,2018(25):89-90.
[3] 李雄.我国法学教育改革的理念目标及若干关系[J].法学教育研究,2015,13(2):29-44.
[4] 洪东冬.社区法律诊所实践教学初探[J].法制与社会,2017,12(上):188-189.

福建师范大学协和学院"互联网+"社区式法律诊所是在本院法学专业基础上发展起来的法律诊所课程，由教师课堂授课和学生社区实践两大部分组成。教师在课堂授课时会按照律师代理案件的真实流程，从与当事人会见、接受委托、分析证据、检索法条、形成代理方案直至出庭参加庭审，教授给学生各个环节的具体内容与技巧，其中出庭参加庭审部分教师会单独组织"模拟法庭"，学生根据真实案例，分别扮演法官，公诉人和辩护律师，在法庭上模拟真实的庭审。社区实践环节，由指导老师带队，学生以小组为单位到社区进行值班，接受社区居民的咨询，为社区居民提供法律意见，进行法治宣传等。在福建师范大学协和学院"互联网+"社区式法律诊所提供的法律服务中，婚姻、赡养、抚养、继承、相邻权等纠纷咨询较为常见，社区居民咨询的案件类型越多、越丰富，就越能使学生接触到更多不同类型的案件并获得不一样的法律实践体验。

社区法律诊所服务并不是为了服务而服务，还要追求高质量的服务。为此，福建师范大学协和学院将参与社区式法律诊所建设的学生进行分组，在完成每一阶段的法律服务后，还需进行以下研究：

从实际教学效果而言，通过实地调研和人物访谈方式研究现阶段本科法学社区式诊所教学方式具有哪些优势。

结合法律诊所教学的现状，通过创设"互联网+"社区式教学情境以及建立社区化回访跟踪评价方法归纳总结现行法律诊所教学中存在的不足以及在应对应用型本科转型阶段有可能出现的问题。

结合法学专业其他实践性教学方法实际运用效果的评价与分析对"互联网+"社区式法律诊所教学方法运用案例方式作出综合性评价。

在摸索实验过程中，通过对现有实验教学课程和法律诊所实验课程的相关管理制度的归纳总结的基础上，提出法律诊所线上线下结合式教学方法改进策略，对应用法学专业"互联网+"模式下社区式法律诊所实验课程建设提出"实训一体"创新性实战型转化的构想，并探讨转化的可靠途径和有效措施。

福建师范大学协和学院针对社区式法律诊所具有实践性的特点，在采用"互联网+"线上平台建设与线下社区结合的形式开展法律诊所的课程教学实践过程中，总结出以下需要改进的地方：一是创新"导师"团队。改革的核心之一在于互联网+社区式法律诊所"导师团队""导师团队结构"及"导师团队指导方法"的创新。二是创新平台建设。开发互联网平台和社区对接平台，实现两大平台对法律诊所课程的对接。三是创新学生的培养模式。通过课堂讲授和平台记录与反馈形成学生专业能力的培养。

（三）福建师范大学协和学院"互联网+"社区式法律诊所的创新之处

创新"互联网+"教育模式。福建师范大学协和学院"互联网+"社区法律诊所以一种更加灵活的方式提供法律服务，除了安排法学生在社区法律诊所进行值班之外，还注册了自己的微信公众号——法律诊所课题研究，通过"互联网+"的方式，不仅能够为社区居民提供服务，也能为偏远地区的乡镇社区居民或其他法律需求者提供法律服务，看似只是扩大了服务范围，实际上也是为自身法律诊所的正常运行获取更多、更丰富的案源。[①]

创新"走出学校，走进社区"。首先，在学校和司法界各方的共同努力和支持之下，将法律诊所实训课程引入社区，实现了法律诊所"走出学校，走进社区"，不再封闭于高校内，让法律诊所为外界所知悉的同时也能获取更多的案源。其次，在走进社区的同时也创新了诊所教学模式，学生通过参与个案代理和社区法治建设，进行法律实践，理解并参与"全面依法治国"。最后，将法律诊所引入社区，是对以应用型本科法学专业建设和实践教学体系建设为重点的人才培养模式的改革进行了深入，对应用型本科法学专业学生就业的核心竞争力进行了实质性的提升。[②]

四、"互联网+"社区式法律诊所在实践中遇到的困难及出路

"互联网+"社区式法律诊所的建设对福建师范大学协和学院推进法学实践性教学具有至关重要的作用。虽然社区式法律诊所已在全国各个高校法学院得到了实践，我院在具体的实践中也发现诊所法律教育能够给予法学生对所学法律知识的实践机会，启发他们对法律问题的深度思考，能够弥补课堂纯理论教育的不足，但在实践中仍发现其存在诸多问题，如体系不够完善，运行过程存在诸多缺陷等，这些困难阻碍着社区式法律诊所教育的实践及进一步发展。为使得社区式法律诊所真正发挥其实践教学的作用并使其获得长远、稳定的发展，必须解决困难，寻找出路。

（一）办公场所难以得到落实

目前福建师范大学协和学院（以下简称"学院"）社区式法律诊所设于学院和社区，在社区内欲正常运行必须有办公场所，并配备桌椅等相应的基础设施。但实践中，办公场所往往难以得到落实。社区的办公场所往往有限，较难提供一个相对完善的办公场所，如果没有一个稳定的办公场所，那么法律诊所的运行也将难以持

---

① 杨馥溢.基层社区法律诊所公共法律服务的理论和实践[J].法制博览,2018(25):89-90.
② 姚迪迪.以模拟法庭为基础的实战型教学模式构建——以肇庆学院为例[J].肇庆学院学报,2018,39(4):75-78.

续。因此在设立社区式法律诊所时必须提前与社区作好沟通，由社区提供一个相对完善的办公场所，必要时还可通过与社区签订协议的方式来明确学院与社区双方的权利义务关系。此外考虑到社区自身办公场所有限，在诊所设立初期，可由社区将其小部分办公场所用于诊所办公，待诊所真正成熟起来，再将社区式法律诊所的办公场所扩大起来，办公场所的扩大也可使法律诊所的服务范围得以扩展。

（二）经费欠缺

经费保障是"互联网+"社区式法律诊所得以持续开展的根本基础。虽然社区式法律诊所的运行是由学院学生和教师提供的无偿服务，但运行过程中不可避免会产生打印费、通信费以及进行法律宣传等必要费用。也就是说，社区式法律诊所的运行需要资金的支持，但实践中可用资金却是很有限的，大部分来源于学院的财力投入，但毕竟学院的投入是相对有限的，对于整个社区式法律诊所的运行来说只是杯水车薪，如果各项开支、花销难以得到保障，那势必会影响法律诊所的正常运行，甚至会对学生和教师的积极性产生影响。为此，只有丰富资金来源，不再单纯依赖学院的财力投入，才能确保社区式法律诊所正常运行，因此可以尝试通过以下方式获取经费：第一，基于社区法律诊所的公益性特点，利用媒体、网络等多途径进行宣传推广，让社会知晓我院"互联网+"社区式法律诊所的性质、目的和作用，提高社会知名度与认可度，从而向一些社会公益组织寻求资金以资助法律诊所的开展。第二，基于企业通常愿意通过参与社会公益活动的形式来承担社会责任的这一特点，可以积极寻求与企业进行合作，共同开展法律服务活动，从而获得企业的资金支持。第三，借鉴美国福特基金会赞助美国高校法学院诊所法律教育的模式，由高校向基金会寻求赞助，解决诊所经费不足的问题。

（三）师资力量薄弱

社区式法律诊所为学生在教师的指导下完成工作，但学生的法律知识是相对薄弱的，所以事实上社区式法律诊所运行的核心是指导教师。实践中指导教师的指导工作涵盖范围较大，不仅要指导学生完成法律咨询、提供法律意见等各项工作，还要引导学生树立正确的法律思维与职业道德观。因此，指导教师必须拥有充裕的时间，但我院现行法律诊所的指导教师平时还有教学专业课，其耗费时间、精力，指导教师难免会觉得分身乏术，甚至影响法律诊所工作的开展。为此最好的办法是安排老师专门负责社区式法律诊所工作或聘请专业的律师，退休的法官、检察官等具有法律职业工作经验的人才担任法律诊所指导老师，这样才可以使指导教师拥有充裕的时间，能全身心地投入社区法律诊所，学生也能得到更好的指导，诊所工作也能更好地完成。

（四）案源匮乏

社区式法律诊所教育以通过让学生解决真实案件的方式来进行实践教学，所以其教学必须有真实案件，也就是说，只有充足且适量的案源才能使法律诊所运行下去。但在实践中，对于一个主要由学生为主体构建的法律诊所，不论是由于认知度还是信任度的不足，社区居民往往更愿意选择专业性较强的律师事务所或法律援助中心。案源就是法律诊所得以运行的动力，相较于律师事务所或法律援助中心，法律诊所的专业度或居民的认知度、信任度可能没那么高，但我们可以把握住自己的亮点，补足自己的缺点。首先，法律诊所的特点在于提供的法律服务是无偿的，这可以作为我们获得案源的优势；其次，对于居民对法律诊所的认知度及信任度不足的问题，我们可以加强在社区中对法律诊所的宣传力度，并在社区中积极开展社区法律活动，走近社区居民的生活，更好地了解社区居民的需求，从而真正获得社区居民的信任与支持；最后，可以通过与律师事务所或法律援助中心合作，来弥补自身的专业性不足。

五、"互联网+"社区式法律诊所的进一步探索

社区式法律诊所的特点在于将实践平台延伸至社区乃至社会，这个特点对于高校开展社区式法律诊所而言既是优势，也是一种无形的挑战。因此，只有对社区式法律诊所的实践教学进行不断探索，充分利用这个平台让学生学有所得，才能真正发挥这个平台的作用与价值。

（一）将社区法律诊所真正融入社区

目前学院对"互联网+"社区式法律诊所的定位仅是实践教学基地，而基于实践教学基地本身的特点，难免存在管理不规范，稳定性较差等缺点，这都无法使法律诊所更好地发展，无法使之形成一个规范且独立的个体。如果我们将我们的社区式法律诊所真正融入社区，成为社区的一部分，即将其发展为社区的组织机构或附属机构，这样一来可以使得法律诊所的管理将更加规范，其存在也将处于稳定状态，从实践教学基地到社区的一部分，这样的变化也更能获得社区居民的认可；二来基于互联网时代的到来，现今大多数社区已有社区专用于供社区居民缴费、社区活动通知等用途的app，我们就可以将学院的法律诊所在线服务平台融入社区居民所使用的app，让社区居民实现多途径享受法律诊所服务，同时也进一步推进了自身法律诊所的宣传、推广。

（二）吸引社区居民参与社区法律诊所

社区式法律诊所作为学院的创新教学项目，在初创阶段诊所的师资相对有限，并且作为长期从事高校法学教育的教师而言，在指导社区案件时，时常面临缺乏社区管理经验，从而不能使得案件处理得以高效解决的问题。而如果能从社区中吸纳一些具有法律工作经验或社区管理经验的人才加入，既可以弥补高校师资有限的问题又可以解决高校教师缺乏社区管理经验的难题，同时还可以帮助学生更好地为社区居民服务。

学院在社区式法律诊所的运行过程中时常面临社区居民因提供咨询者为学生而产生不信任甚至放弃咨询，俗话说解铃还须系铃人，只有让社区居民信任法律诊所，才有利于诊所开展提供服务、宣传等工作。让社区居民信任法律诊所的最优方法之一，就是让他们真正了解并参与到法律诊所的工作中，为此我们可以吸纳一些社区普通居民参与诊所的法治宣传等较为简单的工作。这样在得到社区居民信任的同时，也能发挥社区居民的口口相传的作用，为法律诊所引入更多的案源。

（三）深入参与社区管理

目前学院的"互联网+"社区式法律诊所更多停留在提供法律咨询服务和法治宣传上，这还停留在社区的表面。对于整个社区而言，真正值得学生深入学习的是社区公摊收入等社区管理背后隐藏的法律问题，只有真正参与社区管理才能使得社区这一平台发挥其真正的作用。法律诊所指导教师与学生都应当积极主动地去了解社区以及社区居民真正的需求，积极参与社区管理工作，并对社区法治建设提出自己的建议，为社区管理建言献策，使学生能够从社区管理等多角度理解法律实践。在参与社区管理之后，可以就社区实践调研、社区法律问题展开更为深入的探讨，这些调研和研究有助于法律诊所师生更深入地了解社区，透彻学习社区法律问题，从而提出对社区管理有效的法律意见，这些无疑都在促进诊所师生的学习，提升他们严谨缜密的法律思维。

六、"互联网+"社区式法律诊所的前景展望

基于应用型本科培养实践性人才的特征，又结合互联网时代的信息技术，"互联网+"社区式法律诊所特色实践教育旨在培养具有综合素质、同时又具有实际工作能力的法律人才。因为法律这门学科一方面是一门极具理性的学科，要求法科生具备良好的人文素养；另一方面又是一门实践性学科，不仅要求法科生会学，还要会运用于实际生活中的法律问题，且要求学生具备良好的道德素养。

目前，我国的法学本科教育均达到成熟阶段，但大部分高校在本科阶段对法科生的教育仅停留在专业理论知识的教授上，缺乏法律实践锻炼。而基于法律这门学科对实践性的极高要求，足以说明仅理论教育是远远不够的。"互联网+"社区式

法律诊所教育作为大学本科阶段法科生的法律实践环节，在追随新时代"智能化"发展的同时，既弥补了实践教育的缺失，又可培养学生服务社会的道德感；其多元化的法律教育培养模式，足以培养社会所需的经世致用的高素质法律人才。

同时，"互联网+"社区式法律诊所实践教育也能满足社会对复合型法律人才的需求，[①]通过"互联网+"社区式法律诊所教育所提供的法律实践教育环境，既能帮助法科生将法律实践融入理论学习中、帮助他们树立正确的法律职业理念、建立法律思维习惯，又能为他们在四年的法科生教育之后走上法律职业道路夯实法律实践根基。

法学教育研究之路艰辛又漫长，但在这条道路上一直陪伴着我们的是法律带来的正义与力量，它能够使我们坚定且无畏地走下去。法学理论教育和实践教育应当"并肩前行"，注重培养法学生的法律实践能力、职业道德感和社会责任感，推进中国法学理论教育和实践教育的有机融合，构建一个系统、全面、有中国特色的法律教育体系，进一步完善中国的法律教育。

七、结语

社区式法律诊所教育意在改变传统学生"有理论无经验"的缺点，培养既具有综合素质，又具有实际工作能力的法律人才。社区法律诊所教育被引入我国已有二十余年，在法学教育中的作用是不可忽视的，其价值在于能够让学生产生良好的法律职业道德和责任感，让学生在实践中感受到作为一名法律人应当具备怎样的素质与素养。

虽然目前学院"互联网+"社区式法律诊所教育的开展仍有诸多困难阻碍其前行，但是在不断发展中经过各方努力，将会逐渐完善，最终形成适用于学院法学教学的法律诊所式教育。

---

① 王康. 中国社区法律诊所教育之建构[D]. 北京：首都师范大学，2006.

新时代德法兼修与法学课程思政教学改革

樊旭婷[*]

摘要 法学专业课程思政建设是完成"立德树人、德法兼修"培养任务的必经之路。高校课程思政建设与德法兼修法治人才的培养具有非常密切的联系,二者的理念统一、目标一致、举措协同。将课程思政理念引入高校法学教学,有利于培养德才兼备的社会主义法治人才。作为一个新生事物,如何推动课程思政建设,各高校仍在探索之中。当前,法学专业课程思政教学效果不佳,亟待改革。基于此,本文从教学理念、教学体系等方面对课程思政教学改革与发展提出了具体的对策,为国家培养德法兼修法治人才提供有益的借鉴。

关键词 德法兼修;课程思政;法治人才培养;教学改革

一、问题的提出

2017年5月,习近平总书记在中国政法大学考察时强调,要坚持中国特色社会主义道路,坚持以马克思主义法学思想和中国特色社会主义法治理论为指导,立德树人,德法兼修,培养大批高素质的法治人才,法学教育要坚持立德树人,不仅要提高学生的法学知识水平,而且要培养学生的思想道德素养。[①]

经过多年的实践,当前我国高校思政教育与专业教学存在着"两张皮"的局面,对知识传授和价值引导的关系缺乏正确的理解,造成课程思政工作的缺失和缺位。这对高校思政教育和专业教育提出了新的要求。

早在21世纪初,就有诸如上海等地开始了思政教育的探索。上海在不断的实践中总结出一条行之有效的经验,就是把"学科德育"作为核心,即将德育的核心

---

[*] 樊旭婷,广东外语外贸大学法学院法律硕士研究生,研究方向:民商法。
[①] 习近平. 论坚持全面依法治国[M]. 北京:中央文献出版社,2020:179.

内容分解在每门课中,让每门课程的育人功能、每位教师的教育职责都充分体现出来。①

2016年12月,习近平总书记在全国高校思想政治工作会议上强调,要用好课堂教学这个主渠道,思想政治理论课要坚持在改进中加强,提升思想政治教育的亲和力和针对性,满足学生成长发展需求和期待,其他各门课都要守好一段渠、种好责任田,使各类课程与思想政治理论课同向进行,形成协同效应。②2020年5月教育部印发的《高等学校课程思政建设指导纲要》(以下简称《纲要》)指出,落实立德树人的根本任务,必须将价值塑造、知识传授和能力培养三者融为一体、不可割裂,课程思政建设是全面提高人才培养质量的重要任务,要求"明确课程思政建设目标要求和内容重点""科学设计课程思政教学体系"。③《纲要》对法学专业课程的课程思政建设提出了明确的要求:"要在课程教学中坚持以马克思主义为指导,加快构建中国特色哲学社会科学学科体系、学术体系、话语体系。要帮助学生了解相关专业和行业领域的国家战略、法律法规和相关政策,引导学生深入社会实践、关注现实问题,培养学生经世济民、诚信服务、德法兼修的职业素养。"至此,课程思政开始经由国家层面推动,并在德法兼修法治人才培养中扮演重要角色。

2022年10月,习近平总书记在党的二十大报告中明确指出"中国式现代化为人类实现现代化提供了新的选择""必须更好发挥法治固根本、稳预期、利长远的保障作用,在法治轨道上全面建设社会主义现代化国家"。全面依法治国是一个系统工程。建设德才兼备的高素质法治工作队伍是推进全面依法治国的基础性工作,作为习近平法治思想的核心要义之一,这也为法学课程思政教学改革指明了前进道路。法学专业学生工作后大多在法律领域,所以,在当前党和国家高度重视法学教育与思想政治教育并行不悖、共同发力的新背景下,高校推进法学专业中的"思政融入课程"教学改革,不仅是对党和国家人才战略的具体落实,更是对法治国家建设的有力支撑。

二、德法兼修法治人才培养与"课程思政"建设的关系

课程思政是将思想政治元素融入各个学科之中,在不知不觉中影响学生的思

---

① 高德毅,宗爱东.从思政课程到课程思政:从战略高度构建高校思想政治教育课程体系[J].中国高等教育,2017(1):43-46.
② 吴晶,胡浩.习近平在全国高校思想政治工作会议上强调把思想政治工作贯穿教育教学全过程开创我国高等教育事业发展新局面[J].中国高等教育,2016(24):5-7.
③ 教育部官方网站.关于印发《高等学校课程思政建设指导纲要》的通知[EB/OL].(2020-06-06)[2022-11-07]. http://www.gov.cn/zhengce/zhengceku/2020-06/06/content_5517606.htm.

想意识和行为举止。[①]不难发现，课程思政建设理念、目标乃至具体的举措与德法兼修法治人才培养高度一致，通过课程思政建设有助于推动德法兼修法治人才的培养。

（一）理念相统一

课程思政的理念是充分发挥专业课程在育人过程中的作用，实现与思想政治理论课程的协同。习近平总书记强调："法学教育要坚持立德树人，不仅要提高学生的法学知识水平，而且要培养学生的思想道德素养。"[②]因此，德法兼修法治人才的培养，不仅要加强学生的专业基础，还要加强学生的思想品德修养，而思想道德素养不能只交给思想政治教育，专业教育也应当作出应有的贡献。就此而言，课程思政与德法兼修法治人才的培养都扮演着协同育人的使命。

（二）目标相一致

课程思政的目的是实现立德树人。在深化课程思政建设的进程中，我们需致力于将核心价值观无缝融入知识的传授和能力的锤炼之中，以确保教育的全面性和深度。法学教育的背后，不只是知识的创新和专业能力的培养，更重要的是积极地回应国家的人文精神和主流价值观。就这一角度而言，课程思政与德法兼修法治人才培养的目标都是为了解决培养什么人、怎么培养人和为谁培养人的问题。

（三）举措相协同

二者在具体举措上也相协同，都包括科学设计教学体系，修改人才培养方案；打造一批课程，既注重对学生专业知识的培养，又注重对学生价值观的引导；出版一批能够体现课程思政和德法兼修要求的教材；形成一批符合课程思政和德法兼修要求的教学团队和教学名师等等。

有道德却不懂法律的人，不能称为"法治人才"；只懂法律而没有道德的人，那是"讼棍"。因此，德法兼修是我国法治人才培养的必然要求，也是法学课程思政的着力点。

三、"德法兼修"视角下当前高校课程思政存在的问题

尽管许多高校法学专业都已将课程思政纳入教学工作，但由于各种原因仍存在许多问题，"有的教材编写和教学实施偏重于西方法学理论、缺乏鉴别批评，对中国特色社会主义法治理论研究不够深入；有的法学教育重形式轻实效、法治人才培

---

① 王学俭,石岩.新时代课程思政的内涵、特点、难点及应对策略[J].新疆师范大学学报(哲学社会科学版),2020,41(2):50-58.

② 习近平.论坚持全面依法治国[M].北京:中央文献出版社,2020:179.

养重专业轻思想政治素质，等等"[1]。归结而言，目前高校课程思政存在的问题有以下三个方面：

（一）专业教学与思政教育融合不易

法学教学的主要任务是培养学生通过解释和适用法律来处理案件的能力。[2] 其在教学内容上，主要注重两个方面：一是传授实体法、程序法和法律实务等知识；二是培养学生运用法律解释办案的能力。思政教育要求学生树立正确的"三观"，注重人们内心教化和知行合一。由此可见，二者在目标上确实存在着差异，这就造成了部分教师把重点放在了法律知识的传授和法律技能的培养上，而忽略了思想政治教育。

法学课程思政的实施，不是单纯地将法学知识与思政元素叠加，而是要把思政元素融入到法学专业课程之中，在学科教学的同时，实现法学知识和思政元素的结合，让学生在学习专业知识过程中，受到思政元素的感染。但是，二者的目标差异，使得专业知识和思政元素之间的有机结合变得更加困难。

（二）部分教师认识欠缺以致执行不易

培养符合时代要求的法治人才，思想政治教育的落实绝不仅仅是在课程上完成的，它是整个教育的全过程、全方位、全时段的投入和付出。学校的每一个人，包括行政工作人员，都是思想政治教育的主体。法学教师，就当仁不让的是思想政治教育的重要主体。法学课程思政的开展，需要法学教师发挥主导作用。然而，要实现专业教学与思政教育并驾齐驱，这就需要法学教师具有思政意识和思政知识。当前主要的问题首先是缺少思政意识。法学教师从本科接受法学教育开始，一直在校园中接受法学专业教育，虽然精通法学专业的教学和学习方法，但是对思政教育却比较陌生，不知道该怎么把思政元素融入到法学专业教育中去，对开展法学课程思政更是无所适从。其次是缺少思政知识。法学教师就算有课程思政的意识，但如何操作仍困难重重，对于实践中应如何协同更是不知所措。[3] 在教学中，要么把专业课上成了思想政治课，要么上成纯专业课教学，难以把握法学课程思政的度，无法达到预期效果，无法有效开展各项工作。

（三）缺乏完善的法学课程思政教学体系

在高校法学课程的教学实践中，我们发现尚缺乏一套健全且成熟的课程思政教学体系，这在一定程度上影响了法学教育与思政教育的有效结合。首先，理论课程

---

[1] 习近平.论坚持全面依法治国[M].北京：中央文献出版社，2020:175.
[2] 朱继胜.以案例研习培育"智能技能"教学探究[J].高教论坛，2017(6):49-51.
[3] 朱征军,李赛强.基于一致性原则创新课程思政教学设计[J].中国大学教学，2019(12):24-28.

的教学实践中存在明显不足，特别是在法学课程与思政内容的融合方面。当前缺乏专门探讨法学课程思政教育的理论体系，未能有效结合法学专业的独特性与思政知识，给教师提供教育工作指导，难以形成有力的教学支撑。其次，在法学课程思政的整合上，尚未制定统一的教学大纲，导致教学工作目标模糊且缺乏明确性，所设置的课程内容与期望的思政教学目标之间存在不一致的情况，这在一定程度上影响了法学课程思政教育的有效实施。最后，在法学课程思政的考核与评估环节，尚缺乏一套完备的评价制度，且缺乏统一的考核标准，这导致了对教师教学过程以及学生学习过程进行综合评价的困难，这样很难进行有效的教学改革。因此，当前亟须建立一套科学合理的评价体系，以确保法学课程思政教育的有效实施和持续改进。

四、高校法学专业"课程思政"教学改革的路径探索

（一）深化对课程思政的认识，注重课程思政的统领性

理论是行动的先导，课程思政作为一个新事物，深入的理论研究是做好课程思政建设的重要基础。高校可以通过积极开展理论研究和召开研讨会等方式，深化对课程思政的认识，研讨会可邀请国内各知名高校、党校等单位的专家和学者共同探讨。另外，可以成立党政一把手为组长的课程思政建设领导小组，建立课程思政教研中心，建立党委委员、党支部书记的课程督导制度，听课评价计入课堂考核成绩。

（二）以专业建设引领课程思政

课程思政的革新与发展，必然依托于专业建设的领航作用。以专业建设为驱动力，深化课程思政的内涵，旨在塑造学生全面而坚定的世界观、人生观和价值观。这一过程不仅有助于学生形成健全的职业人格，还能增强他们对法律职业的深刻认同，进而激发出对建设社会主义法治国家的强烈责任感和使命感。高校可以结合学校特色，打造国家一流法学专业目标，将习近平新时代中国特色社会主义法治思想、社会主义核心价值观等融入专业课教学中。

（三）强化法学专业教师的思想政治教育责任意识和能力

在新时代的背景下，高校法律教师肩负着双重使命：既要作为国家法治建设的重要力量，承担起法治工作队伍成员的责任；又要以教育者的身份，担负起培育法治人才、传承法律知识的神圣职责。法学专业教师需强化思想政治教育的责任担当，着力提升在思政教育中的专业素养与能力。具体而言，应从以下四个方面着手：第一，法学教育者在教学过程中应积极引导学生深入领会马克思主义法学精

髓，以及中国特色社会主义法治体系的核心理念，从而增强他们的辨识力和抵抗力，有效抵御西方不良法治思潮的侵蚀。第二，法学教师应当严格遵循党的教育方针，审慎分析并辩证看待西方法律理念和法律体系，确保教学内容的正确性和导向性。第三，法学教师在探讨我国与西方国家法治差异时，应彰显对中国法治的坚定自信，多维度进行细致的分析与比较，使学生能深刻洞察中国特色社会主义法治理论的历史演变与发展脉络，从而坚定对社会主义法治的信仰。第四，法学教师应以身作则，坚守理想信念，并引导学生以历史的、全面的视角审视依法治国建设中所面临的挑战与问题。

（四）将德法兼修融入教学设计

在追求事业成功的道路上，"法"是不可或缺的基石，为个体提供稳定而明确的行为规范。"德"则是这一道路上恒久不变的指引，它不仅是理想信念的灯塔，更是思想和行动的核心统帅，确保个体在复杂多变的环境中保持正确的航向。德与法，如同法律人的两根支柱，相辅相成，缺一不可。首要之务在于构建健全的教育工作体系，需着力强化学科建设，完善理论知识框架，并确保教学体系的系统性和完整性，从而为教育工作奠定坚实的基础。第二，在教学内容的策划上，务必融入道德元素，使之贯穿于各专业课程和教材的编制之中，而在教学方法的选择上，应采用"体验式"教学模式，以此更有效地进行价值观念的引导和知识体系的传授。高校应当与教育行政部门共同努力，制定适合学生学习的法学思政理论课程内容，以社会主义核心价值观为切入点，把法学专业与思政课程相衔接。[①]在这一进程中，应当持续完善课程思政的教学指南与大纲框架，确保思政教育的内容在课程中得以清晰界定，促进法学知识与思政教育内容的有机融合，以提升教学效果和学生的学习体验。

第二，教师应当依据法律理论课程的特性，明确社会主义核心价值观教育的核心任务，积极梳理课程中的思政元素，深入挖掘法学课程中蕴含的思政教育潜力，进而有针对性地对学生进行教育引导，以实现全面的教育指导目标。可以该思政元素与教学内容进行结合的课程创建案例库，使思政元素如盐入水般融入课程内容，达到课程思政的多维度育人目标。如以《中华人民共和国民法典》的"合同编"为例，通过讲授立法的进程，增强学生的"四个自信"；通过讲授法律特征，激发学生的民族自豪感；通过讲授基本原则，培育和践行社会主义核心价值观；通过讲授合同不得损害国家利益，培植学生的爱国情怀；通过讲授合同不得违反法律、行政法规的强制性规定，培养和增强学生的守法意识、法治意识和规则意识；通过讲授

---

① 吴卫军,宋含笑.论"互联网+"背景下法学本科人才培养之转型[J].高教学刊,2017(16):75-77.

违约责任承担，引导强化学生诚实守信的意识。又如在《经济法》教学中，教师通过讲授我国基本的经济制度和法律制度，使学生树立"制度自信"，在市场经济的背景下，告诉学生应该遵循公平、公正和诚信的理念去进行市场活动。作为守法公民，要依法纳税，要有公平合法竞争意识，要有强烈的爱国主义情感，做祖国发展需要的法治人才。

第三，随着课程思政不断走深、走实，应当从实质意义而非形式意义上考核教师的课程思政开展效果，避免将课程思政演变为一种机械宣读中央文件、引述领导人语录的方式，进而引发学生的抵触心理，影响教学效果。

（五）注重案例教学法的使用

案例教学是法学教学中非常重要的方式，通过经典案例可以让学生更加深入地理解法学专业知识，强化形式的创新，争取实现入耳、入脑、入心、入行的理想效果。习近平总书记强调："把社会主义法治国家建设实践的最新经验和生动案例带到课堂教学中。"[1]采用案例研习的方式，通过贴近现实的司法案例，刻画法治文明的精神内涵，既能增强法学课程的趣味性和实用性，又能提升专业课程思政教育的亲和力，引导学生树立权利意识，自觉亲近法律，践行正义，乐于接纳"法律知识传授"与"法律价值引领"，实现专业课与思政课的同频共振、相向而行，于无声处实现"德法兼修，育人育心"的教育初衷。

以"酒店'集赞'促销又反悔遭400名政法大学学生维权"案为例，教师可以用这个案例告诉学生：诚实守信是中国千百年传承下来的道德传统，诚信原则在民法中被奉为"帝王规则"。该案中酒店"反悔"的行为有违诚信原则，不符合社会主义核心价值观的要求，不能得到支持。

（六）着重运用实践教学法

课程思政以"内化于心、外化于行"为目标。实践是课堂的有机组成部分，是课堂教学的重要载体。正如习近平总书记所指出的："学生要养成良好法学素养，首先要打牢法学基础知识，同时要强化法学实践教学。"[2]在课程思政建设过程中要始终坚持理论与实践的结合，让学生在实践中感受思政教育，在参与实践过程中树立正确的价值观和价值取向，增强学生服务社会的意识以及大局意识、责任意识，认识到自身肩上承担的重任。

首先，教师应鼓励学生积极参与法律实践活动，例如借助法律援助中心、监狱法治帮教、模拟法庭、实训基地和三下乡社会调研等实训平台，通过策划并开展独

---

[1] 习近平.论坚持全面依法治国[M].北京：中央文献出版社，2020：178.
[2] 习近平.论坚持全面依法治国[M].北京：中央文献出版社，2020：177.

具特色的法学实训与实践活动，旨在引导大学生在积极投身于服务人民、服务社会的实践中，实现其个人价值与社会价值的和谐统一。其次，为了拓宽学生的视野，教师可以引入实务部门的实践性教学资源进入课堂。例如，深化校企合作，积极利用政府、监察机关、律师事务所等国家机关和社会团体的资源，发挥其在法治人才培养中的积极效能，为学生提供更为丰富和真实的实践环境。为了提升学生的实践能力，可以聘请实务部门的专家担任导师，结合当前社会热点和学生兴趣点进行授课和实务指导。这种教学方式旨在拓宽学生的视野，让他们在参与中不断更新和完善自我。在此基础上，应逐步构建起校地协作的实践育人体系，确保学生在面对法律实务的挑战时，能够展现出卓越的实践能力。最后，教师要鼓励学生积极参加与法学专业相关的学科竞赛、社会实践等活动，并用一定的标准作为奖学金、三好学生、五四奖章和优秀毕业生的评选标准之一。

总之，在全面推进依法治国的宏伟蓝图中，各个环节如立法、执法、司法、守法及法治监督均至关重要，而法学教育同样扮演着不可或缺的角色。课程思政与思政课程的独特之处在于，其并非简单地将专业课转化为思政课，而是在专业课的教学中巧妙地融入育人理念，实现专业知识教育与思想政治教育的和谐统一，从而达到全面育人的目标。法学生的世界观、人生观和价值观发挥着举足轻重的导向作用，对于塑造法治建设的方向和提升其水平具有深刻的影响，法学类专业教育应肩负历史重任，以"德法兼修"为教育理念，紧握教师与课程两大核心要素，明确课程思政教学改革的目标，深入挖掘并系统梳理课程知识点中的思政教育元素，进而将这些元素巧妙地融入教学的各个环节，以实现法学生思政教育的全方位渗透。只有如此，立德树人的目标才能真正实现，德法兼修的社会主义法治人才才能有效培养，才能更好地服务于中国特色社会主义法治建设大业。

五、结语

在探讨高校法学课程的思政教学改革时，须认识到这不仅是持续的探索之旅，更是我国社会主义法治建设不可或缺的一环。高校应当聚焦于法学专业知识与思想政治教育的深度融合，确保思想政治教育成为法学知识教育的有机组成部分，构建起全面、系统的法学专业育人体系，达到培养德才兼备法治人才的目的。

与环保 NGO 密切合作的环境法律诊所课程
——中国案例研究

何佩佩　赵彩月[*]

摘要　本研究旨在探究中国环境法学教育领域的一种创新型课程设计——与环保NGO密切合作的环境法律诊所课程的效果，指出此种模式的课程设计对于解决目前中国环境法律诊所课程所面临的困境具有十分重要的意义，能够切实增强学生的环境纠纷实践处理能力、提升学生的环境社会责任感，进而促进美丽中国建设目标的实现。中国现有的环境法律诊所教育课程面临着师资力量薄弱、案源缺乏、资金缺乏、保障制度缺乏等困境，导致不能有效地实现环境法律诊所课程本身"提升学生环境纠纷实践处理能力、增强学生职责责任感、环境正义感"的目的。研究者采用定性案例研究的方法来调查此类创新性课程的效果，分别对参与课程学生的环境知识水平、环境责任感水平以及处理环境纠纷的实践能力水平进行了调查、评估，并对参与课程的指导老师、学生的教学感受进行了调查。针对不同的研究主题，研究者分别采用了问卷调查、模拟咨询和直接访谈的方式来获取数据，并在此基础上展开分析。调查结果显示：与环保NGO密切合作的环境法律诊所课程设计，对于当代环境法学教育来说，是一个创新的、不可或缺的课程模式，有效解决了目前我国环境法律诊所教育所面临的困境，且不仅能切实地提升学生的实践能力、培养学生在未来环境保护中必备的技能和知识，而且能从根本上提升学生对环境的责任感，为加快实现人与自然和谐共生的中国式现代化的目标提供坚实的法治人才。当然，这一课程设计若想在中国广泛推广并获得可持续的发展，还需相关部门出台相应的制度保障措施。

关键词　法律诊所；环境法学教育；案例研究

---

[*] 何佩佩，法学博士，福州大学法学院教授，研究方向：环境与资源保护法、商法；赵彩月，福州大学法学院，环境与资源保护法学硕士研究生，研究方向：环境与资源保护法。基金项目：中国教育部可持续发展课题"国家治理现代化进程中的环境教育法制化研究"（EEA160435）阶段性研究成果。

一、介绍

20世纪80年代中后期，随着环境危机问题的凸显，环境法学教育为中国政府所重视。2007年3月，教育部决定增设环境法学作为法学专业的核心课程。2018年9月，教育部印发了《关于加快建设高水平本科教育 全面提高人才培养能力的意见》（即"新时代教40条"）指出建设教育强国是中华民族伟大复兴的基础工程，我国现阶段迫切需要人才支撑和智力支持，强调"加快建设高水平本科教育，培养大批有理想、有本领、有担当的高素质专门人才"。环境法学教育的开展促进了我国生态文明建设、美丽中国建设的进程。现阶段，我国跨入中国式现代化建设时期，党的二十大报告提出"中国式现代化是人与自然和谐共生的现代化"[①]，这一现代化目标的实现，需要环境法学教育为之提供大量的法治人才保障。多年来，中国各高校的环境法学教育大多采用以教师讲授为中心、以理论教学为主体的教学方法，实践教学环节严重匮乏。环境法学是一门实践性极强的学科。传统的教学模式与环境法培养"既具有扎实的法学基础理论知识又具备较强实践能力的环境法律人"的目标并不相符，也与环境法学"与环境科学交叉性、高度的社会性、专业性"的特征不相匹配。面对上述问题，国内不少高校已经开始探索并实施环境法学的实践教育，而环境法律诊所是其中较为重要的一种方式。

诊所法律教育是20世纪60年代在美国法学院兴起的一种法学实践教育模式。此种教育模式借鉴了医学院利用诊所培养实习医学生的形式，[②]使学生在专业教师的指导和监督下，通过模拟场景和实践操作，以准律师身份办案，从而学习律师处理人际关系即会晤、辩论、谈判的技能及职业伦理的各种执业技能。[③]法律诊所教育将实体法、法学理论、实践、技巧、信念、态度和价值联系起来，其目的不仅在于培养学生的法律实践能力，更在于可以培养学生的职业道德和促进社会正义。[④]到20世纪80年代末，美国大多数法学院都建立了法律诊所教育平台，目前，美国高等院校法学院将法律诊所设为法学教育的必修课程。[⑤]法律诊所教育模式对全球

---

① 习近平.高举中国特色社会主义伟大旗帜为全面建设社会主义现代化国家而团结奋斗——在中国共产党第二十次全国代表大会上的报告[N].人民日报,2022-10-26.
② 许建丽,牟逄媛.法律诊所教育与中国法律援助制度[C]// 走向世界的中国法学教育论文集,中国人民大学法学院.中国人民大学出版社2001:731-732.
③ 罗伯特·科德林.实案法学教育的道德缺[C]// 律师之道,袁岳译.北京:中国政法大学出版社,1992:80.
④ Richard J. Wilson,Three Law School Clinics In Chile,1970-2000:Innovation,Resistance and Conformity in the Global South[J].Clinical L.Rev. 2002(9).Jon C. Dubin,Clinical Design for Social Justice Imperatives[M].51 SMU L. Rev, 1998:1461,1463-1478.
⑤ 郭雪慧.法律诊所教育的域外经验与借鉴[J].社会科学家,2023(7):108-114.

法学教育改革产生了深刻的影响，在英国、德国、印度、意大利等国家都有出现。

21世纪初，我国环境法学教育也引入了法律诊所课程模式，在一定程度上增强了教育内容的实践性。然而，环境法律诊所课程在中国运行的过程中，还存在着师资力量薄弱、案源缺乏、资金缺乏、课程保障制度缺乏等诸多困境，并不能充分实现环境法律诊所课程本身"提升学生环境纠纷实践处理能力、增强学生自身环境责任感"的目的。与环保非政府组织（以下简称NGO）密切合作的环境法律诊所课程设计是目前一些高校为应对环境法律诊所现存的问题所开展的探索。客观来说，目前这一课程模式还在设计、探索阶段，并未得到广泛的推广。

本课题的研究，旨在探究这一创新型课程模式的效果，指出此种模式的环境法律诊所课程设计对于解决目前中国环境法律诊所课程所面临的困境具有十分重要的意义，能够切实增强学生环境纠纷实践处理能力、提升学生的环境社会责任感，为实现人与自然和谐共生的中国式现代化提供坚实的人才保障和智慧支撑。当然，这一课程设计若想在中国广泛推广并获得可持续的发展，还需多方出台相应的制度保障措施。

二、中国环境法律诊所现状、趋势及面临的困境

（一）中国目前环境法律诊所开展的现状及发展趋势

中国的诊所法律教育是由美国福特基金会与我国部分高校在1999年酝酿和发起的。2000年9月，北京大学、清华大学、中国人民大学、武汉大学、中南政法大学、华东政法大学、复旦大学等7所全国重点大学法律诊所项目同时开课，这也标志着诊所法律教育模式在我国的正式确立。[①]2002年7月，中国法学会法学教育研究会组建了从事诊所法律教育教学实践与理论研究的学术性组织——诊所法律教育专业委员会（The Committee of Chinese Clinical Legal Educators，CCCLE）。据中国诊所法律教育委员会数据，我国已有30个省市区的高校开设了法律诊所教学课程，其中北京地区的院校达32所，广东省的高校数量位居第二，有19所，河北省有17所，湖北、浙江、江苏、黑龙江等地区分别均有10所以上的高校加入诊所法律教育专业委员会成为会员单位。[②]在诊所法律教育专业委员会的指导与带领下，我国的法律诊所教育立足于解决中国问题，从教育目的、教育对象、教育考核三个方

---

① 甄贞主.诊所法律教育在中国[M].北京：法律出版社，2002：29.
② 周乾."深协同"视角下诊所法律教育的问题及对策——以X省Y校为例[J].长春大学学报，2022(8)：83-87.

面形成了具有中国特色的诊所法律教育模式。[①] 目前，法律诊所主题多样，涉及劳动者权益保护、消费者权益保护、妇女权益保护、青少年权益保护、老年人权益保护及环境保护等诸多领域，涵盖民事、行政、刑事等。

环境法律诊所作为中国法律诊所教育的模式之一，在中国的发展尚处于探索阶段。2003年9月，中山大学法学院成立了国内第一家环境法律诊所，随后，中国政法大学、中国人民大学、武汉大学等高等院校先后成立环境法律诊所。美国佛蒙特法学院在中国环境法律诊所教育方面起到极大的推动作用，他们设置了专项支持基金，帮助一些高校组建、运作环境法律诊所，如西南林业大学就在基金的支持下建设了环境与生物多样性法律诊所。2016年10月，在佛蒙特法学院、昆明理工大学、自然之友等机构的推动下，中国召开了环境法律诊所教育中美研讨会。2018年5月，武汉大学环境法研究所在北京自然之友公益基金会的协助下顺利举办了"环境法律诊所教育国际研讨会"，参会人员包括国内外高校的理论和实务专家50余人。2020年12月，诊所法律教育专业委员会在中国政法大学成功举办了诊所式法律教育国际论坛之"法律诊所与法律职业伦理养成"学生论坛。本次学生论坛是"中国诊所式法律教育20周年庆典暨教育、服务与法治国际论坛"的分论坛，旨在通过学生的视角，集中展示诊所法律教育在人才培养中取得的成绩，研讨诊所法律教育面临的机遇与挑战。

当前，环境法律诊所在中国的发展正处于一个良好的时机。中国生态文明社会以及人与自然和谐共生的中国式现代化等目标的确立、生态环境法典的编纂、民众环保意识的进一步增强、高校对环境法学教育的进一步重视、中国环境公益诉讼制度的不断完善、环境司法专门化的发展趋势以及教育部对高校增加实践环节的课程比例的大力支持等，都为环境法律诊所的发展创造了良好的社会环境。

（二）环境法律诊所发展中的困境

随着环境法律诊所教育在中国法学院校的试行，积累了一些运作的有益经验，但也发现其在现实中还面临着许多困境。这些困境使得法律诊所原有的设计和模式无法真正地得以实现，致使环境法律诊所的教学流于形式，没有取得应有的效果，最终导致部分法律诊所以课堂讨论、故事会等形式存在，甚至有些诊所就直接缺失实质性的运作，呈现出可有可无的状态。

1. 师资力量薄弱

中国现有环境法律诊所大多依靠法学院教师进行指导。环境法学作为新兴学科，就目前全国范围来说，在各高校专门从事环境法学教育研究的教师较少。且中

[①] 冀祥德. 以诊所法律教育统领法律实践教育：可行性及制度设计[J]. 山东大学学报(哲学社会科学版), 2017(5):55-62.

国高校教师主要以教学和科研工作为主，具有律师实务经验的教师不多，而具有处理环境纠纷实务经验的教师更是少之又少。这显然与环境法律诊所要求指导教师具有的高度专业性、实践性不相匹配。同时，环境法学是法学与环境科学相结合的交叉学科，仅靠法学专业教师并不能很好地实现对诊所的指导。师资力量的薄弱，极大地制约了环境法律诊所的运行效果。

2. 缺乏真实、稳定的案源

中国现有的环境法律诊所大多以课堂讲授加案例教学的模式展开。在该模式中，学生将在有司法实践经验的教师指导下对真实案件进行主导处理，对当事人特别是社会弱势群体的法律问题进行"诊断"，并开出法律"处方"。[1] 环境法律诊所注重实践教学，要想达到实践教学的效果就必须有足够的案件数量，这也是诊所教学的应有之义。然而，中国环境保护法律实务刚刚兴起，许多制度尚在探索阶段，诸多环境法律制度之间并未形成完善的适用衔接机制，加之我国成立了较多的以环境保护为宗旨的社会公益组织，以及存在较完善的法律援助制度等现实因素，能够进入环境法律诊所的真实环境纠纷案件少之又少。此外，在我国，公众对于自身环境权益遭受较少损害的案件往往选择"以和为贵"，维权积极性不高，而影响较大的环境案件，我国又有着社会组织、行政机关、检察机关等较为专业的权威机构进行维护，这直接导致了环境法律诊所缺乏真实、稳定的案源。同时，由于目前环境法学教育的师资力量较为薄弱，即使教师拿到案例后往往也缺乏足够的能力对案例进行全面理解、分析、判断，也就难以有效引导学生进行案例学习。

3. 经费缺乏

与传统的课堂教学相比，诊所法律教育具有较强的实践性，在经费方面要求较高。环境法律诊所作为一个类似公益法律服务的机构，它不仅需要上课的教师，而且要求有专门的办公场所、办公设施，法律诊所的日常运作也需要持续的经费。诊所学生在办理案件的过程中，免不了会产生差旅费、交通费、餐饮费、办公用品费等等。环境法律诊所接触的一般都是涉及面广、公益性强的案件，其对经费的要求也相对较高，例如进行公众意见调查、技术性证据的获取、环境侵权损害程度的调查、与有关环保行政部门或污染企业的沟通与协商等，需要大量经费支持。若不能有效解决经费问题，环境法律诊所便举步维艰。受到学校学科政策的影响，学校只给很少的经费，甚至有时一点也没有，很多费用需要诊所师生自己来承担，环境法律诊所运作经费不足的问题限制了师生对诊所运行的积极性，严重影响了环境法律诊所教育的顺利进行。

---

[1] 哈斯巴根,周炜.法律诊所教育模式在我国的存在问题及克服之道[J].法制与经济(下旬),2013(12):97-98.

4. 缺乏课程制度保障

虽然目前不少高校建立了环境法律诊所，设立了专门的诊所场地和设施，并配备了专门的指导教师，也开展了一些活动。除少部分高校（如中山大学、人民大学）外，很大一部分学校并没有把法律诊所设置为正式的课程，既没有给学生学分，也没有给教师工作量，完全凭借学生和教师的热情支撑环境法律诊所的运转。在我国目前的大学管理体制之下，教师都面临着沉重的科研教学任务，没有更多精力指导诊所学生处理案件，而且从功利的角度来看，帮助学生处理案件对教师本身的利益并无益处，相应激励制度或者考核制度的缺失导致教师的积极性并不高。学生得不到教师的有效指导，极大地影响了诊所学生妥善解决法律问题的效果，也限制了诊所学生的理论和实践水平的提升。

目前中国国内专门开设环境法律诊所的高校并不多，主要集中在一些环境法学学科建设比较好的高校。其中，部分高校将环境法律诊所设置为专业选修课，给予学生3至6个学分；但很大一部分高校并没有把环境法律诊所设置为专门性课程。从学生的角度看，囿于缺少学分的保障，加之环境法律诊所课程是公益性大于"实用性"、专业要求高的选修课，学生参加的热情度并不高，主要的参加者是为数不多的环境法专业研究生。教师是推动法律诊所教学发展的动力和保障，建立教师激励制度是法律诊所教学发展的基本条件。[①] 学生是推动环境法律诊所教育发展的主力军，因此，应当从教师和学生的立场出发，建立相应的课程保障制度。

5. 目的不全面

目前我国学者对于环境法律诊所教育的目的更多的是关注"职业技能训练"功能。学者们希望改变传统学生法学理论和实践操作脱节的弊病，所以对环境法律诊所教育的技能培训功能寄予厚望，而对环境的责任感（环境正义感）的培养关注度并不高。教学目标的不明确和不完善直接导致了环境法律诊所教学模式定位不准。我们应该明确中国环境法律诊所在强化技能培训的同时，还需要把诊所教学作为一个心灵涤荡的过程，培养学生以环境保护为己任，从自身做起将环保意识落地实施，并习得良好的规则意识，学会节制、冷静、宽容、协商甚至妥协，学会理智地对抗和坚定立场，明白"先例和律令仅仅是公众意见的调和，而非投向对方律师的标枪"[②]。

---

① 谢梅.论我国法律诊所实践教学的发展路径[J].实验技术与管理,2018(6):182-184.
② Russell G. Pearce. Legal Ethics Must Be the Heart of the Law School Curriculum Symposium:Recommitting to Teaching Legal Ethics:Shaping Our Teaching in a Changing World[J].Journal of the Legal Profession,2002(26):159-163.

三、课程设计

针对中国环境法律诊所目前存在的问题，近年来有部分高校展开了积极的探索、创新，本文所介绍的与环保 NGO 组织密切合作的环境法律诊所也是当前正在探索的创新模式之一。例如，中国政法大学环境资源法研究所与自然之友、中华环保联合，安徽大学法学院与绿满江淮，福州大学法学院与福建绿家园环境友好中心等开创了我国环境法律诊所教学模式创新的先例。此种模式是借鉴美国一些高校法律诊所的实践［如佩斯法学院（Elisabeth Haub 法学院）与哈德逊护河者（H.R.F.A.）的长期密切合作模式］，并结合中国高校法律诊所的实际状况所展开的探索。目前此类课程设计还在探索阶段，尚未正式纳入高校课程体系，仅凭部分教师和学生自发运行。研究者在综合展开此类课程探索的数个高校的资料的基础上，介绍此类课程设计大致模式。

（一）课程目标

通过组织学生参与真实的环境纠纷处理过程，以提高学生的专业实践能力、增强职业道德和社会责任感（环境正义感）。其中，重点培养的专业实践能力包括：案件策划和管理、沟通谈判、文书写作、调查取证、案件分析、公开演讲和表达、法庭庭审应对等方面的能力。

（二）课程时间

每学期开设一期课程。每期课程 64 学时，开设 16 周，每周 1 次（4 课时）。

（三）人员安排

1. 教师安排

课程导师由校内导师和 NGO 导师共同构成：校内导师需具有环境法学知识背景或者具有律师实务经验。NGO 导师由 NGO 自主推荐，主要由 NGO 工作人员、公益律师、环境科学工作者、环保志愿者等人员组成。

2. 学生安排

采用公开招募的形式，在学生自主报名后，由学校导师和 NGO 导师共同面试，双向选择后确定。每期课程招募 15~20 名学生，需要有一定比例的研究生。

3. 人员分组

学生一般 5~7 人为一组，每组学生由 1~2 名研究生和本科生共同构成。每组学生需由 2 名导师指导，即学校导师 1 名和 NGO 导师 1 名。

（四）课程内容和结构

课程总体可以分为课堂讲授和实践教学两个部分。

1. 课堂讲授

此部分课程以学校指导教师指导为主，由 NGO 导师辅助配合，通过课堂讲授的形式，向学生介绍中国环境司法现状、处理环境纠纷过程中所涉及的环境实体法学、程序法学、环境科学、证据学、行政学、社会学、心理学等基本知识，为学生更好地处理实践的纠纷做理论知识的准备。此部分课程应占总体课程时间的 20%。

2. 实践教学

此部分课程以 NGO 导师为主，学校导师进行充分的配合。由 NGO 导师选取、提供真实案件，并根据案件的复杂程度及工作量，向每组分配至少一个的案例。在导师的指导下，学生参与案件的策划和管理、亲自进行受害者接访、依法申请政府公开信息、案件证据调查、准备、交换；环境磋商和调解、各类法律文书起草、准备口头答辩、配合辅助庭审工作。

（五）经费来源

从环保 NGO 组织所获得的基金支持中拨付一定比例。

（六）学生考核

课堂讲授部分通过试卷考核的方式，占期末总分的 20%。

实践教学部分，每周分组召开案件进展例会，对案件进程进行交流反馈和评估；学生每周做实习报告，记录工作时间和内容，并反思实践中取得的经验、收获和感受。期末，由教师根据报告内容和平时对学生的观察给予分数评定。此部分分数占期末总分的 80%。（见图 1）

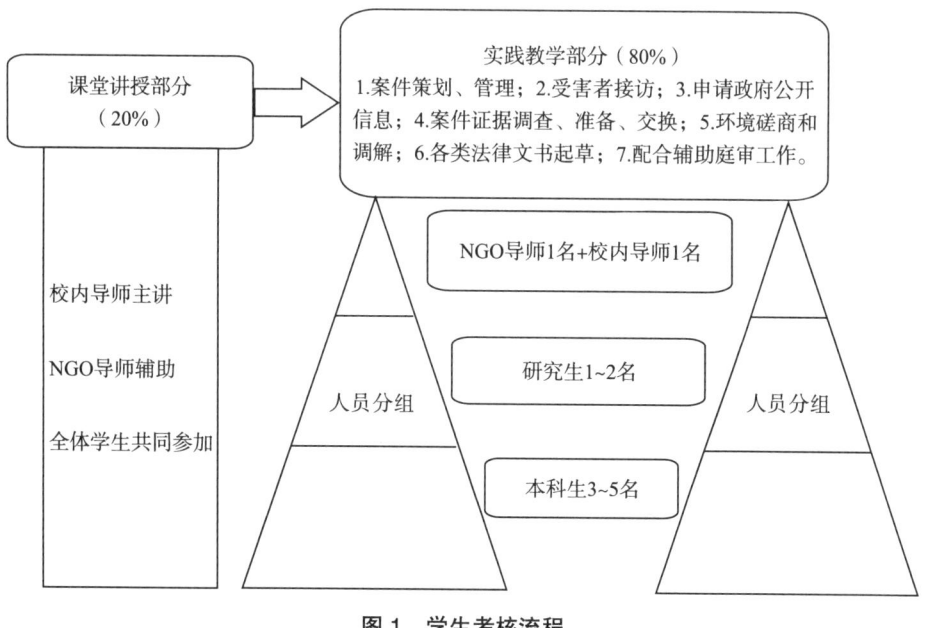

图 1 学生考核流程

四、调查方法（Methodlogy）

研究小组采用了定性分析的方法来收集和分析数据，针对不同的研究主题分别采用了问卷调查、模拟咨询和直接访谈的方式来获取数据，并在此基础上展开分析。

（一）"学生环保意识水平"的调查方法

一般来说，环境意识包括环境知识、环境问题认识和环保责任感（正义感）。研究者从中国数个相关高校参与（含曾经参与）过与环保 NGO 组织密切合作的环境法律诊所课程的学生中选取 15 名学生作为第一组研究样本，并从另外一些高校中参与（含曾经参与）过其他类型的环境法律诊所课程的学生中选取另外 15 名学生组成第二组研究样本。研究者分别对这两组的学生展开问卷调查，通过对两组学生问卷回答结果的对比分析，有助于衡量出学生的环境意识水平。

研究者所设定的调查问卷共 2 个部分：第一个部分为问答题，共 5 题，内容主要涉及被调查者的环境责任感。此部分题目由被调查者根据自身的情况直接给出确定、可量化的答案，由研究者分别计算出两组的平均成绩，并在此基础上对两组被研究者的环境责任感水平进行评估。

第二个部分为选择题，共 15 题，每题只有一个正确答案，内容主要涉及被调查者对环境问题的认知、环境知识（含环境法律知识和环境科学知识）。研究者分别对两组的答卷进行评判，并计算出各组的平均得分，并在此基础上对两组的对环境问题的认知水平、环境知识掌握水平进行评估。

（二）"学生专业实践能力水平"的调查方法

研究者以模拟的污染受害者的身份，通过电话、邮件和当面咨询的形式，分别向与环保 NGO 密切合作的环境法律诊所（第一组研究样本）与其他类型的环境法律诊所（第二组研究样本）分别做了 5 次案件咨询。展开咨询前，研究者设定了评分标准；在咨询过程中，研究者对被咨询诊所学生的接访礼仪、沟通能力、实体法分析能力、程序熟悉程度、证据应用能力五项进行了评分。为了保证评分标准的统一性，此项调查由研究小组中同一个人员来完成。通过对两组研究样本平均得分情况的对比，有助于衡量参与此类新型课程的学生的实践能力水平。

（三）"指导教师及学生对课程的认知"的调查方法

研究者对来自不同高校的参与此类课程设计、探索的 5 位指导教师及 5 名学生进行访谈并对访谈的笔录进行详细的分析。通过描述性分析的方法，能够较为全面地反映出指导教师及学生对此类课程的认知。

表 1 总结了数据收集和分析的方法：

表 1 数据收集和分析方法总结

调查问题	数据来源	分析方法
学生环保意识水平	分组问卷调查	对比分析
学生专业实践能力水平	模拟咨询	对比分析
指导教师及学生对课程的认知	访谈	内容分析

五、结论

（一）学生环境意识水平

环保意识是环境保护工作顺利开展的思想基础，环保意识的高低直接影响着人们环保行为的自觉程度，是顺利实现环境法学教育改革、发挥环境法律诊所教育功效的根本保证。一般来说，环保意识包括环境责任感和环境知识。本课题中，研究者就两组被调查者的环保责任感所设置的 5 个问题的答案平均值如表 2 所示：

表 2 环保责任感调查

问卷问题	第一组（答案平均值）	第二组（答案平均值）	结论
1. 您愿意每周花费多少时间用于公益性的环境保护工作？	6.8 小时/周	2 小时/周	>4.8 小时/周
2. 您愿意将您个人收入中的多少贡献于环境保护工作？	17%	3%	>14%
3. 您将环境保护公益事业作为您未来职业的可能性有多大？	30%	2.5%	>27.5%
4. 您将在多大程度上贯彻低碳生活？	70%	38%	>32%
5. 您在多大程度上会把环保理念贯彻在工作中？	68%	31%	>37%

问卷统计结果显示，第一组的被调查者每周平均愿意贡献 6.8 小时的个人时间用于公益性的环境保护工作，比第二组的平均值高出 4.8 小时/周。第一组的被调查者平均愿意贡献个人收入的 17% 用于公益性的环境保护工作，而第二组的平均值仅为 3%。第一组的被调查者平均有 30% 的可能性将环保公益事业作为未来的职业选择，而第二组被调查者仅有 2.5% 的可能性。此外，第一组的被调查者表示在 70% 的情况下能贯彻低碳生活，在 68% 的情况下会在工作中贯彻环保理念，而第二组的被调查者的上述调查主题的平均分值仅有 38%、31%。通过对调查结果的对比分析可知，

第一组的学生愿意花费更长的时间、更多的个人财物去支持环保公益事业，更有意愿在工作和生活中贯彻低碳理念，甚至将环保公益事业作为未来的职业选择。

在本课题中，研究者就两组被调查者对中国环境现状的认知以及与环境纠纷处理有关的环境知识所设置的20个问题的平均得分情况如表3所示：

表3　被调查者对中国环境现状以及与环境纠纷处理的认知情况

问卷问题	题数	第一组（正确率）	第二组（平均分）	结论
环境状况的认知	10分/题*5	47	41	>6
环境实体法知识	10分/题*5	43	40	>20
环境程序法知识	10分/题*5	45	32	>13
环境科学知识	10分/题*5	37	29	>8

通过对问卷调查结果的统计可知，第一组学生对环境状况的认知、对环境纠纷处理的环境实体法知识、环境程序法知识、环境科学知识的正确率均高于第二组学生。这一结果一定程度上能够反映出第一组学生对中国所面临的环境危机的现状认识更为清晰、对环境科学的知识掌握更多、对相关法律知识的掌握更为扎实。

（二）学生专业实践能力水平

在本课题中，研究者就两组被调查者的专业实践能力水平的评分情况如表4所示：

表4　被调查者的专业实践能力水平的评分情况

评估内容	第一组平均分	第二组平均分	结论
礼仪（10分）	8.3	8	>0.3
沟通能力（10分）	8	6	>2
案件实体问题（10分）	7	5	>2
案件程序问题（10分）	7.5	4.5	>3
证据的应用（10分）	6.5	3	>3.6
总分（50）	31	23.5	>7.5

通过对评分结果的统计、对比可知，第一组被调查者在接待礼仪方面的表现与第二组被调查者的差别不大，但在沟通能力、案件所涉及的实体法方面的分析能力以及案件所涉及的程序法方面的熟悉程序、案件证据的应用能力等方面，第一组的得分明显高于第二组，即参加与环保NGO密切合作的学生与客户的沟通能力更强，对案件的分析更为准确，对诉讼程序更为熟悉、对证据的运用更为准确。

（三）指导教师对法律诊所的感受

研究者对5位参与与NGO密切合作的环境法律诊所课程设计的诊所导师进行访谈，教师们分别从不同的角度肯定了与NGO密切合作的环境法律诊所模式对中国环境法律诊所课程困境的解决，他们具体提到了如下理由：第一，由于我国法律确立了环保NGO组织提起环境公益诉讼的诉讼主体资格，使得环保NGO的环境纠纷案件数量增大。因此，此种创新模式能够确保环境法律诊所有真实、稳定的案源，也在很大程度上解决了环保NGO组织人员力量不足的问题。第二，环保NGO组织有长期合作的环境公益律师和环境科学鉴定、咨询人员，同时环保NGO组织有丰富的工作经验，因此，此类课程设计能够确保学生得到专业、全面的指导，解决了环境法律诊所师资力量缺乏的问题。第三，环保NGO组织虽然经费也比较缺乏，但目前国内不少具有资金实力的环保NGO（如阿拉善、自然之友等）设置了环境公益诉讼援助基金，很大程度上确保了各类费用的支出；同时，环境法律诊所与环保NGO可共用各类设施、设备，很大程度上节省了诊所的运行成本。此举能够有效解决环境法律诊所的运行费用问题。第四，此类课程并非学校强行安排的，而是学生自主报名的，且实践性较强，在确保学生参与积极性的基础上能够有效提升学生的实践能力。第五，此类课程有真实的案件支撑，除高校导师外，还有专业的律师、NGO工作人员、环境科学专业人员指导，能够很好地培养学生的专业能力、实践能力。第六，通过参与此类课程，教师们能明显感受到自身能力的提升，同时自身的环境责任感（正义感）也有所增强。但同时，指导教师指出，此类课程的指导与普通课程的讲授相比所耗费的时间、精力巨大，如果学校不能在课时、津贴、成果认可等方面配套相应的保障基金和激励机制，则很难确保此类课程的可持续发展。

（四）参与学生对法律诊所的感受

研究者对5位参与过与环保NGO密切合作的环境法律诊所课程的学生进行访谈，以了解他们对课程的感受。被访谈者表示，这一课程模式极大地增强了他们的环境责任感。安徽大学的李向南同学表示："参与真实的环境案件的处理，让我们真切地了解到了中国所面临环境问题的严重性；直接接触污染受害者，让我们切实体会到环境污染对公民所造成的伤害。正是这一切，让我决心在毕业后选择在环保NGO进行工作。我相信，其他同学也有类似的感受，即使他们暂时没有将环境保护作为自己的事业，但也一定会在各类工作中贯彻低碳理念。"

同时，被访谈者表示，这一课程模式极大地丰富了他们的环境知识，增强了他们的实践操作能力。中国政法大学的王惠诗涵同学表示："环境案件十分复杂，不仅需要应用法学知识，也需要应用环境科学的知识。真实案件的处理不仅能巩固课本上所学习到的环境法律知识，还能使同学们学习到很多环境科学的知识。""同时，环境案件涉及受害者、政府、污染者等多方的利益，在案件处理过程中，不仅能提升学生对环境实体法、程序法的把握，对证据的调取和应用也是极好的锻炼，同时也能很好地锻炼学生的沟通、应变能力。"

但同时，学生们也表示，此类课程耗费时间、精力巨大，若没有相应的学分进行保障，参加过程中感觉到课程压力非常大。

六、讨论和结论

（一）这一课程设计能够有效解决当前中国环境法律诊所课程所面临的困境

中国现有的环境法律诊所教育课程面临着师资力量薄弱、案源缺乏、资金缺乏、保障制度缺乏等困境，导致其并不能充分实现环境法律诊所课程本身"提升学生环境纠纷实践处理能力、增强学生的环境责任感"的目的。通过调查与分析可知，与环保 NGO 密切合作的环境法律诊所课程设计能够比较好地解决当前中国环境法律诊所课程所面临的困境，不仅能够使诊所课程获得真实、稳定的案源，还能为学生提供专业化、跨学科的指导，解决师资薄弱的问题；同时，也能够在一定程度上缓解环境法律诊所资金不足、设施缺乏的问题；此外，对调动学生参与课程的积极主动性也有很好的效果。可见，此类课程设计对于中国当代的环境法律诊所是不可或缺的创新模式。

（二）这一课程设计能够巩固、丰富学生的环境知识，切实提升学生的专业实践能力

在与环保 NGO 密切合作的环境法律诊所课程中，学生们被分成小组，在高校教师、NGO 导师的精心指导下，对真实的环境案件进行处理。这不仅能够很好地巩固学生们已经从课本上学习的环境法学、程序法学理论知识，还能很好地学习到各类环境科学的知识。

同时，在课程中，学生们在导师的指导下，亲自进行受害者接访、依法申请政府公开信息、案件策划和管理、案件证据调查、准备、交换；环境磋商和调解、各类法律文书起草、准备口头答辩、配合辅助庭审等工作，能够切实地提升学生们的专业实践能力。

（三）这一课程设计能够很好地提升学生的职业道德感和环境正义感

在这一课程设计中，学生通过亲身处理环境纠纷，能够更深刻地了解中国环境危机的现状和保护环境的紧迫性；通过接触到环境污染的受害者，能够深刻地感受到环境污染对公民权益的侵害；同时，通过对弱势的污染受害者提供帮助，能够有效体验到法律的正义感、提升职业道德感。此外，在这一课程中，学生们能得到NGO工作人员和环保志愿者充分的指导，而这些人员都有较高的环境意识水平和环境正义感，能够进一步促进学生环境正义感的提升。

（四）这一课程设计实现真正的可持续发展还需要更多方面的支持

当然，通过调查可知，无论是学校教师还是参与的学生均表示参加此类课程需要耗费很大的精力。然而，目前这一课程设计尚需依靠教师和学生的热情支撑，大多学校还没有纳入正式的课程体系以给予指导教师工作量和学生学分。如果这一课程要想实现真正的可持续发展，应借鉴美国等国家先进的经验，给予指导教师（包括NGO导师）计算工作量、发放津贴，并应给予学生计算课程学分。

"新法学"语境下金融法教学与金融实践的悖反与融合

陈荣新[*]

摘要 长期以来,金融法教学与金融实践存在悖反关系。具体而言,金融法培养目标与金融职业定位产生背离,金融法课程与金融岗位需求有所偏差,金融法教学方式与金融法务训练发生互异。进入"新法学"时代,金融法教学迎来了新的实践性课题,有必要从金融法与金融学的跨学科交融、教学机构与金融部门的场景转换、理论学习与金融实操的能力提升、知识浇灌与实证推理的思维升华等四个层面展开调试,从而为金融法教学指明方向。在"新法学"语境下,应加强跨学科交叉培养,重构金融法教学体系;衔接金融法课堂与金融市场,开创场景化新教法;搭建师资交流培养机制,塑造"双师型"教师角色;开设金融法实证教学课,构建实证性思维法则。唯有如此,方能在"新法学"时代擘画出金融法教学与金融实践的融合图景。

关键词 金融法教学;金融实践;调适;融合;新法学

引 言

十九大以来,以习近平同志为核心的党中央在法学教育改革中提出了许多开创性命题,确立了法学教育必须重视实践性教学的改革目标,开启了新时代"新法学"建设的新征程。"新法学"概念起源于《新文科建设宣言》,新文科建设在法学范畴的延展就是"新法学","新法学建设是新文科建设的重要组成部分,建设新法学正在成为法学界的共识"[①]。以此为背景,作为金融调控与市场监管重要依托的

---

[*] 陈荣新,上海交通大学凯原法学院助理研究员,法学博士,研究方向:金融法·经济法等。基金项目:本文受到国家社会科学基金重大项目(项目编号:20&VHJ007)资助。

① 杨宗科.论"新法学"的建设理路[J].法学,2020(7):66.

金融法向来以服务于金融实践为学科本位，本质上是金融法理论的实践化操作，其要义就是将金融法教学与金融实践衔接并轨，形成适应新时代发展要求的金融法教学新境界。

金融法教学与金融实践虽然互为因果、彼此相成，但两者在各自的目标、方式、内容等方面都存在诸多龃龉。晚近，大多数法学院校的金融法教学仅停留在"重理论而轻实践"的传统老路上，并未真正地从金融法教学走向金融实践中去。深究其中之要因，不仅没有深刻领悟"新法学"实践性命题对金融法教学调适的演化趋向，也是对"新法学"语境下金融法教学与金融实践融合的双向图景视若无睹。基于此，笔者力图引入"新法学"视角进行讨论，重新纾解当下金融法教学与金融实践的悖反困境，旨在从中展开新时代金融法教学的可行之道，以期求教于各位方家。

一、金融法教学与金融实践的悖反："新法学"视角的再审视

长期以来，金融法被看作法学理论与法律实践结合的跨学科典范，从来都不是孤立存在的，而是与金融行业演变休戚相关。然而时异事殊，金融法教学与金融实践的纠葛却历时已久，如今金融法教学正在主动地或被动地接受"新法学"视角的重新审视，无论对于培养目标、教学课程抑或是讲授方式来说，都处于一个全新的重建时期。

二、金融法培养目标与金融职业定位的背离

作为一门实践性很强的交叉学科，金融法究竟应当培养何种类型的法律人才？这是一个法学界、教育界乃至金融界存在争议的共同话题，回答虽莫衷一是却也各具可取之理，就犹如一个没有标准答案的哲学问题。从2008年全球金融危机以来，我国在采用法律手段有效应对各种系统性金融风险的同时，更加重视金融调控与市场监管的法律制度建设，随之越来越多的学生、学者乃至金融从业者加入金融法研学工作中。当下，我国法学院校几乎都将金融法作为一门主干学科列为法学专业学生或在职研修班的主要课程。对于大多数人来讲，他们学习金融法的目的是今后更好地从事金融法律实务工作，并非希望成为一名金融法科研工作者。于此，晦涩难懂的理论研学或脱离金融本体的法条堆砌会显得毫无实际意义，并不能完全有效地帮助他们解决金融行业的法律问题。当已有的金融法理论不能解释瞬息万变的金融行为与市场风险时，就会引致理论与实践的彼此背离。显然，实践问题构就了金融法教学的起始点，由此促使金融法教学必须回归到培养学生发现问题、提出问题、

考证并解决问题的金融法思维与法律应对能力的轨道上。

事实上，在金融法治建设进程中，国家亟需更多具备法学专业素养、掌握金融行业知识、处理金融法案件能力的法律人才。无论是法官、检察官、律师抑或是金融从业者，他们都不可避免地要对各自面对的金融现实进行回应，运用金融法知识与方法解决金融社会发生的问题与矛盾。金融法所嵌入的这种实践性学科特质，确立了其教学目标必然要以培养法律职业人才为主，而其课程内容与讲授方式必须服务于金融职业定位，这一目标与定位就好像一条黄金纽带贯联于金融法教学的各个环节。

法学是世俗的学问，甚至很多是实践性的、技术性的。① 但是，如前所揭，我国法学院校金融法学教学过度执拗于金融法概念、学科体系、法理渊源、法律条文、规范原则等抽象理论，而往往囿于培养学生对金融法案件的逻辑推理与法条应用等具体能力，造成金融法教学长期脱轨于金融实践工作。如果还不强调法科教育的职业型特征，将会贻误法科学生，也会危及法治建设。② 回顾过往，实践性教学的薄弱与应用型人才的缺乏不仅是掣肘我国金融法治建设的现实梗阻，也是"新法学"建设中所必须消除的关键症结。因此，倘若不对传统金融法教学模式进行革新，那么将会使其滑向周而复始的老路，最终陷入与金融职业定位相背离的未知深渊。

三、金融法课程内容与金融岗位需求的偏差

从学科本原出发，金融法的基本理论与学科体系起始于国家金融调控与金融市场实践。虽然我国并未以"金融法"来单独命名某部法律，但其学科涉及面极为庞杂，主要包括《中国人民银行法》《银行业监督管理法》《证券法》《保险法》《基金法》《反洗钱法》等众多法律法规及司法解释。当前法学界的共识是，金融法是一门以金融法律关系为主要调整对象的交叉学科，大多涉及金融监管关系和金融交易关系。但无论基于何种法律关系，其参与者都需要遵照一定的法律标准或行业准则进行金融活动。这些金融活动所关涉的法律法规、行业规章及办法条例之复杂性、技术性与专业性，绝不是四年法学教育或短期研修班的课程内容所能够完全覆盖得了的，尤其是随着近年来金融科技创新突飞猛进，金融法教材更新难以及时赶上金融市场的前进步伐。就此而言，金融法课程内容如何做到与时俱进的这一主题，不仅是法学界、教育界的共同命题，也是"新法学"建设希冀解决的重要问题。

晚近，虽然我国法学院校的金融法课程开设早已实现较大范围的普及化，但其

---

① 苏力. 当代中国法学教育的挑战与机遇[J]. 法学, 2006(2):12.
② 孙笑侠. 法学的本相：兼论法科教育转型[J]. 中外法学, 2008(3):432.

课程内容不仅在某种程度上并不具有典型性、新颖性和时事性的实务特质，也远未形成成熟稳定的知识体系，难以适应当下金融行业的岗位需求。无论是国家金融监管部门、金融市场组织乃至于金融行业协会，人们内心期盼法学院校能够培养出高度专业化、实务型的金融法律职业人才，以适应我国金融行业与市场正在历经的百年未有之大变革。

如今，金融岗位需求已不再局限于金融法务人员，还包括政府公务员、新闻媒体人、企业管理人、司法工作者、法学教育者及民间协会或非政府机构等岗位。"他们的法学背景对于其视野及社会教学至关重要。在亚洲、欧洲国家，不从事法律职业而从事其他相关职业的法科毕业生比例更高。"[1]金融行业与生俱来的多元性禀赋推动了金融法律职业的多元化发展，使得不同金融岗位具有不同的专业性标准，即使在同一岗位上，由于层级差异、技术区别、地域偏差等诸多因素影响，在岗位准入、工作重点、考核指标等方面也大相径庭。因此，所谓金融法实践性教学就不容易针对金融职业与岗位需求的偏差进行区别化订制，诱使多数法学院校不加以审慎考量金融法的学科特点与教学目标，就无区别地盲目扩展金融法专业课程范围，在各自领域寻求其课程设计的"合法性"与"合理性"，偏离了本应契合金融岗位需求的初衷。

四、金融法教学方式与金融法务训练的互异

任何法学理论、研学方法与实践技能都是借助于某种教学方式或工具进行传授的，"目的在于全面训练、提升学生的实践技能，而学生实践技能的形成不是一朝一夕即可实现的目标，它依赖于科学的课程设计和恰当的训练手段"[2]。不仅如此，对于一个侧重于培养金融法律职业人才的学科，金融法教学更需要从理论教学走向实务训练，搭建二者交互支持的沟通平台。虽然这种观点受到绝大多数法学院校的重视，诸如模拟法庭、案例分析、法律援助、法律诊所等多形式的金融法教学方式获得普遍推行，但现实中却仍然延续"重理论而轻实践"的教学模式，课堂上以教师讲授为导向，学生以被动听讲或知识记忆为重点，成绩以考试为唯一标准。以法学本科生为例，由于法学本科生学制为四年，前三年大多数学生忙碌于上课和学习法学基础知识，即便是寒暑假时间也不足以进行一次"淋漓尽致"的实习体验，而到了第四年不仅要完成毕业论文，也要为就业而奔波，有些学生甚至忙于考研。无疑，学生在面临学习、论文、就业等压力时，实习积极性与配合度明显不高，金融实务训练只能流于毕业形式与程序性排练，最终也是付之东流。是故，"新法学"

---

[1] 蔡立东,刘晓林.新时代法学实践教学的性质及其实现方式[J].法制与社会发展,2018(5):98-99.
[2] 房文翠.法学教育中的法学实践教学原则[J].中国大学教学,2010(6):72.

本质上所倡导的实践性环节在整个教学过程中的占比很少，学生普遍缺乏金融法务训练，导致"过场式"的毕业实习沦为金融法务训练环节仅有的课程，这种教学成果评价也只能说是一种"半成品"的效果，远未达到"新法学"所期待的成效。

如此论之，传统金融法教学模式已然无法满足培养应用型金融法律人才的需要，试想如果一个法学学生没有经历一定程度的金融法务训练，那么他将如何驾驭金融市场错综复杂的法律风险？又将如何处理金融案件中调查取证、立案审查、仲裁裁决等诸多法务？诚然，我们不能过分苛责一个法学院校必须在短时间内培养出完全适应金融市场需要的法律人才，即使是被称为全球法律职业教育典范的哈佛大学，也不可能在在校期间就把法学学生培养成为一名成熟的金融法律人才。但不可忽视的事实是，美国常春藤院校更加强调法律实务的重要性，几乎都要求法学学生必须主动做好律师执业准备，求学之时参与律师事务所实习或金融企业法务实习，毕业之时参加由具备深厚经验的资深律师主讲的实务培训。

比较而言，我国法学院校大都重视科研而弱化教学，法学教师即使在教学上作出巨大创新也很难得到甚高的绩效评价，这就促使大部分教师宁愿放弃教学努力而将更多时间投入到科研工作中，于此更不用提所谓的实践性教学。申言之，虽说我国法学院校拥有博士学位的教师比例越来越高，特别是青年教师近乎全员博士，不如说这些教师几乎都是从书本到书本、从课堂到课堂、从论文到论文，自始不具备任何金融实践能力与法务经验，着实无法胜任金融法实践性教学任务。在这种以教师为主导的传统教学方式下，法学课时极为有限，与金融法务训练相关的教学环节往往被减掉，鲜少给予学生足够的提问讨论与实务参与的机会，也就无法培养学生独立的金融法思维与扎实的金融实务能力。除此之外，一部分法学院校基于教学成本压缩与教务管理便利之考虑，减少对开办小班教学、举行实务讲座、实行校企合作的支持力度，这些做法无异于违背了"新法学"实践性教学目标。

五、"新法学"实践性命题对金融法教学的调适

随着《新文科建设宣言》的发布，我国"新法学"建设迎来了新命题。根据《新文科建设宣言》提出的"夯实课程体系"的任务要求，要实现聚焦应用型法学人才培养、法治人才助力治国理政的目标，必须"鼓励支持高校开设跨学科跨专业新兴交叉课程、实践教学课程，培养学生的跨领域知识融通能力和实践能力"。如今法学界在"新法学"概念指引下，启动了各个部门法的教学研究模式，展现出百花齐放的新气象。由此，"新法学"的肥沃土壤给金融法实践性教学带来发芽生长的盎然生机，"这就要求我们在实践中培养出知识更符合、学科更融合、实践能力

更增强的新型人才"①。作为一门回应新时代金融法治建设的法学学科，金融法不能仅徘徊于理论研学与课堂灌输的斗牛之间，也必须突出"新法学"的实践性命题。在教学过程中，牢牢抓住实践课程这一基础性要素，全力推动"跨学科交融""场景转换""能力提升""思维升华"四个层面的调适转型，方能为金融法教学与金融实践的融合路径指明方向。

"新法学"实践性命题中金融法教学的"实践性"，首要任务在于"跨学科交融"，着力点是金融法与金融学，二者联系最为紧密。从学科分类来讲，金融法侧重于研究金融监管与市场交易的法律关系，是经济法的重要分支，可作为法学三级学科；金融学偏重于研究金融行为与货币供给的经济现象，是经济学的重要分支，称之为经济学二级学科，彼此之间既有区别又有交叉之处。传统以来，法学家们囿于对资产定价、数学建模和货币工具等金融学知识的理性认知，难以精准厘清金融社会中的经济关系；而金融学家们往往流连于金融学的建模工具与金融行为等抽象理论与科研方法，导致金融学问题难以上升至金融法范畴，这些冲突在一定程度上阻碍了两个学科的融合发展。实际上，不管是在我国还是在法学教育高度发达的欧美国家，法学院校不仅鲜少开设金融学课程，也鲜有联合经管学院共同培养金融法或金融学专业学生的情况。职是之故，金融法学生对于金融学常识、理论、工具及方法的理解也只能是略知一二、浅见寡识，在一定程度上抑制了复合型金融法律职业人才的培养。

近年来，随着新一轮改革开放和金融全球化的加速推进，金融法与金融学这两个学科从长期割裂逐渐走向携手合作之路，共同应对金融体制转型难题与金融市场结构性风险。在全新时空背景下，一方面，国家急需对云谲波诡的金融市场与无序扩张的资本行为进行依法调控，型塑更高质量、更高效率、更有秩序的现代化金融业。另一方面，我国企业走向国际或国内资本市场亟待大量金融法律职业人才，从而为预备上市、已经上市乃至破产重组企业提供风控管理与金融合规的治理良方。无论就金融调控关系抑或从金融交易关系的维度而言，都有助于促进金融法与金融学的学科对话与实践合作，推动金融法教学的自我革新与学科超越。

对此，《新文科建设宣言》指出："产业革命浪潮奔腾而至，社会问题日益综合化复杂化，应对新变化、解决复杂问题亟需跨学科专业的知识整合，推动融合发展是新文科建设的必然选择。"科技进步和社会发展中出现的许多新问题不是传统法学理论和方法可以独立解决的，诸如金融治理等新兴问题，就需要经济学、统计学、网络工程学等学科的参与，需要文理工学科的协同。② 进而言之，金融法教学

---

① 樊丽明.新文科建设的内涵与发展路径[J].中国高教研究,2019(10):10.
② 张文显.迈向科学化现代化的中国法学[J].法制与社会发展,2018(6):13.

不仅要与金融学紧密交融，也要与信息学、人工智能、大数据、区块链等学科进行交叉衔接，破除人文社科与自然科学之间的学科藩篱，形成金融法教学独特的跨学科交融格局。

六、从教学机构向金融部门的场景转换

尽管金融法与金融学乃至其他文理学科在跨学科融合上存在诸多现实阻梗，但在实践场景操作上却有殊途同归之处，它们都适宜采取场景化教学模式，通过连接教学机构与金融部门的浑然一体，勾画出理论演绎、法条疏义、金融调控、市场监管、司法适用、风险管控、企业治理等不同场景转换。随着诸如大学课堂、证券市场、金融机构、银保监会、期货市场、金融法院等场景有所变化，则其教学模式也会随之转变，从而构建从教学机构向金融部门的场景转化。在这一过程之中，我们不机械式地固化金融法理论，反而要回溯至现行法规之中，解构并运用法条适用、主体归责、救济方式、金融操作、风控方案甚至于公私权益衡量等诸多场景化模块进行动态的法理推演。

正如《新文科建设宣言》中写道："加强高校与实务部门、国内与国外'双协同'，完善全链条育人机制，促进学界业界优势互补。"法学院校是法治人才培养的第一阵地，第二阵地在法院、检察院，在实务部门，所以要形成新的人才培养的协同机制。[①] 这种金融法教学模式的协同机制，不仅突破以往静态式教学呈现方式，重建金融法教学模式与金融实践行为的融贯链条，也打破知识革新、主体类型、模拟仿真、情景展现、时空互易、人才流动的跨界桎梏，学习者能够获得全面的、个性化的教学体验，教学机构与金融部门得以因材施教地进行场景对话与方案构思。新近，我国法学院校越来越重视金融法场景化教学，开设金融法案例课、金融调解实务、金融立法实例乃至金融市场操作实务等特色课程，充分地发挥了金融实务专家的特殊优势，既有效地提升了学生的金融实践技能，也把教学内容从横向广度与纵向深度上进行不同层次的整合。譬如，清华大学法学院在选修课中设置了"实践课组"，其中包括：法律实务（3学分）、法律诊所（4学分）、模拟刑事审判（2学分）、模拟涉外仲裁（3学分）以及"实践环节"（15学分）。

七、从理论学习到金融实操的能力提升

"新法学"实践性命题本质上强调，金融法教学应以解决具体金融法律问题为导向，既在理论学习中认识金融实践，又在金融操作中掌握理论知识。由此，这必

---

① 徐显明. 高等教育新时代与卓越法治人才培养[J]. 中国大学教学，2019(10):8.

然要求法学院校不仅要着重培养学生理论学习能力，还要强力提升学生金融实操能力，并以此启动"能力提升"的开题性程序。

众所周知，金融法理论是在金融法律实践活动中凝练而成的理性认知与法律原理，并在此基础上探究金融法现象背后蕴含的基础性、抽象性、宏观性的法理问题。这种法理问题基于金融社会与资本市场之需而产生，旨在探寻解决金融法律矛盾与冲突的方法，倘若远离社会与市场的洗礼，这种方法论无异于缘木求鱼，所论之理也就不可能被认可与适用。反之，倘若金融实践脱离了金融法理论的锤炼，所谓金融实操能力就会像一种没有法律情感的条件反射，完全失去理论品格，最终也难以真正地解决金融法律问题。无论我们采用偏向于理论学习能力抑或金融实操能力，乃至于设立一种恰如"百分比式"的分摊模式，都不足以回答"新法学"实践性命题。从某种意义上讲，二者存在从抽象到具体、从单一到复杂、从一般到个别的层层递进程序。

长期以来，中国的法学教育过于注重对法条的注释和对法学理论的解析，在培养学生对于真实案例的实际操作能力方面缺乏足够的重视。[1] 为此，《新文科建设宣言》就指明："持续推动教育教学内容更新，将中国特色社会主义建设的最新理论成果和实践经验引入课堂、写入教材，转化为优质教学资源。"也就是说，法学院校"要推动知识教学和实践教学紧密结合，将实践导向、职业导向贯彻到法学教育中，加强与用人单位的协同育人，建设法律实训课程体系，为学生接触法律实务提供畅通渠道，注重培养学生法律职业能力"[2]。乐见的是，近些年，各地教育主管部门相继推行与国家计划相对接的适应本区域司法需要的法律实践项目，教育部直属院校和地方普通高校也热情参与了各级各类法律实践项目的申报与实施，广大实践单位更采用"签约""共建""协同"等各式途径进行积极响应。唯此，金融法学生方能通过参与金融实践活动或模拟金融市场操作，将金融市场法律问题上升至课堂理论研讨，在不同情形的案件中寻找最适宜的法律方案，从中既形成独立的金融法思维与问题解决能力，又养成正确的法律职业操守与金融市场伦理。

八、从知识浇灌到实证推理的思维升华

作为一种建构于调整金融法律关系或解释金融市场现象的法学思维，金融法理论思维在与时俱进的"建构-解构-再建构"之演变中日趋完善，不断探究现象、事实、关系、原因背后的法理逻辑，金融法教学思维亦是如此。这种教学思维启发

---

[1] 冀祥德.论中国法科研究生培养模式转型之必要——从以培养法学硕士为主转向以法律硕士为主[J].环球法律评论,2012(5):145.

[2] 邱水平.谱写新时代法学教育的新篇章[N].民主与法制时报,2019-09-28(2).

学生在不断发现问题、考证问题和解决问题的过程中，对金融法律关系或金融市场的法理溯源、经验判断、事实论证、案情演绎、风险假定等众多因素进行实证推理，更加注重引导学生像律师或法官一样地思辨法条适用与客观事实，挥别过往纯粹的对金融法学理论专研与知识浇灌的方式。

实证推理"常见的工作方式是从现存事实入手，逐渐展开解析过程，在这个过程，发现事实与分析法律交替进行，最终实现'从结论到根据'的逻辑推理"[①]。金融法教学思维正是遵循这种实证推理的逻辑方法，譬如分析与综合、类比与想象、归纳与演绎、对比与分类等。如此一来，金融法教学开始从理论性、抽象性理论的知识浇灌转向更为社会化、技术化的实证推理，从而助力"新法学"实践性命题得以走进事实、融入经验、回归具体。

从某种意义上讲，纵然是亚里士多德的实践智慧或是康德的实践理性，他们的哲学思维也势必要进入"认知与存在"之间的目光往返，故而纯粹理论性或思想性的金融法教学思维是不存在的。在《新文科建设宣言》语境中的"新法学"，更重要者在于"实践"，"要坚持不懈挖掘新材料、发现新问题、提出新观点、构建新理论，加强对实践经验的系统总结"。也就是说，作为一门社会科学，金融法教学的基本思维应当"以事实为中心，主张法律的意义向社会开放，在社会关系中重新寻找法律的意义；认为法律规范本来就来自事实，因而探寻法律的意义需要回到事实；用科学、实证的方法重新论证"[②]。这就意味着我们如果不借助于一种兼顾规范性与社会性的实证推理思维，那么近乎难以造就具有独立经验判断与问题辨析能力的金融法律职业人才。

九、"新法学"语境下金融法教学与金融实践的融合路径

如同那些盘根错节、乱象丛生的法律问题的解决思路一样，我们以"新法学"视角重新界定金融法教学与金融实践的悖反关系后，就要朝着"新法学"实践性命题对金融法教学调适的基本方向迈进，进而擘画出"新法学"语境下金融法教学与金融实践的融合图景。

当下，"新法学"时代已然来临，不久将来的金融法教学革新实际上就是对新文科建设的一种法科回应，通过金融法教学的发展推动"新法学"建设，方能为新时代金融法治实践贡献法治人才、法治思维、法治价值。无疑，如果说《新文科建设宣言》的教学任务是"构建世界水平、中国特色的文科人才培养体系"，那么在金融法教学领域的路径展开就是：在交叉融合的"新法学"时代重构金融法教学体

---

① 李傲. 互动教学法——诊所式法律教育[M]. 北京：法律出版社，2004:192.
② 陈金钊. 体系思维及体系解释的四重境界[J]. 国家检察官学院学报，2020(4):79.

系、开创场景化新教法、塑造"双师型"教师角色、构建实证性思维法则。

十、加强跨学科交叉培养，重构金融法教学体系

针对"新法学"语境中"跨学科融合"所涉及的"文文交叉""文理交叉""知行交叉"的教学课程，《新文科建设宣言》明确要求"进一步打破学科专业壁垒，推动文科专业之间深度融通、文科与理工农医交叉融合，融入现代信息技术赋能文科教育，实现自我的革故鼎新"。从这个维度切入，金融法教学必然要打破长期以来院系分开与专业分明的传统藩篱，建立跨院系与跨院校交叉培养的体制机制，在此基础上，将金融法教学所关涉的各种学科力量进行优化整合，推动金融法教学体系的重构与升级。

"文文交叉"。"文文交叉"教学是指金融法与金融学等人文社科课程的融合，比如财政学、证券投资学、货币银行学、公共关系学。"文文交叉"教学的核心在于"融合"，而"融合"不能简单地认为是金融法与其他人文社科的课程叠加、师资互换、模式更迭，而是对金融法教学中的观念、目标、方式、内容与体系进行全新释义，使得金融法教学浸浴在人文社科的怀抱之中，以培养金融法学生应对金融法律问题所亟需的综合解决能力。也正因为如此，"新法学"建设不仅要建立开放共享的法学课程体系，支持跨院系、跨院校开设跨学科选修必修课程，也要构建高质量、门类全、交叉性的人文社科教材体系，协同增强"软科学"教材内容的法学伦理与人文情怀。

"文理交叉"。"文理交叉"教学是指金融法要与理工学科进行融会贯通，尤其是形成对生物信息学、人工智能、大数据、区块链、算法科学等新兴学科的回应能力，在交叉融合的过程中不断探究教学体系的新思维、新方法、新模式。《新文科建设宣言》明确指出，要"紧跟新一轮科技革命和产业变革新趋势，积极推动人工智能、大数据等现代信息技术与文科专业深入融合，积极发展文科类新兴专业，推动原有文科专业改造升级，实现文科与理工农医的深度交叉融合"。在"新法学"语境下，面对新科技革命的全新挑战，金融法教学应借助于新技术与新工具的应用基础进行自我革新、主动改革，进一步扩展新的研究对象与教学主题，通过"文理交叉"教学带动金融法与自然学科的深度融合，为金融法教学体系更新与研学范式创新提供无限想象与突破可能。

"知行交叉"。简言之，"知行交叉"教学指金融法理论课与实践课的融合教学。对于"新法学"实践性命题来说，金融法教学应当更偏重于"金融实践"，也就是要逐步将实践课程先置于或平行于理论课程，着重发挥实践课程连接金融法知识与金融实操能力的桥梁作用，打破金融法教学与金融实践长期割裂的现实桎梏。就此来说，笔者认为，可以大胆尝试将实践课程提到理论课程之前，或者在金融法学生入学之后即时启动实践任务，从而让学生拥有更充沛的时间全身心融入金融实践之中。固然，这种"知行交叉"需要把握好度，存在一个核心层与外围层的关系问题，不能因此失去自我，搞成四不像。①

十一、衔接金融法课堂与金融市场，开创场景化新教法

从场景化原理入手，可以将金融法课堂全方位地对接金融市场。金融市场是一个多场景范畴，它包括证券市场、金融机构、银保监会、期货市场、金融法院等众多场景。在人工智能时代，金融法实践性教学不仅可以通过线下实现，也可以采用在线课程、庭审直播、虚拟仿真、云端整合等信息化方式实现物理空间联动与时间维度接续。在这种动态式教学场景下，通过对主体互换、形式转变、知识流动、内容更新、师生互动等场景模块的构建，突破以往的静态场景呈现方式，从而开创金融法教学与金融实践融合的新教法。

进而言之，在"新法学"时代，法学院校必须"打造优质实践教学资源，完善法治人才培养的协同机制；打破高校与社会之间的体制壁垒，将实际工作部门的优质实践教学资源引进高校"②。就此来讲，场景化新教法能为金融法教学与金融实践之间的有效融通提供协同契机。在这种契机之下，法学课堂由原先的"师生+教室"，增加为"师生+教室+政府部门+实务部门+金融市场+司法机关+智能技术平台"，在不同空间与时间的维度中促进教学资源的协同互动。金融法课堂与金融市场最恰当的协作无不外乎融入场景化新教法，想方设法地开设以实践为导向的教学方式，借助于现代信息技术实现线上线下教学，彻底改变传统上以金融法教材与课堂讲授为唯一蓝本的僵化式教学模式。

是故，笔者认为，结合金融法的场景化教学模式，根据"新法学"实践性命题的要求，教学场景可以由不同的教学主体进行交互衔接，同时也嵌入不同的金融场景与法律问题，从中形成切合"新法学"时代要求的金融法教学范式。

十二、搭建师资交流培养机制，塑造"双师型"教师角色

"新法学"时代不再是传统上学生被动式的知识浇灌模式，而是一种师生之间持续对话、交互辩论、理性质疑、提问应答的教学过程，从而实现金融法理论与金融实践的协同转化。毫无疑问，教师仍然是当下金融法教学的主力军，他们在这一过程中所能展现出的专业知识功底与金融实务经验，势必会影响到整体教学效果与

---

① 杨灿明.新文科建设的"七个维度"[J].新文科教育研究,2021(1):24.
② 杨宗科.坚持立德树人根本任务 培养德法兼修高素质法治人才[J].法学教育研究,2017(19):57.

学生课堂体验。因此，在中国，为了培养出社会急需的法学工匠，我们需对当下的观念、做法作出相应的调整和改变。①

首先，应当着力于搭建师资交流培养机制。一方面，法学院校要在与金融实务部门的教学合作中，大力引进一些富有金融案件处理经验的法官、检察官、律师、金融实务人员执教于课堂。进言之，法学院校要充分发挥兼职教师的作用，建立兼职教师常态化执教机制，逐步提高金融法应用型教师的比例。另一方面，法学院校要搭建与金融实务部门的人才合作培养机制，支持具有跨学科教学能力的教师到法院、检察院等部门挂职锻炼，进一步丰富跨领域经验与跨学科知识，并将这种实践视野应用于金融法课堂中，以提高金融法实践性教学的含金量。

就此而言，法学院校可以尝试采用全职教师与兼职教师的合作教学模式，开设"单周大班""双周小班"轮流执教的案例教学课，如此一来既能保证大班讲授效果也能发挥小班讨论功能。同时，法学院校还可以根据学生兴趣爱好与培养方向的区别，分类开设针对某一具体金融实务领域的案例课程，比如国家金融调控实例、金融公司法务实例、国际金融投资实例、金融刑法实例、金融知识产权实例，从而为金融法学生提供一系列行之有效的实务课程。

其次，应当致力于塑造"双师型"教师角色。哪怕是一个有丰富教学经验的教师，也必须经过相当长时间的摸索，积累经验教训后才能成功。②金融法教师要积极地担任金融法律职务，比如陪审员、普法员、兼职律师、法律顾问、独立董事。金融法教师还可以在走访司法部门与调研金融案件的过程中，概括法律问题、提出解决方案、形成教学素材。事实上，金融法律问题往往不会有栏栅，很少出现纯粹某个部门法问题，这就需要金融法教师懂得融合民法、刑法、知识产权法等其他部门法知识进行协同办案。这些金融法案件还大量涉及司法实操层面上的起诉、查证、审理、举证、上诉、判决等程序法内容，乃至于社会舆论、历史文化、政治经济等诸多因素。金融法教师从实务中发现司法实践中的"真问题"，提高自身法律应对能力、科研能力和教学能力，并对这些"真问题"进行加工整理，用"接地气"的实践经验反哺课堂教学，带给学生更多精彩的案例分享与课堂体验。

除此之外，法学院校也应当同步推进课程评价体系和效果反馈机制的深层次改革，逐步提高实践性教学评价指标在法科评价中的占比，从教学资源给予、职称评定绩效等方面往往专注于实践性教学工作的教师倾斜，全面支持金融法教师开设体现"新法学"实践性命题的课程。

---

① 刘风景.法学工匠的角色定位——倡导注重细节的法学模式[J].法制与社会发展，2010(6):125.
② 葛云松.法学教育的理想[J].中外法学，2014(2):318.

十三、开设金融法实证教学课，构建实证性思维法则

无论是从金融法教学体系、场景化新教法抑或是从"双师型"教师角色的不同维度展开，金融法教学与金融实践的融合路径本质上都可归结为如何塑成一种金融法实证性思维，这一思维是一种建构于案例教学课、逻辑导论课、模拟审判与仲裁、法律诊所、情景实验等实证教学课中的"法律头脑"。这种"法律头脑"需要金融法学生养成一种带有问题意识的研学习性，不仅要具备法条解释、案件推理、逻辑论证和探知事实的综合能力，同时也要掌握搜证举证、口头辩论、书面撰文、法务谈判等实践技能，进而全方位提高自身实证性思维。

传统教学思路主要停留在知识讲解与应试训练的浅层维度，这种教学显现出来的是零星化的、片面化的效果。相较之下，金融法实证性思维更加注重训练学生的法律思维，而不只是纯粹列举金融法概念与案件结论。倘若金融法教学不借助一定的实证思维或推理逻辑，那么即使对学科知识与法律现象有所概括，也构不成完整的实践性思维体系，也就契合不了"新法学"教学目标。作为一门实践性很强的学科，金融法教学同样需要实证分析与经验推理，并最终也要回到事实与案件中进行解释与应用。

可见，在"新法学"语境之下，金融法学生必须秉持这样一种思维法则（如图1）：必须首先沿着金融法的概念、原理、原则、规则、关系等法学知识、研究方法与学科逻辑进行抽象性分析，然后进行法条适用与案件推理之间的因果假定、事实呈现、经验认知等实证性评价，将抽象性法理概括与实证性事实判断予以深度衔接，在由众多规范与不同事实所建构的思维世界里，实现从知识浇灌到实证推理的思维升华。显然，这就倒逼着金融法教学必须运用一种辩证法思维去构建这个法则，统筹各个因素的协同升华，才能形成理性的教学过程，才能塑造以问题为导向的思维方法，才能获得理想的教学预期。

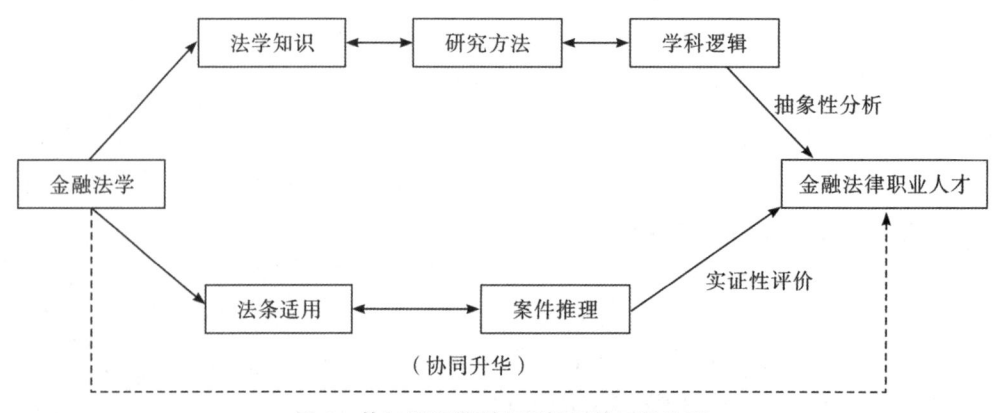

图1 从知识浇灌到实证推理的思维法则

然而，由于人们不能够穷尽所有的经验事实，所以在对事实经验进行分析时必须借助理性思维中的抽象与想象，屏蔽无关因素，提取重要信息，筛选出关键变量，并以纯粹的形态呈现，进而形成理论。[①] 就此来讲，金融法教师的职责在于完整地展现金融法案例，抽丝剥茧地拆分不同教学界面中的法治价值、经验推理、逻辑规则和各方立场，在这一系列思维构建的过程中，反复推演并最终凝练成为一种指导金融实践的理性思维。

十四、余论

随着"新法学"时代的纵深发展，进一步推动了金融法教学与金融实践交叉融合的广度与深度，培养金融法学科"未来社会科学家"的教学目标已然成为法学界、教育界乃至金融界的共同向往。从我国金融法治建设出发，我们应当以"新法学"视角不断审视金融法教学与金融实践之间的辩证关系，将教学目光投射于金融法实践课程之中，全方位地践行"新法学"实践性命题，奋力跳脱出理论与实践割裂开来的悖反困境。唯有在"新法学"语境中不断完善金融法教学模式，方能使金融法理论与实践教学实现深度融合，助力新时代金融法治人才培养迈向更高的台阶。

与此同时，在法律全球化融合与金融人才国际化竞争中，如何更好地让我国金融法教学立足国情并面向世界的问题终究是我们亟需应对的现实困境与实践难题。比较而言，美国和欧盟等国家或地区已经积淀较为丰富的教学经验，对于我国建构既符合"新法学"建设目标又引领世界话语的金融法教学模式具有重要的借鉴意义。我们不仅要秉持开放包容的心态去学习域外金融法学科的实践定位和教学创新，更要积极参与国际金融法治建设的实践合作和教学对话，深入推进我国金融法教学体系与教学能力现代化的进程。仅此而言，本文也只能说是一个开始，还需在将来进一步研讨。

---

① 刘晓红."教育基本理论"课程教学检视——逻辑起点与路径选择[J]. 东北师大学报(哲学社会科学版),2018(6):125.

论数据法教学的三重思维体系构建

唐士亚　张巍瑜*

摘要　与传统部门法教学相比，数据法教学具有以法学规范分析为教学核心、以课堂讲授和案例研讨为主等共性内容，又突出了与数据科学、计算机科学高度融合以及产学研一体化等个性特征。数据法教学需要建立法律思维、科技思维和伦理思维"三位一体"的教学思维体系。数据法教学的法律思维以数据法概念为教学起点，以数据法规范体系为教学架构，以数据法案例进行法律思维训练。数据法教学的科技思维以计算思维挖掘数据法中的数量关系，以工程思维实现数据法的规模化应用，以实验思维创新数据法治应用模拟。数据法教学的伦理思维以课程思政激发数据法伦理的育人功能，以科技向善理念引导学生树立正确的数据法职业价值观，以多维度考核体系检验数据法伦理的实践应用。

关键词　数据法；课堂教学；法律思维；科技思维；伦理思维

2023年2月，中共中央办公厅、国务院办公厅印发《关于加强新时代法学教育和法学理论研究的意见》（以下简称《意见》）指出："……加快发展社会治理法学、科技法学、数字法学、气候法学、海洋法学等新兴学科。"随着以大数据、人工智能、区块链为代表的信息技术的发展，数据法学逐渐形成并成为法学教学研究的热点前沿领域，不少高校在学科方向和课程设置上进行了探索。如中国政法大学开设法学目录外二级学科"数据法学"，在硕士、博士层面开展数据法的教学研究；东南大学自主设置"数字法学"二级学科；对外经济贸易大学自主设置"数据法学"二级学科；浙江理工大学增设"数据法学"硕士招生方向。但从目前国内各高校的数据法课程设置来看，现有数据法课程多以"传统部门法+数据"的形式为

---

* 唐士亚，福州大学法学院副教授，法学博士，研究方向：金融法、数据法。张巍瑜，福州大学法学院硕士研究生，研究方向：数据法。本文发表于《法学教育研究》2024年第3期。基金项目：本文系教育部人文社会科学研究规划基金"金融科技的软法治理及其协同问题研究"（23YJA820026）。中国博士后科学基金"金融科技企业数据治理法律机制研究"（2023M732934）的阶段性成果。

主，在教学内容上数据法更多依附于传统部门法，尚未形成具有数据法独特性的课程结构，导致现阶段数据法教学的基本价值导向不够清晰、教学效果不甚理想，在日常教学中确立符合数据法特点的学科思维显得尤为迫切。

区别于传统部门法，数据法知识体系具有明显的学科交叉属性，教学内容涉及法学、数据科学、计算机科学、统计学等相关学科知识。数据法本质上属于法学与数字技术相交叉的新兴领域法，教学内容包括数据法基础理论、数字技术与法律、数字经济与法律、数字治理与法律等，具有相对独立的知识体系。因此在中国式法治现代化背景下，数据法教学应当基于"领域法学"的学科视野，坚持学科交叉的教学面向，整体引入法律思维、科技思维与伦理思维，以三重思维指引数据法教学新范式构建，推动面向"数智未来"的法学教育变革。

一、数据法教学相较于传统部门法教学的共性与个性

数据法是调整数据生成、存储、加工、使用、交易、公开和监管等过程中发生的社会关系的法律规范的总称。数据法与传统部门法是特殊法与一般法的关系，因而数据法教学与传统部门法教学之间也具有共性与个性的关系。

（一）数据法教学与传统部门法教学的共性

数据法教学属于法学教学的分支领域，故应当遵循法学教学的一般路径，即在对其他学科研究、分析方法和理论成果保持开放的基础上，以法学规范分析为教学核心内容，以课堂讲授和案例研讨作为主要教学方法。

1. 教学内容：以法学规范分析为教学核心

法学规范分析是一种以语义分析、逻辑分析等方法为基础，以实在法规范整体为对象，通过揭示规范内在构成为法律思维活动提供抽象性规范知识的活动。[1] 具体内涵包括：第一，关注"法的合法性、法的运行效果、法的实体内容"；第二，由"合法/非法、运行/效果、权利/义务分析方法"构成规范分析的具体方法；第三，制度事实构成规范分析的对象。[2]

在以法学规范分析为核心进行数据法教学时，需要引导学生思考以下数据法的"元问题"，以期深刻理解数据法规范分析体系：（1）数据、数据权利、数据权属如何成为法学上的概念，现有法律规范是否能够实现对数据法基本概念的涵摄；（2）数据活动参与主体之间的法律关系是否具有特殊性，该法律关系如何在公私法体系中实现准确的定位；（3）数据法的利益结构如何构造，数据法中的利益平衡方式有

---

[1] 武腾. 论规范分析方法在交叉性法学中的价值及应用[J]. 法律方法, 2013(1):90-97.
[2] 谢晖. 论规范分析方法[J]. 中国法学, 2009(2):36-44.

何特殊性；（4）数据权益如何实现与侵权责任法的衔接。

2.教学方法：以课堂讲授和案例研讨为主

传统部门法教学主要有课堂讲授和案例研讨两种方法。受大陆法系国家教学方法的影响，我国的法学教学方法也是以教师讲授为基本形式，包括：课堂讲授、课堂讨论、课后答疑、写作练习等。但单一的课堂讲授方式也存在着课堂气氛沉闷、师生互动交流不足、讲授内容与社会实践结合较差、对学生的实际技能训练不够等诸多弊端。因此，除课堂讲授外，数据法教学还应重视案例研讨的教学方法。案例教学法能够为学生提供模拟环境下进行法律分析的机会，①利用争辩的方式来提高学生的思维能力和判断能力。例如，《个人信息保护法》相关司法案例涉及个人隐私保护、个人信息侵权行为认定、敏感个人信息保护等，学生通过研讨相关司法案例，可以更加全面地了解个人信息保护在实践中的问题以及司法裁判观点，在课堂研讨中强化对《个人信息保护法》立法原理的理解与应用。在数据法的教学实践中，应当对课堂讲授和案例研讨两种教学方法进行理性选择和有机组合，即在数据法案例分析过程中需要讲授基本法理和规范内容，在课堂讲授过程中也必须增设案例分析环节。②

（二）数据法教学对比传统部门法教学的个性

以数据科学为起点并基于法学视角审视数据活动是数据法学的特殊性所在，数据法教学也呈现与传统部门法教学之间的差异：一是在教学内容上与数据科学、计算机科学等学科的高度融合，即使采取的是规范分析的法解释学路径，也要求授课教师和授课对象必须了解基本的数据科学原理；二是在教学方法上体现为数据领域产学研的一体化，平台企业、互联网公司和法学院间的合作联系更为密切。

1.教学内容：与数据科学、计算机科学等学科的高度融合

就教学内容而言，传统法学教育的重心在于对法律概念、法律规则及其适用的讲授。而数据法学作为一个新兴交叉学科，需要合理借鉴数据科学、计算机科学、统计学等其他学科成熟经验，从而促进学科基础概念和理论范式更加符合数据治理实践。因此，数据法的教学内容不仅包括国内外与数据有关的宪法、行政法、经济法、民商法、刑法等法学二级学科知识，也跨越了社会学、行政学、管理学、经济学等社会科学分支，将云计算、大数据、人工智能、区块链等数据相关学科知识融入数据法专业教学内容。③

以清华大学自2019年起开设的法律硕士(计算法学)研究生学位项目为例，其

---

① 王晨光.理论与实践:围绕法学教育的难题之一[J].中外法学,1998(6):76-82.
② 邵俊武.法学教学方法论要[J].法学评论,2000(6):144-149.
③ 孙晋.数字时代网络与数据法学课程的教学探索[J].中国大学教学,2022(Z1):58-62.

教学体例中法学、数据科学、法学数据交叉科学构成了"交叉型课程集群",传统法学教学科目仅占总课程的1/3,编程语言、概率论、线性代数等数据技术基础课程均在必修范围内。① 此外,该项目还以数据与法律的整合类课程如科技法、专利法进行辅助教学,实现了数据法学教学与强势理工科教学的互动发展。②

2. 教学方法：数据领域产学研一体化

《意见》指出,"……更新完善法学专业课程体系,一体推进法学专业理论教学课程和实践教学课程建设……"。因此,就教学方法而言,数据法教学应坚持"产学研结合"为导向的"理论–实务"贯通式教学,强调的是人才培养与实务需求的对接,以实现数据科技企业、司法行政实务部门与法学院的相互配合、优势互补。③ 一方面,数据法教学应重视与业内领先的大数据企业合作,通过共同制定培养目标、共同设计课程内容、共同开发优质教材、共同建设学生实习基地和数据法实验室,贯通数据法专业学习、实践与就业环节。另一方面,数据法教学应实行校内外双导师制教学方法,教学负责人由法学院教师担任,第二导师由校内外从事计算机科学、网络安全信息工程等技术专业的教师或从事互联网产业、网络管理实务部门的专家担任,通过校内外培养资源的优化配置,促进产学研体系内的交叉培养,突出数据法人才培养的跨学科特色。

二、数据法教学的法律思维

数据法体系复杂,知识更新速度快,数据法的学习需要具备严密的逻辑性。而法律思维作为一种思维方式,为推理、论证和解释等法律方法的应用提供了更为理性的安排。可以说,法律思维是法学生必须具备的核心竞争力,是逻辑分析、实践操作、语言表达等各种应对数据法律问题能力的基础。数据法教学需要把握好概念理解、规范体系、案例应用三项法律思维的基本要素,在数据法规范体系的教学框架下,以数据法概念为教学起点,以数据法案例强化法律思维训练,形成循序渐进的数据法教学逻辑。

（一）以数据法概念为教学起点

一方面,"概念"是制度生成的基础,概念模糊将会引发数据法律知识应用失灵的现实问题。另一方面,"概念"是法律知识的核心组成部分,概念理解的准度和

---

① 清华大学法学院. 清华大学法律硕士(计算法学)研究生学位项目介绍[EB/OL],(2021-09-27)[2023-05-26]. https://www.law.tsinghua.edu.cn/info/1080/12949.htm.
② 康宁. 论数据法学教育与传统法学教育的差异与融合[J]. 教育教学论坛,2021(21):17-20.
③ 王禄生,王奂. 大数据与人工智能法学方向研究生人才培养模式探索——基于东南大学的"三元融合"教育实践[J]. 法学教育研究,2021(2):77-89.

深度是法律人专业水平的直接体现。因此，数据法的"概念"教学应当建立"清晰化"的目标，通过对相关数据概念进行多维度的辨析，深入推进数据法研究学习的规范性。

例如，以"公共数据"概念的教学为例，目前中央立法尚未明确界定公共数据的概念，而是采取了暂时观望、由地方进行探索性立法的策略。从实践来看，公共数据的范围呈现出泛化的倾向，政务部门行使公共管理职能所获得的数据属于公共数据，承担公共服务职能的企事业单位持有的数据也被纳入公共数据范围，甚至提供公共服务的私人主体的数据也可能成为公共数据。公共数据规范概念的扩展使其外延越来越模糊，公共数据不再是具有高度同质性的单一类型数据。针对这一问题，概念教学的展开需要深入解构公共数据内核，根据各类公共数据的属性将其进一步类型化，明确各类公共数据的外延范围及其基本特征。具体而言，课堂上引导学生界定"公共数据"范围的教学策略如下：

首先，教师应引导学生从"公共数据"概念中提炼出主体要素和内容要素，以数据主体履行职能所需资金来源（公共资金与非公共资金）和主体性质（营利性与非营利性）作为判定主体要素公共性的标准，以产生公共数据的活动内容（提供公共产品与提供准公共产品）判定内容要素的公共性。

其次，教师应根据各要素标准的排列组合形成理论上的公共数据类型，并对照我国现有的公共数据资源排除不存在的数据，归纳出"公共资金＋非营利性＋公共产品""公共资金＋非营利性＋准公共产品"、"公共资金＋营利性＋准公共产品""非公共资金＋营利性＋准公共产品"的公共数据要素组合，最终推导出公共数据包括政务数据、公共非营利主体数据、公共营利主体数据和非公共营利主体数据四种类型的结论，[①]在此基础上对公共数据各具体类型作更细致的法学分析。

概言之，数据法实际上是由一系列数据法概念作为构成要素的规范体系，以诸如数据类型化的概念教学方法为教学起点，便于厘清各类数据概念的边界与关系，帮助学生搭建层次清晰的数据法学习框架。

（二）以数据法规范体系为教学架构

"规范体系"是法律思维的形式架构，蕴含丰富的理性价值。准确把握规范体系有助于学生准确梳理出争讼案件的核心焦点，运用体系化的法律思维梳理法律关系、分析数据行为，而不是依靠朴素的"法感"进行道德评价。

数据法的规范体系较为复杂，包括数据主客体体系、数据行为体系、数据权利体系、数据监管体系、数据治理体系、数据责任体系等，动态地反映了数据产生、

[①] 沈斌,黎江虹.论公共数据的类型化规制及其立法落实[J].武汉大学学报(哲学社会科学版),2023(1):67-77.

流动、存储、加工、使用、交易、公开等活动全过程。数据法规范的各个部分相对独立，对于初学者来说很难准确把握内部关系，故以体系化思维开展数据法教学，需要梳理、重构数据法规范的逻辑架构，具体包括：一是依靠"形式体系"将数据法学内容中的概念、规则、制度汇集成一个协调的、按抽象程度逐级划分的概念系统，在此基础上创设不同的"数据类型+数据行为"分析框架；二是将正义、平等、自由、安全、效率等数据法学基本理念与精神贯穿于教学过程，形成数据法规范的"实质体系"，帮助学生全面领会数据法原则体系；三是构建"利益体系"，以利益平衡为主线，为数据法律关系冲突提供静态与动态分析视角；四是探索"开放体系"，引导学生不断反思怎样使数据规范体系更合理，如何解决当前数据法律规范零散化、片面化的缺陷等问题。

（三）以数据法案例进行法律思维训练

案例分析是目光不断往返于事实与规范间的思考判断过程，[1] 案例分析的教学方式有助于推动法律思维的养成：案例分析需要将既定事实纳入法律概念的调整范围，再全面剖析每一组法律关系，在该过程中帮助学生巩固法律概念并加深对规范体系的理解。因此，完成以法律思维培养为中心的教学模式构建任务，数据法的案例教学工作是关键一环。以数据法案例进行法律思维训练，有别于传统的案例教学模式：

首先，受长期"灌输式"教学的影响，在传统的法学案例教学中，学生往往是被动接受教师整理好的案例。单一的案例来源意味着学生只需机械地运用课堂上教师传授的知识点解决问题，不需要学生利用发散思维寻找解决问题的其他路径，导致与数据法律实务相脱轨。数据法的案例教学则更注重学生对各类法律数据库的运用，鼓励学生通过互联网自主查询、收集相关案例并制作类案检索报告，以锻炼学生的自主学习和信息获取能力。

其次，传统案例教学的主流方法是"从规则到情境"的顺推案例教学法，在进行具体的案例分析之前，需要先进行法律规范的学习与记忆，这种教学方式虽然有助于知识讲解和传授，但是对思维培养的效果不佳。而数据法教学基于数据应用"场景化"的特点，提倡的是一种"从情境到规则"的逆推案例教学法，即先不告诉学生法律规范的内容，而是引导学生解读分析具体案例，在解读中凝练出数据法律规则的产生背景、具体内容。逆推的案例教学方式强调规则的产生原因与应用逻辑，更加贴近数据法律问题的本质，具有在法律思维培养上的优势。[2]

---

[1] 牟绿叶.论非法证据排除规则和印证证明模式的冲突及弥合路径[J].中外法学,2017(4):1068-1090.
[2] 刘宇,蒋菁.基于法律思维培养的"三阶层"教学模式研究——以合同关系为例[J].高教学刊,2022(24):62-65.

三、数据法教学的科技思维

数据法学是借助信息网络技术、数据安全技术等尖端科学为支撑的法学学科，数据法中的"数据含量"与"技术含量"决定了数据法教学与计算机科学、统计学等数据科学具有极大的相通性。因此，除了法律思维以外，数据法教学还需要树立科技思维，通过构建计算思维范式、工程思维范式和实验思维范式，推动法学素养与信息技术的有机融合，进而实现跨学科复合型法治人才的培养目标。

（一）以计算思维挖掘数据法中的数量关系

数据法不仅涵盖了数据处理和分析的概念、方法、理论和技术，还关注数据处理和分析技术在计算机上的实现过程。因而在数据法的教学中涉及计算机代码、算法程序等不同于传统法律课题的术语表述，需要学生运用计算思维来进行数据法学习。

计算思维是以计算机科学概念为基础，对数据问题进行系统架构、分析判断以及方案解决等一系列思维活动。在数据法教学中，计算思维的融入路径是一种"数据驱动"型的新型教学路径——利用自然科学、经济学等实证科学的模型建构、定量分析等方式整理法律数据，深入挖掘各类数据行为与关系背后的规律，在理论上探索数据法律事件背后因果关系分析与预测机制的建立，以加深学生对相关数据问题的认识。除此之外，还需开展基础性的数据科学入门教程，使得学生掌握最基础的数据科学理论，以 POWER BI 和 R 语言等作为主要学习工具，掌握数据获取、数据清理、数据处理和数据转换的技术，进而在整理后的结构化数据上进行数据的建模分析和数据可视化操作，锻炼在真实环境下进行数据科学相关工作的能力。[①]

（二）以工程思维实现数据法的规模化应用

数据法学的学科特性之一是关注社会群体的法律认知和行为数据，这就需要数据法学习不能囿于个案分析，而是利用工程学的系统性建构与评估理论，将法律活动视为一个社会系统。

法律工程思维是利用工程学方法、路径化处理法学问题的思维，利用算法路径和模型工具将法律与社会现实紧密联结，从而实现对数据主体及其行为的快速准确调整。以新出现的"法律工程师"（Legal Engineer）职业为例，法律工程师是技术研发部门和法律职业群体之间的纽带，其利用形成法律标准化与程序化应用的算法，学习客户的普遍行为习惯与思维模式，以类似于工程学中常见的"总结标签形

---

① 黄达明,张萍,金莹.以计算思维为导引的"数据科学基础"课程建设研究[J].工业和信息化教育,2018(11):48-53.

成判断模式"实现流程拆分、知识管理等法律服务的高效规模应用。法律工程在数据法律业态的应用逻辑是将完整的法律事件切割为链条后形成各种排列组合，在最大化减少人为干预的环境下启动流程化、标准化、场景化的法律判断程序。因此，在数据法教学中，要强化学生的系统工程意识，引导学生关注如何解决法律事实与法律关系各部分、各要件间的关系，怎样运用"模型方法"等多种工程方法与工程思维解构法律知识、总结经验性内容，以及怎样通过优化集将文本语言转化为技术语言。①

（三）以实验思维创新数据法治应用模拟

2020年，教育部新文科建设工作组主办的新文科建设工作会议发布《新文科建设宣言》，提出重点支持建设一批文科实验室，促进研究方法创新和学科交叉融合。2021年，教育部办公厅公布了首批哲学社会科学实验室名单。当前在我国法学院校中，中国政法大学、中国人民大学、清华大学、浙江大学、东南大学等已陆续开展数据法实验室建设。②

基于我国数字化转型的现实需求，我国法学院校应当以实验式教学思维革新传统法学实验室建设思路和理念，尽快建立数据法实验室，建构路径包括：第一，明确数据法实验室的定位是为法学院教师和学生提供数据法研究学习资源。法学院师生以及实务人员可以借助实验室技术设备，对数据法律问题展开研究并形成正式的科研成果，并鼓励研究成果的社会化应用。第二，探索建立学科带头人负责制（PI制度），以一个PI为核心组成研究组，适度配备实验室人力、设备、资金等资源，开展数据法研究活动。对PI实行"预聘－长聘"管理，研究人员通过竞聘进入助理教授岗位，开始担任PI，组建独立的研究组，在完成最多两个任期后进行同行评议，评议结果不理想的PI将被要求离开数据法实验室岗位，获得同行认可的就可晋升副教授而进入终身教职序列。第三，数据法实验室应当树立短期与长期研究目标。从短期来看，数据法实验室应立足于特定区域的法治实践，从多学科、多角度进行司法类案推送研究、法治评估指数研究，在此基础上形成诸如大数据交叉学科研究平台等地方性成果。从长期来看，数据法实验室应加强跨院校、跨区际的合作沟通，对更大量级的裁判文书、司法程序、法律规范进行数据分析，探索成立全

---

① 袁曾,张执南.数字社会下的法律工程思维建构与适用[J].西南民族大学学报(人文社会科学版),2022(12):85-97.
② 具体而言,这些数据法实验室包括中国政法大学数据法治实验室(系首批教育部哲学社会科学实验室)、中国人民大学数字法学实验室、清华大学计算法学与法治创新实验室、浙江大学数字法治实验室、东南大学法学院法律大数据与人工智能实验室等。

国性的司法实务大数据研究平台和评价体系。[1]

四、数据法教学的伦理思维

法律职业伦理是法律职业人员在法律执业中应当遵循的道德规范和行为准则，法律职业伦理能够抑制法律职业"技术理性"中的非道德成分，使之控制在最低程度。[2]2018年4月教育部颁布的《普通高等学校法学类本科专业教学质量国家标准》明确将法律职业伦理列为法学专业本科生必须完成的10门专业必修课之一。在数据法教学迈向标准化的背景下，法律职业伦理教育的重视程度在不断提高，伦理思维的重要性愈发凸显。

（一）以课程思政激发数据法伦理的育人功能

深度挖掘数据法课程的思政元素，实现思政元素与数据法专业知识教育的有效衔接，是确保数据法伦理育人作用显现的重要基础。为克服传统思政教育的形式主义弊端，避免思政教育强行灌输给学生所导致的效果欠佳问题，数据法课程思政必须注重创新，形成与数据法特点相适应的"三阶段"渐进式教学方法。

第一阶段是"数字时代公共精神塑造"。公共精神是以全体公民和社会整体利益为价值取向的基本道德，强调学生个体站在公共立场，基于维护社会共同体的初衷去思考与行动。[3]数字时代公共精神的伦理价值包括了对技术理性、数字人文关怀、数字鸿沟消除等社会目标的追求，与新时代思政教育"社会主义核心价值观"、"家国情怀""人民法治观"内涵相契合。塑造数字时代公共精神是数据法课程思政的核心任务，应充分利用数据法课堂特有的情形模拟、身份代入、聚焦问题、方案设计、结果验证等教学环节，将学生意识集中到数字时代公共精神的某一价值焦点，鼓励学生以小组形式就焦点争议展开议题讨论与思维碰撞，教师根据课堂情况进行相应的理论超拔和深度指引。

第二阶段是"双线融会贯通"。数据法课程思政应当坚持两条脉络，主线脉络是在数据法学理论、法律规范等理论讲授课程中，自觉嵌入数据法领域所特有的数字正义、人本主义等伦理要素，通过课程章节设计将其关联整合形成完整的价值链条。次线脉络则是结合数据法交叉学科特点，引入其他部门法学科育人价值作为课程思政内容的补充，如民法的"公序良俗"和"诚实守信"意识可用于规范数据资产流通，个人数据向公共数据转化应遵循行政法的比例原则精神等，

---

[1] 傅爱竹.数据法学对传统法学的挑战与应对——以山东大学"数据法学"建设为例[J].新文科理论与实践,2022(3):105-114.

[2] 李学尧.非道德性:现代法律职业伦理的困境[J].中国法学,2010(1):26-38.

[3] 冯果.论新时代法学教育的公共精神向度[J].中国大学教育,2018(10):54-58.

以弥补单一的专门法律职业伦理课堂的不足与局限，深入融合、破除专业课程壁垒，凝练出数据法课程思政建设的特色与亮点。

第三阶段是"课程线下实践"。数据法课程思政应探索多种灵活实践教学方式。比如可以在数据法教学计划中增设专家讲堂环节，邀请法官、检察官、律师和企业数据合规师等数据法实务人士走进课堂，开展思政与实务密切结合的专题讲座、为学生解疑答惑，提高数据法课程思政的实践趣味和育人效果。还可以将参加法律援助、社会调研等公益法律实践活动作为数据法结课的一项考核要求，改变以往思政课局限于课本知识传授的教学形式，通过实践教学活动强化学生的公共关怀意识，完成数据法课程思政"从理论到实践"的法律人公共精神的培育。

（二）以科技向善理念引导树立正确的数据法职业价值观

以人工智能、大数据、算法等为代表的新兴技术在快速发展和应用的同时，也带来了平台垄断、大数据"杀熟"、算法歧视、数据隐私风险、自动化决策风险等诸多科技伦理失范问题。[①]2022年3月20日，中共中央办公厅和国务院发布了《关于加强科技伦理治理的意见》，提出要健全科技伦理治理体制，强化科技伦理审查和监管，深入开展科技伦理教育和宣传。中央层面对科技伦理的强调，反映了数据技术发展带来的伦理挑战日益增多的现实。因此，有必要将"科技伦理"纳入数据法伦理教学框架中，充分发挥科技伦理所蕴含的引人向善的柔性约束力，促使学生在未来从业时自觉遵守科技伦理要求。

推进科技向善是科技伦理的核心价值追求。数据领域的科技向善，就是在数据技术创新活动中保持高标准、高道德底线，充分权衡效率与安全、利益与风险的价值冲突。以科技向善的理念开展数据法教学，首先要破除技术价值中立论，培养学生的伦理先行意识，引导学生领会、把握科技伦理以促进人的生存和发展为目标，以提高人的数字生活能力和生活质量为标准，以维护人的知情权和自主选择权的基本原则要求。其次要坚持数据技术与伦理协同发展理念，培养学生的负责任创新能力，避免数据技术的偏见性。以算法技术为例，算法是人类设计和控制的"以数学形式或计算机代码表达的意见"，数据收集、样本使用都需要开发者事先进行主观价值判断，个人偏见因此可能会被嵌入程序中。[②]因此，在数据法教学中引导学生树立底线思维，学习限制算法不良价值倾向的治理手段，并将数据相关行为均纳入伦理规范的框架内。最后是要进一步明确、细化数据法律

---

① 唐士亚,张巍瑜.金融科技伦理规制的基本法理与制度化构造[J].北京邮电大学学报(社会科学版),2022(6):21-27.
② 贾诗威,闫慧.算法偏见概念、哲理基础与后果的系统回顾[J].中国图书馆学报,2022(6):57-76.

职业伦理规范的内容，提高数据法律职业伦理的客观性、技术性和可操作性，使得学生在面临不同情形的执业行为时，能够准确作出是否违规的性质判断，指导其目标和行动的选择。比如，目前大多数数据活动具有不透明性的特点，用户与服务提供方在信息和技术上处于不对称地位，容易引发技术黑箱、信息茧房等伦理失范现象。① 数据法的教学必须将如何识别并规避上述科技伦理失范行为作为重要的教学内容，引导使学生把握好数据技术工具价值与社会价值之间的关系，实现科技向善。

（三）以多维度考核体系检验数据法伦理的实践应用

课程考核是检验数据法伦理教学质量的重要方式。数据法的伦理教育和传统的通识法学理论知识教育存在区别，数据法伦理教学的目的不是锻炼学生的笔试能力，而是要让学生掌握解决数据伦理困境的实际能力。因此，要以科学化、多维度的考核体系引导法律职业伦理教育目的的实现。

首先，仅依靠理论考试无法真实、全面地反映学生的伦理素养，数据法伦理考核应当采用理论和实践相结合的考核方式，并降低理论考核所占的比重，增加实践和情景考核的比重。在理论考核方面，实行与数据法律职业实践相衔接的考题形式，可采取开放式案例分析的考试模式，不设置标准答案，给予学生自主发挥的余地，着重启发学生独立思考。在实践考核方面，利用模拟法庭、法律诊所、法律情景剧和数据法实验室等数据法教学方式，让学生进入真实角色环境，引导学生对案件和问题中的各种伦理因素进行深入分析，教师通过观察学生的言行、反应与选择对学生进行打分，提高评价的科学性。

其次，要整合数据法教学的多方主体资源，改变以往由任课教师考核的单一模式，开展"第二课堂"考核。利用数据法教学的"双导师制度""产学研高度一体化"等优势，引入法学专家考核和数据专家考核方式，对学生的数据法律职业伦理知识、伦理情感、伦理意识等内容进行校内考核与社会点评。

最后，法律职业伦理的培养是一个持续性的过程，要重视数据伦理教学的全过程评价，避免结果主义的倾向。在日常教学中关注学生的学习动机、投入时间、方式方法，将学生在学习过程中展现出的分析、发现、解决数据法律职业伦理问题的能力作为评断对象。数据法律职业伦理学习的过程性评价应当保证评价的客观性、完整性、准确性，并在教学中不断反思，及时诊断问题，改进数据伦理的教学方法。

---

① 张钦坤，胡晓萌. 以科技向善引领新兴数字科技治理[J]. 民主与科学，2022(5):25-30.

五、结语

数据法学是数据科学与法学理论融合后产生的跨学科的新研究范式和新法治实践。数据法学将带来法学教育领域的新变革，对法学学科建设和课程设置提出了更高的要求。就目前而言，数据法教学仍处于初步的探索阶段，尚未形成规范化、特色化、科学化的教学理论体系。为推动面向中国式法治现代化"数智未来"的法学教育变革，培育跨学科复合型法治人才，提高数据法教学的培养质量与成果，数据法教学必须树立法律思维、科技思维和伦理思维，既要借助传统法学教育模式的优势以加强学生法律思维的培养，又要密切追踪新兴科学前沿问题以弥补法学教育在数据领域的不足，还要通过法律职业伦理教育提升学生法治信仰，将三重思维交叉应用于实践教学工作，以三重思维促进数据法教学的不断改进与发展。

习近平法治思想引领"行政法与行政诉讼法"课程教学研究

李 莉*

摘要 为了在习近平法治思想指导下进一步完善"行政法与行政诉讼法"课程教学,提升本课程思政建设内涵,笔者通过对相关教学内容的梳理归纳,在"坚持党的领导、依宪执政""正确处理发展与安全关系""推进依法行政、建设法治政府"等习近平法治思想指导下,分别对课程中"行政法历史发展""国家安全职能""社会职能""行政应急""行政司法"等方面提出教学完善建议,并结合实践中的相关热点问题进行简单分析。

关键词 习近平法治思想;行政法与行政诉讼法;课程教学

2020年11月中央全面依法治国工作会议正式提出"习近平法治思想",明确了习近平法治思想在全面依法治国、建设法治中国中的指导地位。2021年,《习近平法治思想概论》正式纳入法学专业课程体系设置。与此同时,其他法学专业课程在习近平法治思想指导下,进一步完善课程教学,提升课程思政建设内涵。由此,在习近平法治思想指导下,笔者尝试对"行政法与行政诉讼法"课程[1]的教学内容进行相应的梳理与完善,并结合实践中的相关热点问题进行简单剖析。

---

* 李莉,法学博士,福建警察学院副教授,研究方向:宪法学、行政法学、习近平法治思想。基金项目:2021年度福建省社会科学基金福建省公安理论研究专项课题"习近平法治思想引领公安法学教育的理论与实践研究"(FJ2021TWGA001)。

[1] 目前,本课程选取马克思主义理论研究和建设工程重点教材(简称"马工程"教材)系列之《行政法与行政诉讼法学》(第2版)开展教学活动。本教材共23章,按照体系逻辑与授课顺序大致分为"基础理论""行政法主体""行政行为""行为救济"4大部分。

一、在习近平法治思想关于"坚持党的领导、依宪治国、依宪执政"指导下,完善"行政法历史发展"教学内容

(一)追溯党在新民主主义革命时期建立的政权中行政权的发展历史

首先,在课程"基础理论"部分[①]关于"行政法的历史发展"方面,课程内容中提到,现代意义上以规范和控制行政权力从而保障人权为目标的行政法,是17世纪、18世纪资产阶级革命取得胜利后的产物,社会主义国家的行政法是在第二次世界大战之后兴起的,虽然与资本主义国家行政法存在质的差异,但在一定程度上也借鉴和吸收了资本主义国家行政法的有益因子。紧接着,课程分别从"大陆法系国家行政法历史发展""英美法系国家行政法历史发展""我国行政法的历史发展"三个部分分别介绍了行政法的历史。在此,有必要特别介绍党在新民主主义革命时期所建立的政权中关于行政权部分的内容。例如,早在1931年中华苏维埃共和国成立,中华苏维埃代表大会是最高权力机关,其闭会期间,中央执行委员会成为最高权力机关,如果中央执行委员会闭会期间,则选举主席团为最高权力机关,人民委员会则为中央执行委员会的行政机关。到了抗日战争时期,党设立陕甘宁边区政府,由边区政府委员会、边区政府主席和各厅部处办事机关组成,边区政权体制开始采取乡、区、县、边区四级制,同时边区政府还通过了《陕甘宁边区施政纲领》。解放战争后期,华北临时人民代表大会通过了《华北人民政府施政纲领》,对解放区的政治制度作了规定,明确要求建立各级人民代表大会,由各级人民代表大会选举各级人民政府等等。

(二)回顾党领导宪法法律制定修改和政府机构改革的历史发展

新中国成立之后,党领导人民制定宪法法律。新中国75年的历史,就是党团结带领全国各族人民进行革命、建设和改革并取得巨大成就的历史。从1949年到1978年,是社会主义革命和建设时期,其间经历了从共同纲领到新中国第一部宪法,以及宪法之下正式建立的行政权及行政机关,虽然期间经历了"文革",在国家动乱的情况下,我们的对外工作仍然打开了新的局面,我们的国家仍然保持统一并且在国际上发挥着重要的影响。从1978年到2012年,是改革开放和社会主义现代化建设新时期,伴随着现行宪法的4次修改(1988年、1993年、1999年、2004年),行政法领域的法律法规在制定、修改方面也有了很大的进展,最重要的成果就是行政诉讼法、国家赔偿法、行政处罚法、行政复议法、行政许可法等的制定颁布。与此同时,从1982年到2008年6次的政府机构改革,使我国行政权及其体制的发展日益健全完善。党的十八大以来,中国特色社会主义进入新时代,以习近平

[①] 主要对应教材中的绪论、第一章"行政法概述"、第二章"行政法的基本原则"部分。

同志为核心的党中央以巨大的政治勇气和强烈的责任担当，提出一系列新理念、新思想、新战略，出台一系列重大方针政策，推动党和国家事业发生历史性变革。其中就包括了 2018 年现行宪法的第 5 次修改，以及分别在 2013 年、2018 年进行的第 7 次和第 8 次政府机构改革。这期间，行政法领域也迎来了行政强制法、监察法等重要法律的出台，以及环保法与行政诉讼法等的大修等等。以上内容由于篇幅限制在教材中只做简单介绍，而且分散在不同章节中，但在具体讲解时，建议将与修宪有关的几次党代会（特别是党的十五大、十八大等）概况、历次党的修宪建议、现行宪法的 5 次修改内容、前述行政法领域重要的法律法规，以及 8 次重要的政府机构改革等这些内容以图表或者思维导图的形式在授课过程中展示。

以上内容的梳理归纳，目的是让学生对党领导制宪、修宪和制定相应行政法律法规，推动政府机构改革，实现党的意志上升成国家意志，在"全面依法治国"理念下"依宪治国""依宪执政"的情况有一个更加全面深刻的认识。[①]

早在 2020 年新冠疫情之前，国内有少数精英知识分子，包括部分青年学生，谈及政府执法，不仅对党的领导与国家机关之间的关系有误解，还总是拿环境污染、腐败、不作为等个别问题抨击政府，大谈英美发达国家政府的文明与民主等。然而，新冠疫情好比试金石，我国各级人民政府在党的领导下应对疫情的种种举措，都在充分证明党的领导的正确性，以及政府强大有效的行政执法能力，这段历史也可以经过提炼总结，适时融入"我国行政法历史发展"这一段课程内容的讲解中。

二、在习近平法治思想关于"正确处理发展与安全关系"指导下，完善"行政职能设置"教学内容

习近平法治思想坚持总体国家安全观，明确提出统筹发展和安全、办好发展和安全两件大事，健全国家安全法律法规，完善国家安全制度体系。[②] 具体落实到"行政法与行政诉讼法"课程"行政法主体"部分[③]，重点完善关于"行政职能设置"方面的教学内容。

---

① 习近平同志指出,党的领导和社会主义法治是一致的。党领导人民制定宪法法律,党领导人民实施宪法法律,党自身必须在宪法法律范围内活动,这就是党的领导力量的体现。党和法、党的领导和依法治国是高度统一的。把党的领导贯彻到依法治国全过程各方面,是我国社会主义法治建设的一条基本经验。只有在党的领导下依法治国、厉行法治,人民当家作主才能充分实现,国家和社会生活法制化才能有序推进。参见习近平法治思想概论编写组.习近平法治思想概论[M].北京:高等教育出版社,2021:90-91.
② 习近平法治思想概论编写组.习近平法治思想概论[M].北京:高等教育出版社,2021:277.
③ 主要对应教材中第三章"行政组织法"、第四章"公务员法"部分。

（一）"总体国家安全观"——聚焦"行政职能设置"中"国家安全职能"

国家安全是指国家政权、主权统一和领土完整，人民福祉、经济社会持续健康发展和其他重大利益相对处于没有危险或不受内外威胁的状态，以及保持这种可持续安全状态的能力。中国共产党第十八届三中全会明确提出了"总体国家安全观"，并决定成立国家安全委员会，完善国家安全体制和国家安全战略，确保国家安全。① 国家安全职能的履行涉及国家核心利益，需要统筹国内国际两个大局。因此，国家安全职能的设定、配置以及职能履行的方式都有可能超越传统模式，对非传统的安全问题要积极回应、科学决策、快速执行、系统监控。

在讲解这一部分内容的时候，既要让学生树立"总体国家安全观"的大局意识和见解的战略高度，更要适时结合相关的国际和社会热点安全事件进行剖析，例如，2020年6月喀喇昆仑外军越线挑衅事件、2018年12月至2021年9月25日的华为孟晚舟事件，乃至2021年国庆热门电影《长津湖》对抗美援朝战争的回忆等等，都是关乎"国家安全"的极好授课事例，容易引起当代大学生的共鸣。

目前，我国正处于改革转型的深水区和攻坚时期，社会矛盾冲突时有发生。② 有时，看似一个小小的社会事件，实则错综复杂，其背后有可能牵扯出涉及国家安全稳定的影响势力与因素。例如2021年5月成都四十九中一学生坠亡事件，该事件从发生到最后官方通报的过程中，一度谣言四起，网民的愤怒情绪高涨，以至于人民日报如此点评该事件："一场本该以事实为依据、以法律为准绳的案件调查，却被大量网络谣言和各种未经证实的匿名信息，裹挟了网络舆论。这让人不得不反思，为何事件会发展到这一步？为了获取关注度不惜剑走偏锋，罔顾事实真相造谣生事……"③

（二）"治理体系与治理能力④现代化"——"行政职能设置"中"社会职能"考察

在推进全面依法治国的今天，习近平法治思想科学分析了治理体系和治理能力

---

① 2014年4月，习近平总书记在中央国家安全委员会第一次会议上指出，"要构建集政治安全、国土安全、军事安全、经济安全、文化安全、社会安全、科技安全、信息安全、生态安全、资源安全、核安全等于一体的国家安全体系"。

② 周丽.共治逻辑下政府与社会组织关系研究[D].南京：南京大学，2019.

③ 追问真相，不能让情绪代替理性[EB/OL].(2021-05-13)[2022-11-10]. https://view.inews.qq.com/a/20210513A01VLB00.

④ 国家治理体系和治理能力是一个国家制度和制度执行能力的集中体现。国家治理体系是在党领导下管理国家的制度体系，包括经济、政治、文化、社会、生态文明和党的建设等各领域体制机制、法律法规安排，也就是一整套紧密相连、互相协调的国家制度；国家治理能力则是运用国家制度管理社会各方面事务的能力，包括改革发展稳定、内政外交国防、治党治国治军等各个方面。

的现代化课题，其中就包括法治和国家治理、法治体系和国家治理体系之间的关系，论证了法治在保障国家治理方面的重要作用。可以说，法治是制度之治最基本最稳定最可靠的保障。对应到课程"行政职能设置"中的"社会职能"，就是指政府通过法律等手段对社会利益进行调节，提供公共服务，并对社会进行管理，以促进社会和谐稳定。

近两个世纪以来，随着经济发展和物质财富的增长，各国都在大幅度地扩展社会职能。社会保障、人口发展、城乡规划、卫生、就业等都属于社会职能的范畴，强调社会安全、公平和平稳发展。社会职能除了通常所说的社会管理和公共服务外，还包含社会自治的培育与发展以及社会冲突的预防和化解。习近平指出，"和谐社会应该是法治社会"①，"要加快实现社会治理法治化，依法防范风险、化解矛盾、维护权益，营造公平、透明、可预期的法治环境"②。政府"社会职能"的定位与设置，需要放到大的宏观治理体系中去考察，政府社会职能的落实效果也是现代化治理能力的重要评价指标。

党的十九届四中全会《决定》提出的完善"党委领导、政府负责、民主协商、社会协同、公众参与、法治保障、科技支撑的社会治理体系"。这就要求政府要在党委领导下，依法履行发挥"社会职能"，积极统筹多层次的广泛民主协商，充分调动群众自治组织、社会团体、行业协会等的作用，鼓励引导社会各方力量参与到社会治理中，同时，善于利用现代科技方法和手段，运用大数据的信息优势，为提升社会治理整体效能提供有力支撑。

"消未起之患、治未病之疾，医之于无事之前"。习近平指出："法治建设既要抓末端、治已病，更要抓前端、治未病。"③党的十八以来，习近平总结了新中国成立以来社会治理的经验教训，同时结合新时代社会治理的新形势新任务，提出"系统治理、依法治理、综合治理、源头治理"的社会治理模式，并使其不断深化和扩展。其中，需要特别发挥基层政权组织，尤其是基层政府的行政主导作用，并与社会调解、居民自治实现良性互动。基层是社会和谐稳定的基础，要坚持和发展新时代"枫桥经验"，畅通和规范群众诉求表达、利益协调、权益保障通道，加强矛盾排查和风险研判，要运用并完善调解、信访、仲裁、行政裁决、行政复议、诉讼等多元预防调处化解综合机制。同时，通过把干部下访和群众上访结合起来，把群众矛盾纠纷调处化解工作规范起来，推动更多法治力量向引导和疏导段用力，将矛盾化解在基层，将和谐稳定创建在基层。最后，不断总结新鲜经验，坚持法治、德

---

① 习近平.论坚持全面依法治国[M].北京:中央文献出版社,2020:103.
② 习近平.论坚持全面依法治国[M].北京:中央文献出版社,2020:234.
③ 习近平.坚定不移走中国特色社会主义道路 为全面建设社会主义现代化国家提供有力法治保障[J].求是,2021(5):13.

治、自治相结合,加快形成共建、共治、共享的现代基层社会治理新格局。

三、在习近平法治思想关于"推进依法行政、建设法治政府"指导下,完善"行政行为"教学内容

全面依法治国、建设法治中国是一个系统工程,习近平法治思想以系统观念和系统方法擘画了全面依法治国的工作布局,坚持依法治国、依法执政、依法行政共同推进,坚持法治国家、法治政府、法治社会一体建设。其中,法治政府建设是重点任务和主体工程。各级政府必须坚持依法行政,恪守法定职责,坚持法无授权不可为,把政府活动全面纳入法治轨道。具体落实到"行政法与行政诉讼法"课程"行政行为"部分[①],重点关注以下几个方面内容的设置与讲解。

（一）"负担"的合法与合理——负担行政行为的落脚点

在"负担行政行为"部分,主要包含"行政处罚""行政征收与征用""行政强制"这三个方面的内容,由于这几类行为涉及对相对人义务和责任的要求,所以要重点把握以上制度设立的必要性、可操作性、人性化等问题的讲解,让学生充分了解政府在要求公民履行义务的时候,是如何兼顾合法性与合理性基本原则、自由与秩序之间的平衡等的。例如,在过去三年的新冠疫情处置中,执法机关会运用到"行政处罚""行政强制"等制裁措施;伴随着旧城区改造以及城市开发建设进程等,涉及征收与征用手段的运用等等。通过以上这些行为的介绍,阐述政府等执法机关是如何在打击违法行为,或者在履行管理职能的同时保护国家社会以及人民的生命财产安全等利益的。

（二）公正,抑或效率——"行政司法"设置的考量

在"行政司法"部分,主要包含"行政裁决""行政仲裁""行政调解"这三个方面的内容。一般说来,行政司法制度是和行政领域的公正、效率相联系的,它为公民、法人和其他组织提供一系列保障其权利和利益的程序,防止其权益受到行政恣意、滥权的侵犯,也为行政机关及其工作人员行使职权提供了一种程序监督和制约机制,有利于避免行政违法、越权和滥用权力的发生。它既有利于提高效率,节约当事人的时间和金钱,也有利于及时、快速解决争议,保障和促进社会稳定。因此教师在讲解过程中,要善于抓住行政司法这种"准司法行为"的设立初衷与优点,它与普通司法的区别,特别是包含裁决、仲裁、调解等多种纠纷处理手段,本就在于平衡效率与公平,并非要取代法院检察院的司法功能。此外,从另一个角度

[①] 主要对应教材中第五章"行政行为概述"、第六章"行政立法"、第七章"受益行政行为"、第八章"负担行政行为"、第九章"行政机关的其他行为"、第十章"行政司法"、第十一章"行政应急"、第十二章"行政程序"部分。

看，及时有效处理纠纷也是公正的内在之义，何况在行政司法程序之后，往往还保留了可以诉诸诉讼和法律监督的空间与渠道，防止学生产生行政司法越俎代庖，干扰司法公正，甚至专制独断的错误理解。

（三）挑战在升级——"行政应急"新视域

"行政应急"[①]这一章节内容是现代行政法研究的新领域，以往的行政法教材并没有设置专门章节加以介绍。在讲解这部分内容的时候，应重点把握行政应急机制建立的必要性、正当性基础、合法性依据、监督救济与完善的途径等，防止学生产生行政机关无法可依、违规执法等错误认识。特别是国务院应急管理部的成立及相关职能权限，应急法律规范和应急机构人员的专门化、专业化问题，危机预警与化解机制、民间力量参与的规范化问题等，都可以结合近年来的社会热点事件进行分析。例如，近年来我国政府对乱港事件的处置；2020年以来从中央政府到地方多省地政府对疫情的有效应对；还有诸如2021年"7.20"郑州特大暴雨事件，郑州启动防汛三级应急响应，河南省启动省级自然灾害救助一级响应；2021年国庆期间山西各地遭遇暴雨袭击，多地接连发生崩塌、滑坡等地质灾害，城市引发内涝等，山西省紧急启动省级地质灾害三级应急响应；2022年"8.19"重庆江津区森林火灾，政府及时统筹调度，社会多方力量共同努力，经过两天多时间山火全面扑灭，无人员伤亡。以上种种事件都在很大程度上考验政府应对突发事件的处置能力。

此外，随着我国综合实力的日益强大，我国政府在内政外交方面展示出来的政治智慧，特别是行政权的行使，在应对突发重大公共事件方面表现出来的合法合理，既依法行使了诸多紧急处置权，又妥善地做好各方面的安抚、安置工作，充分体现了国家权力"法"与"情"的结合。例如在2021年3月国外对"新疆棉花"抵制事件中，政府及时有效地对外强势回应，对内理性引导广大人民群众对相关品牌产品正确应对，也都充分展示了我国的大国风范与睿智的内政外交方式。

将以上这些生动鲜活的堪称"教科书级别"的行政权行使事例在课堂上加以展示、讨论、分析、总结，相信可以使学生一方面树立正确坚定的政治立场，以及"依法行政、执法为民"的价值理念，另一方面也为学生将来参加工作，特别是进入国家机关，参与国家事务管理和社会治理等提供行政法理论的知识与技能储备。

---

① 随着现代社会国内外形势日益纷繁复杂,对国家与政府的治理能力提出了更高的要求,而"行政应急"就是指行政机关组织相关力量对可能发生或已经发生的公共危机事件进行预测、监督、控制和协调处理,以期有效地预防、处理和消除危机,减少损失的有关举措。从行政法学的角度看,可将行政应急行为定义为针对战争、内乱、各种恐怖活动、严重的自然灾害或经济危机等紧急情况,由行政机关依据宪法及有关法律予以应急处置的行政行为。

四、在习近平法治思想关于"坚持推进严格执法、公正司法"的指导下，完善"行政救济"教学内容

习近平法治思想中关于建立健全行政纠纷解决体系方面，要求推动建构行政调解、行政裁决、行政复议、行政诉讼有机衔接的纠纷解决机制。① 具体落实到"行政法与行政诉讼法"课程"行为救济"部分②，重点关注以下几个方面内容的设置与讲解。

（一）关于"行政复议范围"

在"行政复议"部分，重点关注行政复议的范围，具体包括"可申请复议的范围""请求审查行政规范性文件""不能申请复议的范围"等内容。一般来说，行政复议是行政复议机关对公民、法人或者其他组织认为侵犯其合法权益的具体行政行为，基于申请而予以受理、审理并作出决定的制度，它是基于层级监督的行政救济制度，对保护公民、法人和其他组织的合法权益，保障和监督行政机关依法行使职权具有重要作用。但是，一方面由于行政机关并非立法机关，也非司法机关，其主要职责在于执行立法机关通过的法律规范，重点在执法而非司法。另一方面，行政机关自身办案资源的有限性，导致在受理复议的范围上必然有所限制。因此在讲解过程中，重点让学生了解设置行政复议的初衷仍然在于保护相对人的合法权益，但基于各种原因，行政复议的范围又要有所限制，既与立法机关和司法机关分工合作，又在效率上尽可能及时地化解行政纠纷。此处的讲解与前面关于"行政司法"内容的讲解所要关注的重点一样，既要防止学生认为行政复议越俎代庖，干扰司法公正，又要防止学生产生行政复议受案范围过窄，书面审查流于形式，无法有效保障相对人合法权益的误解。

（二）关于"行政诉讼"中"受案范围""管辖""参加人"部分

在"行政诉讼"部分，重点关注"行政诉讼受案范围""行政诉讼管辖""行政诉讼参加人"三个方面的内容。行政诉讼受案范围在2014年行政诉讼法修订，以及之后2018年司法解释出台之后有了很大的扩展。另外，划分各类受理事项更加科学，可受理案件的边界更加清晰，较大程度上避免了有的事项找不到可受理依据，而有的事项却在多条规定里都有规定，在适用上无所适从、模棱两可的尴尬。在行政诉讼管辖方面，重点关注"特殊地域管辖"中"经过复议的案件""跨区域

---

① 习近平法治思想概论编写组. 习近平法治思想概论[M]. 北京: 高等教育出版社, 2021:183.
② 主要对应教材中第十三章"监督行政"、第十四章"行政复议"、第十五章"国家赔偿与补偿"、第十六章"行政诉讼"、第十七章"行政诉讼受案范围与管辖"、第十八章"行政诉讼参加人"、第十九章"行政诉讼证据"、第二十章"行政诉讼程序"、第二十一章"行政诉讼法律适用"、第二十二章"行政诉讼裁判与执行"、第二十三章"涉外行政诉讼"部分。

管辖案件""限制人身自由强制措施案件"等情形。修订之后的行政诉讼法针对上述问题的规定，在很大程度上避免了复议机关不作为，以及有效解决行政诉讼中的不当干预和行政案件立案推诿、过度协调、久拖不决等问题，有利于更好地保护行政相对人的合法权益，监督行政机关依法行使职权。在"行政诉讼参加人"方面，尤其关注"原告资格"问题，长期以来，在原告资格认定与转移上，虽然法律规定以"是否与案件存在利害关系"作为认定原告的主要标准，但在"利害关系"的判定上，由于具体案情的复杂，往往对于利害关系中的"利益""牵连"等把握有难度。

行政诉讼历来被形象地称为"民告官"，从中也反映了很长一段时期老百姓对于行政机关乃至整个国家机关的朴素情怀，政府在他们眼中既是"父母官"的角色，可以"为民做主"，同时，也管理着社会与老百姓。但时至今日，现代行政法更注重的是在全面依法治国之下的全面依法行政、依法执法，为行政相对人提供高效便捷的服务，在整个社会治理中发挥着重要的作用。所以，当行政相对人与行政机关因行政行为而引发纠纷的时候，行政诉讼制度的设计是致力于保证司法机关居中公正公开裁判，防止作为"被告"的行政机关不当干预或者不配合审判工作。同时，行政诉讼制度中有关"受案范围""管辖""参加人"等规定，也不仅仅事关司法机关的审判工作，也是作为"被告"的行政机关自身，乃至国家如何取信于民，真正体现为民做主都是要考量的问题。所以在讲解上述课程内容的时候，就要注重向学生阐明相应的制度设计里面包含的有利于老百姓实现利益诉求的安排与考量。其实，很多法律法规等规范上的一个小小改动，背后反映的都是中国法治艰难的探索之路，尤其是在行政诉讼领域，向学生讲解行政诉讼制度的发展历程和介绍具体制度内容同等重要，这会让学生深刻感受到，我国行政诉讼制度从创立以来走过的每一步，党和政府践行依法执政、依法行政、以人民为中心的决心与担当。

五、结语

综上所述，在习近平法治思想的指导下，笔者对"行政法与行政诉讼法"教学内容进行了梳理与完善，并且联系国内外相关时事热点问题与事件进行剖析。与此同时，本课程目前也正在"新文科"理念指导下，结合"课程思政"建设进行进一步的优化，下一步将争取获得实务部门对"行政法与行政诉讼法"课程的教学素材支持，实现教学单位与实务部门的数据共享，丰富关于政府治理、行政权运用等的案例教学，实现政治性与知识性在该门课程教学中的有效、及时的结合，同时通过该门课程的学习，实现提升学生的政治认同、家国情怀、法治意识、道德修养的目标。

刑事诉讼法条解构式案例研习法研究
——以余金平交通肇事案为例

林艺芳[*]

摘要 刑事诉讼法条解构式案例研习法是在借鉴德国的鉴定式案例分析方法的基础上形成的案例教学方法。以余金平交通肇事案为例,该教学方法可以区分为选择问题、界定问题、涵摄问题和回答问题四个逻辑思维步骤,即选定案例涉及的核心问题,以现行立法规定为依据对问题进行解析,将立法规定与案例事实进行比较考量,从而得出问题的最终答案。在运用该教学方法时,应注重教师作用的发挥和案例研习报告的写作,应鼓励学生进行延伸性思考,并与其他实践教学方法进行有机结合。

关键词 鉴定式案例分析方法;案例教学;法条解构;刑事诉讼;余金平交通肇事案

近年来,在我国法学高等教育领域,不少学者推崇德国式的"鉴定式案例分析方法"。作为一种典型的案例教学方法,其在德国法学基础教育中处于"中流砥柱"的地位。它首先要求列出一个请求权基础,从该请求权基础中得出与本案判决相关的法律效果,然后对该法律效果所依赖的事实构成要件进行分析。[①] 这种教学方法在刑法、民法等实体法领域可以得到有效应用,但在诉讼法领域,尤其是刑事诉讼法领域,似乎缺乏适用空间。究其缘由,适用刑事诉讼法及相关规定解读案例,并不存在特定的请求权基础。换言之,寻找案例中特定的请求权基础,并非解决一个刑事诉讼案例所必备的前提条件。不过,鉴定式案例分析方法中所蕴含的"三段论"研究思路、法律规范使用规则、法律规定与学术争议的融会贯通等,值得刑事诉讼法案例教学予以借鉴。随着经典刑事诉讼案例的不断涌现,教师在刑事诉讼法

---

[*] 林艺芳,福建师范大学法学院副教授,硕士生导师,研究方向:刑事诉讼法。
[①] 德特勒夫·雷讷.鉴定式案例分析法的基础与技术[J].法律适用,2021(6):136-143.

教学过程中适用案例并不少见,但是目前并未形成一套如鉴定式案例分析方法这般逻辑严谨、切实可行的教学方法论。有鉴于此,笔者以余金平交通肇事案为例,在借鉴德国的鉴定式案例分析方法的基础上,试图以我国立法司法现状为背景,以法律规定和案件事实的互动为核心,以规范分析和理论辨析为主线,构建所谓的"刑事诉讼法条解构式案例研习法",以期对刑事诉讼案例教学有所助益。

一、余金平交通肇事案案情介绍

余金平交通肇事案是我国近年来刑事诉讼领域争议最多的案例之一。案件发生于2019年6月5日。当日晚,余金平和朋友聚餐时喝了4两白酒,就自行驾车回家。当行至北京市门头沟区河堤路1公里处时,余金平所驾的车辆在行车道内持续向右偏离并进入人行道,并撞击到了在人行道上行走的宋某,导致宋某当场死亡。余金平并未停车查看,而是在校正行车方向之后直接将车开离现场。余金平将车开回自家地下车库,步行前往现场查看,随后躲进了一间足疗店,并在第二天5点左右前往公安交警支队投案自首。2019年8月2日,北京市门头沟区人民检察院以余金平犯有交通肇事罪为由,向北京市门头沟区人民法院提起公诉。检察院认为余金平具有自首情节,自愿认罪认罚,赔偿被害人家属并获得谅解,提出有期徒刑3年、缓刑4年的量刑建议。北京市门头沟区人民法院于2019年9月11日作出一审裁判,判决被告人余金平犯交通肇事罪,处以有期徒刑2年,并未完全采纳检察院的量刑建议。被告人余金平不服提出上诉,请求撤销一审量刑,改判缓刑。北京市门头沟区人民检察院也以量刑错误为由向北京市第一中级人民法院提出抗诉。北京市第一中级人民法院于2019年12月30日作出判决,以交通肇事罪判处余金平有期徒刑3年6个月,仍未完全采纳余金平和检察机关的上诉抗诉理由和量刑建议。

该案的案情并不复杂,但是其中涉及不少值得讨论的刑事诉讼法律适用和理论争议难题,其非常适宜作为刑事诉讼法条解构式案例研习法的案例素材。

二、刑事诉讼法条解构式案例研习的基本逻辑步骤

德国的鉴定式案例分析方法遵循"设问—定义—涵摄—结论"的思维过程。其中设问旨在提出案例中所涉及的核心问题,列出可能适用的法规范;定义在于对设问中的概念进行界定,拆分其构成要件;涵摄是指将案例事实与立法规定进行对照,判断是否符合构成要件;结论则是对设问的回答,得出最终的判断。[①] 这是一

---

① 参见夏昊晗.鉴定式案例研习:德国法学教育皇冠上的明珠[J].人民法治,2018(18):33-35. 罗钢,陈正湘.刑法鉴定式案例教学改革刍论[J].教育观察,2020(25):110-113.

种典型的"三段论"式法律分析逻辑。①借鉴这一逻辑,刑事诉讼法条解构式案例研习法可区分为如下步骤,即"选择问题、界定问题、涵摄问题及回答问题"。需注意的是,这些步骤的展开除了以案例事实内容为依据以外,应紧密围绕当前立法,注重对法条的理解与适用,使分析过程面向法律实务,具有现实可行的基础。这也是本案例教学法被称为"法条解构式"的缘由所在。

(一)选择问题

刑事诉讼法条解构式案例研习法的起点是从特定案例中选择可供分析的问题。这与德国的鉴定式案例分析方法有所区别,后者首先需要列出一个请求权基础。相比之下,刑事诉讼程序并非围绕请求权为核心展开的,也不存在所谓的请求权基础。但是,刑事诉讼程序的各个环节皆涉及一些核心问题,是需要通过对法条的解析与理论的论证予以考察的。核心问题的选择,应符合以下要求:一是应当与案例事实存在紧密的联系,即可以在后续步骤中,通过案件事实的涵摄,得出相应的结论。二是应当有相应的刑事诉讼法律规定基础。如果该问题尚处于立法规定的空白地带,即既未被规定于刑事诉讼法中,亦未被纳入刑事诉讼配套司法解释及程序性规定等文件的规制范畴,那么就无法在后续步骤中罗列出相关规定,并结合案情作出合法的结论。对于不存在立法基础的问题,学生可以做的并非法条解构,而是制度建设,这也偏离了本研习方法的初衷。应该注意的是,此处的"立法基础"强调的是刑事诉讼立法规定,如果某一问题被规定于刑法或者其他部门法中,且不以刑事诉讼相关规定为依据,那么也不符合本处要求。三是应当属于刑事诉讼法学研究的"显性问题"。即该问题具有一定的刑事诉讼理论基础并具有一定的可挖掘性。一些在刑事诉讼领域没有争议的问题,或者对案件诉讼程序基本运行或者最终裁判结果影响不大的问题,无须纳入其中。

案例核心问题的数量无须进行特别限定。但是,仍需注意多个核心问题之间是否存在的"一般与特别"关系或者交叉关系。例如,"尊重与保障人权"与"犯罪嫌疑人、被告人的辩护权保障",即属于典型的"一般与特别"的关系。此时,应贯彻"特别优于一般"的原则,要求学生的分析报告尽可能体现具体问题,而不是泛泛而谈。再如,"犯罪嫌疑人、被告人律师辩护制度"与"犯罪嫌疑人、被告人法律援助制度",二者明显存在交叉地带,即犯罪嫌疑人、被告人法律援助辩护制度。此时,交叉部分往往才是核心问题的准确界定,学生将核心问题细化至交叉部分,以实现核心问题选择的精准化。

---

① 根据德国法学家伯恩·魏德士的论述,三段论式的法律适用过程可以分为四个步骤:一是认定事实,二是寻找相关的法律规范,三是以整个法律秩序为准进行涵摄,四是宣布法律后果。参见伯恩·魏德士. 法理学[M]. 丁小春,吴越,译. 北京:法律出版社,2003:296-297.

就余金平交通肇事案而言，实务界、理论界主要围绕如下三大难题展开热议：第一，余金平是否具有自首情节。即余金平在事故发生后驾车逃逸，直至隔天才到公安机关投案，且在法庭上坚称自己离开现场时不知道撞了人，这种情况能否被认定为自首情节。第二，认罪认罚案件中检察机关量刑建议与法院裁判的关系如何。即在余金平与检察机关达成认罪认罚协议的前提下，无论是一审还是二审法院，皆未完全采纳检察机关的量刑建议，这种做法是否违反法院裁判采纳检察院量刑建议的相关规定。第三，二审判决是否违反上诉不加刑原则。即在该案中，二审法院不仅仍未采纳检察机关的量刑建议，而且在一审判决的基础上继续加重被告人的刑罚，这种做法是否符合上诉不加刑的相关规定。这三个问题都与案例事实存在紧密的联系。只不过其中的第一个问题，即余金平是否具备自首情节，是刑法所规定的内容，与刑事诉讼程序的运行关联性不大，因此不能通过刑事诉讼法条解构式案例研习法予以分析。而第二和第三个问题皆属于典型的刑事诉讼难题，具有一定的理论基础以及可供讨论的空间。且这两个问题相互之间不存在"一般与特别"或者交叉的关系，也难以再精确至更具体的知识点，因此可以作为"核心问题"进行刑事诉讼法条解构式案例研习。

在德国的鉴定式案例分析方法中，学生应当自行从案例中寻找请求权基础，作为设问的前提。请求权基础的可靠与否，是决定最终分析报告的成败关键。同时寻找合理的请求权基础，也是考察学生法律问题挖掘能力的重要依据。与之相比，在本文所分析的刑事诉讼法条解构式案例分析方法中，核心问题视具体情况，可由学生自行从案例中挖掘，亦可是教师为了特定教学目的而予以事先确定。前者旨在考查学生发现问题的能力，学生能否确定案例中涉及的一个或者多个核心争点，可以作为判断其逻辑分析能力和基础知识扎实程度的重要因素。因此，这种方式更适用于已经完成刑事诉讼法基础知识学习或者其中特定知识点学习的学生。而后者，即由教师提前确定案例涉及的核心问题，则有助于引导学生认识刑事诉讼法特定知识点或者加深对特定知识点的理解，因而更适用于学生学习刑事诉讼法基础知识的初期。

再以余金平交通肇事案为例，该案亦可以通过两种方式融入刑事诉讼案例教学中。其一，当学生学至认罪认罚从宽制度或者上诉不加刑原则时，教师将该案例抛出，要求学生结合案件事实，分析相应知识点中涉及的疑难法律问题。其二，在学生已经完成刑事诉讼法整门课程学习的基础上，教师再介绍这一案例，要求学生从案例中提出可供讨论的核心问题。教师从中评判学生能否准确抓住案例中涉及的认罪认罚相关问题以及上诉不加刑问题，作为学生学习情况的考核标准之一。

（二）界定问题

在德国的鉴定式案例分析方法中，一旦确定了请求权基础，那么下一步就应当对其内涵予以明确，尤其是要对其构成要件进行解析。借鉴这一思路，在刑事诉讼法条解构式案例研习法中，界定问题意味着，对选定的问题应按照刑事诉讼立法规定的基本要求和刑事诉讼程序运行的基本逻辑予以全面分析，探讨该制度或者程序的构成要素、前提条件、适用范围、适用情形、相应后果以及救济手段等。同时应注意的是：

首先，解析问题时应严格遵循最新的刑事诉讼立法规定。鼓励学生以《刑事诉讼法》为基本依据，兼顾《刑法》《监察法》《法律援助法》《人民检察院组织法》《人民法院组织法》等其他刑事诉讼法律渊源，并结合由公安司法机关或者其他部门出台的相关司法解释或者程序性规定，其中尤以《最高人民法院关于适用〈中华人民共和国刑事诉讼法〉的解释》（下文简称《高法解释》）《人民检察院刑事诉讼规则》《公安机关办理刑事案件程序规定》三个文件为重。同时应该注意的是，上述不少文件历经多次修改，除非存在溯及既往的特殊情况，学生应引用最新的法条，避免使用已被删改的规定。

以余金平交通肇事案为例，首先，调节认罪认罚案件检察机关量刑建议与法院裁判之间关系的法律规定主要体现在《刑事诉讼法》第201条和2019年五部委共同颁布的《关于适用认罪认罚从宽制度的指导意见》（下文简称《认罪认罚指导意见》）第40条。前者为2018年《刑事诉讼法》修订时新增，后者是为贯彻落实2018年修改后的《刑事诉讼法》、保障认罪认罚从宽制度正确有效实施而出台的解释性规定，二者皆不存在相应的旧法条。其次，规定上诉不加刑的法条主要包括《刑事诉讼法》第237条和《高法解释》第401条至第403条。前者第1款在2012年《刑事诉讼法》修订过程中曾增加"第二审人民法院发回原审人民法院重新审判的案件，除有新的犯罪事实，人民检察院补充起诉的以外，原审人民法院也不得加重被告人的刑罚"这一规定，并延续至最新的2018年《刑事诉讼法》中。后者在《高法解释》2012年和2021年两次修订中也分别有所改动。尤其是2012年《高法解释》第325条第1款规定的"不得加重被告人的刑罚"被2021年《高法解释》第401条第1款修改为"不得对被告人的刑罚作出实质不利的改判"，扩张了上诉不加刑原则中所谓"不加刑"的范畴。对此，学生应注意适用最新规定，考察新规定与案件事实之间是否存在关联性。

其次，解析问题时应准确理解刑事诉讼制度的内涵。"法有限而事无穷"，立法者无法完全预见未来可能发生的情况，甚至难以穷尽立法当下的所有情况。且法律语言具有多义性、模糊性与变动性，[1]法条规定中不可避免地存在意思表达不清晰、不确定之处。因此，单纯根据现行刑事诉讼立法规定解析问题，可能面临"有法难依"的情况。对此，学生应以法教义学的方法去探求刑事诉讼法条背后的含义，即以体系化视角对现行规定作出适宜刑事司法实践的解释。这种方法要求学生不仅对法条进行字面含义的描述，还应当合理适用目的解释、体系解释、文义解释等常规解释方法，并在特定情况下伴随一定的价值判断。而所谓的价值判断，除了法律效果之外，还应包含一定的社会效果、政治效果。[2]在刑事诉讼领域，主要体现为刑事司法的程序正当需求、公检法各部门具体工作的效率需求、裁判结果的相对公正需求和社会可接受需求等。学生们可以通过参照国家刑事政策性文件、法院检察院刑事诉讼指导案例等非正式法律渊源的方式，辅之以权威刑事诉讼学术研究成果，综合进行解读。

例如，在余金平案件中，在理解前述调节认罪认罚案件检察机关量刑建议与法院裁判之间关系的《刑事诉讼法》第201条时，学生首先应当对法条本身进行观察。该法条第1款规定"对于认罪认罚案件，人民法院依法作出判决时，一般应当采纳人民检察院指控的罪名和量刑建议"，这里的"一般应当"措辞相对模糊，究竟意味着法院应当一律采纳检察机关的量刑建议，还是意味着法院拥有绝对独立的裁判权，可以不采纳检察机关的量刑建议，单从法条字面上看很难得出答案。对此，学生应继续结合该法条的其他内容予以理解。该条第1款详细列举了不能采纳量刑建议的几种例外情形[3]，这说明，除非出现例外情况，原则上人民法院应当采纳检察机关的量刑建议。但是该条第2款紧接着规定检察机关量刑建议明显不当时，人民法院的相应处理手段[4]，这意味着人民法院对量刑建议仍保有一定的审查权，被告人被判以何种刑罚的最终权力仍掌握在法院手中。再参考认罪认罚指导意见第40条的规定："对于事实清楚，证据确实、充分，指控的罪名准确，量刑建议适当的，人民法院应当采纳。"这也进一步说明，人民法院对于量刑建议权有独立的审查判断权力，如果认为不当，是无须采纳的。

对于这一问题的理解，还可以结合主流学术论述以及有关指导案例进行分析。一般而言在学界，检察机关的量刑建议权被认为是公诉权的下位权能，属于提起

---

[1] 付子堂,胡夏枫.立法与改革:以法律修改为重心的考察[J].法学研究,2014(6):47-62.
[2] 凌斌.什么是法教义学:一个法哲学的追问[J].中外法学,2015(1):224-244.
[3] 即《刑事诉讼法》第201条第1款规定的："……（一）被告人的行为不构成犯罪或者不应当追究刑事责任的;（二）被告人违背意愿认罪认罚的;（三）被告人否认指控的犯罪事实的;（四）起诉指控的罪名与审查认定的罪名不一致的;（五）其他可能影响公正审判的情形。"
[4] 即《刑事诉讼法》第201条第2款规定的："人民法院经审理认为量刑建议明显不当，或者被告人、辩护人对量刑建议提出异议的，人民检察院可以调整量刑建议。人民检察院不调整量刑建议或者调整量刑建议后仍然明显不当的，人民法院应当依法作出判决。"

公诉权中的量刑请求权,因此其不应直接造成实体后果,属于"取效行为"。与之相比,法院是决定犯罪成立的唯一机关,法院的量刑权是法院审判权的固有内涵,是能够直接产生实体效果的"予效行为"。检察机关的量刑建议是无法对法院的量刑权直接产生拘束力的。[①] 这一观点也体现在最高人民法院的有关指导案例中。在《刑事审判参考》第130辑刊发的第1449号案例,即"孙慧中以危险方法危害公共安全案"中,裁判理由认为,即便在认罪认罚案件中,检察机关量刑建议权的属性并未改变,仍属于求刑权的范畴,不是检察机关代为行使法院裁判权。人民法院对认罪认罚案件中的量刑建议仍要从事实基础、证据能力、认罪认罚自愿性以及法律的正确适用等方面进行实质审查,有权修改其认为不当的内容。[②] 从这个角度看,余金平交通肇事案虽然属于认罪认罚案件,但人民法院也并非一定要采纳检察机关提出的量刑建议,一审二审法院未完全遵循量刑建议作出裁决,并不违背立法精神。

（三）涵摄问题

在德国的鉴定式案例分析方法中,涵摄是将案件事实与法律规定之间做比较的过程,即将法律规定分解为各个构成要件,并逐一与案件事实进行对应,以得出结论。这是一种双向交流的过程。[③] 与之相比,刑事诉讼法条解构式案例研习法则相对复杂一些。刑事诉讼程序并不围绕所谓的请求权基础展开,也难以将特定机制、制度、程序环节的相关规定划分为规整的构成要件,因此在进行案例研习时无法完全遵循上述做法。不过,以法律规定涵摄案件事实,仍是刑事诉讼法条解构式案例研习法的重要一步,只不过此时需要根据具体问题进行具体分析,适用特定的涵摄手段。

例如,余金平交通肇事案的一个核心问题是上诉不加刑原则的适用。该原则被规定在《刑事诉讼法》第237条:"第二审人民法院审理被告人或者他的法定代理人、近亲属上诉的案件,不得加重被告人的刑罚。……人民检察院提出抗诉或者自诉人提出上诉的,不受前款规定的限制。"据此,只有被告人一方提起上诉的案件,二审法院不得加重被告人的刑罚。该规定的目的在于解除被告人上诉被加刑的顾虑,保障被告人的上诉权利。该原则的适用必须满足如下条件:一是只有被告人一方提起上诉,包括只有被告人自己或者其法定代理人、近亲属提起上诉的情况。二是人民检察院未提出抗诉或者自诉人未提出上诉。我国立法在上诉问题上未规定

---

① 陈卫东.认罪认罚量刑建议研究[J].法学研究,2020(5).
② 最高人民法院刑事审判第一、第二、第三、第四、第五庭编.刑事审判参考(总第130辑)[M].北京:人民法院出版社:14-15.
③ 陈文,王中昊.鉴定式案例分析教学法刍议[J].中国多媒体与网络教学学报,2020(4):131-132.

"禁止不利益变更"原则,这意味着即便检察官为被告人利益提起抗诉,仍允许二审法院作出不利于被告人的判决变更。结合余金平交通肇事案的具体事实,一审程序结束之后,被告人余金平不服判决提出上诉。与此同时,北京市门头沟区检察院也以量刑错误为由向北京市第一中级人民法院提出抗诉。亦即,在此案中,被告人与检察机关双双提出了上诉或者抗诉,尤其是检察机关的抗诉行为,不符合上诉不加刑的适用前提。因此,二审法院无须受上诉不加刑原则的约束,可以在全面审查案件的前提下作出有利于或者不利于被告人的量刑。①

综上所述在刑事诉讼案例中以立法规定涵摄案件事实,关键在于辨析特定刑事诉讼制度的适用条件,考察案件事实是否符合该条件。只有在满足条件的前提下,才能以相应的刑事诉讼立法规定约束案件的裁判或者其他诉讼行为。应当注意的是,此处所谓的"适用条件",应当作广义理解,包括立法关于特定刑事诉讼制度适用范围或者具体情形的规定,包括正面的要求和反面的例外。例如,前述《刑事诉讼法》第 201 条规定了人民法院一般应当采纳检察机关量刑建议的例外情形,那么这些情形也应当作为适用条件的组成部分,在涵摄过程中被考虑进去。此外还需注意的是,在案例研习的具体实践中,涵摄问题与定义问题这两大步骤并非截然分开,二者可以同时进行,即一边寻找立法规定,并对立法规定予以释义,一边将案件事实代入法律规定之中。

(四)回答问题

在德国的鉴定式案例分析方法中,最后一个步骤是结论,结论应与设问呼应,得出肯定或者否定的回答。② 与之类似,刑事诉讼法条解构式案例研习法也应设置回答问题这一步,作为整个学习过程的终结。回答问题旨在回应研习过程中所选定的核心问题,学生应当用简洁明了的语言依次展示出最终的答案,无须重复上述的分析过程和佐证材料。例如在余金平案件中,学生应当就案例中涉及的认罪认罚从宽制度中量刑建议权与法院裁判权的关系、上诉不加刑原则的适用等核心问题依次给出答案。就前者而言,学生应当明确回答法院有权不采纳检察机关提供的量刑建议,作出独立裁判;就后者而言,学生应当明确回答二审裁判可以加重余金平刑罚,不受上诉加刑原则的约束。③

---

① 刘计划. 抗诉的效力与上诉不加刑原则的适用——基于余金平交通肇事案二审改判的分析[J]. 法学, 2021(6):174-191.
② 夏昊晗. 鉴定式案例研习:德国法学教育皇冠上的明珠[J]. 人民法治, 2018(18):33-35.
③ 对于这两个问题,学生也可能根据分析方法和路径的不同,给出不同的答案,即认为法院应当采纳检察机关提出的量刑建议,以及二审法院应受上诉不加刑原则的限制,不得加重余金平的刑罚。

三、刑事诉讼法条解构式案例研习的操作要点

上文展现的是刑事诉讼法条解构式案例研习法的基本逻辑思维过程。在运用该方法时,教师应当准确定位自身角色,充分发挥必要的指导作用;学生应当进行案例分析报告的写作,学会运用规范的法学语言将上述思考过程展示于书面上。这些都是该案例分析方法得以顺利落实的前提和要求。此外,刑事诉讼法条解构式案例研习法并不提倡一种"就事论事"的简单思维模式,而应鼓励学生结合司法实务和法学理论进行延伸性思考;其亦不提倡一种"非此即彼"的绝对独立教学方式,而应与其他具备实践色彩的教学方法相结合,综合提升学生各方面的能力。这些也都是该案例分析方法得以提升质效的可靠保障。总之,在使用该案例分析方法时,应遵循如下操作要点:

(一)准确定位教师角色

刑事诉讼法条解构式案例研习法是以学生为中心的教学方法。学生通过对案例的阅读、法条的分析以及知识的涵摄,得出于实践有益的答案。不过,在法学教育过程中,"教"与"学"往往是相辅相成的。该方法并非单纯地放手让学生独立完成案例研究任务,教师也应当在其中发挥其特有的"指导"作用。具体而言,教师主要承担如下角色:

一是铺垫。教师应当为学生提供可予研究的案例素材。我国经典的刑事诉讼案例汗牛充栋,但并非所有的案例都可适用该教学方法进行分析,问题突出、材料丰富的案例才适合作为研习对象。但哪些案例符合上述要求,作为法学初学者,学生往往难以作出合理的判断。此时就需要教师在课前对案例进行遴选,甚至对案例素材进行适当剪辑,保证学生能顺利开启案例研习任务。

二是释明。在学生进行案例研习之前,教师应当对何为"刑事诉讼法条解构式案例研习法"进行解释,介绍该教学方法的基本步骤和注意事项,以及最终需要提交的报告形式。在学生进行研习的过程中,一旦有任何方法方面的困惑,教师也应及时为其答疑解惑。不过教师的解答应止于技术层面,不能将案例需要研习的核心问题及答案直白告知。

三是组织。刑事诉讼法条解构式案例研习法鼓励学生独立完成案例研究工作,但是在具体操作中可以采取多种路径。即,既可以要求每个学生单独完成案例研习作业,也可以要求学生以小组为单位进行讨论式研习;既可以要求学生在课堂上即时完成这项工作,也可以要求学生在学习完基础知识之后,于课后进行案例研习。这就需要教师根据教学情况和评价指标,有选择地组织学生进行具体操作。

四是评估。学生进行案例研习的最终成果，应当交由教师进行评价。对此，教师应针对个案制定相对合理且具体的评价指标，例如核心问题选择的准确性、法条分析的充分性、案例与法条结合的正确性、逻辑推理的顺畅性、语言表达的清晰性等，对学生案例研习情况进行整体评估。

（二）合理规范案例研习报告的写作

在德国的鉴定式案例分析方法中，案例分析实践最终要落实到书面上，形成一份所谓的"鉴定式报告"。报告的写作，不仅能够梳理案例分析逻辑思维过程，而且足以锻炼学生的法学写作能力，因此也应当为刑事诉讼法条解构式案例研习法所借鉴。学生应将上述选择问题、界定问题、涵摄问题和回答问题的过程，总结为"案例分析报告"。报告写作应遵循逻辑清晰、语言精炼的基本要求：

一方面，如果报告中涉及多项核心问题的，应当分别就这些问题进行界定和涵摄，并给出最终答案。在对多个核心问题进行排序时，可以将重要的或者更有研究价值、实践价值的问题居于前位，其他问题居于后位；也可以根据核心问题与刑事诉讼基本环节的关联性，根据刑事诉讼流程顺序进行排序。例如，在余金平交通肇事案中，两个核心问题并无何者更具价值之分，此时可以根据刑事诉讼运行规律，将涉及一审环节的认罪认罚案件检察量刑建议与法院裁判关系这一问题置于前位，将涉及二审环节的上诉不加刑问题置于后位。

另一方面，撰写报告应使用专业、客观、简洁的法律语言。法学领域有自己专门的语言体系，学生在写作报告时应使用规范的"法言法语"，避免民间化、口语化的表达。语言表述应当客观理性，避免带有强烈感情色彩、煽动性或者偏见性的话语。此外，语言表述还应简洁明了，避免为了突显自己的学术积累而使用拗口、复杂的语言，或者与核心问题无关的空话、套话。

（三）积极鼓励延伸性思考

德国的鉴定式案例分析方法遵循典型的三段论逻辑。本文所介绍的刑事诉讼法条解构式案例研习法借鉴于此，也必然深受"三段论"推理模式的影响。然而近年来在司法领域，三段论日益成为人们批判的对象。不少学者认为，三段论只能用于解决简单的案例。一旦案例中的事实出现不确定的情况或者法律规定出现模糊之处时，三段论往往派不上用场。[①] 三段论将复杂问题简单化，可能掩盖司法过程的繁杂性，而案件解决的现实要求往往比想象中复杂得多，可能不止具体的案件本身，更可能关涉整体司法层面的某种体系性安排或者权力博弈。譬如前述余金平交

---

① 孙海波.告别司法三段论？——对法律推理中形式逻辑的批判与拯救[J].法制与社会发展,2013(4):133-144.

通肇事案，该案之所以引发诸多讨论，正是由于《刑事诉讼法》第 201 条和第 237 条等相关规定的模糊性，以及其背后所隐含的种种现实因素，包括认罪认罚案件中检察院主导责任与法院审判中心地位之争，以及对抗式司法模式与协商式司法模式之分。面对此种情况，单纯的三段论思维模式显得无所适从。因此，在刑事诉讼法条解构式案例研习法的运用过程中，除了培养学生适用法律解决具体问题的能力以外，也应当强调司法实践的全局观和诉讼理论研究的深刻性。即在处理案例之余，鼓励学生进行延伸性思考，透析案例背后蕴含的实践问题和理论难题。

（四）有机结合其他实践教学方法

与法律诊所、模拟法庭等教学模式不同，刑事诉讼法条解构式案例研习法更倾向于书面的操作。案情的展示以案卷为依据，中间的逻辑推理过程和最终的研习结果，皆以书面形式出现。其注重法条的教义分析和争点的理论研讨，缺乏上述其他教学模式所追求的动手操作过程。其仅针对案件中较具争议性的个别问题，无法让学生亲身全程体验到真实的诉讼过程。不可否认的是，刑事诉讼法条解构式案例研习法所欲训练的逻辑推理能力和法律写作能力亦是实践教学的对象。但缺乏实操场景的案例研习法，会不会演变成"书面"研习法，仍是值得思考的问题。

解决这一问题的方案在于，将该案例研习法与其他法学实践教学方法进行有机结合。例如，将其融入模拟法庭教学实践中，要求学生在模拟法庭过程中，对案件中涉及的核心问题从法律规定视角进行理论研讨。这样一来，既能破解模拟法庭过分关注法庭"表演"、忽略知识系统学习的弊端，[①] 也能有效增强法条解构式案例研习法的"实践"色彩，使学生的法律推理能力、法条搜索和解读能力、理论研讨能力和动手操作能力得到全面提升。再以余金平交通肇事案为例，教师在引导学生进行该案的分析时，既可以要求学生根据案卷所描述的情况进行法条解构式研习，并撰写案例分析报告；又可以以该案中的一审或者二审为背景，让学生分别承担其中的检察官、被告人、辩护人、证人等角色，进行模拟审判的演练，锻炼学生的实践能力。

---

① 吕辉. 审判视域下模拟法庭教学模式的完善策略探讨[J]. 应用法学评论, 2021(1):270-281.

骗取出口退税罪法务会计鉴定业务的实案解析及对相关实践型法治人才的执业启示

李兴国[*]

摘要 骗取出口退税罪是外贸领域高发的一种犯罪活动。在案件的侦办审理过程中，查清与案件有关的购销环节价款金额、出口退税金额及与之相关的资金往来走向对案件的审判认定至关重要，这就需要借助法务会计鉴定。以实务中一起涉嫌骗取出口退税罪的法务会计鉴定业务为例，探析其案情及鉴定思路，总结法务会计专业人员承办该类法务会计鉴定业务的有益经验，指出作为新时期实践型法治人才方阵之一的法务会计专业人员，在执行骗取出口退税罪法务会计鉴定业务时，应深入掌握外贸及出口退税的业务流程及相关法律规定，牢记执业操守，保持法务会计鉴定的独立性、公正性、审慎性，锚定自身角色功能定位，配合司法机关做好法务会计鉴定意见书出具之后的延伸服务工作。

关键词 骗取出口退税罪；法务会计鉴定；法务会计专业人员；执业启示

一、问题的提出

骗取出口退税罪是指违反税收法规，以假报出口或者其他欺骗手段，骗取国家出口退税款且数额较大的行为。其本质是不法分子盯住国家扶持出口予以退税这块"蛋糕"实施的经济诈骗犯罪活动。该罪是我国 20 世纪 80 年代实行出口退税政策以来新出现的罪名，1992 年 9 月 2 日全国人大常委会通过的《关于惩治偷税、抗税犯罪的补充规定》中首次规定了骗取出口退税罪，1997 年修订的《中华人民共和国刑法》第 204 条对骗取出口退税罪进行了修改完善。

现行的《中华人民共和国刑法》第 204 条规定："以假报出口或者其他欺骗手

---

[*] 李兴国，福建江夏学院法学院副教授，研究方向：经济法、金融法。基金项目：2021 年福建省财政厅科研项目"福建省司法会计鉴定业务疑难问题及解决路径研究"（项目编号：闽财指 2021 年第 848 号）。

段,骗取国家出口退税款,数额较大的,处五年以下有期徒刑或者拘役,并处骗取税款一倍以上五倍以下罚金;数额巨大或者有其他严重情节的,处五年以上十年以下有期徒刑,并处骗取税款一倍以上五倍以下罚金;数额特别巨大或者有其他特别严重情节的,处十年以上有期徒刑或者无期徒刑,并处骗取税款一倍以上五倍以下罚金或者没收财产。"此外,2002年9月,最高人民法院出台了《关于审理骗取出口退税刑事案件具体应用法律若干问题的解释》(法释〔2002〕30号)的司法解释,对骗取出口退税罪中欺骗方式、骗税情节及量刑予以明细规定。在该罪的追诉立案标准上,2010年最高人民检察院、公安部印发的《最高人民检察院、公安部关于公安机关管辖的刑事案件立案追诉标准的规定(二)》第60条规定,以假报出口或者其他欺骗手段,骗取国家出口退税款,数额在5万元以上的,应予立案追诉。不过,上述司法解释已于2022年4月作了修订,自2022年5月1日起实施。根据修订后的司法解释,立案追诉起点已经从"五万元以上"修改为"十万元以上"。从犯罪构成来说,该罪侵犯的客体,是国家出口退税管理秩序和国家财产权,客观方面表现为采取虚假出口、买货出口等违规手段,骗取国家出口退税款的行为。该罪实施主体为一般主体,自然人和单位均能成为犯罪主体。该罪在主观方面表现为直接故意,是一种蓄意为之的主动型经济犯罪。

自1992年最高立法机关规定"骗取出口退税罪"这一罪名之后,理论界对该罪从学理上作了一系列研究阐释。[①]这些研究成果主要围绕骗取出口退税罪的认定、防范骗取出口退税罪的对策、骗取出口退税罪与其他涉税犯罪的牵连甄别这些方面进行探讨研究,较具代表性的学者观点如下:李青等(2021年)[②]对虚开增值税专用发票以外的骗取退税的新模式进行梳理,围绕地方经济发展、税收管理体制、监管部门分工等方面分析造成骗税的外部因素,从税制、管理流程、部门协作方面提出政策完善建议。范志勇(2019年)[③]认为,税务机关在债务人破产程序中主张追缴骗取退税款请求权的性质为公法不当得利请求权,应当选择归入税收优先权的序列在债务人破产财产中受偿。王佩芬(2015年)[④]认为,《刑法》第204条第2款规定,缴纳税款后又骗取出口退税且骗税额超过所纳税额的行为,同时构成骗取出口退税罪与逃税罪两罪。该款规定是立法上将已缴纳部分税款的量刑情

---

① 笔者检索中国知网,自1992年开始至2022年7月,研究骗取出口退税罪的共有102篇期刊论文和28篇硕博学位论文。
② 李青,乐会,胡力.骗取出口退税的新模式、外部因素及防控[J].国际税收,2021(11):74-79.
③ 范志勇.论骗取出口退税款的破产清偿顺位[J].交大法学,2019(2):147-164.
④ 王佩芬.骗取出口退税犯罪立法问题评析——以《刑法》第204条第二款存废为中心[J].海关与经贸研究,2015(4):50-60.

节混淆为定罪情节而导致的立法错误，应当予以删除。王福凯（2007年）[①]指出，骗取出口退税与相关监管部门之间协作和沟通不畅、监管存在薄弱环节有关。应通过完善税制、强化征管、提高税务干部素质、加强部门配合、加大打击力度等手段加以防范。

综观之，理论界对骗取出口退税罪的犯罪构成认定、刑法适用、防范对策等方面已经展开了深入探讨，但缺乏对骗取出口退税罪的实证剖析，也未查找到有从法务会计鉴定角度检视骗取出口退税罪犯罪构成的文献。有鉴于此，本文拟融合运用刑法学、法务会计学的相关学理，联系骗取出口退税罪的实际案例，从实证角度对骗取出口退税罪犯罪要件构成进行解析，进而诠释作为新时期实践型复合型法治人才方阵组成部分的法务会计专业人员在执行骗取出口退税罪犯罪这类涉外经济犯罪案件鉴定时应对标把握的执业经验启示。

二、骗取出口退税罪法务会计鉴定实案解析

骗取出口退税罪是外贸领域高发的一种犯罪活动[②]，这类案件往往涉案金额巨大，牵扯人员和地域范围、交易环节繁多庞杂。在案件的侦查审判过程中，查清与案件有关的购销环节价款金额、出口退税金额及与之相关的资金往来走向对案件的审判认定至关重要，这就需要借助法务会计鉴定。[③]以下就以笔者调研中了解到的某司法鉴定所承办的一起涉嫌骗取出口退税的法务会计鉴定业务为例，探析其案情及鉴定思路，总结承办该类法务会计鉴定业务的有益经验。

（一）案情

本案被告人石某长期从事外贸业务，对外贸出口代理业务较为熟悉。2008年12月至2011年7月间，被告人石某通过他人介绍联系A贸易有限公司（以下简称A公司，另案处理），在没有实际货物交易的情况下以支付4%开票手续费的方式多次虚开增值税专用发票。2007年11月，被告人朱某出资成立B进出口公司（以下简称B公司）。2009年朱某经人介绍认识石某，后者称可通过实施"四自三不见"的代理出口业务（指"客商"或中间人自带客户、自带货源、自带汇票、

[①] 王福凯. 骗取出口退税案件发生的成因与防范[J]. 涉外税务, 2007(3):56-59.

[②] 根据北京华税律师事务所2022年1月发布的《外贸行业涉税刑事风险报告》披露，在中国裁判文书网以"骗取出口退税罪"为案由进行检索，结果显示2017年—2020年骗取出口退税罪相关判决、裁定文书保持在每年140份以上。判决、裁定文书的数量能够直接反映该类刑事案件的数量，说明当前骗取出口退税犯罪呈高发态势。

[③] 一般认为，法务会计是为了司法目的，综合运用会计学、法学、审计学等学科的知识与方法，通过调查获取有关财务证据资料，并以司法机关能接受的形式在司法活动中展示或陈述，以解决有关法律问题的专业鉴证活动。

自行报关和出口企业不见出口产品、不见供货货主、不见外商的交易）申请出口退税走流量，同时也可以给B公司创汇。于是双方协商由B公司将加盖公司印章的空白报关单等材料交由石某，待B公司收到盖有海关验讫章并填好相关信息资料的报关单等材料后，由石某居间让供货商A公司与B公司根据报关单、出口发票等载明的信息签订购销合同并出具增值税专用发票，B公司对公账户收到外汇货款后转入A公司对公账户，A公司按照货物销售金额的3%支付代理费用。

自2008年12月至2011年7月，A公司向B公司开具增税专用发票共计345份，增值税额5260592.41元，价税合计36205252.95元。B公司向A公司转账45次共计27565507.00元。B公司将加盖海关验讫章的报关单连同外汇核销单、增值税专用发票等呈报当地税务局申请出口退税，其中253份增值税专用发票成功办理出口退税，退税金额共计3316196.53元（另外90份增值税专用发票未成功办理退税视为转内销征税处理）。

2014年B公司上述业务被人举报，当地税务局成立工作组对该公司进行税务稽查处理。2015年11月起，经当地税务机关移送，因涉嫌骗取出口退税罪，朱某和石某先后被当地公安机关采取刑事强制措施。其后，经过复杂的司法侦查和诉讼审理程序，2021年当地人民法院作出一审判决，认定被告单位B公司、被告人朱某、石某以假报出口或其他欺骗手段，骗取国家出口退税款3316196.53元，数额特别巨大，其行为均已构成骗取出口退税罪。依照《中华人民共和国刑法》第204条及《最高人民法院关于审理骗取出口退税刑事案件具体应用法律若干问题的解释》等相关规定，判决如下：被告单位B公司犯骗取出口退税罪，判处罚金人民币340万元。被告人朱某犯骗取出口退税罪，判处有期徒刑10年6个月，并处罚金人民币340万元。被告人石某犯骗取出口退税罪，判处有期徒刑10年，并处罚金人民币340万元。

（二）法务会计鉴定思路

一审判决作出后，B公司及其实控人朱某表示不服，认为其从事"四自三不见"出口代理业务，仅从中收取代理费，退税款已全部汇给A公司。石某作为B公司的代表，负责联络并且办理货物出口等事项；B公司与A公司并未直接联系，朱某及B公司系受他人蒙骗。"四自三不见"行为本身不足以直接推断出B公司和朱某有骗取出口退税的故意。因此，B公司和朱某没有犯罪动机，客观上已将退税款转出并没有占有，故B公司和朱某的行为不构成骗取出口退税罪。一审判决书中将B公司2011年1月至11月共计6笔退税款直接推定为B公司和朱某骗取并占用的出口退税款，但经核查，其金额及退税时间与税务机关稽查认定的结果均不符。此外，从账面大数来看，B公司已将应付A公司的货款、退税款等退还给对方，不存在主动骗取并占有出口退税款的情形。为此，B公司及朱某决意委托辩护律师提起上诉。为了提供更具公信力的第三方专家证据，B公司及朱某经筛选比对，遂委托当地长期开展法务会计的H司法鉴定所进行法务会计鉴定，鉴定思路聚焦于如下两个方面：一是2011年1月至11月共计6笔退税款的时间、金额及对应的出口退税业务来源；二是2008年至2011年B公司与A公司的账面资金往来及应结算款项。实施法务会计鉴定的目的在于厘清出口退税的实际发生情况，确认B公司和朱某是否存在蓄意骗取占用出口退税款的现象，进而为后期二审庭审辩护提供有力的专家证据。

（三）法务会计鉴定过程及结论

H司法鉴定所是一家已成立20多年、有一定执业特色的司法鉴定机构，是多所高校法学院系的实训基地，也是当地实践应用型法治人才培育的基础平台之一。自成立以来，为了在激烈复杂的市场竞争环境中立足成长，该所实行差异化竞争策略，结合自身多名执业人员富有法律和会计教育背景的优势，成立法务会计部门，建立法务会计质控机制，铸造法务会计人才团队，着力拓展法务会计鉴定业务。通过与当地司法机关、律师事务所等法律服务机构密切对接，承办了一系列富有影响的经济犯罪案件法务会计鉴定业务。在本案中，经过审慎的风险评估，该所同意接受B公司的委托，对该公司2011年6笔退税款的时间、金额及对应的出口退税申报业务，以及2008年至2011年B公司与A公司的账面资金往来及应结款项进行审核鉴定。为此H司法鉴定所组成了以法务会计师、律师为骨干的项目组，到B公司现场实施驻点深入审核查证。项目组查阅核对了B公司自2008年至2011年的所有账本、记账凭证、银行流水单据、相关货物供销协议，逐项核查了包括报关单据、结汇单据、出口销售发票、出口退税税务申报表等在内的所有出口退税资料，对供货采购循环和出口销售循环进行综合比对分析，形成了初步的审核鉴定结论。在此基础上，经过和本单位质量控制专家组、B公司律师团进行多轮沟通，基于独立客观公正原则，最终出具了法务会计鉴定意见书。该鉴定意见书的核心内容如下：

1.退税款的实际发生情况

一审刑事判决书中涉及的6笔退税款实际金额应为4,640,720.23元，与判决书最终认定的B公司骗取国家出口退税款3,316,196.53元存在数额差异，差异额为1,324,523.70元，6笔退税款明细如表1所示：

表1　6笔退税款明细

序号	退税时间	退税金额/元	会计凭证号
1	2011年1月21日	760880.70	2011年1月26#
2	2011年1月21日	703922.18	2011年1月26#
3	2011年3月11日	2153583.38	2011年3月13#
4	2011年4月27日	505147.53	2011年4月1#
5	2011年7月25日	230369.48	2011年7月14#
6	2011年11月7日	286816.96	2011年11月1#
合计		4640720.23	

根据B公司提供的会计凭证和出口退税申报资料，除了第六笔中有224406.70元属于与A公司业务产生的出口退税款，其余五笔出口退税款无法确认是否属于与A公司业务产生的出口退税款。另根据B公司所提供的出口退税申报资料，B公司2008年、2009年、2010年均有申报涉及供货方为A公司的商品出口退税，但上述六笔出口退税款的到账时间为2011年，存在明显差异。

2. 资金往来情况

经审核鉴证，B公司自2009年1月至2011年7月通过对公银行账户共向A公司支付45笔款项，支付款项总额为27565507.00元。A公司共向B公司开具345份增值税专用发票，价税合计金额为36205252.95元。其中：B公司已用于申请出口退税的有253份专用发票价税合计金额为26500130.10元，取得出口退税款3316196.53元。另有90份专用发票（价税合计金额为9486243.55元）在内的货物不符合出口退税条件财务上视同内销征税处理，共计提销项税1360406.98元。余下2份专用发票价税金额为218879.50元未用于申报出口退税。另外，根据B公司与A公司签订的货物出口书面代理协议，B公司按出口货物金额的3%收取代理费。因此，对于已完成出口退税的相应交易业务，截至2011年底，按账面B公司与A公司款项结算如表2所示：

表2　B公司与A公司款项结算表

项目	金额/元	备注
A.已完成出口退税应结算的票面金额	26500130.10	已退税253份专用发票
B.出口退税款	3316196.53	
C.按总货物金额计算应收的代理费	1086157.59	总货物金额票面为36,205,252.95元，按3%比例
D.转作内销应向A公司收取的销项税	1360406.98	依照当地税务机关的税务处理决定书
E.I 汇总结算后应向A公司支付的款项	27369762.06	E=A+B-C-D

截至 2011 年底 B 公司累计已支付 A 公司 27565507.00 元。对于已完成出口退税的相应交易业务，截至 2011 年底应向 A 公司支付的款项为 27369762.06 元，已支付数大于应支付数 195744.94 元。从总体上判断，在审核鉴定期间内，B 公司仅收取了约定的外贸业务代理费，不存在占用 A 公司退税款和货款的现象。

最终，H 司法鉴定所的法务会计专业人员通过深入细致的外勤取证，获取了扎实的审核证据，对本案中至关重要的出口退税款实际获取金额及资金整体结算情况进行了合理的甄别鉴定，形成了公正有力的法务会计鉴定意见书。其鉴定意见反映出一审法院在关键事实认定上存在纰漏，间接证明了 B 公司外贸代理的实质身份，综合来看该公司并不符合骗取出口退税罪中的主客观犯罪构成要求。在获得 H 司法鉴定所法务会计鉴定意见书的基础上，经过 B 公司辩护律师团的阐释辩护，最终二审法院以事实不清、证据不足为由撤销了一审判决。

三、本案对相关实践型法治人才开展法务会计鉴定业务的执业启示

本起法务会计鉴定案例，司法鉴定所的法务会计专业人员利用自身法律财务复合贯通的专业素养优势，通过严谨勤勉的工作，形成了有价值的鉴定结论，对推动公正司法、保障当事人合法权益起到了一定的作用。恰如习近平总书记考察中国政法大学时所指出的，全面依法治国是一个系统工程，法治人才培养是其重要组成部分。功以才成，业由才广，只有铸造培养出一大批高素质的新时代法治人才，全面依法治国才能落到实处，中国特色社会主义法治实践才能行稳致远。新时代法治人才包括研究型法治人才和实践型法治人才。在当前经济转型变革持续推进阶段，经济纠纷和经济犯罪活动层出不穷，法务会计在查处经济犯罪、解决民事经济纠纷、治理财务舞弊、强化公司舞弊风险管理等方面发挥着越来越重要的作用。法务会计专业人员是新时代国家实践型法治人才方阵的重要组成部分，是兼具法律、财务、审计等多种专业知识素养的复合型、应用型高端人才。通过对上述案例的总结分析，在当前全面推行依法治国、执业监管日趋严格的大环境下，法务会计专业人员在承办骗取出口退税罪这类复杂的涉外经济犯罪法务会计鉴定业务时，应着力处理好如下三个方面的问题：

（一）基于系统环境适应理论，深入掌握外贸及出口退税的业务流程及相关法律规定

任何组织都依存于一定的社会环境之中，探究该组织的行为必须考察其社会环境。外贸出口业务同国内销售交易业务有很大不同，其涉及的交易主体、报价流程、结算手段、监管申报、税收征管均有别于国内的交易。此外，对于出口退税，

作为国家扶持出口的一项政策安排，必须满足一定的实体条件，同时按规定的程序期限申请方能成功退税。对于骗取出口退税犯罪行为，实践中会存在常见的操作手法，国家也设定了对应的法律制裁措施。因此，法务会计专业人员在承办骗取出口退税罪法务会计鉴定业务时，必须对外贸实务操作规程及出口退税的实体和程序规定有切实的把握了解。譬如，在本案中，就涉及外贸实务中常见的"四自三不见"业务。为此，法务会计专业人员应当对《关于出口企业以"四自三不见"方式成交出口的产品不予退税的通知》（国税发〔1992〕156号）、《关于审理骗取出口退税刑事案件具体应用法律若干问题的解释》（法释〔2002〕30号）、《关于进一步规范外贸出口经营秩序切实加强出口货物退（免）税管理的通知》（国税发〔2006〕24号）等文件进行深入的研习了解，洞察"四自三不见"等出口业务的操作手法及存在的法律风险。此外，还应系统学习掌握《中华人民共和国增值税暂行条例》《出口货物退（免）税管理办法（试行）》（国税发〔2005〕51号）、《出口货物劳务增值税和消费税管理办法》（国家税务总局公告2012年第24号）等相关税法文件，熟悉出口退税的法律依据，体悟出口退税的实质条件，把握出口退税对开具出口发票、海关报关、外汇收汇核销、退税系统填制申报等流程方面的要求。总之，只有潜心学习掌握外贸业务特性、出口退税的法律依据、骗取出口退税的实施手段及刑事制裁规定，法务会计专业人员才能卓有成效地开展相应的法务会计鉴定工作。

（二）牢记执业操守，保持法务会计鉴定的独立性、公正性、审慎性

法务会计鉴定的界限操守在于保持执业的客观公正性，一切以可收集到的充足事实凭据并结合执业守则和相关法律规定作为形成鉴定结论的基础。在本案中，B公司是鉴定业务的委托方，是支付鉴定费用的涉案当事人。司法鉴定所是实施审核鉴证的受托方，是提供第三方专家结论的专门机构。这种直接委托关系，使得受托方身份较为被动，容易出现"吃人嘴软"的不当现象。在确定鉴定方向、调取鉴定证据、形成鉴定结论时，易受到委托人的牵扯影响。因此，法务会计专业人员承办此类业务，务必保持高度的职业谨慎性，恪守职业道德守则，凛遵依法执业、行稳致远的发展思路。在承接业务初期，必须进行切实的风险利害评估，将可能的不利因素跟委托方沟通清楚，并缔结详尽的业务约定书，明确双方的权责关系。在外勤审核查证过程中，要及时跟外部专家和本单位的质量控制部门沟通，谨防"当局者迷"的误区。在最终撰写鉴定意见书时，务必牢记独立客观公正的立场要求，一切依赖所能收集掌握的合法证据来作出事实论证阐述，切忌使用超出身份属性的法律定性评判出具鉴定意见书。

（三）锚定自身角色功能定位，配合司法机关做好法务会计鉴定意见书出具之后的延伸服务工作

法务会计鉴定是司法鉴定的一种，其终极职能是服务法律诉讼活动。司法鉴定所扮演的是具有专门知识的鉴定人角色，提供的是专业鉴定证据，在完工交出其"产品"之后，并不能就此脱身不管了，必须遵循法庭证据调查核实要求。《全国人大常委会关于司法鉴定管理问题的决定》第11条规定："在诉讼中，当事人对鉴定意见有异议的，经人民法院依法通知，鉴定人应当出庭作证。"《中华人民共和国刑事诉讼法》第59条规定："人民法院可以通知有关侦查人员或者其他人员出庭说明情况。有关侦查人员或者其他人员也可以要求出庭说明情况。经人民法院通知，有关人员应当出庭。"所以，法务会计专业人员在出具法务会计鉴定意见书之后，要做好后期开庭时出庭接受质证询问的准备，司法机关和涉案当事人也通常会要求签字的法务会计师出庭就专业问题进行解释说明，这是鉴定人应尽的一项义务。因此，法务会计专业人员必须锚定自身角色功能定位，了解诉讼庭审流程，夯实会计、审计、法务、诉讼沟通等多层面司法鉴定执业素养，掌握必要的庭审解释应答技巧，在保障自身执业安全的前提下，有理有据地配合司法机关完成庭审调查流程，从而彰显法务会计鉴定的社会价值，助力于国家法治建设。

论宪法教育的形与神

——以比较视角下的青少年宪法教育为中心

施 奕[*]

摘要 宪法教育的目的是培养现代法治国家下的合格公民，在具体的内容上，它致力于培养公民的爱国主义情怀以加强其身份认同，培养公民的自治自觉能力以提高其民主参与的能力。对于青少年而言，以合适的内容和形式开展宪法教育对其成长具有关键作用，它能够帮助青少年尽早地树立宪法价值，树立起尊崇宪法的理念和精神，确立党领导国家建设国家的认识，建立起他们的权利意识和责任观念。美国、德国与日本对于宪法教育的普及和推动，应当说对我国的青少年宪法教育具有相当的参考价值，我们也应当在总结实践经验和我国国情的基础上，既注重宪法教育的外在形式，更注重从制度和体制上切实地推动我国的宪法教育。

关键词 宪法；宪法教育；公民教育；青少年；比较法

习近平总书记在2023年5月的中共中央政治局第五次集体学习时强调："建设教育强国，是全面建成社会主义现代化强国的战略先导，是实现高水平科技自立自强的重要支撑，是促进全体人民共同富裕的有效途径，是以中国式现代化全面推进中华民族伟大复兴的基础工程。"[①] 教育强国，既是提高科技、促进富裕的现代教育，更是蕴含公平、贯彻正义的法治教育。在现代法治教育观中，一方面，注重将法的内在（法治精神）和法的外观（法律法规）在人民之中的全面普及；另一方面，则强调透过经由社会共同生活中的教育之人民，得以在意思自治下自由地进行行动，并以其理智的判断与抉择，维持和落实公义、和平以及自由民主法治的共同追求。

---

[*] 施奕，法学博士，闽江学院教师，北京大学访问学者，研究方向：法理学、经济法、法律史。
[①] 以教育之强夯实国家富强之基——习近平总书记在中共中央政治局第五次集体学习时的重要讲话指明教育强国建设方向[EB/OL].(2023-05-31)[2023-12-01]. https://www.gov.cn/yaowen/liebiao/202305/content_6883868.htm.

法治教育，首重于宪法教育，强化宪法意识，弘扬宪法精神，推动宪法实施，是全面建设社会主义现代化国家、全面推进中华民族伟大复兴的坚实保障。[1] 普遍而全面的宪法教育，是实现自由、民主、法治的生活世界的基础，一个自由民主法治的国家，实际上是这个共同体的自由民主法治宪法教育生活的放射与投影。因此，在现代法治国家中，在公民的法治教育中，宪法之所以必须占据高位，其本质在于将法治的文化和理念融入到个体的基础认知中，让每个公民都拥有维护宪法的权利感情，从而联结形成以宪法为核心的法治共同体。

一、以宪法教育为核心树立公民宪法信仰

"宪法是国家的根本法，是治国安邦的总章程，具有最高的法律地位、法律权威、法律效力，具有根本性、全局性、稳定性、长期性。""我们要更加自觉地恪守宪法原则、弘扬宪法精神、履行宪法使命"。[2] 宪法通过最高层级的法律位阶来规定国家和社会制度，同时也是国家其他立法、司法等一切法律活动的基础。

宪法不仅决定了国家的基本制度、界定了政府的职能权责、为社会的运转建构了法治的框架，更重要的是，它确认并赋予了人民最基本的权利，"政府必须向人民负责并且尊重个人的权利，这既是人民同意政府统治的条件，又是政府合法的基础"[3]。从《宪法》第33条的"国家尊重和保障人权"，到自由权（第37条）、人格尊严权（第38条）、住宅不可侵入权（第39条）、财产权（第13条）、社会权（第42~45条）等等，都是经宪法宣示的人民权利，这些权利一方面为人民的生存发展确立了最基本的保障，让人民能够在宪法的帷帐下得到自由、塑造自己的人格、拥有自己的私有财产，保有自己的住宅；另一方面，更借由这些基本的宪法权利，为国家权力划定界限，让公权力的行使得到限制，并在实践运作中推动法治政府的建设和国家的法治化进程。

在40余年的实践和发展中，1982年《中华人民共和国宪法》已经成为一部与中国特色社会主义共同成长、紧密契合的社会主义宪法，它巩固了我国的人民民主专政制度，将以阶级斗争为纲转移到以经济建设为中心，更为我国的改革开放、市场经济奠定了法治基础。与世界其他国家的宪法一样，宪法首先是我国的根本大法，它全面地规定了国家的制度和人民的权利，但是与其他国家的宪法又有所不同的是，它确立了我国的社会主义制度，赋予了中国共产党领导地位。应当说，我国

---

[1] 习近平署名文章:谱写新时代中国宪法实践新篇章——纪念现行宪法公布施行40周年[EB/OL]. (2022-12-19)[2023-06-01]. https://www.ccps.gov.cn/xxsxk/zyls/202212/t20221219_156207.shtml.

[2] 习近平.恪守宪法原则弘扬宪法精神履行宪法使命 把全面贯彻实施宪法提高到一个新水平[N]. 人民日报,2012-12-05(1).

[3] L.亨金.权利的时代[M].吴玉章,李林,译.北京:知识出版社,1997:109.

的宪法是一部有着浓厚中国特色社会主义的宪法，它彰显了人民民主的精神，将党的领导和国家利益紧密地融合在一起。

宪法教育，并不是一门的法学教育，尤其要将它与强调宪制理论、宪政运行、宪法解释的部门法宪法学区分开来，它所注重的是一种通识型教育，它不是为了研究宪法条文，也并不以宪法现象作为其研究对象，它的关键作用在于让每一位公民认识和了解宪法，从而树立公民的宪法理念、塑造宪法精神，让每一位公民在生存发展、思考行动、学习工作生活中都尊崇宪法。

为推进宪法教育，党的十八届四中全会在《关于全面推进依法治国若干重大问题的决定》中提出，"在全社会普遍开展宪法教育，弘扬宪法精神"，将每年的12月4日定为国家宪法日，建立宪法宣誓制度，凡经人大及其常委会选举或者决定任命的国家工作人员正式就职时公开向宪法宣誓。以此为基础，2016年6月，教育部、司法部、国家普法办联合颁布的《青少年法治教育大纲》明确规定："法治教育要以宪法教育为核心，以权利义务教育为本位，要将宪法教育贯穿始终。"

二、立足青少年特点，加强青少年宪法教育弘扬宪法精神

"凡事开头最重要。特别是生物。在幼小柔嫩的阶段，最容易接受陶冶，你要把它塑成什么型式，就能塑成什么型式。"[1]法治教育要以宪法教育为核心，而宪法教育应当特别注重对青少年这一特殊群体的开展。青少年时期是每个人成长的关键时期，在这段时间里，青少年不仅大量地获取知识，接触新事物，更形成他们的个性、建立他们的理念。在这一段时期里，如果出现宪法教育的缺位或没有受到正确的宪法教育，那么青少年将很难在他们未来的成长中确立宪法的核心思维，难以树立起尊崇宪法的理念和精神，不仅将可能因此疏离对国家基本社会主义制度的理解，淡化对党领导国家建设国家的认识，也难以建立起他们的权利意识和责任观念。

1. 在抽象逻辑思维转型中注重树立宪法理念

抽象逻辑思维（abstract-logic thinking），即"抽象思维"（abstract thinking），亦可称"逻辑思维"，是指与依靠于直观感性的具体形象思维相对的，以抽象的概念、判断、推理的形式来反映客观事物的本质特征和内在联系的思维。这种思维是人类思维的核心形态，它帮助主体通过概念、判断和推理来认识和理解客观事物的基本属性和规律。青少年时期，是个体抽象逻辑思维初步形成的重要时期，尤其在青年初期，他们已经开始逐渐摆脱感性经验，独立地运用自己所学习到的知识和理论综合性地对学习生活中的事实和材料进行加工，并以此为基础形成自己的判断，开展

---

[1] 柏拉图.理想国[M].郭斌和，张竹明，译.北京：商务印书馆，1986:71.

相关活动。在这样一个认知和思维的转型期，应当注重于宪法精神的传达和宪法理念的树立，通过对宪法的权利义务关系的阐述帮助青少年建构一个合适的"行动理论"，让他们能够有正确的概念/理念，从而去判断推理认识事物，开展行动。

2. 在辩证思维成型中注重塑造宪法价值

如进一步对抽象思维进行分类，则可以分为一般性的逻辑思维和辩证思维。辩证思维可谓是逻辑思维的更进一步表现，它在抽象思维理解概念、进行判断推理等建立方法的基础上，更注重比较分析，要求在思维运行中认识到事物的两面性，认识到事物的矛盾性，从而运用对立和统一、量变与质变更深入地理解事物的本质。在青少年阶段，个体逐渐摆脱经验思维，从自己获取的知识中尝试着建构起自己的逻辑和判断，但这些逻辑和判断更多的出自个体的需要和家庭的培养，需要在这个时期通过宪法教育，将蕴含在宪法中的社会主义核心价值、人本价值传递给青少年。

3. 在思维品质拓展中深化对宪法的认识

思维的品质是一个综合性的维度，它涵盖了"思维的逻辑性、思维的广阔性、思维的深刻性、思维的独立性、思维的灵活性、思维的敏捷性、思维的批判性、思维的确定性、思维的创造性和思维的预见性"等方面。青少年时期，是个体大量获取新知识的关键时期，个体需要全面、综合性地提升整个思维品质，而对宪法的精神和价值、宪法的精准文字表述、宪法的发展历程、宪法在现实中的运用的学习，正能够为青少年的思维品质拓展起到提纲挈领的作用。作为一种价值的和理念的引导，宪法教育能够让青少年将其个体的追求与国家、社会的需求结合起来，学会用宪法的思维去校正自己的思维和行动。

三、青少年宪法教育的域外视角

1. 以宪法爱国主义为中心的德国宪法教育

究竟将国家视为"历史—政治"的共同体，还是将其视作一个法律规范的共同体？对德国人而言，"宪法的存在先于国家，这是法治原则的最高体现"[①]。这样的话语其实也并不像我们所理解的西方法治原则一样贯穿始终，自草成于1849年《法兰克福宪法》（亦称《德意志帝国宪法》）流产以来，德国的宪法视角，就已经从"规范优先"的视角转向了"事实优先"的逻辑，即便1919年的《魏玛宪法》（全称为《1919年8月11日生效之德意志帝国宪法》（Verfassung des Deutshen Reichsvom 11. August 1919）对此做过反复，但最终仍然并未改变历史的走向。战后颁布于1949年的《德意志联邦共和国基本法》，既继承了《魏玛宪法》的民主性原

---

① 高仰光. 国家的"历史性"及其在魏玛宪法中呈现的三个瞬间[J]. 比较法研究. 2020(6):145.

则和权利性内容，又修正了它"基于国家和民族"可能导致的狭隘热忱。

这样的历史进程使得德国人对于宪法本身有着更"根深蒂固"的政治和国家的意识，而爱国主义这样一个观念，在战后的德国也被赋予了新的内涵。一个"区别于民族主义和世界主义，也不同于宽泛的共和爱国主义，主要回答了关于集体自我认知的问题、关于成员资格的问题、关于公民的权利与义务以及成为公民的标准问题，是战后德国资产阶级民主政治教育的基础理论"的"宪法爱国主义"（Verfassungspatriotismus）[①] 成为宪法教育的核心。

宪法教育之目的，在于让人们认识和了解基于事实基础的宪法，认同由宪法所确立的基本价值和理念；爱国主义则是通过加深和促进人们对国家的历史文化、政体、国体的正确认识，培养人们对宪法的信仰和忠诚，激励民族团结向上。两者可谓相辅相成，"德国的宪法教育是德国政治教育，乃至爱国主义教育中非常重要的内容"[②]。在德国，学校将为一定年龄的学生开设《基本法》课程，更为重要的是，德国对于宪法的介绍和普及，并不是静态的，而是动态的，它将结合历史进程介绍从1849年《法兰克福宪法》、1919年《魏玛宪法》、1949年的《德意志联邦共和国基本法》的宪法发展历程，通过比较加强对现行宪法的认识，树立尊崇宪法的意识。同时设立联邦政治教育中心，由它在各地的分支机构持续性地向公民普及德国的国情、历史和政治制度的知识，增强公民的政治和民主参与能力。

同时，在德国不仅联邦设有宪法教育中心，而且各邦也设有宪法教育中心，甚至许多乡镇也有附设的宪法教育中心。虽然德国的联邦宪法教育中心德文Bundeszentrale für politische Bildung 原意为联邦"政治教育"中心，但是其主要目的在于培养人民的爱国意识和公共理性，同时提供众多的公共事务相关书籍，鼓励人们在阅读中获得自由、民主与法治等基本价值秩序。

2. 作为公民教育的美国宪法教育

我们认为以下真理是不言而喻的：人人生而平等；人人都享有上帝赋予的某些不可让与的权利，其中包括生命权、自由权和追求幸福的权利。为了保障这些权利，人们才在他们中间建立政府，而政府的正当权利，则是经被统治者同意授予的。[③]

1787年的《美利坚合众国宪法》作为世界上第一部成文宪法，不仅建构了联

---

① 李文，阮一帆. 宪法教育：德国政治教育的核心[C]//Proceedings of 2020 International Conference on Advanced Education, Management and Social Science(AEMSS 2020),2020-04.
② 王怀成. 德国爱国主义教育注重普及宪法[N]. 光明日报，2009-04-26(8).
③ 卡尔威因·帕尔德森. 美国宪法释义.[M]. 徐卫东，吴新平，译. 北京：华夏出版社，1989:3.

邦制、三权分立和司法审查的美国政体，更推动了全世界的宪法发展，成为美国人心目中民主和权利的丰碑。"公民教育是美国民主制度的保护工作，应培养认同美国立宪制民主制度并积极参与民主政治的公民。"① 美国的宪法教育是一种疏离于政治的公民教育，它的目的是培养公民的正义感与德性，让公民成为国家的合格公民。早期设立美国公立学校的初衷在于"利用公立学校培育维护民主政体所必要的基本价值"②，亦即，学校教育之重心在于价值理念的传达，其应当致力于改善人们社会生活能力，而非为提高个人职业能力，它的目的在于训练人们参与公共协商进行公共活动，具备在民主社会中生活的意识与美德。③ 在这样的理解下，宪法并不是公民教育的唯一内容，它综合性地囊括了国家的历史文化、爱国主义、自治理念、权利意识等多方面内容。

宪法教育是公民教育的一部分，它的目的是培养民主政体下的合格公民，在具体的内容上，它致力于培养公民的爱国主义情怀以加强其身份认同，培养公民的自治自觉能力以提高其民主参与的能力。实际上，美国并没有专门开展系统性的宪法教育，它侧重于将宪法的知识与爱国主义、美德教育融合在一起，更将其结合到整个美利坚的历史进程之中，全面地描绘宪政的图景，将宪法的精神和理念生动的传达给每一位公民。④

美国公民教育中心于1987年开发并启动的"我们的人民：公民和宪法"项目，此间持续实施了30年，影响了美国2800多万中小学生和75000多名教育者。20世纪90年代受联邦教育部门委托先后编制的《公民：公民教育框架》和《公民学与政府国家标准》，得到了美国49个州的响应，⑤ 成为美国公民教育评估框架的重要参照标准。受美国联邦政府的巨额资金支持，该机构还研发了适合各类人群、多种类型的公民教育课程、教材和读物，有近2700万中小学学生通过该中心开发的课程学习美国民主基本原则。⑥ 其以"概念：权威、隐私、责任、正义、自由、多元、财产、参与"等八个基本概念为核心在学前和高三阶段的公民之中连续性地推广公民教育，希望公民在对这八个核心概念的学习中了解政府运作、公民角色和公民责任。除了推出公民教育新思想读物，美国公民教育中心还负责研发覆盖全国的公民教育教材，包括以打好中小学生了解公民教育基础为目标的中小学生公民教育

---

① 束永睿,傅安洲,胡秋梅.从学术团体到国家智库:美国公民教育中心的历史考察[J].清华大学教育研究,2017(10):58.
② Board of Education v. Pico, 457 U.S. 853, 876(1982).
③ THEOBALD J. Curtiss Communities as Curricula[J]. Forum for Applied Research and Public Policy, 2000,15(1):106.
④ 李松锋.青少年宪法教育的美国模式及对我国的启示[J].预防青少年犯罪研究,2020(3):30.
⑤ 唐克军.比较公民教育[M].北京:中国社会科学出版社,2008:53.
⑥ 王琪.美国青少年公民教育理论与实践研究[M].北京:北京理工大学出版社,2011:165.

的课程教材，以及拟定公民教育通识教材和课程大纲标准——其主要内容是公民教育的课程目标、内容及理念等，以传播美国民主立宪制相关知识。这些产品涉及美国50个州的两万多所学校，成为社会了解公民教育智库理念和活动的重要媒介，为美国公民教育提供了很多新思想。[①]

3. 教育权与受教育权并重的日本战后宪法教育

战后日本为了修正天皇制下的忠君思想及军国主义教育，在战后日本宪法学界以及司法实践中特别提出了教育权的概念，试图修正国家的教育权，强调一种排除国家权力对教育内容的干涉的自由教育。教育权是指受教育者的保护者（包括亲权者和监护人）或教育担当者决定受教育者所受教育内容的权能，主要涉及市民社会中教育自由的问题，有所谓"父母的教育权""教师的教育权""居民的教育权"以及"国民的教育权""国家的教育权"等表述，它与传统的学术自由或大学自治等概念紧密相关，属于自由权的范畴；受教育权是指为了使所有国民不分贫富均能接受与其能力相适应的教育，国家在立法及行政上有责任采取各种必要的措施。受教育权包括教育的机会均等、义务教育等内容，与其相提并论的是生存权、劳动权、劳动基本权等概念，属于社会权的范畴。[②]

如何协调国家的教育权与国民的受教育权，实际上都是宪法教育的议题，就国民之受教育权而言，其本身规定于宪法之中，乃宪法为保障现代国民能够获得足够的教育，从而理解个人权利、了解政治制度、获得谋生的技能，融入现代社会之中，所以在这个层面上，宪法教育之目的并非只在于国家制度、国家政策，集体意识，而在于国家有义务通过宪法教育塑造一个在宪政体制下的理性公民；对于国家而言，应当如何行使对公民之教育权，如何选取合适的内容和形式，对公民开展宪法教育是一个关于国家发展、社会进步的重要内容，这些关于宪法的教育应当同既往空洞的口号式的忠君爱国的倡导区别开来，早在1951年出版的学习指导要领中，就已经规定了"在中学社会课应该考虑集中进行宪法教育的方针……并把它作为必修课"[③]，亦即，宪法教育本身应当成为一门必修课，而不是一项附加内容。

"关于日本国宪法概论性的讲授，尽可能要少，希望从已成为现实问题的社会问题中，讲授有关宪法问题，也就是说，希望有现实意义。""关于宪法的各种问题的解释方法，一要将现代社会与宪法密切结合起来。""由于宪法本身距离我们太远，希望能更加切合我们身边的实际。""不需要死背讲义，而是希望老师将自己的研究

---

① 袁利平,武星棋.公民教育智库建设的国际比较及启示——以美国、澳大利亚和德国三国公民教育中心为例[J].外国教育研究.2018(11):17.
② 当然，亦有学者认为"受教育权"本身既包括"自由权"的侧面，也包括"生存权"，可参见佐藤功.日本国宪法概说[M].东京:学阳书房,1987:247.
③ 永井宪一.日本宪法与战后教育[J].周波,译.中外法学,1983(1):21.

成果作为讲义教导我们。""希望了解现实社会各种权利的状况（在什么地方发生什么样的权利？）。""各国宪法都是经过了什么样的过程产生的？现代日本国宪法存在什么问题？希望举例进行具体说明"。①

实际上，民主宪法对于日本而言，也是一个舶来品，其中民主、法治、人权等基本问题对于日本的青少年来说无疑是一个相当陌生和空洞的东西，所以在战后的日本宪法教育中，亦特别注重于开展贴近社会实际问题的宪法教育，不是为了将宪法作为考试的内容而加入课程、更不是像战前的《明治宪法》一样将宪法作为臣民诵读的皇典，而是注重于培养学生的创造性、公共精神、道德观念、自律能力，作为日本人的自主性和国际性，尊重家乡和本国传统文化，尤其是培养学生爱国爱乡的情操等内容。

四、形神兼备推动青少年宪法教育

宪法是国家的根本大法，世界各国的宪法都无一例外地规定了国家的基本制度和人民的基本权利。而宪法教育，虽然因英美法和大陆法系之不同而有所不同，各个国家也因其历史文化传统、政治习惯而有不同之侧重，但是，不论是更注重历史和民族认同的德国所推动的"宪法爱国主义"还是更注重民主和个体权利的美国所施行的"公民教育"，这些都只是因为国情不同而实事求是的"形"，作为宪法教育本质的"爱国主义""国家认同""权利意识""公共参与"的"神"仍然贯穿始终。

1. 强化宪法教育的仪式感，升华宪法信仰

以宪法仪式之外化形式使社会成员以亲历性的体验，可获得庄严与神圣的宪法价值引领，并借助反复性的剧化表演式的情感体认，唤醒其内心的认同与信奉意识，使其成为日常活动中遵循的风尚与习惯，进而内化为一种确定性的信仰情感。②

仪式，是通过特定的程序对事物的重要性进行展示的活动，它强化了仪式参与者的内心确信。传统的宪法仪式一般可以包括全民的宪法宣誓仪式、升挂国旗仪式、奏唱国歌仪式、悬挂国徽仪式。对于青少年而言，需要有适合于他们心智发展的仪式。我们所举办的青少年宪法知识竞赛、青少年宪法演讲比赛、青少年宪法主题歌曲演唱，或都可以被理解成是一种宪法教育的仪式。但是，一方面这种专门、特定的仪式难以像每周一升国旗、唱国歌一样制度化，另一方面更往往因为比赛而

---

① 播磨信义. 日本学生的宪法意识与宪法教育的任务[J]. 康树华, 译. 中外法学, 1983(1):18-19.
② 范进学. 论宪法信仰[J]. 法学论坛, 2020(6):8-11.

导致的"为了比赛而比赛""不进行宪法学习,而是打造一个演讲能力比较强的选手到现场来,用虚构的宪法故事参赛的话",而导致"活动的最终目的(宪法信仰的提升)也无法得到实现"[①]。在青少年的宪法教育中,应当重在推进常态化制度化的仪式,哪怕这种仪式小之又小。例如,在学生初中毕业时,德国政治教育中心会送给每位学生一本《基本法》作为礼物,但是,也能够在一点一滴的积累中,逐步的深化青少年对宪法价值和理念的认识和理解。

2.注重与历史教育相结合推进动态的宪法教育

要了解宪法的内容,最好是把宪法放到起草和生效的历史环境中加以考察。从历史的角度理解宪法,便于我们了解产生宪法的条件和争论,这些条件和争论不断赋予宪法以新的含义。[②] 宪法教育在任何时候,都必须注重它的"神"都必须与爱国主义相连接,都不能够与历史相割裂。在德国与美国的宪法教育中,都特别注重将其融入历史之中,德国注重宣扬德意志民族在文化科技上作出的贡献,并通过参观博物馆、组织讨论等切实地推进青少年对民族历史的了解,并通过结合历史的发展学习国家的宪政历程;而作为宪政国家先行者的美国,虽然只拥有两百多年的历史,但是它却将这两百多年的国家历史与宪法的变革融入一起,将历史的文献解读变成宪法的精神阐释,并以此组成美国公民教育的核心。

宪法的生命在于实施,只有通过对宪法的梳理,通过结合历史的发展、国家的制度变迁动态地将宪法的发展变化(例如我国的5次宪法修正案)呈现出来,才可能有生动的宪法教育,才能够真正地用其内容吸引青少年的关注。

3.立足青少年本身的特质,实事求是地开展宪法教育

宪法教育应当实事求是地开展,不能够使之流于形式,在开展以青少年为目标群体的宪法教育中,必须首先考虑的,应当是青少年的可接受程度。升学考试的竞争压力和日益增多的家庭素质教育,都使得我国青少年的学业负担日益加重,宪法的教育必须认识到这样的现实,如果我们只是为了完成任务而一阵风似的去推动宪法教育"活动",那么很可能会把原先立意良善的青少年宪法教育变成一种单纯的宪法知识灌输,把原先旨在鼓励宪法学习传播宪法价值的青少年宪法教育变成一个机械的宪法形式表演,最终不仅增加了青少年的学业负担,在重要的宪法的认识上,还可能因为逆反心理作祟起到反效果。我们应当注重将宪法教育全面地融入特定的载体中,注重它的常态化运行,在九年义务教育中形成制度,将其衔接到高中和大学教育之中。

另外,对青少年开展的宪法教育,应当是一种符合青少年心智发展的教育。宪

[①] 陈征.学习宪法,一定要结合实践,宣传一万次不如实践一次[J].青少年法治教育学生版,2020(1):16.
[②] 卡尔威因·帕尔德森.美国宪法释义[M].徐卫东,吴新平,译.北京:华夏出版社,1989:1.

法的内容是复杂的、宪法的文本是枯燥的，那么如何将蕴含其中的宪法精神、宪法理念提炼出来，让青少年能够接受呢？在美国的宪法教育中，美国公民教育中心在创立之初即意识到必须采取避免在宪法教育中忽视学生兴趣，机械性地培养学生对于民主政治体制的认同，为此，委员会从当时陈旧乏味且脱离现实的公民教育教材入手，试图"根据社会现状开发学生感兴趣的课程，不仅教给学生公民知识，培养学生的公民态度，更注重提升学生的公民技能，以帮助他们理解美国民主过程的基本原则"，以此专门编写具有针对性的教材内容；在更为生涩的宪法文本中，他们更专门出版了"Kid Friendly"（"儿童适用版"）的专门宪法读本，并不要求青少年尤其是儿童首先去理解那些事关国家基本制度的复杂架构，而是先向他们介绍那些更贴近生活更直观的基本权利。看起来这似乎并没有什么，但这本身已经是对宪法做了一次再阐释，因为实际上涉及人权的宪法修正案产生于宪法制定之后。换言之，在面向青少年的宪法教育中，他们虽然始终注重一以贯之的爱国主义教育，从历史的演进中解读宪法，但却并无意于首先描绘国家的框架来为这些年轻人画上条条框框，而是将重心放在让他们认识和了解他们所拥有的权利，以宪法的精神和价值塑造他们的主体意识。委员会从当时陈旧乏味且脱离现实的公民教育教材入手，试图"根据社会现状开发学生感兴趣的课程，不仅教给学生公民知识，培养学生的公民态度，更注重提升学生的公民技能，以帮助他们理解美国民主过程的基本原则"。

对宪法的文本做一定的重构（顺序）和做有重点的调整，对宪法的内容做更通俗化的解读，对宪法的价值做更贴近生活的阐释，这些都是我们在青少年宪法教育中应当关注的内容。

五、结语

"要加强宪法学习宣传教育，弘扬宪法精神、普及宪法知识，为加强宪法实施和监督营造良好氛围。要坚持从青少年抓起，把宪法法律教育纳入国民教育体系，引导青少年从小掌握宪法法律知识、树立宪法法律意识、养成遵法守法习惯。"[①]自十八届四中全会以来，法治教育日益受到了国家和社会的重视，不论是编写《青少年法治教育大纲》《青少年法治教育读本》《宪法基本知识青少年读本》，还是连续举办六届的"学宪法 讲宪法"活动，都在事实上推动了我国青少年的宪法教育。应当说，这些如火如荼开展的宪法教育活动，已经使得宪法教育基本进入了国民教育体系，我国的宪法教育也初具雏形。但是，要想让青少年通过接受宪

---

① 习近平.中共中央政治局第四次集体学习"宪法和推进全面依法治国"专题时的讲话[EB/OL].(2018-2-24)[2024-7-9].https://baijiahao.baidu.com/s?id=1593346311946895163&wfr=spider&for=pc.

法教育，在内心深处真正信仰宪法，养成宪法思维、尊崇宪法价值、弘扬宪法权威，有再完备的"形"都还是不够的，必须将更多的重心放在对宪法的精神和理念的解读上，将由成文宪法所承载的"神"代入到宪法教育中，形神兼备的推动中国特色社会主义的宪法教育，培养有神气、有朝气的社会主义国家接班人。

涉外法治人才培养中的国际企业社会责任法

陈 博[*]

摘要 在涉外法治人才培养体系的形成与优化中,"国际企业社会责任法"应获得相应的重视。无论是跨国企业在我国的运营与规制,还是我国企业出海经营,企业在获得利润的同时应当按照何种机制、在劳动者权益与环境保护等相关领域履行何种程度的社会责任与法律义务,需要大量掌握相关知识、能力、素质的涉外法治人才。通过对"国际企业社会责任法"课程总体内容与结构进行说明,本文主张该课程能够贯通现有课程设置中的民商法与社会法、国内法与国际法、公法与私法、软法与硬法的传统法学学科分野,并助益学生法学、经济管理、国际经济、国际政治、伦理学等相关学科的跨学科视野。

关键词 涉外法治人才培养;商业伦理;社会责任;工商业与人权

一、引言

随着我国在世界经济中的重要性日益提升,以及经济全球化逐渐深入发展,有两类相对新兴的法律问题正不断涌现,亟须法治予以应对:一方面,越来越多的跨国企业基于其母国的相关要求,通过其对产业链的控制力,对我国制造业中下游企业提出了一系列与企业社会责任或者人权标准的要求,如瑞典时装公司H&M在2021年卷入的"新疆棉风波",更早期则如2013年美国苹果公司要求其代工企业富士康中国代工厂改善违法加班状况等;另一方面,随着越来越多的中国企业出海经营,也面临着了解与遵守东道国国家与区域相关企业社会责任与人权规范。根据企业责任资源中心2021年发布的报告《负责任地"走出去":中国全球投资的社会、环境和人权影响》,我国在东南亚与南美洲的投资遭遇了诸多造成负面社会、环境与人权影响的指责与法律纠纷,其中金属采矿、建筑、化石能源行业得到的指

---

[*] 陈博,法学博士,闽江学院法学院讲师,研究方向:社会法、国际法。

控占七成以上。

面对这一复杂局面，同时作为涉外法治的重要组成部分，我国在2021年制定的《国家人权行动计划（2021—2025年）》中明确提出："促进全球供应链中的负责任商业行为。促进工商业在对外经贸合作、投资中，遵循《联合国工商业与人权指导原则》，实施人权尽责，履行尊重和促进人权的社会责任。建设性参与联合国工商业与人权条约谈判进程。"

为了实现这一目标，需要针对上述问题培养和储备相应的学术研究与实践人才。这也响应了中共中央办公厅、国务院办公厅2023年2月26日印发的《关于加强新时代法学教育和法学理论研究的意见》中"完善涉外法学相关学科专业设置"的要求。然而我国传统的法学教育中长期以来都缺乏相关师资团队与教学、实践资源的配置与积累。据不完全统计，我国开设"工商业与人权"相关课程或者以此作为主要研究领域的法学院校不足十所，并且主要作为人权法或国际人权法下的子问题，而传统上以国际商法、国际经济法为主要教研领域的学术机构尚未给予重视。这背后的原因可能是多方面的，技术层面可能受制于"国际公法、国际经济法、国际私法"三分的专业分类体系，而上述问题则杂糅了国际/国内法以及公法私法的不同领域；另外，在观念层面，长期以来"企业社会责任"更多作为缺乏足够明确法律规定与拘束力的自我约束而被认知，"人权"则更多是外交战场中的攻防武器，似乎都跟法学院尤其是国际商法、国际经济法的核心领域相去甚远。

在这一背景下，本文将解释"国际企业社会责任法"的课程结构与核心规范，并在此基础上主张该课程能够贯通现有课程设置中的民商法与社会法、国内法与国际法、公法与私法、软法与硬法的传统法学学科分野，并助益学生法学、经济管理、国际经济、国际政治、伦理学等相关学科的跨学科视野。这不仅直接响应培育涉外法治人才的目标，也符合"立德树人、德法兼修"的高素质法治人才的综合要求。

二、"国际企业社会责任法"课程结构与核心规范

"国际企业社会责任法"内容涉及商业伦理、企业社会责任相关规范与实践、"工商业与人权"框架下的规范与机制，最终选择"中间环节"的"企业社会责任法"加上"国际"层面的侧重作为课程名称。这一选择不仅仅出于表达上的简洁，也在于对实体性规范内容的强调：相较而言，商业伦理是自治性企业社会责任相关规范的思想来源，但非规范来源，而"工商业与人权"则更强调相应实体规范的实施机制。

（一）课程内容与结构

本课程教学内容的安排也因此对应上述主要板块：

第一，商业伦理概述：主要内容包括伦理判断的基础（即义务论、功利主义、美德主义）、质疑与挑战、在商业伦理问题上的应用，帮助学生理解进行伦理与商业伦理判断的基本原则与理论流派，理解企业在营利之外还须履行社会责任的思想基础与相关争议。

第二，企业社会责任规范与实践：主要内容包括企业社会责任的起源、主要内容、相关案例、国内实施机制，其中核心规范文本为"SA 8000 认证""ISO 26000 指南"及相关核心人权条约（内容简介见下文）。

第三，国际法规制板块：主要内容为围绕以联合国机制为代表的国际法规制机制的历史、现状、问题、发展（尤其是正在制定过程中的有法律拘束力的国际公约），其中核心文本为联合国《工商业与人权指导原则》（内容简介见下文）。

（二）核心规范简介

对本课程所涉及的核心规范进行梳理，不仅有助于明确这一领域本质上的法律与规范属性，同时有助于揭示这一领域公私法、软硬法、国内国际法相融合的特性。

1. 概括性的国内法规范

经过 2004 年的修宪，我国《宪法》第 33 条规定"国家尊重和保障人权"。这一规定符合公认的人权法原理即国家是人权保障的首要主体；与此同时，也存在宪法基本权利规范是否有横向效力的讨论。但在国际企业社会责任法或者"工商业与人权"的领域，没有争议的是在国内法的语境下，国家尊重和保护人权的具体方式包括使用立法等手段确保人权标准得到遵守，其中包括了通过立法要求市场主体遵守相关法律要求，并在违反法律规范的情况下提供有效的救济；存在一定争议的是是否应当通过国际造法行动直接为市场主体规定人权义务。

作为这一路径的具体化，尽管规定仍然很原则，但《公司法》在 2005 年修订后在第 5 条规定："公司从事经营活动，必须遵守法律、行政法规，遵守社会公德、商业道德，诚实守信，接受政府和社会公众的监督，承担社会责任。"与此呼应，2021 年开始实施的《民法典》第 86 条规定："营利法人从事经营活动，应当遵守商业道德，维护交易安全，接受政府和社会监督，承担社会责任。"两部民商事领域基础性的法律均对公司社会责任作出了基础、概括的要求。这就带来了具体化的解释问题。

2. 企业社会责任的认证标准与指南

实践中最为核心的两项企业社会责任的认证标准与指南分别为社会责任国

际（Social Accountability International, 缩写"SAI"）组织制定的《社会责任8000认证标准》（Social Accountability 8000，以下简称"SA 8000"）以及国际标准化组织（International Organization for Standardization，缩写ISO）制定的《ISO 26000社会责任指引》（ISO 26000 Guidance on Social Responsibility，以下简称ISO 26000）。

SA 8000的主要内容包括以下八大方面：（1）儿童劳工：禁止雇用童工，确保合法最低雇佣年龄；（2）强迫劳工：禁止使用强迫劳工，包括奴役、人口贩卖等；（3）健康与安全：确保工作场所健康安全，预防事故和职业病；（4）自由结社与集体谈判：尊重员工自由结社和集体谈判权利；（5）歧视：禁止一切形式的歧视，包括种族、性别、宗教等；（6）纪律惩罚：禁止体罚、精神上的虐待和性骚扰；（7）工时：遵守国家法律和国际劳工组织关于工时和休息时间的规定；（8）报酬：提供员工合法和公平的报酬，确保最低生活水平。

SA 8000旨在帮助公司确保其供应链中的工厂和制造商遵守国际劳工标准，防止剥削和不公平待遇，并且是一种可证明的、由第三方审核的管理体系认证，侧重于结果导向，并具有较强的实施性。相较而言，SA 8000是一种可以认证的标准，而ISO 26000不提供认证服务，仅作为指引。

ISO 26000的主要内容包括以下七大核心主题：（1）人权：尊重和保护人权，防止侵犯人权行为；（2）劳工实践：确保员工权益，包括雇佣与劳动关系、工资福利、健康安全、培训与发展等；（3）环境：采取环保措施，减少资源消耗、废弃物和排放，保护生物多样性；（4）公平运营：遵守商业道德、法律法规，反腐败、反垄断，保护消费者权益；（5）消费者问题：关注消费者健康与安全、消费者信息、合同诚信、公平市场等；（6）社区参与与发展：关注社区发展需求，支持教育、文化、经济等方面的发展；（7）组织治理：确保组织内部的透明度、责任和合规性。

ISO 26000旨在帮助组织了解和实践社会责任，适用于各种类型和规模的组织，包括政府、非政府组织、中小企业等。如上所述，ISO 26000仅仅提供指导原则，而非强制性要求。与SA 8000相比，ISO 26000更注重提供全面的社会责任指导，而不是针对具体的管理体系或供应链。但两者在实体内容上都与国际人权规范紧密相关，都参考了国际人权公约的内容，以确保其符合全球人权保护的基本要求，其中对于禁止歧视、保障劳工权益、保护儿童权利等内容与国际人权公约的核心原则相一致，并为国际人权法律体系提供了基于企业自愿与供应链控制为基础的实践基础。

3.国际核心人权公约与国际劳动组织核心公约

联合国人权九公约是国际社会共同遵循的人权法律框架，为全球人权保护奠定了基础，包括：（1）《国际消除种族歧视公约》（International Convention on the Elimination of All Forms of Racial Discrimination，简称ICERD）：旨在消除一切形式的种族歧视，促进种族平等和谐；（2）《经济、社会与文化权利国际公约》（International Covenant on Economic, Social and Cultural Rights，简称ICESCR）：保障经济、社会与文化权利，如工作权、教育权、健康权等；（3）《公民权利与政治权利国际公约》（International Covenant on Civil and Political Rights，简称ICCPR）：保障公民权利与政治权利，如言论自由、选举权、集会自由等；（4）《消除对妇女一切形式歧视公约》（Convention on the Elimination of All Forms of Discrimination Against Women，简称CEDAW）：促进性别平等，消除对妇女的一切形式歧视；（5）《防止酷刑及其他残忍、不人道或有辱人格待遇或处罚公约》（Convention Against Torture and Other Cruel, Inhuman or Degrading Treatment or Punishment，简称CAT）：禁止酷刑及其他残忍、不人道或有辱人格待遇或处罚；（6）《儿童权利公约》（Convention on the Rights of the Child，简称CRC）：保护儿童权益，包括生存、发展、保护和参与权；（7）《保护所有外籍劳工及其家庭成员权利国际公约》（International Convention on the Protection of the Rights of All Migrant Workers and Members of Their Families，简称CMW）：保护外籍劳工及其家庭成员的权益，包括就业、社会保障、教育等；（8）《保护失踪人员权利国际公约》（International Convention for the Protection of All Persons from Enforced Disappearance，简称CPED）：防止和惩治强制失踪行为，保护失踪人员及其家属的权益；（9）《残疾人权利公约》（Convention on the Rights of Persons with Disabilities，简称CRPD）：保障残疾人的权益，消除对残疾人的歧视，促进残疾人的社会参与和平等待遇。

以上九项公约构成了联合国人权核心的法律框架，为国际社会在人权保护方面提供了指导和规范。显然，上述文书中的具体权利标准等内容超出了本文能够容纳的范围，在此仅说明这些人权文书作为基础性人权法律规范的渊源地位，并在分析具体问题时予以深入，留意国际法规范中还存在国际强行法等非成文形式的规范。

在联合国人权公约体系之外，还存在其他国际组织主导的国际或者区域人权公约，其中经常被国际企业社会责任相关规范与世界经济贸易协议援引的是国际劳工组织主导的核心公约体系。国际劳工组织（International Labor Organization，简称ILO）是联合国的一个专门机构，负责制定和推广国际劳工标准。ILO的核心公约包括八个公约，涵盖了四个基本劳工权利领域，即自由结社和集体谈判权、消除强迫劳动、废除童工和消除就业歧视。这些公约是：（1）《自由结社和保护组织权利公约》（Convention No. 87, Freedom of Association and Protection of the Right to Organize Convention, 1948）：该公约保障工人和雇主自由结社，成立和加入他们认为合适的组织。公约规定，这些组织应独立于政府和其他机构存在，且应尊重民主原则。（2）《集体谈判公约》（Convention No. 98, Right to Organize and Collective Bargaining Convention, 1949）：该公约旨在保护工人参与集体谈判的权利，以改善工作条件和生活水平。公约要求国家采取措施，鼓励和促进集体谈判的进行，并防止雇主干预工人组织。（3）《强迫劳动公约》（Convention No. 29, Forced Labor Convention, 1930）：该公约要求国家采取措施，禁止并消除一切形式的强迫劳动，包括苦役、奴役和人口贩卖等。公约规定，强迫劳动只能在特定情况下用于公共利益，并在人道条件下进行。（4）《强迫劳动废除公约》（Convention No. 105, Abolition of Forced Labor Convention, 1957）：该公约要求国家废除用于政治目的或作为对工人组织和集体谈判行为惩罚的强迫劳动。公约还禁止以种族、宗教或政治观点为由强迫他人工作。（5）《最低年龄公约》（Convention No. 138, Minimum Age Convention, 1973）：该公约旨在消除童工，规定国家应确定并实施适当的最低年龄限制，以防止儿童从事可能危害其安全、健康或道德的工作。最低年龄应不低于完成义务教育的年龄，通常不得低于15岁。（6）《最严重形式的童工公约》（Convention No. 182, Worst Forms of Child Labor Convention, 1999）：该公约要求国家采取紧急措施，禁止并消除最严重形式的童工，包括奴役、强迫劳动、童妓、儿童色情、用于非法活动的儿童以及可能危害儿童身心健康、安全和道德的工作等。该公约要求国家采取有效措施，对涉及最严重形式童工的行为进行刑事制裁，并为受影响的儿童提供庇护、康复和社会融入支持。（7）《不歧视就业和职业公约》〔Convention No. 111, Discrimination (Employment and Occupation) Convention, 1958〕：该公约要求国家采取措施，消除对就业和职业的一切形式歧视，包括种族、肤色、性别、宗教、政治观点、社会起源和家庭状况等方面的歧视。公约鼓励国家为实现平等机会和待遇制定政策，促进人人在就业和职业中实现公平竞争。（8）《雇佣政策公约》（Convention No. 122, Employment Policy Convention, 1964）：该公约要求国家制定并实施积极的雇佣政策，旨在实现充分、生产性和自愿性的就业。公约强调国家应保障工人在就业方面的平等机会和待遇，确保劳动市场政策与经济、社会和教育政策相协调。

这些核心公约是国际劳工法的基石，为全球劳工权益提供了保障。各国政府应当尊重和落实这些公约，确保在国内法律和政策中充分保护劳工权益。企业也需要了解这些公约的要求，确保在经营活动中遵守劳工权益的相关规定。

4."工商业与人权"框架下的联合国机制与发展

2011年6月，联合国人权理事会一致通过了《工商业与人权指导原则》（United Nations Guiding Principles on Business and Human Rights，简称 UNGP）。UNGP 是一

套关于工商企业在全球范围内保护和尊重人权的指导性原则，包括三大支柱：（1）国家履行保护人权的义务：强调国家有责任保护人权，包括制定法律和政策以防止工商企业侵犯人权；（2）企业尊重人权：要求企业在其运营过程中尊重人权，避免侵害他人权益，并就企业活动可能导致的负面影响进行补救；（3）救济机制：强调在人权侵犯发生时，受害者应有权获得有效救济，包括司法和非司法救济途径。

UNGP 的机制继承了联合国体系内对以跨国企业为主的市场主体进行人权规范的努力，将上述核心人权公约中的标准间接地适用于企业行为中。然而，这一机制目前仅作为软法存在，尚缺乏国际法上的拘束力。而目前这一领域的发展动向则是制定一部有法律拘束力的国际公约，即"跨国公司及其他商业企业侵害人权问责的国际立法进程"。

这一进程始于 2014 年，当时联合国人权理事会通过了第 26/9 号决议，决定成立一个政府间工作组，负责起草一份有关跨国公司及其他商业企业侵害人权问责的国际立法。这一立法进程的目的是弥补现有国际法在处理跨国公司侵犯人权问题时的不足，并确保受害者能够获得有效救济。这一进程的关键问题包括：跨国公司的人权责任、国家法律的域外效力、受害者救济途径等。截至目前，政府间工作组已经召开了多轮会议，发布了多个版本的草案。最新的草案是在 2021 年 8 月发布的《第三次修订草案》。

在过去的几年里，各国政府、非政府组织、企业和学术界都积极参与了相关讨论，表达了各自的立场和关切。需要注意的是，该立法进程仍面临诸多挑战，包括国家之间的分歧、涉及的法律问题复杂性等。因此，尽管已经取得了一定的进展，但新的国际人权条约仍在制定过程中，尚未最终敲定。在此过程中，企业和其他利益相关者应当关注相关动态，了解新条约可能对其经营和社会责任方面产生的影响。同时，遵循现有的国际人权法律框架和指导原则，如 UNGP、SA 8000 和 ISO 26000 等，也有助于企业提前做好准备，应对未来的法律变革。

三、"国际企业社会责任法"在涉外法治人才培养中的价值

通过对"国际企业社会责任法"所涉及的主要规范性文件进行梳理，能够看出这一领域是涉及了多个法律部门和基本分类的综合领域。本文主张，通过学习这门课程，学生可以在民商法与社会法、国内法与国际法、公法与私法、软法与硬法等传统法学学科的基础上，拓展跨学科视野，更好地理解企业在全球经济与治理中的角色和责任，并在实践中服务经济发展，更好地成长为涉外法治人才。具体而言，本课程的综合属性体现在以下方面：

（一）民商法与社会法

企业社会责任的基础渊源之一便是《公司法》的相关条款，并且对作为市场主体的企业所涉及的法律传统上都归类为民商法。本课程将为学生提供对企业而言同样非常重要的社会法维度，包括如劳动法、环境法等实体内容和"企业社会责任报告"与"人权尽责"等程序或者实现形式的内容。学习这门课程有助于学生理解民商法与社会法在企业社会责任中的应用和相互关系，帮助学生提高为企业提供综合、完整的法律服务的相关知识、能力和素养。

（二）国内法与国际法

企业在全球化背景下面临不同国家和地区的法律法规，需要遵循国内法律规定的同时，关注国际法的要求。这包括国际劳工法、国际环境法、人权法等。通过学习这门课程，学生可以掌握国内法与国际法在企业社会责任实践中的协调与互动，并了解最新的国际法的发展会如何影响企业的合规经营等相关问题。此外，学生可以以此具体问题为例，将传统上彼此独立甚至隔离的国际法、国内法两个体系进行综合理解，帮助学生形成更为具体的、以解决问题为导向的法律思维。

（三）公法与私法

企业社会责任涉及公共利益和私人利益的平衡。在国际企业社会责任法的视角下，企业除了需要遵守国家制定的法律法规外，还可能面临国际造法运动所造就的直接为企业施加义务的规范体系。这无疑扩宽了传统上将商法、商事行为作为私法因而忽视公权力干涉的视野。当然，这一视角的引入并非天然地赞成政府干预市场或者更具体的企业经营的正当性，而是期待能够在正视问题与需求的情况下形成公开坦诚的社会讨论与博弈，厘清公私部门在实现社会发展目标上的分工与成本承担。

（四）软法与硬法

企业社会责任既涉及硬性法律法规的遵循，也涉及自愿性的行为准则和标准。软法如企业道德准则、行业规范等，虽无法律约束力，却对企业的声誉和品牌形象产生重要影响，并通过产业链的控制形成事实上的拘束力。目前该领域的最新发展也显示了软法逐渐通过造法行动成为硬法的复杂与艰难的过程。通过学习这门课程，学生可以了解软法与硬法在企业社会责任实践中的作用和互补性，理解抽象的法律规范之外企业运营与发展所面对的真实处境。

（五）跨学科视野

本文主张"国际企业社会责任法"是涉外法治人才培养中的重要一环，涉及民商法、劳动法、环境法、国际法等多个法学领域，并在上述基本分类下提供综合理解与应用。与此同时，企业社会责任也与经济管理、国际经济、国际政治、伦理学等多个学科有着紧密联系，不仅能为法学专业学生提供跨专业的视野，也可在进行必要调整后为其他专业学生开设。

例如，对于经济管理类的学生而言，"国际企业社会责任法"或"工商业与人权"要求企业关注社会和环境问题，提高可持续发展能力，因此值得关注。反过来，经济管理学科为实现相关规范提供了管理工具和方法，如供应链管理、企业社会责任报告、风险管理等，帮助企业在追求经济利益的同时实现社会和环境责任。此外，全球化使企业面临不同国家和地区的法律法规，以及不同市场和文化背景。国际经济学为"国际企业社会责任法"或"工商业与人权"提供了全球经济背景和国际贸易规则，帮助企业了解在国际市场中的竞争环境和合作机遇，并提供不同国家和地区相关企业遵守或不遵守相关规范后的经济表现的具体案例与研究。

经济视角的观察与研究无法脱离国际政治的大环境。区域经济贸易协议中所包含的人权责任、劳工标准、环境标准等内容也深受国际政治发展变化的影响。相应的，国际政治学科为工商业与人权提供了国际关系和外交政策的分析框架，帮助企业了解在全球政治环境中如何应对和影响政策制定。

在更为抽象和根本的层面，"国际企业社会责任"的底层思想基础或者预设为企业在追求经济利益的同时需要关注道德和伦理问题，在此基础上也衍生了一系列的或自愿或强制或国内或国际的认证、标准、法律规范。伦理学为"国际企业社会责任"或"工商业与人权"提供了道德准则和价值观，引导企业在经营活动中遵循道德原则，关注人权和公平正义；而这一具体领域的制度发展成为伦理标准应用在具体社会生活或成功或失败的实例。

四、结语

在培养涉外法治人才、高素质法治人才的教育背景下，本文在"国际企业社会责任法"课程的主要板块与核心规范性文件，主张该课程能够在一定程度上克服传统学科与领域划分的局限，回应现实需求，培养学生跨学科视野的作用，应当获得相应的重视。但不得不承认的是，无论是"国际企业社会责任"还是"工商业与人权"，学科积累尚显初步，尚未出现有公信力的教材，先进院校的相关经验也在积累之中。但这一特点或许也能够成为机会，即能够在一定程度上不受传统教学模式"概念—性质—特点—比较"模式的限制，在完成基础文本和制度的介绍后尽快进入解决问题的模式，以福建省或福州市的涉外企业经营管理的真实问题出发，形成更具实践性的教学模式。另外，这一领域的涉外本质也为双语教学甚至全英文教学提供了基础。

合议制团队书记员协同履职模式探索
——以刑案聘用制书记员履职保障为主要视角

【李 军*】

摘要 实现审判工作现代化，审判体系是基础，审判管理是保障，工作成效落实到审判团队具体办理案件的质量、效率及效果的检视上。书记员作为审判团队整体履职中相对的"短板"，有着结构性缺陷和影响因素，在现代协同履职过程中，缺乏协同履职评价指标，辅助履职保障机制不健全，是审判工作现代化绕不开的现实难题。运用需要激励、过程激励原理，搭建技术等级通道，探索形成以技术等级与案件量相结合的绩效考核体系，满足个人阶段性成就动机，运用现代管理学理论完善案件管理体系以及干部管理机制，优化庭务日常管理考核侧重点，引导提升书记员协同履职能力，实现审判团队履职能力整体现代化，保障司法公正的完整性和精细感，在能动司法服务保障中国式现代化的新时代背景下，有着重要的现实意义。

关键词 合议制；书记员；协同履职

在 2023 年全国大法官研讨班开幕式上，最高人民法院张军院长强调："围绕'公正与效率'工作主题，找准司法审判在全面依法治国这场国家治理的深刻革命中的职责定位，稳中求进、守正创新，做实为大局服务、为人民司法，从审判理念、审判机制、审判体系、审判管理等方面整体推进、系统落实。"[①] 随着司法改革持续推进，人员分类管理配套机制改革正在持续完善之中。书记员作为司法辅助力量，发挥着不可替代的作用。但囿于编制限制无法大规模地增加公务员编制书记员，自 2017 年 4 月起，全国开始统一聘用制书记员（下称"书记员"）管理制度，又与当前探索的新型审判团队结合运行，探索书记员协同履职优化审判团队整体审

---

* 李军，福州市中级人民法院干部教育培训处副处长。
① 白龙飞.稳中求进 守正创新 以审判工作现代化服务保障中国式现代化[N].人民法院报，2023-07-14(1).

判质效，努力跟上、适应案件量剧增、能动司法职能延伸的新时代新发展阶段新要求，是一项紧迫又有新时代价值的课题。

一、合议制团队书记员协同履职之基本现状

《关于完善人民法院司法责任制的若干意见》（下称《意见》）首次提出"审判团队"的概念，并提供了"审判团队"的组建建议，包括独任制、合议制审判团队，各地法院就展开了积极探索，形成了百花齐放的态势。[①] 根据不同审判团队模式，动态调整聘用制书记员配置，各地也进行了相应的实践，形成初步经验，但与现代化审判团队协同履职的目标还有不小的差距。本文仅针对刑事合议团队样本进行实证研究。

（一）技术辅助的结构性缺陷与影响因素

产生影响审判团队效能整体发挥的结构性缺陷。根据教育部印发的《职业教育专业目录（2021）》，专科院校所设的法律相关专业主要分为法律事务、法律执行和司法技术三大类，其中法律事务专科培养目标，掌握法律基础理论知识，熟悉法官工作的基本流程，具备一定的案件事务处理能力和沟通协调能力。诚然，法科生培养目标是成为"法官"，通常在校期间已经通过实习实践活动，了解庭审记录、案卷归档等工作内容，有专业先发优势，入职书记员的法学法律毕业生占到了63%。[②] 随着聘用制书记员制度的推广，非法学专业毕业生入职数量在增多，包括语言类、艺术类、经管类、软件、护理、工商管理等，[③] 这部分群体经短期培训就立即上岗。相对而言，法科生相较于其他专业生源，在协同辅助团队办案方面各有优劣，协同辅助力度、广度、深度都相当有限。[④] 在整体上，审判团队尚未达到各司其职的改革预期，与审判团队同向协作办案现代化的要求还有差距。

存在影响审判团队整体质效稳定的重要因素。部分省份的书记员流失率接近

---

① 采取"1+1+1"或者"1+N+N"配备人员的独任制审判团队模式，主要是贵州、江苏、浙江、广东等部分基层法院采用。合议制审判团队采取包括"3+3+3""3+N+3""1+1+1""3+N+N"配备人员的模式。《意见》明确可以组建相对固定的审判团队，实行扁平化管理，大多数法院选择在原有刑庭建制基础上组建审判团队。参见张婷婷. 不同层级审判团队组建检视与进路考量[J]. 上海法学研究集刊，2023(1):199-200；李红俊. 审判团队之矩阵管理结构优化——以全国18家法院为样本[C]// 第十八届长三角法学论坛.

② 史明昂.××法院辅助人员配置优化研究[D]. 山西大学，2020:16.

③ 2021年新收录用聘用制书记员数据显示，J省高院（位于甲市）收法学类本科6人，占比23%；甲市中院收法学类本科19人，占比5.85%，收法律类专科19人，占比5.85%。参见胡晓红. 技术浪费理论视角下的聘用制书记员法治化改革路径[J]. 克拉玛依学刊，2022(6):43.

④ 冯之东. 法院系统司法辅助人员制度改革实践调查[J]. 南华大学学报（社会科学版），2021(4):78.

1/3，有些基层法院半年内年轻书记员流失率高达50%，[①]准备辞职和已经辞职的书记员往往是在工作业务中刚刚上手、能力素质较高的一部分人，书记员培养的沉没成本居高不下。2003年发布的《人民法院书记员管理办法（试行）》，规定书记员要"完成法官交办的其他事务性工作"，但未对具体事务性工作作出解释。2013年印发的《人民法院工作人员分类管理制度改革意见》，也未对辅助性工作加以明确，认为当前审判团队内部分工不明的受访者达到69%。[②]部分员额法官结案压力大，逐渐衍生出先由资深的书记员办案，最后再由员额法官把关署名的做法，实际上是让书记员充当新增的办案力量来实现办案指标，是否符合司法改革初衷，有待商榷。

（二）现有案管体系评价辅助指标不周延

书记员等级管道建设及绩效考核机制不健全。《法官主流、检察官助理、书记员职务序列改革试点方案》要求聘用制书记员"实行等级管理"，但目前大部分法院还没有建立起一套以技术熟练程度、实际工作量为考评内容的专业技能等级标准，并且与技术等级挂钩结合当年度办案量的薪酬待遇体系。在部分审判团队中，书记员还要分担法官或者团队所分配的党建调研、论文课题、信息、宣传及行政事务工作，消耗大量工作精力。有学者指出"书记员不仅承担司法辅助类工作，也承担着大量行政类工作"[③]，虽相关工作内容起源于案件素材，但工作成果无法在案件管理体系中得到体现，造成不同刑庭各个审判团队中书记员辅助办案的横向业务量比较失衡，纵向上技术等级管道闭塞，书记员难以在阶段性的工作中有获得感，弱职业安全感和心理压力会产生职业倦怠感，[④]未真实起到绩效考核"指挥棒"作用。

"事务性工作"重要评价指标缺失。现有的案件管理体系，对书记员的考核指标，如案件数、归档率等，是针对《人民法院书记员管理办法（试行）》第2条"书记员履行以下职责"的第（1）项至（4）项，缺乏第（5）项"法官交办的其他事务性工作"的考核指标。在庭审实践中，一些法院干脆使用庭审全程录音、录像以替代书记员庭审笔录，[⑤]传统基本庭审笔录职责逐步被现代数据工具取代，书记员逐步地会更多地从事其他非司法辅助性工作。[⑥]随着信息化技术的发展以及辅助

[①] 潘琳.贵阳市基层法院书记员职业现状调查研究[D].贵州民族大学,2018:17.
[②] 2015年最高人民法院《关于完善人民法院司法责任制的若干意见》,明确列举法官助理"审查诉讼材料"等7项职责和书记员"负责庭前准备的事务性工作"等5项职责。参见冯之东.法院系统司法辅助人员制度改革实践调查[J].南华大学学报(社会科学版),2021(4):77.
[③] 胡晓红.技术浪费理论视角下的聘用制书记员法治化改革路径[J].克拉玛依学刊,2022(6):47.
[④] 张青.基层法官流失的图景及逻辑:以Y省部分基层法院为例[J].清华法学,2018(4):53.
[⑤] 胡晓红.技术浪费理论视角下的聘用制书记员法治化改革路径[J].克拉玛依学刊,2022(6):46.
[⑥] 张卫平.论庭审笔录的法定刑[J].中外法学,2015(4):903.

性事务外包，书记员传统的庭审记录、装订归档也将逐渐减少消亡，在审判团队整体指标体系内完善细化书记员事务性工作指标具有现实意义。

（三）书记员辅助履职缺乏庭务统筹管理

书记员履职能力建设未纳入庭室重点内务管理。当前大部分的审判团队及书记员主要依托在庭室进行实际管理，与案件管理部门、干部人事档案管理部门没有形成有效合力。案件管理部门运用信息化技术跟踪监督每个业务庭结案率、收结比、发改率等重点考核指标，庭室内务管理基于案件管理部门的提醒，跟踪催办案件、督促案件清积、信访闹访、类案同判等重点绩效考核事项，人事管理部门主要负责每个月、季、年度绩效考核登记，各个部门管理模式各行其是，没有形成深度融合。只有在大要案、重大专项行动中，单独协调处置，或者人事管理部门抽调人员匹配，庭室推报人选，没有形成高效的联动统筹机制。大部分书记员仅满足于跟办案件数量达标，没有形成协同履职的意识和能力。庭室内务管理未针对书记员专业职位匹配、辅助技术、技能、个人特长、胜任力等方面，形成完善的考察培养制度，书记员限定在某个序列岗位无法调剂，横向转岗未形成畅通有效机制。

现代庭务管理缺少团队间交叉辅助制度安排。当前尽管运用信息化系统、内勤检索等方式，采取动态监控指标、提前预警等方式，但基本上还停留在传统的"点对点"管理模式，缺乏书记员对审判团队贡献软实力考察制度。各个审判团队存在各自运行规律，在不同的专业案件审理中，书记员技术专业背景、方言或外语能力、以往工作经历等方面都有差异，可以提供更为完备的辅助技术，但现有的庭内或跨庭借用书记员，均需个案协调，缺乏精细化的"条块结合"庭务管理运作机制，割裂现代化审判团队资源整合配置的系统性。审判团队借用书记员办案所产生的跨部门系统分案、下乡办案补贴及报销等，暂未形成现代化的司法管理系统、财务报销管理制度等履职保障体系。

二、合议制团队书记员协同履职之理论基础

人口规模巨大的现代化，表明诉讼爆炸在短期内不会停止，在中央政法编制无法扩编的前提下，尽快提升审判团队整体战斗力是当务之急。在审判机制、审判体系、审判管理中，完善书记员协同履职相关方面，高标准、严要求地辅助完成能动司法的时代要求，推动审判团队提速增效，实现审判工作现代化。

（一）团队协同履职需求与过程激励理论

木桶理论认为木桶的盛水量是由构成木桶的所有木板共同决定的。若其中有一块木板很短，则木桶盛水量就被短板所限制。这块短板就成为木桶盛水的"限制因

素"。书记员作为现代化审判团队的"限制因素",他们的职业需要是解决整体合力的突破口。需要型激励,认为人类的需求从低到高划分为生理、安全、归宿和爱、尊重及自我实现,逐层递增。[①]其中,生理、安全、归宿和爱的需求属于低级需求,能够通过外在条件满足。培育书记员工作熟练程度,降低技术成熟书记员的流失率,需要通过外在激励,优先满足包括生理、安全、归宿和爱的低级需求。生理需要激励要避免工作强度大且业绩好,却未能收获对等的劳动价值的现象,尽力保障外地、家庭困难书记员期待的吃、穿、住、行等基本生活生理需求。书记员安全感需求主要包括职业安全和心理安全。职业安全就是明确审判团队内部分工,让书记员感受到通过自身努力,就能持续获得技术等级及体面的职业升级的安全感,能凭借技术等级和辅助办案数量拥有优先权。心理安全就是运用组织关怀行为来保障书记员心理建设及调适。

尊重及自我实现属于高级需求,一般需要内部因素才能满足,高级别的需要,是以优先满足低层次需求为基础的。书记员的高级需求,是其内心感觉到因为自己的履职能力获得了尊重,自己的工作成果实现了自身价值,就是建立起合理的绩效考评体系,灵活运用组织管理模式,通过专业技术等级来衡量每个书记员的履职能力,让真正有能力、有责任心的书记员,获得高级技术等级身份认可,为其他书记员树立"标杆",找到履职能力差距和成长的方向。为适应现代化审判团队建设目标,按照分级管理的模式,以审判团队整体质效为考核标准,定期为书记员协同法官及团队履职情况公示形成"样本"效应,有助于带动破解审判团队效能整体发挥的结构性缺陷,深度提升书记员协同能力,有利于将书记员个人发展目标和组织目标统一起来。[②]

(二)管理学原理在现代案管体系的运用

现代案件管理体系,通过组织、领导、指导、评价、监督制约等方法,对审判团队审判工作进行合理安排,对审判团队每个成员动态成长的把握,对司法过程进行严格规范,对审判质量、效率、效果进行科学考评,对司法资源进行有效整合,这本质上是一种过程激励。在现代案件管理体系建设过程中,按照公平理论模型,[③]找到书记员履职意愿、协同履职能力优化的关键性因素,探索科学精准的指标合理区间,研究多指标之间的关联性和导向作用。全面科学的案件管理体系,满足书记员对案件管理工作的期待,在专业背景、经历、年龄、从业经验、经济条件

---

① 亚伯拉罕马斯洛.人类激励理论[M].许金声,译,华夏出版社,1987:363.
② 黎晓云.司法体制改革背景下法院人员分类管理改革研究[D].华中师范大学,2020:9.
③ 约翰·斯塔希·亚当斯.亚当斯公平理论[J].变态心理学和社会心理学杂志,1963,67(5):422-436;转引自黎晓云.司法体制改革背景下法院人员分类管理改革研究[D].华中师范大学,2020:9.

等方面的差异中，寻找到构建现代化审判团队且满足个人需要的连接点。[①] 对书记员在跟办案件中存在的好的方法和态度方面，进行持续的正向激励，以优化案件管理与考核方式提升管理效能。

在工作中自我能力的提升和比较的体验，是人在工作中获得成就感的主要方式。协同履职能力层次的提升，要求案件管理体系设计要有"过程激励"的梯度性。书记员办案量与薪酬待遇衔接合理公平，公开透明的技术等级序列，基于案件管理客观公正的绩效考核。如果没有上述考核标准，或者考核标准不公正、不细致，书记员就会寻找类似身份、岗位的人进行横向类比，会将现阶段和过去的工作量同向比较，比较体验产生心理失衡会影响审判团队协同履职。优化案件管理体系，逐步形成书记员工作量与回报之间正相关的绩效考核体系，从而不断塑造自己的辅助工作服务态度，这对于现代化审判团队补足短板能力，适应新时代司法工作具有重要作用。

（三）全员考核贯通庭室内务管理体系

"抓协同，推动审判职能融合协同履职"，有效管理要通过各种正式和非正式信息渠道捕捉和监控信息，及时把握组织内外动态，对信息的把握和掌控给予他们行为的自由度与主动权，聚焦时间与精力搭建配套资源。[②] 就书记员协同履职而言，现代庭室内务管理，要建立审判团队协同履职机制，促使审判团队力量均衡协调发展，形成比学赶超的浓厚氛围。"信息捕捉""监控信息"，庭务管理团队应当全面考察掌握书记员各方面能力，表层能力包括法律专业知识、计算机操作知识、档案管理等书记员技能，该部分能力考评相对简单，还应考察了解书记员独特的、潜在性的能力，则包括职业动机、态度、价值观，以及个人的特质、认知、思维模式、心理定势、思考行动方式等的测量难度就较大。[③] 改造拓宽以业务庭"块"为主的书记员组织管理模式，由浅入深循序渐进，多方式掌握并吸收潜在性的深层次能力与需求，克服审判团队平均主义，让有能力的书记员多劳多得。

构建稳健且灵活机动的新型书记员工作模式，"给予主动权"，允许不同层级能力和不同需求的书记员，找到适合自己的工作定位和技术等级通道，允许能力普通的书记员完成基本工作业绩，允许能力强的书记员多干多得，为不同能力阶段的书记员设定具有一定挑战性的目标，达到低层次目标后，再提高挑战难度稍大一点的目标，不断满足阶段性成就需求。"搭建配套资源"，庭务管理团队及时掌握书记员应对重要节点、关键性事件，特别是对闹访当事人、庭审突发状况的应对处理措

---

① 贾明明.基于弗洛姆期望理论的乡镇公务员激励机制的研究[D].东南大学,2019:9.
② 马浩.战略管理学精要[M].北京:北京大学出版社,2008:19.
③ 凌文辁,柳士顺,谢衡晓,等.人员测评:理论、技术与应用[M].北京:北京科学出版社,2010:239.

施，沟通、协调及做调解工作的能力类型，工作量增加带来的心态转变等，不同审判团队书记员工作能力侧重点，动态了解书记员职业规划、工作调配调剂意愿。综合各方面考察信息，结合晋升空间和渠道，在各个审判团队之间调配资源。

三、合议制团队书记员协同履职之优化路径

现代化审判团队履职是整体性评价，书记员是协同履职整体评价中的短板，研究书记员协同履职优化路径，是完善审判辅助人员配套机制改革的重要举措。运用激励理论、管理学原理，研究制定符合审判工作规律又能提升团队整体审判质效的协同履职机制，推动书记员提升协同履职能力。

（一）搭建技术等级通道强化深度辅助能力

按照专业背景及专业性审判团队确定招录与管理方向。中共十八届三中全会提出，"建立符合职业特点的司法人员管理制度，完善司法人员分类管理制度"。《人民法院第五个五年改革纲要（2019—2023）》第56项规定，"健全完善聘用制书记员的招录、管理机制"。基于不同的专业背景，选配书记员进入不同的专业化审判团队。法科生培养目标是"法官"，虽与书记员岗位职责有差异，但总体上能适应书记员工作，也具备深度协同辅助的知识储备和能力。非法学专业书记员可以因地制宜地选配进专业化审判团队，"语言类"专业书记员可以将其培养为审判团队的宣传、信息、调解助手，"艺术类"专业书记员可以将其培养为审判团队的法治文化作品写手，"护理"专业书记员可以将其培养为交通事故、非法行医等专业化审判团队的助手。相关专业书记员入职后，明确审判团队内部分工，归纳列明"事务性工作"的内容，配备经验丰富的熟练老书记员帮带，集中统一培训机制快速提升专业能力，建设专业化的书记员队伍。

搭建专业技术等级通道，减缓能力强素质高的书记员的流失速度。需要运用激励优化管理方式，通过专业技术等级来衡量每个书记员的履职能力，使工作能力强的书记员可获得尊重，持续获得技术等级升级的安全感。技术等级通道与办案工作量、案件业务熟练度相对应。按照刑事案件量设定年跟办案件数量及技术通道，分别设定晋级案件数，这种晋级案件数是经过大数据精准测算后的标准平均值，书记员努力工作就能实现的挑战性目标。考虑半年一次晋级，两年内完成四次晋级，实施"小步慢跑"的待遇小幅提升策略，不断满足"升级打怪兽"的成就需求。工作满两年，书记员完成第四次晋级后，还愿意留任的，说明其业务能力强且岗位黏性高，至此已实现最初设定的减缓业务熟练书记员流出的制度价值。继续优化审判团队的整体专业程度，坚持半年一次晋级，实施"小步快跑"的待遇较大幅度提升策

略，区别业务熟练与不熟练书记员之间的薪酬待遇。① 现代化信息技术辅助工具的运用是大势所趋，庭审职能语音识别技术、电子送达平台以及电子卷宗同步生成等系统运用，必将改变书记员工作时间精力的分配，也深刻塑造着协同履职模式。

（二）细化技术辅助指标健全现代案管体系

法官承担的办案业务以外的相关工作越来越多，离不开书记员深度融合、高度匹配，书记员全方位跟上现代化审判团队建设有其必要性，健全全面考察的现代案管体系也成为必需。参照"过程激励"的梯度性建设，设定书记员协同履职能力优化的关键性因素，研究技术等级、工作量等评价指标间的关联性和导向作用，建设完善的书记员技术等级序列，完成书记员等级管道建设。及时聚焦书记员协同能力指标的薄弱环节，进行查缺补漏、靶向治理，以常态化的信息分析推动团队整体合力协调提升。持续完善网上办案系统对书记员审判流程节点的管控，加强对办案系统关键性节点和普通节点的监控管理，减少因书记员协同能力不足造成的不良质效。在书记员等级管道建设基础上，健全书记员绩效考核机制，完善书记员办案量、技术等级与薪酬待遇合理衔接。对各方面条件及绩效位列头部的书记员，创造机会推荐录取为聘用制法官助理，实现人尽其才和才尽其用。

在办案工作量、案件业务熟练度相对应的技术等级通道中，探索建立审判团队整体性指标体系，并设置书记员"事务性工作"指标，突出非司法辅助性工作业绩，体现书记员所分担法官或者团队所分配的党建调研、论文课题、信息、宣传及行政事务工作等。挖掘每个书记员的专业背景、从业经历、个人特长等，构建差异化的现代化审判团队。更多地从协同法官做好"能动司法"职能延伸部分，探索挖掘书记员"事务性工作"职责外延，包括辅助推动刑事附带民事诉讼赔偿调解，辅助答疑解惑实现当事人息诉息访，从个案、类案的辅助性工作中发现问题及时预警，积极分担配合法官融入基层社会治理，宣传信息采编，法治文化作品创作等等。"推进审判体系现代化，科学的考核评价体系是重要抓手。做实全员绩效考核，把评案与考人贯通起来。"② 探索建立以审判为中心的团队职能整合和人员优化配置机制，重构符合审判工作规律和专业化特点的工作模式。

（三）强化庭务管理优化调剂辅助使用机制

在专业技术序列基础上，书记员技术等级序列注重庭室内务管理与审判管理部门的联动。建立审判团队整体性考核体系，采取"突出数量、质量、效率、效果均

---

① 李军.法院编外书记员流出问题研究[C]// 张光君.应用法学评论.北京:社会科学文献出版社 2022(1):248.

② 白龙飞.稳中求进 守正创新 以审判工作现代化服务保障中国式现代化[N].人民法院报,2023-07-14(1).

衡发展"原则，设定书记员与团队整体业绩细化关联指标，在定期的案件量业务考核中，完成晋级挑战案件量的书记员，保障顺畅晋升，打破审判团队平均主义模式，形成"鲶鱼效应"，让真正有能力的书记员脱颖而出。现代庭室内务管理建立书记员协同团队履职机制，考察表层能力包括法律专业知识、计算机操作知识、档案管理等书记员技能，逐步深入考察书记员独特的、潜在性的能力，则包括职业动机、态度、价值观，以及个人的特质、认知、思维模式、心理定势、思考行动方式等方面，针对书记员"个人"本身形成全方位庭务管理。

对"事务性工作"协同履职事项进行"清单化"管理。庭室内务管理关注并记录书记员"案、事件"的处置，及时掌握书记员应对重要节点、关键性事件能力，跟办急难险重、大案要案的协同履职表现，建立书记员专业职位匹配、辅助技术、技能、个人特长、胜任力及协同履职能力建立"庭务台账"，及时动态掌握书记员协同团队履职信息，对团队贡献的"软实力"。探索建立书记员廉政风险防控数据有效采集、科学比对分析、精准分类推送与快速反馈处置等功能。在上述"个人能力台账""庭室台账"基础上，人事管理部门结合书记员"个人档案"，对组织部门《绩效考核登记表》进行全面、深入考察，保证考核工作与日常审判业务工作深度融合。有效整合审判团队资源配置，优化人力资源配置，建立联动、统筹、畅通的横向转岗的机制，允许不同层级能力和不同需求的书记员，找到适合自己的工作定位和技术等级通道。案件管理部门推动优化跨部门系统分案权限，形成现代化的司法管理系统、财务报销管理制度等协同履职保障体系。

四、结语

习近平总书记指出，努力让人民群众在每一个司法案件中感受到公平正义，司法机关要紧紧围绕这个目标来改进工作，重点解决影响和制约司法能力的深层次问题。书记员作为司法工作中与被告人、当事人接触最为密切的群体，书记员工作能力是人民群众对司法工作服务质效的直观反映。合议制审判团队书记员协同履职，就是要聚焦解决"公平正义感受"的深层次问题，以精细化管理理念为指导，运用需求激励、过程激励原理，搭建书记员专业技术等级通道，探索形成以技术等级与案件量相结合的绩效考核体系，满足个人阶段性成就需求，使不同层级能力及需求的书记员在组织管理中找到自己的定位。可以运用现代管理学理论完善案件管理体系，干部管理考核，优化庭务日常管理，建立"人事庭务台账"，对"事务性工作"协同履职事项进行"清单化"管理，引导提升书记员协同履职能力，提升团队整体司法服务能力，实现审判团队履职能力整体现代化。

深化法学教育实效，笃行法治社会实处

阙岑静[*]

摘要 法学教育是法治建设的关键环节与力量之源。法学教育要与马克思主义思想精髓相融合，要根植进时代变革的沃土中，塑造更多的法治人才、法律队伍、司法铁军，要让法治理念深入人心，凝心铸魂，才能为依法治国方略注入强大的人才动能。本文从多个层次、多个角度探究如何提高法学教育的实效，具体包括以下几个方面：法学教育因人施教、因材施策，方能会聚八方之才；法学教育因时而治、因地制宜，方能增进法治效能；法学教育笃行实处、精察明觉，方能实现"法治理论"和"法治效用"的良性循环，实现法制学习的"知行合一"；法学教育着眼实效、放眼世界，方能与时俱进,开拓创新。

关键词 法学教育;实效;笃行实处

习近平总书记多次引经据典，指出法制对于国家长治久安、民族安定复兴、人民幸福安康的重要意义，无论是"法与时转则治，治与世宜则功"，还是"立善法于天下，则天下治，立善法于一国，则一国治"，抑或是"法令行则国治，法令弛则国乱"。总书记的引经据典充满真知灼见，法治思想深邃厚重，为我国现代化法治建设指明了方向。法学教育是法治建设的关键环节，力量之源，我们要下力气花大功夫开展法学教育，把法学教育与马克思主义思想精髓相融合，把法学教育根植进时代变革的沃土中，塑造更多的法治人才、法律队伍、司法铁军，让法治理念深入人心，凝心铸魂。为依法治国方略注入强大的人才动能，法学教育还应该从更多层次、更宽的角度不断推进，具体包括以下几个方面：法学教育因人施教、因材施策，方能会聚八方之才；法学教育因时而治、因地制宜，方能增进法治效能；法学教育笃行实处、精察明觉，方能实现"法治理论"和"法治效用"的良性循环，实现法制学习的"知行合一"；法学教育着眼实效、放眼世界，方能与时俱进，开拓创新。

---

* 阙岑静,福建省气象局机关服务中心。

一、法学教育需因人施教、因材施策

因人施教将会提升法治教育的深度和层次，不同的人有不同的法治素养和兴趣习惯，加强法律学科与其他学科的融合，针对不同岗位、不同素质、不同专业的人才设计匹配的法律课程，将能实现法学教育的更大效用化。对会计人员设置商法、税法、经济法的法学课程，对计算机专业人员设置网络安全法课程，对相关科研院所、高新技术专业人员设置科学技术进步法课程，对银行证券人员设置证券法、银行法课程，对工商管理专业人员设置公司法课程等等，实现法学教育与其他学科深度融合，高度契合，推行跨学科多元化法学人才的培养。在职业教育方面，也应该充分运用法律职业资格考试、法律等级考试等法学考试充分激发广大社会在职干部知法、懂法、学法的热情。放宽法律职业资格考试的专业限制，让社会、社区储备一批即来即用的法律人才，为广大居民的急难愁盼、为广大人民的安危冷暖提供司法援助。不同专业、不同素质的人，竞相学法，将极大促进法学教育、法学体系的完善。除了高校教育、职业教育外，法学教育还应走进义务教育和社区教育。在义务教育方面，开展一些形式多样、模式生动的法律进校园活动，以表演、竞赛、情景模拟等方式激发广大师生的学法热情。在社区教育方面，组建更多的法律社团、研究会，让退休的法律干部、高校教师继续发挥余热，组建法律援助团体，为居民排忧解难。组建法律学习兴趣小组，在社区基层中广泛铺开法律教育，对社区干部开法学教育，让他们形成强大的"头雁"效应。

二、法学教育需因时而治、因地制宜

法学教育应紧跟时代潮流，为社会主义现代化法治体系建设、为依法治国方略添砖加瓦，助力民族复兴的伟大征程。因时而治，法学教育应该紧密关心社会对各种法律的需求度，根据社会所需、市场所需，合理规划安排不同法学科目的教育和实践，让法学教育更加匹配适应高质量发展的需要。如当前我国逐步进入老龄化社会，法律教育可进一步鼓励指引赡养老人的工作，进一步宣传优生优育的社会风气，让广大法律工作者为养老服务产业保驾护航、建言献策，又如我国大力开展生态文明建设，法学教育应更多地关注生态领域的法治教育，融合"绿水清山就是金山银山"的生态保护理念，激励广大法律工作者开展生态法学的条例研究与创新，致力于保护生生不息的内河，致力于生物多样性的保护，以法的威严，理的灵动，形成一套生态保护的法理蓝图，为人民擘画一片片诗意的栖息地，一片片诗情画意的生态美景。因地制宜，则要求法学教育被赋予鲜明的地方特色，适合地方的发展方略。福建是习近平新时代中国特色社会主义思想的发源地。法学教育应深入挖掘这一宝贵的思想精神财富。根据习近平总书记在闽提出的战略性、前瞻性理念，钻研更多符合福建地方特色的法律法规法条。习近平总书记在厦门筼筜湖治理中提出"依法治湖、截污处理、清淤筑岸、搞活水体、美化环境"的二十字方针。2002年习近平总书记在武平县调研时提出"明析所有权、放活经营权、落实处置权、确保收益权"的林权改革模式。习近平总书记这些思考和探索实践为福建法学教育因地制宜发展指明了方向。法学教育要根据习近平总书记的生态保护理念，开展更多的生态法律研究和法律实践，把习近平总书记的理念转化为更加务实利民的生态法律法规，并运用教育的手段让这些法律法规深入人心、最终形成生态保护的磅礴之力。法学教育也可着重开展"碳交易市场"，"林权改革"的阐释研究，引导学生、学者创新相关的法律框架，为更多生态保护法的落地见效添赋强劲的动能，为新型生态法律条例在福建试行，先进创造良好的实践环境。因地制宜还要求法学教育同福建多元的文化相融合，与福文化、海丝文化、妈祖文化、客家文化、朱子文化、闽南文化相结合，相关法律法规的研学应致力传统文化的传承与保护，构建福建开拓创新、多元海洋文化的新格局。注重对非遗文化遗产、城市老街古厝的保护，研究相关的古建筑法律保护条款，为社会培养更多文化与法律兼收并蓄的高质量法治人才，筑牢传统文化的法治根基。在市场营商环境方面，法学教育也大有可为的空间，以法学教育的力量塑造公平正义的交易秩序，加大对失信人的法学教育，引导诚信社会建设，加强对公职人员的法治理念宣传，构建"亲清型"政商关系。

三、法学教育应笃行实处、精察明觉

法学教育应立足于实践，立足于实际生活，在实处上笃行不息，致力于提升学生、学者解决群众急难愁盼、回应居民法律关切的能力。因此在教育活动中，就可让学生广泛参与社会法律实践活动，让学生在解决居民法律的实处上不断磨炼自己的功夫，以行促学，以学增智，实现学思结合、知行合一，实现实务操作和理论学习的有机统一、完美融合。在解决法律实际问题时，要特别重视提炼学生"精察明觉"的能力，使法律学者在面对法律问题、解决社会矛盾时有"一叶易色而知天下秋"的见微知著的能力，有"透过一域看全域，透过窗口看大势，透过现象看本质"的全方位法理、法条、法学应用能力。真正把法的思维、法的知识贯穿于时常为民服务的实事当中，做到有针对性、有规划性、有效率性的学习，不断提升法学教育的效用和效能。"精察明觉"是每一个法律工作者应当具有的能力，遇事时能快速反应，能激发思想中法的严密性和威严性，对事件进行高效的处理。正因为如此，法学教育不能停留在纸上、停留在试卷上，而应该落实到生动的法学实践中，

在为民服务的实处下大工夫，做大文章。

四、法学教育应着眼实效、放眼世界

法学教育应该为中国式现代化建设贡献更多的实效，教育一批营商环境的捍卫者，锻炼一批治安维稳的政法铁军，锤炼一批为民谋福的法律事务所，为依法治国汲取塑造磅礴的群众力量。提升法学教育的实效，打造不同层次的法学教育受众群体和法治人才，让广大群众知法、懂法、守法，让市场主体自觉践行市场法治规则，让企事业单位管理者依法办事、依法管理，让法律工作者善于用法、精于执法，全社会形成效率高、实效好的法律实践体。提升法学教育实效，还需要有一套标准的法学教育评价体系，充分评价各类人群在知法、守法、用法的效率和实效，及时修正法治教育的动态目标，及时进行法理创新，以适应社会发展需要。除了着眼实效外，法学教育还要放眼世界，法学教育应汲取世界不同地区、不同民族、不同法系的法律、法治精华，促进本国的法制、法治标准同世界标准接轨，力求培养一批世界级的法律人才，不断提升中国法学在世界法学的法理地位和制度制定话语权。法学教育放眼世界，还能为深化改革开放服务。在现行环境下，我国实行以国内大循环为主、国内国际双循环的新发展格局，法学教育应为做大做强国内市场服务，提升市场配置资源的实效，同时放眼世界，促进世界优质资源要素在国内汇聚流动，让中国的法治声音、法律信念走向世界，成为中国文化软实力的重要组成部分。

涉外法治建设与国际私法法典化

——现状检视与未来展望

纪正坦[*]

摘要 后疫情时代的国际形势变幻莫测,新型国际秩序正加速重构。为了妥善应对当前的国际环境,需要不断加强中国的涉外法治建设。其中,涉外法律体系建设是涉外法治建设的关键任务,国际私法法典化是中国涉外法律体系建设的重要环节。《民法典》出台后,制定中国的《国际私法典》的条件业已具备。人才作为涉外法治建设的支撑,为了保障涉外法治建设的顺利实施,需要完善涉外法治人才培养机制,加大涉外法治人才培养力度,为中国妥善处理对外关系、化解外部风险储存后备力量。

关键词 涉外法治;涉外法律体系;国际私法典;涉外法治人才

引言

全球治理体系不断革新,国际环境纷繁复杂。单边主义、保护主义甚嚣尘上,"伪多边主义"、少边侵蚀多边的势头兴起。一些国家试图构建"以规则为基础的国际秩序",有意模糊"规则"内涵,为自身行动实施"合法化"抗辩。[①] 美国采取单边经济制裁措施,通过重创多边贸易体制扩大自身话语权,以《通胀削减法》的"歧视性补贴"打压中国新能源汽车市场的海外拓展,延续并升级"301调查"征税力度,制定"印太-经济框架"试图与中国"脱钩断链"。在大西洋彼岸,欧盟通过《外国补贴条例》对中国企业在欧的公共采购环节发起多轮调查,迫使中国企

---

[*] 纪正坦,西南政法大学国际法学院2024级博士研究生,主要研究方向:国际经济法学、数据法学。基金项目:河南省法学会民法学研究会课题"数字化时代个人金融数据治理的法律规制研究"(HNCLS(2024)019)。

[①] 蔡从燕. 论"以国际法为基础的国际秩序"[J]. 中国社会科学,2023(1):24-43.

业退出公共采购，欧盟力求通过"数据主权战略"打造欧洲单一数字市场，以《通用数据保护条例》《数据法》《数据治理法》《数字服务法》《数字市场法》《人工智能法》为代表，促成"欧盟数字帝国"的形成，不断扩大"布鲁塞尔效应"。

外部环境风起云涌，中国的海外利益风险增多，中国涉外法治建设的重要性日益凸显。中国始终坚持维护以联合国为核心的国际体系，以国际法为基础的国际秩序，将人类命运共同体理念贯穿涉外法治建设的始终。习近平总书记在中央全面依法治国工作会议上明确提出"坚持统筹推进国内法治和涉外法治"[1]，将涉外法治建设上升到了国家层面。2023年11月27日，习近平总书记在中共中央政治局加强涉外法治建设第十次集体学习会议上强调："积极参与全球治理体系改革和建设，推动全球治理朝着更加公正合理的方向发展，以国际良法促进全球善治，助力构建人类命运共同体。"[2]在涉外法治建设工作中，涉外法律体系建设是涉外法治建设的前置环节。然而，涉外法律体系需要不断完善，涉外执法、司法的法律依据的缺失需要填补。党的十八大以来，中国特色社会主义法律体系建设已经取得初步成效。党的二十大报告强调"加强重点领域、新兴领域、涉外领域立法，统筹推进国内法治和涉外法治"。当前，以《对外关系法》《外国国家豁免法》《反外国制裁法》为核心的涉外法律体系已具备雏形。有鉴于此，需要构建科学可行的涉外法律体系，提升中国应对反制裁、反干涉、反制"长臂管辖"的能力，丰富我国"涉外法律工具箱"，维护国家安全利益和公民权益。

随着"一带一路"的推进以及《民法典》的颁布实施，国际私法法典化的呼声在国内愈发高涨。为了处理纷繁复杂的涉外民商事法律关系，我国需要制定一部《国际私法典》，将涉外民商事管辖权、法律适用以及司法协助纳入到法典当中。此外，无论是涉外法律体系的整体建设，还是中国《国际私法典》的制定，都离不开涉外法治人才的参与，需要大力培养涉外法治人才，将其作为涉外法治建设的中坚力量。有鉴于此，本文从涉外法律体系建设进路、《国际私法典》立法进路、涉外法治人才培养进路三个维度探讨了相关问题，以期为我国涉外法治建设提供借鉴。

一、涉外法治的概念厘清与现状检视

（一）涉外法治的概念辨析

近年来，国际法领域的学者对涉外法治与国内法治的辩证关系开展了系列研

---

[1] 习近平.坚定不移走中国特色社会主义法治道路 为全面建设社会主义现代化国家提供有力法治保障[N].人民日报，2020-11-18(1).
[2] 习近平.加强涉外法制建设 营造有利法治条件和外部环境[EB/OL].(2023-11-28)[2023-12-01]. http://www.moj.gov.cn/pub/sfbgwapp/jryw/202311/t20231128_490468.html.

究，并取得了丰硕的成果。例如，张龑（2022年）从规范法学和政治法学层面论述了涉外法治的概念和体系，认为涉外法是溢出国家边界且不等于国际法的国内法部分，而涉外法治是介于国内法治与国际法治之间的独立体系。[1]黄惠康（2022年）从涉外法治的时代逻辑、理论逻辑、实践逻辑三个角度探讨了涉外法治的概念内涵，认为涉外法治不等于"国际法治"，不能将二者混淆，更不能以"涉外法"取代"国际法"，涉外法治是国内法治与国际法治之间的桥梁和纽带。[2]刘仁山（2021年）分析了统筹推进国际法治与国内法治的核心要义和内在逻辑关系，认为涉外法治是国内法治的对外延伸，涉外法治是国内法治与国际法治的重叠部分。[3]何志鹏（2021年）认为涉外法治是国家法治的对外部分，涉外法治与国际法治是两个概念，涉外法治以单个国家为视角，国际法治则是不同国家之间调和的结果。[4]黄进（2022年）认为涉外法治是国内法治的对外延伸，亦是国际法治在一国国内的体现，国际法治与国内法治的重合部分就是涉外法治。[5]

相较于国际法治的多边视角，涉外法治主要从国家视角导向国际视角，是单个国家针对国际法律环境作出的调整规范。涉外法治是国内法治的对外延伸，属于国内法治中处理对外事务的范畴。国内法治和国际法治是全球法治治理的两个维度，国内法治和涉外法治是法治中国建设的两个面向。[6]换言之，涉外法治是国家体系当中规范对外事务、对外活动的法律，而国内法治和国际法治二者是并行的。涉外法治作为国内法治和国际法治的交叉部分，必须充分彰显国际法的核心价值和基本精神，符合联合国宪章的宗旨和国际法的基本原则。

（二）涉外法律体系建设之现状检视

我国的涉外法治是从中国本身出发的，改革开放以来，我国在海关、对外贸易、外商投资、涉外民事法律关系适用等方面制定了相应的法律法规，为我国涉外法律体系建设奠定了基础。在新的时代背景下，我国涉外法律体系尚不完善。例如，一些法律的位阶较低，不同法律之间存在适用效力的冲突；部分领域的立法空白，司法实践中难以找到适用标准；内容多为原则性规定，实践可操作性不足。具言之，尚存以下不足：首先，涉外法律部门的缺失。纵观我国现有的法律部门，唯独缺少独立的涉外法律部门，有关涉外法律的规定，如涉及海关、外汇管理、进出

---

[1] 张龑. 涉外法治的概念与体系[J]. 中国法学, 2022(2):264-282.
[2] 黄惠康. 准确把握"涉外法治"概念内涵 统筹推进国内法治和涉外法治[J]. 武大国际法评论, 2022(1):1-20.
[3] 刘仁山. 坚持统筹推进国内法治和涉外法治[J]. 荆楚法学, 2021(1):19-34.
[4] 何志鹏. 涉外法治：开放发展的规范导向[J]. 政法论坛, 2021(5):177-190.
[5] 黄进. 强化涉外司法审判工作 促进涉外法治体系建设[N]. 人民法院报, 2021-07-28(2).
[6] 黄进. 论统筹推进国内法治和涉外法治[J]. 中国社会科学, 2022(12):93-95.

口检验、涉外法律关系适用等相关法律法规，散见于经济法、社会法、民法等法律部门。由于缺少独立的涉外法部门，立法结构上的涉外法律与其他部门法律之间的地位不平衡。有鉴于此，应当设立独立的涉外法律部门，并将现行的涉外法律法规纳入到该部门中。①

其次，涉外司法审判尚存一些问题。例如："境外一方当事人如何完成法律文书的送达？当诉讼证据分散于若干国家时，如何完成域外取证任务？如何实现被执行财产境外的承认和执行？"不难看出，在涉外民商事司法协助方面，我国还需完善相应的法律规则。有鉴于此，在涉外民商事领域，可以制定中国的《国际私法典》，对涉外民商事审判的管辖权、法律适用、司法协助等问题作出体系化、明确化的规定。此外，为了避免中国在规则运用中处于不利地位，我国需要对重大国际条约展开深入研究，掌握规则的制定方法，充分维护国家主权和公共利益。为此，中国应当将"维护我国主权、安全与发展利益""尊重他国主权与发展利益""谋求国际合作与发展"等理念融入涉外法律体系的建设中。

最后，中国应当积极参与多边规则的制定，在创制国际规则的博弈中掌握主动权和话语权，在法律外交中提高重大国际条约的运用水平，充分利用例外条款维护国家利益，为我国涉外法治建设创造良好的外部环境。

二、中国《国际私法典》的历史脉络和立法进路

（一）中国《国际私法典》的理论基础与立法历程

统观国际私法的历史沿革，巴托鲁斯的"法则区别说"率先开辟了国际私法理论的先河。法则区别说作为国际私法领域的代表学说之一，根据语法结构将法则划分为人法和物法，认为人法具有域外效力，而物法不具有域外效力。这一学说不仅体现了民法中的法律原理和法律精神，亦解决了当时国际私法的法律适用问题。②然而，受制于时代背景，这一学说具有局限性，其通过语法结构划分物法和人法的方式具有武断性。在此基础上，萨维尼提出案件应适用的法律是涉外民事法律关系依本身性质所具有的"本座"所在地法律，从而创立了"法律关系本座说"。这一学说不仅成为解决近代以来涉外民事法律冲突与法律适用问题的理论基础，也推动了国际私法立法的发展。③

中国国际私法的立法大致经历了由分散到整合再到独立的过程，有关涉外民事法律关系的适用起始于《涉外经济合同法》《继承法》等法律的规定，之后以专章

---

① 王瀚. 涉外法治人才培养和涉外法治建设[J]. 法学教育研究, 2021(1):25.
② 张春良. 冲突法的历史逻辑[M]. 北京:法律出版社, 2010.
③ 孙尚鸿. 国际私法的逻辑体系与立法定位[J]. 法学评论, 2019(2):143-152.

的形式规定在《民法通则》中，再到后来形成了《涉外民事法律关系适用法》的独立成法模式。① 此外，于21世纪初出台的《中华人民共和国国际私法示范法》凝结了国际私法领域众多学者的理论和实践观点，为中国国际私法的立法工作指引了方向。②《民法典》颁布以后，在理论基础和立法实践两个层面，国际私法法典化的条件已经具备。

随着对外开放的不断深入，我国在对外交往中面临着纷繁复杂的法律纠纷，相较而言，中国国际私法的立法现状滞后于实践需要。例如，面对"一带一路"共建国家的不同法律制度，现有的国际私法体系难以妥善应对各种复杂的涉外民商事纠纷，有鉴于此，需要凭借新契机及时完善我国国际私法体系。当前我国涉外民商事法律的有关规定散见于《涉外民事关系法律适用法》《海商法》《民用航空器法》《票据法》等法律中，其中部分法律规定的内容存在冲突和重叠，还有一些规定较为笼统，在实践中难以操作。在涉外民商事审判中，往往涉及管辖权、法律适用、外国法查明、域外取证、文书送达、判决和仲裁裁决的承认与执行等复杂问题。例如，我国尚未加入任何承认与执行外国民商事判决的公约，实践中主要通过司法协助条约或依据"事实互惠"原则，承认与执行少数外国判决。随着中国对外开放的不断深化，以上途径难以满足激增的涉外案件的处理需求。在处理涉外民商事纠纷中，缺少一部统一的《国际私法典》将导致法官和当事人在不同法律之间往返查阅可适用的规定，严重降低了司法效率。③ 有鉴于此，需要整合当前的法律和司法解释，制定一部统一的《国际私法典》对涉外民商事纠纷的处理作出系统性规定，不仅深化了中国对外开放的基本格局，也契合"一带一路"的价值理念。

（二）《民法典》背景下中国《国际私法典》的立法进路

《民法典》的颁布为《国际私法典》的制定带来了良好契机。首先，《民法典》在内容上省略了《民法通则》中有关涉外民事法律关系的具体适用规范，避免了先前《民法通则》与《涉外民事关系法律适用法》相冲突的情形。④ 其次，立法者在制定《民法典》时将涉外民事法律关系的部分进行剥离，为《国际私法典》的制定留有足够的空间。凭借《民法典》实施契机，《国际私法典》的制定条件已经具备。在具体的立法实践中需要兼顾以下几个方面：

首先，在立法体例上，需要对管辖权范围、法律适用、外国判决和仲裁的承认与执行等重要方面作出规定。其次，在立法价值取向上，应当实现"法律适用明

---

① 肖永平,毕小婧.中国国际私法学四十年回顾与展望[J].武大国际法评论,2018(6):51-70.
② 刘晓红.中国国际私法立法四十年:制度、理念与方向[J].法学,2018(10):3-21.
③ 马志强.民法典编纂背景下国际私法立法体例论纲[J].河南社会科学,2018(9):51.
④ 丁伟.后民法典时代中国国际私法的优化[J].政法论坛,2020(5):33-45.

确且灵活""兼具冲突正义与实体正义""协调本国利益和他国利益"的原则。再次，在体系上要做到内在逻辑统一，原则性规定和细致性规定都应当充分体现在条文内容中，将分散于其他法律中的碎片化规定罗列到法典当中。① 此外，相较于国外的立法历程，大多也经历了从无到有、从分散立法到法典化的模式，我国亦概莫能外。瑞士1987年《关于国际私法的联邦法》作为代表性的国际私法典，该法的内容包括了管辖、法律适用、判决的承认与执行以及国际商事仲裁，体例上较为完善，在国际私法领域被奉为立法典范，对其他国家的国际私法立法影响深远。

作为国际私法领域的崇高愿景，制定我国的《国际私法典》应渐次展开，其中，最重要的工作就是完善我国现有的国际私法体系。鉴于我国的立法现状，《国际私法典》的制定不宜另起炉灶。《对外关系法》作为我国涉外法律领域的基础性、综合性、统领性法律，为《国际私法典》的制定提供了规范指引。《外国国家豁免法》的"相对豁免"立场与国际主流观念接轨，为涉及外国国家的诉讼案件提供指导。新修订的《民事诉讼法》第四编"涉外民事诉讼程序"完善了"涉外民事案件管辖、平行诉讼、域外取证与送达、涉外民事裁判的承认与执行、仲裁裁决籍属"等规则。《最高人民法院关于适用〈中华人民共和国涉外民事关系法律适用法〉若干问题的解释（二）》释明了《法律适用法》在实践中的一些适用问题。《最高人民法院关于审理涉外民商事案件适用国际条约和国际惯例若干问题的解释》对涉外民商事审判中国际条约和国际惯例如何适用进行了阐明。以上这些立法工作为《国际私法典》的制定奠定了坚实的基础。《涉外民事关系法律适用法》作为国际私法领域较为完善的法律，法典的制定工作应当在该法的基础之上开展，应当对《涉外民事关系法律适用法》进行修改完善，将现有的国际私法领域的司法解释整合纳入该法中，为今后《国际私法典》的制定搭建好体系脉络和骨架，实现既有规定与法典的有机衔接，减少立法工作负担，保持法律的稳定性和包容性。

三、涉外法治之基：涉外法治人才培养的展望

无论是宏观的涉外法治建设工作，还是微观的《国际私法典》立法工作，都离不开涉外法治人才作为支撑。此外，营造良好的外部法律环境既需要中国积极参与国际规则的制定，也需要大量高素质的涉外法治人才。因此，加强涉外法治人才培养是推进我国涉外法治建设的必由之路。为此，我们需要改善现有的教育体系，从国际法学科建设、法律职业资格考试制度、法科生就业选择等方面入手。

就国内目前法学学科的发展现状而言，国际法有关学科在所有法学学科体系中的地位和重视程度明显不足。首先，就当前的法律职业资格考试制度来说，整个考

---

① 马志强.民法典编纂背景下国际私法的立法方向[J].当代法学，2020(3):39-42.

试分为客观题和主观题两场考试，在客观题考试中，"国际公法、国际私法、国际经济法"（以下简称"三国法"）相较于其他学科分值占比很少，而在主观题考试中基本上不会涉及"三国法"的内容。出于应试的目的，考生通常会对"三国法"的内容进行考前突击复习。实际上，法律职业资格考试作为法科生最重要的考试，是全面衡量考生法学学科知识水平和法律综合素质能力的重要标准。鉴于法考是当前国内唯一官方的法律人才培养考试体系，而"三国法"在该体系中的地位严重失衡，与涉外法治人才的培养目标背道而驰，不利于我国涉外法治人才的培养。其次，在教学体系上，国内许多院校在法学学科建设和师资力量上仍倾斜于刑法、民商法、诉讼法等基础学科，对国际法相关学科的重视程度不足，间接导致了学生在学习过程中对不同学科投入的精力和时间有所侧重，从而造成学生对国际法学科的轻视。最后，在就业选择上，许多法科生认为与国际法有关的知识过于"高大上"，似乎与自己相距甚远，而出于国内就业的需要，多数法科生在深造方向和就业选择上会选择刑法、民商法、诉讼法等学科，造成国际法领域的研究型和实务型人才相对匮乏。

为了改善涉外法治人才的培养现状，需要作出针对性的应对措施。首先，在法律职业资格考试制度上，需要加大"三国法"的分值比例，以提高学生主动学习"三国法"的积极性，并尝试设置专门针对涉外法治人才的考试制度和评价体系。其次，针对我国当前的法学教育模式，在学科建设上要提升国际法相关学科的地位，高校要引进大量优秀的国际法师资力量，加大对国际法在职教师的培养力度，多为国际法教师和学生提供赴国外交流和实践的机会，以培养具有国际视野的国际法师生。[1] 此外，出于建设国际私法体系的目的，除了要培养大量优秀的涉外法治人才外，还需要加强国际私法学科的建设，以为我国建设国际私法体系、制定《国际私法典》提供智囊团和后备力量。

四、结语

当前，国际形势错综复杂，国际秩序正加速重构。风险与机遇相伴而生，中国应不断加强涉外法治建设。涉外法律体系是涉外法治建设的龙头环节，制定《国际私法典》是健全涉外法律体系的重点工作。《民法典》颁布后，中国的《国际私法典》制定的主要障碍已经扫清，应趁着《民法典》带来的良好契机，对我国现有的国际私法体系进行完善，循序渐进地开展中国的《国际私法典》的立法工作。在整个立法进路中，无论是法律体系建设抑或是法典制定，都离不开高素质的涉外法治人才作为支撑。鉴于我国涉外法治人才培养现状和现实需要，需要从人才培养体系、评价标准和学科建设上进行改善。

---

[1] 黄瑶. 人类命运共同体视角下统筹推进国内法治和涉外法治[J]. 政法学刊,2022(1):9.

破壁与赋能：法学教育校地多元协同育人模式的构建与实践

——新文科建设背景下的闽南师范大学实践

赵 凌*

摘要 法学教育和法治人才培养是全面推进依法治国、建设社会主义法治国家的基础性工作，要处理好知识教学和实践教学的关系。打破高校和社会之间的体制壁垒，加强法学教育、法学研究工作者和法治实际工作者之间的交流。新文科背景下，闽南师范大学法学院始终聚焦法学教育的"实践特征"与"立德树人根本"，稳步推进开放共享、兼容并蓄、多元主体协同赋能校地多元协同育人模式的完善构建，包括联合多元主体打造政产学研法治人才培养的支撑平台，依托校地共建法治项目夯实政产学研法治人才培养共同体，聚焦"理论+实践"互融互通实施政产学研法治人才培养新机制等。

关键词 法学教育；校地合作；协同育人

法学教育和法治人才培养是全面推进依法治国、建设社会主义法治国家的基础性工作。2023年2月，中共中央办公厅、国务院办公厅印发《关于加强新时代法学教育和法学理论研究的意见》强调，应加快完善法学教育体系，强化实践教学，深化协同育人，建设一批校外法学实践教学基地，推动法学院校与法治实务部门在人才培养方案制定、课程建设、教材建设、学生实习实训法治人才培养各环节的深度衔接。法学学科是一个实践性很强的学科，法学教育要处理好知识教学和实践教学的关系，要打破高校和社会之间的体制壁垒，将实际工作部门的优质实践教学资

---

* 赵凌，法学博士，现任闽南师范大学法学院副院长，副教授。闽南师范大学研究生教育教学改革项目"新文科导向下专业硕士研究生政用产学研协同育人机制改革与实践研究"（YJG202322）；福建省新文科研究与改革实践项目"新法学'政产学研'四位一体协同育人机制研究与改革实践"（闽教高[2021]21号）。

源引进高校，加强法学教育、法学研究工作者和法治实际工作者之间的交流。

传统法学教育一直以来存在重专业轻思政、重理论轻实践、知识教育与实践条件及实践基地建设匹配度不足等难解问题，容易导致法学毕业生面临实践能力不足，法律职业能力偏差、综合素养不足等困扰。我们也发现，相当部分毕业生不能很快适应工作岗位要求，往往需要积累很长时间的经验后才能真正融入实践中。基于上述问题的思考，以习近平法治思想为指引，闽南师范大学法学院在近十年发展中，始终聚焦法学教育的"实践特征"与"立德树人根本"，与时俱进、改革创新，与教育部本科教育及新文科改革同步同行，贯彻价值观塑造、专业理论传授、实践能力培养一体协同教育理念，以平台建设为基点，以校地合作为抓手，稳步推进开放共享、兼容并蓄、多元主体协同赋能校地多元协同育人模式的完善构建。

一、联合多元主体打造政产学研法治人才培养的支撑平台

2013 年 5 月，闽南师范大学法学院联合中共漳州市委政法委、漳州市法学会等组建法治漳州研究中心（以下简称"中心"）。中心以闽南师范大学法学院及相关院系骨干专家、漳州市政法委实务专家为主体，同时吸收漳州市检察院、法院系统及律师协会等法治工作部门实务专家，聘请北京大学、华东政法大学、厦门大学、西南政法大学等国内高校知名法学专家担任顾问，聚集各方智慧，组建了包括高校专家学者和法律实务工作者等在内的理论与实务并蓄的高水平科研团队。

自成立以来，中心深入贯彻党中央精神，围绕全面推进法治建设及法治人才培养目标，在学校、政府、法院、律所、社区等多元主体共同参与下，以求真务实的态度重视回应国家及地方基层现实法治建设实践，做到法学教育和实践相互促进，为法治事业提供人才保证和智力支持。近 10 年建设发展中，中心始终落实"四个坚持"发展理念：坚持"引进来"，通过积极法官论坛、检察官论坛、律师论坛、行政论坛、法治沙龙等平台邀请政府及公检法律等实务部门专家来校授课交流。坚持"走出去"，每年联合漳州市法学会承办法治漳州建设研讨会着力推动高校理论研究团队与地方实务部门的学术交流；通过定期承办百名法学家百场报告会选派学院教师到全市各县区主讲法治教育专题报告。坚持"下基层"，与漳州市法律援助中心共建法律援助工作站，由中心 11 位具有律师执业资格的法学专业教师作为指导老师，带领法学专业高年级学生为主体的法律援助志愿者队伍免费为困难群体提供法律援助服务；组织师生深入街道社区开展法律咨询服务，为社区居民答疑解难，将法律知识传递到人民群众中。坚持"接地气"，每年划拨专项资金 5 万元，结合基层法治建设的热点难点设置研究选题面向社会公开申报，以课题立项方式推动法学研究的开展及成果转化。经过近 10 年发展建设，中心已逐渐发展成支撑政产学研协同育人机制有效运作的强有力平台。

二、依托校地共建法治项目夯实政产学研法治人才培养共同体

法治人才培养是一项系统工程，高校作为法学人才培养的第一阵地，需要聚合社会各方尤其是法治实务部门等法治人才培养第二阵地的资源力量，使法治实务部门深度融入法治人才培养各环节，创新法治人才培养协同机制，融知识教学与实践教学于一体，将实践教学贯穿人才培养全过程，促进法学教育与法律职业的深度衔接，构建开放共享的中国特色法治人才培养共同体。基于此，近10年发展建设中，学院不断加强与地方政府，检察院系统、法院系统等司法实务部门及律师协会、律师事务所、企事业单位等多元主体合作，联合共建校地法治建设及人才培养项目，以"一村一法治宣传员"、"精准普法一对一"及依法治县、依法治区等重大合作项目为抓手，在省市域内及新疆建立校外实践基地，聘请实务专家为校外兼职教师，持续推动以高校为核心，政府、律所、司法实务部门及企事业单位等共同深度参与的资源聚集、优势互补及多学科交叉融合的法治人才培养共同体的完善构建。

2015年5月，我院与东山县政法委签署一村一法治宣传员合作项目。项目每年选聘学院大学生约30名担任一村一法治宣传员，使大学生成为农村开展普法宣传、依法治理的骨干及学法用法的带头人，从而增强基层群众的法治意识。各镇党委政府、村"两委"所在镇司法所对学生宣传员开展结对帮扶业务指导，帮助大学生解决在开展法治宣传工作中遇到的法律问题。项目同时遴选学院教师成立顾问团，帮助学生宣传员答疑解惑。

2017年3月，我院与漳州市司法局签署公民精准普法一对一合作项目。项目每期选拔学院大学生30名并配备相应指导老师共同担任公民精准普法一对一宣传员，联合各地司法局及普法点有关单位，根据基层群众不同主体的需求，精准定制普法内容和形式，为群众提供一对一、点对点法治宣传、法律咨询、法律援助等服务。各县区域司法局及司法所对大学生普法员提供全程业务指导。学院也遴选教师成立顾问团，为学生项目开展中遇到的法律问题提供咨询服务。

2019年、2020年及2023年，我院分别与漳州市南靖县、平和县、高新区签署依法治县、依法治区战略合作协议。我院在依法治县、依法治区工作中充分发挥人才、科研和政策、理论研究优势，为地方党委、政府出台的法治建设政策、规划及规范性文件开展法律咨询等顾问服务，探索地方政法干部与高校法学教师横向交流及共同培养卓越法治人才有效机制，并面向县区域各镇、村级单位开展法治宣传活动。双方优势互补，共同推进县区域社会治理法治化水平的提升及法治人才协同培养机制的构建。

此外，我院法学专业培养方案自 2012 年起，即实施一个学期集中实习制度，每个实习点配备专业督导教师对学生进行实习计划、实习内容、实习作业、实习评估等方面的跟踪指导。为此，近 10 年发展中，我院不断积极致力开展专业实践教学及实习实训基地的统筹规划与建设。截至目前，已与芗城区、龙文区、龙海区、长泰区、漳浦县、诏安县、云霄县、平和县、南靖县等全市各县区域检察院、法院及新疆昌吉回族自治州木垒哈萨克自治县检察院、福建省国远律师事务所、福建省九鼎律师事务所等签署校地共建合作项目，与合作单位共建法学教育实践基地 20 余个。合作单位为学院学生见习、实习提供必要条件，并在实习期间鼓励学生以志愿者的形式参与合作单位预防青少年违法犯罪工作及普法宣传等法治活动。校外实践基地的稳定建立及集中实习制度的持续实施，在充分发挥法治人才培养共同体协同作用同时，促成法学专业实习的进一步规范化和长效化，让学生充分感知法治建设的中国实践，充分感受法治人才培养共同体培养理念，并持续推动夯实法学教育第一课堂和第二课堂融会贯通。

三、聚焦"理论＋实践"互融互通实施政产学研法治人才培养新机制

（一）整合教学资源，力推本科课堂知识实践深度融合特色

创新打造智慧课堂，依据课程教学内容需求适时课堂在线链接校外法院、检察院、律所等实践教学基地实务专家开展"互联网＋现场情境"教学。通过探索"流动法庭"庭审现场进校园，组织学生旁听庭审、参加"开放检察日"及依托项目合作单位提供典型案例、可公开案件数据等，把国家及地方法治建设的鲜活实践及最新经验带进课堂，实现法治实务部门专家与高校教师同台教学，校地优质教学资源共享共建。创新推行问题导向式、头脑风暴式教学，精准实施研讨辩论小组、研讨小组等多元教学组织手段，以法律实务问题的解决激发倒逼学生对法学理论知识的主动探究，让学生主动坐到前排来，把头抬起来，提出问题来，促进学生逻辑思维、规则思维、辩证思维、法律推理以及回应解决实践问题能力的实质提升。

（二）共修课程体系，加大实践教学课程比重

组织邀请高校同行及检察院、法院、律所及企事业单位等法治实务部门及用人单位深入细致开展调研，共同完成法学专业培养方案及课程体系的制定、修订及论证工作，主动适应法治建设与法律职业发展需求，促进学界与业界有效衔接。加大培养方案实践教学课程比重，实践教学学分占总学分 25% 以上，其中集中性实践教学累计学分不少于总学分 15%；并在"习近平法治思想概论""民事诉讼法""刑事诉讼法""行政诉讼法"等专业必修课中设置约占总学分 10% 的课程实践学时学

分分配。充分利用乡村振兴研究院、依法治县（区）等平台，开设"一村一法治宣传员（社会实践课）"及"乡村法治（专业见习课）"等特色课程，组织引导学生参与社会实践，社会实践时长不低于4周。积极利用模拟法庭、法律援助站、实训实习基地等独立设置"专业实习实训"课程，开展创新创业教育，专业实习时长不低于16周。建立政法行业与高校之间"双选式"实践岗位匹配，为学生匹配"师徒式"定岗教学指导模式，借助企业、科研机构及政府在专业教学上的资源，促进学生专业理论知识结构的完善。

（三）共建教学及实训团队，探索校地人才交流机制

在"刑法总论""刑法分论"等专业必修课中邀请实务专家作为课程实践教学环节主讲，并作为课程团队主要成员合作参加省级教学创新竞赛，共同参与省级一流课程、省级新文科改革与实践项目等各类教学项目申报。自2011年起每年与地方检察院及律协合作定期开展检校律论辩赛，漳州市检察机关优秀公诉人集训队、龙文区、龙海区、云霄县等地方检察院相继与学院学生一道加入实训参赛。论辩赛参照全国优秀公诉人论辩赛规则集扎实的专业知识及缜密的逻辑思辨能力展示于一体，在浓厚激烈的实战氛围中培育打通学生理论知识与法律技术运用的转换通道。依托法学教学实践基地共建、依法治县（区）等校地合作项目探索开展校地人才交流机制，如学院选派优秀教师到合作单位开展调研及课题实务研究；合作单位选派业务骨干及检察干警到学院参与案例教学、讲座交流及理论培训；探索高校法律人才到地方各镇挂职政法委员可行性及地方干部到学校任、挂职的路径及实践等。

（四）协同创新，渐进推动传统法学教育更新升级

在团队中培育英文教学师资，鼓励教师教学中适时融入学科前沿、涉外法治等内容并在课程适当章节中开展中英双语教学，兼收并蓄借鉴吸收国外法治有益成果，培养学生通晓国际国内规则并立志投身中国法治话语体系建设。根据学生动态学习成效及时选拔推荐优秀学生进入学院"卓越复合型法治才实验班"，实施个性化、层次化培养，满足德智体美劳综合素质高类型学生的课堂教学需求。以社会需求为导向开设法学英语、法律实务等契合新文科建设的专选课，并在卓越班试点开设"审判实务""检察实务""公正与律师实务""企业法律顾问实务"等法律实务全流程解析特色课程及"法律与文学""法律与人工智能""中国传统文化鉴赏""劳动体能提升"等跨学科课程，邀请地方政府、法院、检察院、律所、企业等实务部门专家及文学、计算机、体育等文理跨专业兼职教师担任课程主讲，扩宽法治人才培养知识体系的覆盖面，促进学生知识学习与技能培养的同步完成及法学与其他学科的交叉赋能。

（五）立德铸魂，实施"校内 + 校外"育人新模式

将培养学生坚定的社会主义法治信仰与崇高的法律职业道德纳入专业培养方案目标设计；在各专业必修课、专业选修课课程教学大纲及教案课件编写制定中专设课程思政融入环节，贯穿于课堂授课、教学研讨及实践教学等各环节，提高课程思政内涵融入课堂教学水平。创新开设"普法情景剧"实践育人课程，以学生自编自导自演特色普法情景剧为载体，创制多元内涵的剧目进行释法说理，如"新包公现代审案""金钱的诱惑""律政佳人""连心肉"等，使学生法律职业伦理及思政教育模式形象化，使学生的国情意识与家国情怀，法治精神与职业素养在寓教于乐的实践活动中得到培育与提升。探索开设"法学认识实习"课程（含庭审观摩、实践基地走访等），实施校内教师与校外优秀法律人协同育人新模式，寓价值观引领于实践教学中，扎实推进高校及法治实务部门等法治人才培养共同体同频共振，共担法治人才培养德法兼修职责，共同引导学生树立中国法治制度自信与文化自信，达到立德树人 1+1 大于 2 效果。

四、优势互补久久为功彰显政产学研法治人才培养双丰收

（一）扎实助力卓越法治人才培养

1. 法律职业资格考试通过率连续多年居全省、全国前列。其中，2021 届为 51.47%、2022 届为 46.15%、2023 届为 51.163%；近三年平均通过率 49.59%，远高于全国平均水平。

2. 近 3 年学生在国家、省部级专业及跨专业竞赛中获奖 30 人。如我专业学生 2 人获 2020 年全国大学生英语竞赛三等奖；1 人获 2021 年全国学生讲宪法福建赛区高校组第 1 名，全国总决赛三等奖。2019 级学生龚艳萍获第六届全国学生"学宪法讲宪法"活动知识竞赛福建省一等奖、全国三等奖。2022 年全国青少年模拟政协提案征集活动中，学院斩获 1 项"最佳模拟政协提案作品"，此奖项殊荣福建省高校共两项，我校学生作品首次获得。在历届福建省高校模拟法庭辩论赛中，我院学生多次获佳绩。如在 2021 年、2018 年及 2017 年福建省大学生模拟法庭辩论赛中，我院学生分获团体优秀奖、团体三等奖及团体二等奖。

3. 我院创新开设的特色"普法情景剧"实践育人课程入选 2017 年福建省大学生思政教育创新示范省级项目，2020 年获"一院一品"校园文化品牌省级立项，并于 2016 年 6 月获司法部网站专题报道。"一村一法治宣传员"、"精准普法一对一"等特色精品普法项目极大践行了社会主义核心价值观，培养提升了学生沉心静气扎根基层、深耕沃土的社会服务情怀。

3. 本专业为最高人民法院、最高人民检察院、省高级人民法院等公检法系统输送相当数量高水平法治人才。近三年毕业生平均就业率为 96.95%，并有多名学生考取北大、清华等国内知名高校研究生。如我院 2014 届毕业生龙俊分别于 2015 年及 2017 年考取中国人民大学硕士研究生、博士研究生；2019 届毕业生宁雯彬于 2019 年考取北京大学法律硕士研究生。

4. 依托实践教学平台实施的政产学研协同育人新机制受到最高人民法院、省综治考评督导组等单位领导肯定。2020 年《中国社会科学报》专版报道我院研究中心实践教学服务地方法治创新模式。2015 年我院何东平教授代表福建省参加华东八省法学会"地方法学会工作论坛"并作《发挥法律智库作用服务法治地方建设》典型交流。

6. "虚拟仿真法庭"及"新文科背景下法学实践条件和实践基地建设研究"分别于 2020 年及 2021 年获教育部产学合作协同育人项目立项。2020 年，我院法学专业入选省一流本科专业建设点并于 2021 年获省新文科研究改革实践项目立项，以此为契机开启新文科背景下法学专业改革建设新历程。

（二）稳步助推地方治理法治化

1. 学院充分发挥科研优势，依托"中心"地方政府智库和咨询服务平台定位，聚集一批国内外优秀专家学者，深入探索漳州基层治理问题，为漳州市委市政府出台法治建设的政策、规划和规范性文件提供决策咨询服务。近年来，中心多位研究人员担任市政府各部门法律咨询委员会委员或顾问，同时选派多人参加市委市政府立法研讨会，为《漳州市十三五规划》《中共漳州市委关于贯彻党的十八届四中全会精神全面推进法治漳州建设的实施意见》《漳州市市容和环境卫生"门前三包"责任区管理实施细则》等文件起草提供了理论支撑，取得良好的法律效果和社会效果。

2. 自 2015 年起学院"中心"至今已连续进行了 7 次重点课题申报，共有 200 多个课题组参与评审，其中 20 多个项目获准立项，初步形成了一批有影响力的研究成果。其中，包括漳州市中级人民法院课题组的"女童遭受性侵犯问题研究""关于水污染生态修复司法适用问题的调研"和龙文区人民检察院课题组的"加强涉民生领域行政执法监督机制研究"等在内的 7 项课题成果已转化成规范性文件，成为漳州市解决相关法律问题的依据。自 2014 年起学院"中心"至今已连续举办 8 届法治漳州建设研讨会，并出版 8 期《法治漳州研究中心》刊物。研讨会及其刊物紧扣漳州法治实践，及时将基层一线法治经验转化法治思想并提炼推广，使之成为具有普遍性可行性的法治理论，更好地指导地方法治建设。

3. 依托校地共建法治服务项目，学院与地方检察院、法院等司法系统及法治工作部门逐步建立长期交流、互惠互利、共同发展的合作关系。学院专家学者定期为司法干警提供专业咨询及法律指导，发放法律课堂旁听证，定期举办学术报告会、理论研讨会及实务研讨会等，共同助力地方司法实务工作人员理论水平及办案能力的实质提升。如 2018 年漳州市检"水仙花"团队被最高人民检察院、团中央确定为全国首批未检工作社会支持体系建设试点单位，创建的"春蕾安全员机制"被最高检列为全国未成年人司法保护十大案例；2019 年办理的"郑某某性侵养女案"被评选为全国维护妇女儿童权益十大案例；2020 年获全省优秀办案团队荣誉称号，全市未检工作三项核心业务数据均排名全省第一。作为学院与漳州市检察系统检校共建的核心内容与品牌，检校律论辩赛获得检察日报、福建日报、闽南网相继报道。在 2021 年赛事直播中逾 10 万网友同步观看比赛。通过赛事共建实训，打造锻炼出一批精英公诉人。龙文区检察院公诉人队伍中涌现出市级优秀公诉人、十佳检察官 8 人次，全省优秀公诉人、全省检察机关先进个人、省五一劳动奖章、省五四青年奖章获得者 8 人次，全国未检业务能手、全国优秀公诉人、全国十佳公诉提名 3 人次。作为四届检校律论辩赛的最佳辩手，龙文区检察院第一检察部副主任潘进格在 2020 年第七届全国十佳公诉人暨全国优秀公诉人业务竞赛中喜获全国优秀公诉人及全国十佳公诉人提名奖，成为漳州市检察系统首位全国优秀公诉人。此外，我院邀请地方检察院实务专家担任教学团队主要成员的"刑法总论"课程获 2020 年福建省首届教师教学创新竞赛正高组二等奖；"刑法分论"课程于 2021 年入选省级一流课程。

4. 自 2014 年起学院开设的"普法情景剧"实践课程每年定期开展普法情景剧送法入校、送法下乡、送法进社区活动，截至目前已展演 23 场，基本覆盖全漳州市各县区，包括中小学生及社会公众在内的普法受众达 10000 余人。普法情景剧以剧普法，以案释法，以身说法，寓教于乐生动形象，以"看得懂、学得会、用得着"的方式将法治精神与法治信仰播种根植到中小学生及人民群众心中。自 2015 年起学院"一村一法治宣传员"及"精准普法一对一"特色普法项目以农村普法需求、困境群体一对一普法需求、困境群体的法律援助需求、地方法治建设需求等地方社会需求为导向，通过精准普法志愿服务活动，实现地方社会服务需求与学生实践教学的精准融合，为地方基层法治建设贡献一份力量。

AI 辅助法学课堂教学应用研究

孙伟峰　林智蕾[*]

摘要　AI时代的到来，冲击了传统的法学教育模式，探索AI辅助法学课堂教学具有重要意义。法学课堂教学要拥抱AI、应用AI，充分发挥AI的优势，培养适应AI时代的跨学科法律人才。AI辅助法学课堂教学应用给既有的教学带来了一定的挑战，教师队伍的AI应用意识和能力不足，教学内容和教学方式的AI元素欠缺。展望未来的改革方向，应加强AI运用到课堂教学的引导、培训和考评，激发教师应用AI的热情；充实和更新教学内容，提升教学质量；改进课堂教学方式，打造特色AI教学方式。

关键词　人工智能；法学教育；课堂教学；应用软件

随着人工智能、大数据、云计算等科技的突飞猛进，从"弱人工智能"到以ChatGPT为代表的"强人工智能"的问世，不断刷新机器智能的高度，引发了各个行业领域的巨大变革。人类全面进入AI时代，或许就在到来的路上，"超人工智能"超越人类不再遥远。但是，科技的发展始终需要关怀人类的情感和文化，这就需要自然科学与社会科学的双向奔赴，从而搭建高科技与社会科学的连接途径。如何面对技术层出不穷、迭代升级加速的新命题，值得社科学界思考与讨论。近年来，面向实践导向的法学专业，率先领略AI带来的机遇与挑战。从瞬间实现的法条检索、类案推送、文书生成，到AI法官助理、元宇宙法庭、大模型审判系统的出现，技术与法律的融合持续发力，生成了一系列烧脑的话题。AI在法学领域的应用，无疑冲击了传统的法学教育方式，为课堂教学内容注入了新元素、新活力。在这样一个多元价值与交叉学科的复杂格局下，探讨AI如何辅助法学课堂教学，以推进教学智慧化、智能化和教学质量的提升，成为培养新时代卓越应用型法治人

---

[*] 孙伟峰，法学博士，闽江学院法学院副教授；林智蕾，闽江学院法学院2023级律师实务创新班本科生。本文系2024年度福建省本科高校教育教学研究项目"'两个结合'赋能法学教育高质量发展的内在机制与实践路径研究——以民法课程教学为例"（FBJY20240212）的阶段性成果。

才的重要课题。

一、AI 辅助法学课堂教学应用的意义

在 AI 时代的法学教育中，既不能过度夸大 AI 的作用，更不能忽视 AI 的功能。总体来看，"人工智能使得教师和学生都变得更加聪明和智能化。"[1] 法学课堂教学要拥抱 AI、应用 AI，充分发挥 AI 的优势，而不能脱离 AI、排斥 AI。未来 AI 不会取代法学教师，但熟练运用 AI 的法学教师终将取代拒绝 AI 的法学教师。

（一）培养适应 AI 时代的跨学科法律人才

AI 在诸多领域已经展现出惊人的算力，数据收集、分析等也在不同程度超越了人类。AI 在司法领域，智慧法院、智慧检务、智慧警务、法律机器人等开始应用。传统法学教学模式培养的目标是理解基础概念，能够运用法条解决实际法律问题。该种目标指引下，培养出来的法律人才，极有可能很快被社会和市场淘汰。因此，必须更新法学专业人才培养目标，调整法学教育模式与教学内容，抓住 AI 带来的契机，深度耕耘"法律+计算机"、"法律+医疗"、"法律+会计"、"法律+自动驾驶"等跨学科领域，以培养更符合时代需求的人才，适应人工智能给法律行业带来的变革。[2]

（二）代替课堂基础性教学事务

在课堂教学工作中，可以分为基础性教学事务和创造性教学事务。基础性教学事务较为简单，但也会消耗一定的时间。现在 AI 大数据模型，通过输入任务要求，能够轻松修正并完成基础性教学事务指令。例如，DeepSeek、ChatGPT、Kimi、豆包、文心一言等，可以根据关键词提示，将授课内容生成 PPT，制定教案草稿，检索并比较相关判例，梳理新旧法条的变化，甚至批改审查合同文本的作业。将重复性教学事务交由 AI 完成，法学教师只需要做好监督和审核工作，防止 AI 编写、引用网络错误或不实信息。如此，法学教师可以更多关注创造性事务，主要时间将用来训练法学专业学生的严密逻辑思维，思考法条背后的立法精神，钻研个案裁判情感，分析和权衡法律适用的效果，这些是目前 AI 无法模拟却又无比重要的事务。

（三）弥合法学理论与司法实务的隐形鸿沟

未来 AI 不会取代法律人，但熟练运用 AI 的法律人将在竞争中占据绝对先机。法学作为应用型极强的专业，需要以实践为导向。传统教学模式下，法学课堂

---

[1] 孙娜.人工智能时代的法学高等教育改革[J].山西大同大学学报(社会科学版),2023(1):151.
[2] 张亮、赵东."人工智能+法学"人才培养机制改革与探索问题研究[J].法制与经济,2024(2):89.

授课理论性较强，往往与司法实践存在较大的差距。抽象的理论在遭遇复杂的实践问题时，显得力不从心。学生虽然基础理论较为扎实，分析实际问题和解决实务难题的能力不足。在经过理论与案例双重要求的法律资格考试复习，才发现司法实务的重要性。"法考"作为通向应用的梯子，让无数学生备感煎熬。AI能够快速将课堂知识点与经典案例、"法考"试题、实务观点等链接，打通法学理论与司法实务之间的隔阂。在AI辅助法学课题数据训练成熟时，面对复杂的法律案例，逐渐可以形成"人机协同模式"。①

二、AI辅助法学课堂教学应用的挑战

在ChatGPT等科技工具的快速发展下，增加了高等教育的不确定性。因此，如何设计教学内容、布置作业、考核如何进行等应引起重视。②AI辅助法学课堂教学给既有教学带来了一定的挑战，直面和分析现实问题才是积极的应对之策。

（一）教师队伍的AI应用意识和能力不足

有学者担忧，法学教学机器人具有人类不可比拟的优越之处，将会取代部分法学教学人员。③应用AI辅助法学课堂教学已经在路上，然而即便是初级的智慧教学，现有的法学教师尚存在数智化教学应用不够。包括PPT制作不够精美，完全是文档内容的呈现，没有吸引力；雨课堂等应用的普及率不高，缺少深度融合等。在AI席卷教学领域后，据调查法学教师应用AI辅助课堂的意识不足，既缺乏应用AI的动力，也不具备应用AI的教学能力。甚至有的法学教师固守传统，拒绝科技赋能教学，排斥和抵触AI，或者简单应用AI教学。因此，目前AI先进的教学工具未能真正地加入到课堂中去。当前，多数法学专业教师是毕业即入职高校，从事教学科研工作。法学教师多数没有人工智能学习背景，在入职培训与教学能力考核中，尚未将AI辅助课堂教学作为其中的内容。因此，在AI辅助法学课堂教学方面，无论是法学教师内部的原因，还是高校外部的引导均存在较大的问题。

（二）课堂教学内容与AI融合度不高

传统法学课堂停留在教师单方输出，学生固守指定法学教材，在线网络课程利用率低，数字化、AI与课堂教学的融合度不高。

第一，课堂理论教学倾向于概念化。传统法教义学依然是法学课堂教学的主流，注重概念介绍、通说观点、法条释义等，没有紧跟AI的技术逻辑和理论基础，

---

① 刘蓓、戚瀚文.论"AI+法律"背景下法学教育供给侧改革[J].河北法学,2023(6):161.
② 任文岱.法学教育需正视、回应生成式人工智能发展"[N].民主与法制时报,2023-10-18(003).
③ 孙广坤.人机共存法律服务模式下法学教学改革研究[J].黄河科技学院学报,2023(1):92.

无法应对新兴的问题。法学教育所使用的理论工具，要学会运用现代信息技术，让学生懂得算法和编程，以应对新技术带来的挑战。[①]

第二，课堂实践教学注重简单案例。当下，法学课堂实践教学的主要形式有：模拟法庭、案例讨论、观摩庭审直播。上述模拟法庭和案例讨论都是在简单的案例下进行的，案例并非来源于实践，而是"书斋案例"或自编自创案例，而且案例较为陈旧，未能体现最新的实践动态，脱离了真实场景。观摩庭审直播的案例尽管是源于实践，依然是简单的案件，由于不能得知案件的来龙去脉，如果案情稍有复杂，学生便难以理解。

AI在司法机关的应用已经走向实践，新型的AI法律职业正在诞生。学生如何借助AI完成案例检索、庭审视频的生成、裁判文书的撰写，将成为必备的专业技能。使用AI辅助法学课堂实践教学，了解真实的不同类型案件操作流程，才能让学生掌握核心法律技能和办案经验。

第三，AI新兴领域法的教学尚在起步阶段。面对人工智能，"法学教育必须妥当构建回应性知识体系并将其纳入课堂教学"[②]国内已经有高校开始探索AI法学的教学，开设了人工智能法学，或者尝试AI法学创新实验班，进行小规模教学试点。但仅仅是搭建了初步框架，设置了一定的课程，停留在起步阶段。AI在具备强大功能的同时，自身也存在一定的风险，如何规制风险也是法学学生需要思考的问题。

（三）课堂教学方式呈现同一性

法学课堂教学方式典型表现为，教师在讲台滔滔不绝，学生目无表情或低头做笔记，课堂教学方式呈现同一性。其一，师生互动不充分。在传统法学教学方式中，教学课时有限，学生参与比例较低，参与程度不充分，教师忽视了学生的参与、反应和需求。部分教师由于欠缺互动，过于注重自己的讲解，导致学生脱离了课堂。对于教学内容，学生是否理解或存在疑问，教师也不能及时了解和回应。其二，完全相同的教学方式。法学课堂针对全部学生的教学完全相同，然而每个学生的学习能力和学习风格差别较大，阅读范围和知识体系也不尽相同。非差异性教学不符合"因材施教"的理念，不利于学生的个性化发展。特别是不同的职业规划，公司法务、执业律师、公检法工作人员等职业方向，会产生差别化培养需求。"人工智能技术发展为实现教学的双向互动带来可能，有力推动了传统教育教学模式的结构性变革。"[③]AI为差异化教学提供了契机。

[①] 徐显明.新文科建设与卓越法治人才培养[J].中国高等教育,2021(1):10.
[②] 张建一.智能时代法学本科教育:挑战、机遇及其调整方向[J].宿州教育学院学报,2024(2):30.
[③] 刘梦非.基于人工智能特色的法学课程教学改革与创新[J].中国高等教育,2022(11):53.

三、AI 辅助法学课堂教学应用的改革方向

无论课堂教学是否变化，AI 却一刻不停地迭代和升级。面对 AI 给传统课堂教学带来的挑战，法学课堂的智能化教学已经势不可挡。我们不能也无法将 AI 拒之门外，而应正视 AI 为课堂教学带来的全方位变化，让法学学生适应飞速变化的法律职业。按照中共中央、教育部出台的相关文件①，未来的改革方向应当是，"运用数字科技，促进法学教学全面进步、法学教育全面发展。"②

（一）加强 AI 运用到课堂教学的引导、培训和考评

教育部法学学科教学指导部门应组织开展 AI 辅助教学变革的探讨，出台人工智能辅助教学的指导性文件。各高校应结合自身的学科优势，因势利导完善法学专业培养方案，促进 AI 辅助法学课堂教学，制定实施细则。或许如何制定相关文件，AI 也能给出一些中肯的建议。

其一，引导教师课堂教学使用 AI 工具。首先，引入 AI 大数据模型，打造示范课程。高校或科研院所可以多方论证和比较，将 AI 安装到教学服务系统，供法学专业师生使用。在此基础上，与 AI 紧密结合的部门法率先试点，开拓 AI 赋能示范课程，其他法学二级学科教师可以逐步将 AI 教学理念和教学模式融入自己的课堂。其次，开展 AI 赋能基层教研室活动，提高教师的 AI 赋能教学的热情。由法学各专业老师共同探讨如何加入 AI 元素，AI 辅助法学课堂教学的核心和关键点如何确定。再次，法学专业与人工智能相关专业开展交流合作。通过了解人工智能相关专业课堂教学，借鉴其使用 AI 的方式和技能，从而丰富法学教师的教学手段和方法。这种活动也有助于建立教师之间的合作关系，促进教师之间的经验交流和分享。

其二，定期组织 AI 辅助课堂教学培训。首先，由各省教育管理部门在高校法学教师入职后，集中开展 AI 赋能课堂教学的技能培训。夯实法学教师的 AI 基础，熟练掌握和运用 AI 分析问题、数据挖掘、裁判偏好等。其次，与省内外兄弟院校共同开展 AI 辅助法学教学经验交流与培训指导。考虑到各高校学科和专业的侧重点不同，双一流法学高校和专业在 AI 辅助课堂教学上，已经走在前列，可以将摸

---

① 2020 年 12 月，中共中央《法治社会建设实施纲要（2020-2025）》指出，推动大数据、人工智能等科技创新成果同司法工作深度融合，完善"互联网+诉讼"模式。2018 年 4 月，教育部印发《高等学校人工智能创新行动计划》提出，加强人工智能与法学等学科的交叉融合，探索"人工智能+X"的人才培养模式。

② 张文显. 加强新时代法学教育和法学理论研究的纲领性文献——对《关于加强新时代法学教育和法学理论研究的意见》的解读[J]. 中国大学教学, 2023(9):11.

索的普适性经验，编写教材或授课资料，向其他高校交流和指导。有条件高校可以自行由相关学科专家培训，打造法学课程和教材的数字化和智能化，进而推动教学的智能化。再次，邀请专家到学校开展讲座培训活动。定期邀请人工智能企业专家和实务部门法学专家到学校举办一线的 AI 应用情况培训，提升教师对 AI 辅助教学的认知和理解。

其三，设置合理的 AI 辅助课堂教学考评机制。考评既是检验 AI 辅助法学课堂教学的效果，也是督促和衡量教师拥抱 AI 的重要标尺，还是改进教学的重要依据。一方面，教师自我评估与学生评估教学相结合。教师就使用 AI 教学的情况进行总结，向同行交流心得，也可以提出面临的难题或困惑。学生就 AI 辅助课堂教学中，收获的综合知识和技能进行描述，也可以直接指出教学的问题或可能存在的不足。另一方面，将教师前往 AI 相关企业和实务部门参加实践锻炼，作为考核的指标之一。主要目的在于促进教师和实务部门的交流，让教师体验 AI 的席卷各行业的状况，产生教学的动力和迫切，以极大的热情接受改进。

（二）教学内容侧重 AI 知识结构的构建

AI 辅助法学课堂教学目标是为教学装上"智慧大脑"。一方面，让教学内容更符合 AI 时代的需求。法学教师需要到相关实务部门调研 AI 人才的实践需求，交流教学案例或教学建议。另一方面，让学生成为更懂 AI 的法学人才。改进教学大纲和教学内容，融入 AI 相关内容，提升人才培养质量。

一是将最前沿的 AI 法学成果融入课堂教学。首先，AI 辅助课堂教学不仅仅是针对教师，而是学生和教师共通的媒介。教师提前布置学生预习和布置课前思考问题学生使用 AI 完成课前预习，及时发现和总结遇到的问题。其次，让学生了解 AI 技术发展趋势和方向，掌握算法知识。教师将法学专业使用 AI 技能进行教授，包括文书制作、法律检索、案件信息化等。再次，使用 AI 表达，并让 AI 有效理解和识别信息。让学生学习法律 AI 的运行知识，掌握 AI 能够读懂的计算机语言。在巴西里约热内卢法学院，学生们必须学会两门课程，一门是 Python 编程课，另一门是数据科学课程。学生需要学会如何利用大数据来写诉状，还需要学习如何让法庭里的人工智能软件可以读懂自己所写的诉状。[1]

二是实践教学环节加强学校与 AI 企业、实务部门合作。AI 为法学的课堂实践教学带来了机会，"智能辅助系统的应用为解决法学教育实践性不足的难题提供了新的可能性"[2]。AI 辅助法学课堂实践教学，一方面借助 AI 自身的强大功能。建立虚拟仿真实验室，搭建元宇宙模拟法庭，运用 AI 分析典型复杂案例，从单向输入

---

[1] 杨洁.AI 已来,法学教如何"进化"[N].中国青年报,2024-06-17(006).

[2] 陈京春.人工智能时代法学实践教学的变革[J].山东社会科学,2020(11):87.

变为学生实践为主。另一方面，借助外部AI资源参与课堂实践教学，增强实践教学的实效性。采用"双师同堂"的方式，聘请AI企业、大数据研究院所、神经网络开发机构等一线技术专家到课堂讲解最新的AI动态，定期邀请实务部门到课堂介绍AI在司法机关的最新发展和运用前沿。另外，将实践教学课堂搬到律师事务所、法院、检察院、AI企业，将实践教学与实践部门深度融合，让学生深刻感受实践需求并提升实践能力。

三是打造"AI+法学"的学科体系。首先，在新文科建设背景下，法学教学在AI的辅助下，对学生进行开放式和交叉模式培养。充分利用和挖掘校内外资源，搭建法学与计算机、电子信息学科之间的交叉与融合。其次，搭建法学专业学生的跨学科知识体系，培养学生跨学科思维方法。在AI的辅助下，能够获取跨学科的教学资源，培养法学专业学生数据分析和挖掘能力。

（三）特色AI教学方式的更新

一是运用AI加强与学生的课堂教学参与和互动。鼓励学生参与和提问。这可以提高学生的参与度。教师可以使用一些有效的课堂管理技巧，如分组讨论、轮流发言等，帮助学生保持专注，同时也可以让他们融入课堂。二是运用AI增强对学生的监测，合理制定培养方案。教师通过监测，需要了解学生是否使用AI以及使用AI的频次，从而保障法学专业的学生知识结构的全面和合理，AI操作技能的娴熟。三是采用多样化和混合式教学方式。结合各位学生的具体情况，制定差别化学习和培养方案。将AI线上教学和线下教学相结合，混合教学方式可以最大限度激发学生自主学习，提升教学效果。四是加强科技伦理和科技道德的教育。特色AI教学方式，为教师创造了便利，也带来了麻烦。AI的作用是辅助教学，不能沦为代替学生思考的工具，防止学生使用AI抄袭、侵犯知识产权、编造虚假数据。一方面，科技伦理和科技道德是教学科研必须遵守的底线，应尽快出台相关规制办法。① 另一方面，将最新涉AI的相关纠纷或案例予以讲解，让学生了解风险点，从而自觉守好红线。

---

① 近两年,各高校纷纷出台禁止或限制使用AI的规定。例如,《复旦大学关于在本科毕业论文（设计）中使用AI工具的规定》明确了本科毕业论文使用AI工具的"六个禁止"。北京师范大学新闻传播学院联合华东政法大学发布《生成式人工智能（AIGC）学生使用指南》提出学生在使用生成式人工智能完成作业时,需标红相关内容,且直接生成内容不得超过全文的20%。中国传媒大学出台了《关于加强2024年毕业论文（设计）重规范使用人工智能管理的通知》,要求学生披露是否使用人工智能及使用方式,使用工具名称、版本和时间等细节必须标注。

结　语

我们曾经无数次在科幻影视剧中期待 AI 的到来，想象 AI 时代的美好图景。如今 AI 已来，AI 的进化速度让法学教师感到兴奋又担忧。未来的法学课堂上，是否是 AI 在主导？未来的法律职业人将何去何从？未来已来，预知未来 AI 如何，且让我们拭目以待。

"两个结合"赋能民法课程教学的理论逻辑与实现路径

吴雅婷　潘夏桃*

摘要　"两个结合"可为民法课程教学提供丰富的思想资源和理论支撑，推动民法课程教学高质量发展。民法课程教学必须坚持马克思主义基本原理为指导，"同中国具体实际相结合"，必须"同中华优秀传统文化相结合"。民法课程教学在融入"两个结合"时应注意把握"推进教材体系和教学体系的融合创新""知识传授和价值引领并重""民法课程教学坚持理论与实践的有机统一"的基本原则，通过教学内容、教学方法和教师能力提升等多种途径，实现"两个结合"与民法课程教学的有机融合。

关键词　"两个结合"；法学教育；民法课程；高质量发展

一、引言

习近平总书记在庆祝中国共产党成立100周年大会的讲话中，首次提出了"坚持把马克思主义基本原理同中国具体实际相结合、同中华优秀传统文化相结合"的重大理论观点。[①]"两个结合"是习近平总书记在新时代提出的关于马克思主义中国化时代化的原创性命题，是中国共产党在百年奋斗历史和实践探索中不断总结和萃取出来的科学理论，阐明了我们党对中国道路、中国理论和中国制度的深刻认识，揭示了马克思主义中国化的发展方向，同时也为高校法学教育提供了丰富的思想资源和有力的理论支撑。充分发挥"两个结合"理论赋能高校法学教育实施的重

---

* 吴雅婷，法学博士，闽江学院法学院讲师，民商法教研室主任。潘夏桃，闽江学院法学院，法学本科生。本文系福建省本科高校教育教学改革项目"'两个结合'赋能法学教育高质量发展的内在机制与实践路径研究——以民法课程教学为例"（FBJY20240212）和闽江学院校级教学改革项目的阶段性成果。

① 习近平.在庆祝中国共产党成立100周年大会上的讲话[N].人民日报，2021-07-02（2）.

要作用，不仅是推进习近平新时代中国特色社会主义思想进教材、进课堂、进师生头脑的必然要求，也是推进高校法学教育的高质量发展的必由之路。

在法学专业的人才培养方案中，民法课程作为法学专业的核心课程之一，可谓是传播马克思主义理论成果、进行意识形态教育的主阵地，是高校法学院立德树人的关键课程。然而，目前高校将"两个结合"理论应用于民法课程教学的研究和实践并不多见。因此，本文从民法课程入手，着力探讨"两个结合"赋能高校民法课程的理论逻辑，创新"两个结合"赋能高校民法课程的实践路径，以助力推动法学教育高质量发展，培养德法兼备的高素质法治人才，为中国社会主义法治建设添砖加瓦。

二、"两个结合"赋能民法课程教学的理论逻辑

2018年9月，习近平总书记在围绕"培养什么人、怎样培养人、为谁培养人"的问题上提出了一系列教育改革新理念，作为新时代教师必须深入学习、深刻领会和贯彻落实习近平总书记关于教育的重要论述，切实回答好培养什么人、怎样培养人、为谁培养人这一根本性问题。[1] 民法课程教学是高校法学教育的关键一环，在法治人才培养中具有举足轻重的作用，笔者认为，当下的民法课程教学中应当坚持"两个结合"的理论引领，指导民法课程改革的实施，以助力高校民法课程教学高质量发展。

（一）民法课程教学必须以马克思主义基本原理为指导，"同中国具体实际相结合"

在民法课程教学中，"马克思主义基本原理同中国具体实际相结合"主要表现为民法课程教学以马克思主义基本原理为指导，聚焦中国民法的具体实际，带领法学生系统学习民法理论、我国现行民法制度与司法实务。

首先，民法教师应当将马克思主义唯物辩证法作为民法课程的方法论基础，从课程准备到课程实施环节深度运用马克思主义唯物辩证法。教师可以将矛盾分析法运用于民事主体之间权利义务关系的解析，使学生深刻体会民事主体间的权利义务如何构成对立统一体。例如，在讲解物权的排他性与相邻权的限制这一对辩证关系时，教师可以通过示例展示所有权人行使其对不动产的排他支配权时，必须容忍相邻权人必要的通行、取水、采光等合理限制，二者既相互制约又共同维系了不动产利用秩序。民法的知识点庞杂，碎片化学习民法只能眉毛胡子一把抓，无法达到良

---

[1] 杨振斌. 坚持立德树人培养时代新人[EB/OL].(2019-01-02)[2023-12-19].http://theory.people.com.cn/n1/2019/0102/c40531-30498711.html.

好的学习效果，因此从系统的角度来展开民法学习对学生来说是尤为重要的。就此而言，教师可以在民法课程中通过运用普遍联系观来阐释民法制度的系统性，从而以点带面，使学生在体系中全面掌握民法知识。例如，诚信原则作为民法"帝王条款"，其与契约自由、公序良俗实际上构成了动态关联网络，因为契约自由会受到诚信原则制约，公序良俗则为诚信原则与契约自由设定了社会伦理边界。此外，教师可以运用实践论认识论来驱动教学模式革新。例如，在侵权责任教学中，可以在课堂上通过模拟高空抛物致人损害的举证场景，使学生体验"归责原则——举证责任——损害救济"的司法逻辑链条，在场景模拟中完成从单纯的法条记忆到法律思维的跃迁。

其次，民法教师应当运用历史唯物主义的方法，从社会发展规律的视角重构民法知识体系，揭示民法制度的演进逻辑。例如，教师可以将生产力与生产关系的原理运用于《民法典》居住权、土地经营权等新型权利的生成逻辑的阐释；又如，在讲授继承制度的发展史的时候，可以从阶级分析的视角揭示继承制度从宗法特权向平等继承转变的历史进步性；再如，从人民主体性的理论出发，将"民为邦本"的传统理念与人格权独立成编的立法创新相衔接。

（二）民法课程教学必须"同中华优秀传统文化相结合"

党的二十大报告指出："中华优秀传统文化源远流长、博大精深，是中华文明的智慧结晶，其中蕴含的天下为公、民为邦本、为政以德、革故鼎新、任人唯贤、天人合一、自强不息、厚德载物、讲信修睦、亲仁善邻等，是中国人民在长期生产生活中积累的宇宙观、天下观、社会观、道德观的重要体现，同科学社会主义价值观主张具有高度契合性。"[①]中华优秀传统文化是中华民族的根之所系，是脉之所维。中华优秀传统文化是中华文明的智慧结晶和精华所在，是中华民族的根和魂。[②]民法课程教学必须与中华传统文化相结合，不断汲取中华优秀传统文化的智慧力量，不断推动中华优秀传统文化创造性转化、创新性发展，培养学生对本民族文化的认同感，树立文化自信。

中华传统文化赋能民法课程教学的逻辑在于：第一，中华传统文化的价值观与现代民法理论的价值观相契合。例如，中华传统文化中的"见利思义"思想与《民法典》第 7 条诚信原则形成价值共振，"童叟无欺"商业伦理可用来诠释缔约过失

[①] 习近平.高举中国特色社会主义伟大旗帜 为全面建设社会主义现代化国家而团结奋斗——在中国共产党第二十次全国代表大会上的报告[EB/OL].(2022-10-25)[2023-12-19].https://www.gov.cn/xinwen/2022-10/25/content_5721685.htm.

[②] 向贤彪.从中华优秀传统文化中汲取智慧力量[EB/OL].(2023-02-01)[2023-12-19].http://theory.people.com.cn/n1/2023/0201/c40531-32615603.html.

责任，唐代的"和同相卖"禁令与《民法典》人格权编第1007条人身自由不可处分性具有道德同源性。第二，中华传统文化可为民法制度提供本土历史脚注。虽然法学者们对于中国古代是否存在民法众说纷纭，莫衷一是，但是通说认为中国古代存在调整婚姻、财产、继承、买卖等方面的法律制度。例如中国古代契约制度体现的意思自治传统，与现代民法中的合同自由原则不谋而合，可为合同自由原则的讲授提供传统文化资源。又如，现代权利义务体系可从中国的传统孝道寻找历史渊源。《民法典》第366条的居住权可与古代的"子孙守业"制度建立法律连接点、"遗弃惩处"可与《民法典》第1125条继承权剥夺规则实现衔接等。

三、"两个结合"融入民法课程教学的基本原则

在民法课程教学中融入"两个结合"理论应既体现传统文化与现代法治的融合，又要确保教学的科学性与系统性。具体来说，应当把握以下原则：

（一）推进教材体系和教学体系的融合创新

当前我国民法课程大多以马克思主义理论研究和建设工程重点教材（以下简称"马工程教材"）作为授课的主要教材。该教材在体系上是按照我国《民法典》的体例和内容来进行编写的，重点阐述的是我国现行民法典的知识体系。然而，《关于加强新时代法学教育和法学理论研究的意见》明确强调，坚持把马克思主义法治理论同中国具体实际相结合、同中华优秀传统法律文化相结合，总结中国特色社会主义法治实践规律，汲取世界法治文明有益成果，推动法学教育和法学理论研究高质量发展。[①] 因此，民法教师不可把马工程教材作为唯一教材使用，而是应当综合考察其他各类的民法教材的优势与劣势，用其他优秀的民法教材的内容弥补马工程教材的不足。根据马工程教材的安排，教材体系包括第一编总则、第二编物权、第三编合同、第四编人格权、第五编侵权责任，并且这些内容以我国民法典的具体规定为中心。每一编都承担着各自的教学任务和目标，民法教师在教学过程中结合每一编的教学任务和目标，将"两个结合"的"马克思主义法治理论"、"传统法律文化"融入教学中，有效协调马工程教材内容的实体法导向的局限性与"两个结合"知识广博性之间的关系。如此一来，民法教师就必须结合教材的重点内容，挖掘授课材料中的"文化配方"，将马课程教材话语体系巧妙转化为教师的教学体系。

（二）知识传授和价值引领并重

民法知识的传授和价值引领应当是民法课程教学的重要内容，也是衡量民法课

---

① 中共中央办公厅 国务院办公厅印发《关于加强新时代法学教育和法学理论研究的意见》[EB/OL].(2023-02-26)[2023-12-19].https://www.gov.cn/gongbao/content/2023/content_5745286.htm.

程教学质量的重要指标。当前高校民法课程主要以我国现行民法典的具体规定作为主要授课内容，侧重的是民法规范的讲解。如何在民法课程教学中贯彻知识传授和价值引领并重原则，将"两个结合"理论融入其中，就需要充分挖掘该民法规范与中国传统文化的价值共鸣。例如，在课堂上讲授民法基本原则中的诚信原则时，首先可以从规范层面来解析诚信原则的基本内涵，及其作为帝王条款的司法适用标准、域外关于诚信原则的规定；其次可以从文化层面关联儒家"言而有信"的伦理要求，或者商鞅"徙木立信"的典故教导学生做个诚信之人；最后，可以从实践层面强化学生对诚信原则的理解，即通过对一些实务案例的分析帮助学生理解诚信原则在我国司法实务中是如何具体运用的。这样就构建了"规范文本—传统文化—司法案例"的三维教学框架。

在民法课程教学中，知识传授是与价值引领是必不可少的，二者是相辅相成的关系。知识传授是使学生对民法理论达到"熟知"的基本手段，而价值引领则是民法课程教学达到实现立德树人目的，使学生收获"真知"的内在要求。历史是最好的教科书，是真理的最好的阐释，民法教师坚持以价值引领，深化民法课程教学改革，引导学生站在历史和文化叙事的角度来把握民法知识，实现文化传承与法治教育有机统一，有助于学生从中国具体实际出发深刻理解和掌握民法理论、民法制度和司法实务，培养学生对中国传统文化的认同感，成长为适应法治中国建设的德法兼备的法治人才。

（三）民法课程教学坚持理论与实践的有机统一

在传统法学教育中，课程教学往往以理论教学为主，并且通常以教师单方面向学生灌输法学知识的形式呈现，这很容易造成法学生只会空谈法学理论，而无处理司法实务的能力，从而与社会的法治实践脱节。然而，近年来，越来越多的高校意识到培养学生法律实践能力的重要，强调在法治人才培养中要坚持理论与实践相结合。法学作为一门实践性的学科，应当关注法律在具体司法实践的运作，而高校法学院必须以培养法学生的法律实践能力为核心目标。

"两个结合"既是一个理论命题，更是一个实践命题，其强调马克思主义基本原理必须与中国具体实际相结合。将"两个结合"融入民法课程，就意味着教师在民法课程实施中必须坚持理论与实践相统一。具体来说，民法教师在民法课程教学时要强化运用马克思主义基本原理对民法知识的理论阐释，充分发挥法律史研究、法律文化研究和民法学研究的优势，将法学界的最新研究成果融入教学体系中，并运用于课堂教学中，从"两个结合"的角度把民法概念、民法理念、民法规范及历史演进、民法规范的实务应用等讲清楚，讲明白。与此同时，民法课程教学应侧重实践应用，即民法课程教学应发挥实践教学的作用。一方面，民法教师可以在民法课程教学中融入司法实务案例，运用案例分析方法，与学生一起探讨如何运用民法理论解决司法案例。另一方面，民法教师可以通过课堂后的项目式的研究，带领学生参与社会调研与实践，将"两个结合"的学习宣传有机融入各类社会实践活动，引导法学生在实践中感悟民法的运用，做到知行合一。

四、"两个结合"融入民法课程教学的实践路径

"两个结合"是习近平总书记在新时代提出的重大命题，是百年来中国共产党艰苦奋斗的理论结晶，积极探究"两个结合"融入民法课程教学的有效路径，着力推动"两个结合"在民法课程教学全方位、全过程的应用，有助于充分发挥其铸魂育人、培养适应社会需要的法治人才的功能。笔者认为，"两个结合"可以通过以下具体路径促进民法课程教学质量的提升：

（一）强化课堂教学"主渠道"，将"两个结合"融入教学内容

如前所述，马工程民法教材内容以我国民法典的规范阐释为主，要想丰富课堂教学内容就必须推进教材体系和教学体系的融合创新，重构民法教学知识体系，完成教材体系向教学知识体系的转化。这种融合创新的途径就是通过将"两个结合"融入民法课程教学内容中，强化课堂教学主渠道。

具体来说，一方面，要做好"马克思主义法治理论同中国具体实际相结合"的融入。民法教师应运用马克思主义法治理论来阐释我国民法的观念、现行民法的规范与制度，分析民法案例。为此，充分挖掘马克思主义法治理论与我国民法的连接点，确定"两个结合"在民法中的具体表现，是民法教师的最为重要的工作。举例来讲，社会主义法治原则是马克思主义法治理论的一个重要内容，教师应挖掘出社会主义法治原则在《民法典》中的核心体现——《民法典》确立了"以人民为中心"的立法导向，是人民权利宣言书。《民法典》通过人格权独立成编系统地保障民事主体的基本权利，体现了社会主义制度下全面发展的本质要求，满足人民对美好生活的追求。再如，经济基础与法律制度的统一也是社会主义法治原则的体现。《民法典》物权编确立公有制为主体、多种所有制共同发展的产权制度，合同编构建了市场交易基本规则，民法教师在讲解这两部分的时候要充分挖掘社会主义基本经济制度与市场经济法治化的辩证关系，并在课堂上向学生细致讲解。另一方面，要落实"马克思主义法治同中华传统法律文化相结合"在民法课程教学中的融入。这就是要讲清楚马克思主义法治同中华传统法律文化的结合点，并阐释中华传统法律文化的价值理念、鲜明特色。例如在讲授民法基本原则时，对比阐释传统"民为邦本"思想与马克思主义"以人民为中心"的法治理念，分析"民为邦本"思想的内

涵及其当代价值。又如，传统的"礼法结合""德主刑辅"思想与马克思主义"依法治国和以德治国相结合"存在契合之处，对此，民法教师可以通过深度阐释民法典的诚信原则、家风条款，来探讨道德义务如何通过法律规则具象化，从而向学生揭示德法共治的现象。

在挖掘出"两个结合"融入民课程的结合点之后，民法教师应调整既有的教学大纲，增补全新的教学案例，推进"两个结合"与民法课程知识体系的融合。与此同时，民法教师还应当将"两个结合"植入民法课程的教学设计，把"两个结合"渗透于民法课程的教学目标之中，设置诠释"两个结合"的教学环节，由教师详细讲解民法知识所蕴含的现实关照与文化蕴意。

（二）兼采多种教学方法，拓展育人新途径

传统的民法课程教学多采用理论灌输的教学方法，这种教学方法由教师占主导地位，由老师单方面向学生传授民法知识，而学生则处于次要地位，被动地吸收知识。这种教学方法既忽视了课程思政的重要性，也忽视了对学生实践能力、思维能力的培养，导致最终的教学效果并不理想。因此，民法课程教学方法应当根据"两个结合"的要求进行改革和创新。

在将"两个结合"融入民法课程教学的实施过程中，教师可以通过兼采多元化的教学方法，例如探索专题式教学、案例式教学、启发式教学等形式以代替灌输型教学，不断提升教学效果。专题式教学要求教师对教材编排的知识体系进行重构，借鉴法学界既有的学术研究成果，将零散的知识点串成知识群进行专题讲解，做到教学的知识群既不与教材内容安排冲突，同时又能做到"两个结合"融入于民法教学中。案例式教学的目的在于激发学生的学习兴趣，培养学生的思维能力和实践能力。只有选取本土的实务案例，从"中国具体实际"和传统文化的角度来考察，案例式教学的意义才能凸显，因为我们的法学教育致力于培养的是能够将法学理论知识运用于社会实践，能够解决中国本土实际纠纷的法治人才，以及能够对中国产生文化认同的法治人才。启发式教学意味着要注重启发式教育，引导学生发现问题、分析问题、思考问题，在不断启发中让学生水到渠成得出结论。[1] 有别于传统的"灌输——测试"的教学模式，启发式教学通过提前设定民法问题并渐进式地引导学生积极思考和研究，最终帮助学生将知识内化于心，由此形成了"创设问题情境——研究讨论问题——得出结论"的模式，提升了学生的学习效果。

此外，在数字时代，数字技术已经成为大学教育的重要辅助手段。互联网通信具有及时性、交互性和多元性的优点，这给高校法学院借助互联网用来课程教学提供了很大的便利，有助于扩大高校专业课教学的覆盖面。教师应当主动拥抱数字技

---

[1] 习近平.在庆祝中国共产党成立100周年大会上的讲话[N].人民日报，2021-07-02(2).

术变革，在课堂上借助AI、短视频、图片、微课等辅助教学，实现"线上+线下"相结合的教学模式，提升学生对知识的学习兴趣。除了多元化的教学方法，民法学习应当拓展育人场域，搭建数字化网络育人平台。民法教师可以借助线上教育平台扩大民法课堂，运用网络教育平台（例如易班、学习通、慕课等）拓宽学习空间，将课前、课堂与课后衔接起来，从而满足大学生自主学习和个人发展的需要。

（三）加强民法教师队伍建设，提升民法教师育人能力

在"两个结合"融入民法课程教学中，教师甚为关键。教师育人能力的水平如何对民法课程教学质量产生重要影响。因此，加强民法教师队伍建设，切实提高民法教师的育人水平是保障民法课程教学质量的重要途径。

一方面，民法教师要深入学习和理解"两个结合"的重要内涵，明确"两个结合"对于民法教育的价值，认识到"两个结合"赋能民法课程教学的必要性与可行性，并且积极主动地将"两个结合"与民法课程教学有机融合在一起。为了提升民法教师对"两个结合"的价值认识，高校可以通过对政策的宣传、文件学习、理论学习等方式，提升民法教师将"两个结合"融入民法课程教学的使命意识和责任意识。对于民法教师而言，应当做到"四个讲清楚"才能认为其具有较高的育人能力：讲清楚马克思主义基本原理与中华文明相结合的逻辑关联和价值意蕴，坚定马克思主义信仰和"四个自信"；讲清楚博大精深的中华文化是中华民族生生不息的丰厚滋养，从中汲取中国智慧、中国方案和鲜明特色的价值理念；讲清楚中华优秀文化是中华文明之根，要推动中华优秀传统文化实现创造性转化和创新性发展，不断发展壮大；讲清楚中国特色社会主义是适应中国具体实际和时代发展要求，源远流长并能再创辉煌。[①]另一方面着力提升民法教师队伍的实践教学能力。高校法学院应鼓励民法教师走出书斋，参与到法律实务中，锻炼从事法律实务的能力，再将所培养的实务能力反哺民法教学，强化实践教学。此外，高校民法教师可定期进行集中备课、开设公开课、专门的教学研讨等活动，帮助任课教师检视问题，帮助其更好地把握实践教学的目标，做到法治人才培养有的放矢，避免教学的盲目性与随意性。

五、结语

习近平总书记在党的二十大报告指出，"我们必须坚定历史自信、文化自信，坚持古为今用、推陈出新，把马克思主义思想精髓同中华优秀传统文化精华贯通起

---

① 赵聘.用"两个结合"提升高校育人实效[N].中国社会科学报，2022-07-14(7).

来。"[1]"两个结合"赋能民法课程质量提升，就是要把"两个结合"融入民法课程教学的全过程，以解决"为谁培养人""培养什么人""怎样培养人"的教育根本性问题。民法教师应把握好"两个结合"融入民法课程教学的基本原则，从教学内容、教学方法和教师能力提升等路径，实现"两个结合"与民法课程教学的有机融合。

---

[1] 习近平.高举中国特色社会主义伟大旗帜 为全面建设社会主义现代化国家而团结奋斗——在中国共产党第二十次全国代表大会上的报告[EB/OL].(2022-10-25)[2023-12-19].https://www.gov.cn/xinwen/2022-10/25/content_5721685.htm.

附录：

福建省法学会法学教育研究会 2023 年学术年会暨第二届福建法学教育论坛会议综述

赵 凌 孙伟峰 吴雅婷

2023 年 10 月 28 日，为了贯彻党的二十大精神，学深悟透中国式现代化的中国特色和本质要求，全面推进法学教育，培养社会主义法治人才，进一步探讨迈向中国式现代化的法学教育，推动法学教育高质量发展，由福建省法学会法学教育研究会、福建江夏学院法学院、福建省台湾法律研究院、福建江夏学院教育法律实务研究中心联合主办，高等教育出版社协办的"福建省法学会法学教育研究会 2023 年学术年会暨第二届福建法学教育论坛"在福建江夏学院召开。来自各级司法、政府机关工作人员、省内外高校教授导师、法律实务工作者及出版社编辑等共计 93 人参加此次年会。

开幕式由福建江夏学院法学院院长林贵文教授主持，福建江夏学院党委副书记王长勇教授，中共福建省委政法委副书记徐华，福建省政法委委务会议成员、省法学会专职副会长兼秘书长林良灌，福建师范大学法学院院长、福建省法学教育研究会副会长杨垠红分别致辞。

王长勇教授对各位领导、专家、学者的到来表示热烈的欢迎和感谢，并向参会人员介绍学院办学情况和成果，提出将进一步发挥法学院优良传统及办学优势，加强法学教育与研究，通过开展战略合作共建涉台法治人才协同、培养创新基地等方式积极探索法治人才培养新途径，不断提高学科专业建设质量与整体水平。

徐华副书记首先代表福建省委政法委对此次学术年会的召开表示热烈祝贺，对长期关心支持积极参与福建法治建设和法学教育的专家学者、老师表示诚挚的谢意，随后汇报近年福建为推动建设德法兼备高素质法治人才内容所做的努力，并提出三点想法：一是强化政治引领，胸怀国之大者，确保法学教育始终沿着正确的政治方向前进；二是注重知行合一，突出实践运用，加强理论教学和实践教学相结合，提升法治人才培养的针对性和实效性；三是立足省情特点，打造创新品牌，推出一批高质量、有影响力的法学教育和研究成果。

林良灌副会长从工作方面和发展路径提出希望和要求，他表示一要聚焦人才培养，坚持立德树人、德法兼修，遵循规律，创新教育模式、提供坚实人才保障；二要聚焦理论研究，立足迈向中国式现代化的法学教育，深入研究阐释习近平法治思想，助力构建我国自主法学科体系；三要交流协作，树立协同育人理念，充分发挥研究会连接各法学院校、法律实务部门的桥梁纽带作用；四要进一步聚焦自身建设，提升研究会凝聚力、影响力，从而促进更高水平法治福建建设，作出更大贡献。

杨垠红教授代表法学教育研究会致辞，她表示福建省法学会法学教育研究会是增进各高校、法学学科院所建立相互联系的纽带，今后研究会将围绕《意见》的文件精神，对标对照文件要求，将法学研究法学教育落实落细落到位。推动法学学科改革，探索新时代高素质法治人才的新路径，并希望与会人员能积极对法学教育建设专业实践课程思政交流探讨、建言献策，进一步推动法学教育现代化，在明确使命和目标的基础上，强化法学教育实践和法律职业的衔接，推动法学教育创新发展！

接着，闽江学院法学院副院长、福建省法学会法学教育研究会秘书长林安民对上一年度的工作进行总结，分别从"研究会的成立""研究会成立以来各项会议，法学教育的讲座""研究会下一步的工作安排"三个方面进行汇报发言。

本次学术年会的主旨报告环节由闽南师范大学法学院院长何东平主持，吉林大学法学院教授、硕士生导师刘红臻，厦门大学法学院党委书记、教授、博士生导师何丽新，中国政法大学教授、博士生导师、福建省法学会法学教育研究会长柳经纬，福建省高级人民法院研究室副主任胡立峰，福建省人民检察院研究室副主任杨小强作主旨报告，报告分别围绕"中国式现代化与中国自主法学知识体系构建""《案例研析》教学模式之思考""落实两办《意见》我们能做什么？""新时代法治建设进程中司法实践与法学教育的深度良性互动""深化检校合作，促进共赢发展"等主题进行全面的分析和探讨，对推进法学教育理论与实践的发展，加强新时代法学教育，完善法学教育体系具有重要意义。

刘红臻教授指出中国式现代化是中国共产党领导的社会主义现代化，既有各国现代化的共同特征，更有基于自己国情的中国特色，应基于此基础上更好地发挥法治固根本、稳预期、利长远的保障作用，以习近平法治思想作为根本指导和根本遵循去构建中国自主法学知识体系，将法治基本原理和马克思主义法治理论与实际相结合，推动中国传统法律文化的创造性转化、创新性发展，进一步走好中国式法治现代化道路。

何丽新教授从"案例研析"课程介绍、课程建设创新点和成果出发，指出该教学模式是立足于中国法治实践，通过案例分析和深入探讨，让学生在发现问题、分析问题和解决问题中强化法律适用和法律解释能力，加深学生对法律条款立法成因或法律渊源的理解，深化学生对法律制度的领会和法律素养的提升，提高学生的研究能力，进一步培养高质量复合型法治人才。

柳经纬教授分享了学习"两办"《意见》的体会，他表示"两办"《意见》是新时代法学教育的行动指南，其实施将给法学教育带来新的机遇、新的挑战，为此，他对法学院校提出几点建议：一是全面推进习近平法治思想进教材、进课堂、进头脑，建设好相关专业课程模块；二是将思政教育融入课程，寻找正确方式培养学生法治信仰；三是立足于中国实际，更新学科内涵，加强学科交叉融合建设；四是推进法学专业理论、教学课程和实践教学课程建设，深化协同育人，适应"互联网＋教育"新形态新要求；五是应当完善法学教材体系，开发新形态教材；六是加强法学教师队伍建设；七是加强科研、学科、教学、人才培养建设，创新构建法学理论研究新体系；八是法学院校要履行好主体责任，将法学教育和法学理论研究的各项工作落到实处。

胡立峰副主任从2019年《法学研究》论坛征稿启事入手，对司法实践与法学教育的实质性差异进行分析，指出深化司法实践与法学教育良性互动应当从打通行业壁垒、消除思想认知的陈见偏见、主动地创新体制机制，发挥制度引领的现实效能、积极地拓展交流渠道，营造协同育人的良好氛围、努力地提升互动质效，实现长期可持续的互利共赢四个方面入手，进一步推动法学教育现代化！

杨小强副主任指出推进法学教育和法治人才培养是高校和检察机关的一个共同责任，高校是第一阵地，检察机关是实践基地，检校合作的纽带，深化检校合作是提升检察研究成绩的重要支点，是开展法学教学实践的重要桥梁，培养高层次检察人才的重要抓手。他表示检校双方要进一步完善合作格局，将法学理论与检察实践紧密结合，拓展空间和渠道等，更好地实现检校资源共享，优势互补和共同升级，从而形成高素质检察人员培养的检校合力。

第一分会场于政法楼三楼305智慧教室举办，本会场主题为"习近平法治思想概论课程建设""法学专业课堂思政教学""本科毕业论文质量建设"，分为两个单元进行。

第一单元由福建省人民检察院研究室主任陈亮主持会议，由集美大学海洋文化与法律学院法律系副主任、副教授沈协、福建警察学院副教授李莉、华侨大学法学院讲师何家华、西南政法大学副教授陈小彪、福州大学法学院副教授吕晓刚、闽江学院法学院副教授许偲作为发言人依次进行发言。

集美大学海洋文化与法律学院法律系副主任、副教授沈协从红色文化融入法学教育命题的提出出发，指出红色文化融入法学教育的理据以及依据，推动红色文化与法学教育的进一步融汇发展。

福建警察学院副教授李莉以"习近平法治思想引领'行政法与行政诉讼法'课程教学研究"为题，通过对相关教学内容的梳理归纳，在习近平法治思想指导下，分别对课程中"行政法历史发展""国家安全职能""社会职能""行政应急""行政司法"等方面提出教学完善建议，并结合实践中的相关热点问题进行简单分析。

华侨大学法学院讲师何家华以"习近平法治思想关于宪法宣传教育的原创性贡献"为题，指出习近平法治思想提出了一系列关于宪法宣传教育的新理念、新思想、新战略，分析了宪法宣传教育的内涵、理念、发展方向等原则性、根本性问题，肯定习近平法治思想对宪法宣传教育的原创性贡献，是新时代宪法宣传教育的根本遵循和行动指南。

西南政法大学副教授陈小彪以"论毕业论文选题之校际特色育成机制"为题，强调应当根据地方和国家犯罪治理的客观需求，以及本校的刑法学科发展状况，科学定位刑法专业硕博毕业论文选题的校际特色，并配套相应的师资育成机制、学生培养机制、师生互动机制和保障鼓励机制，以科学育成刑法专业硕博毕业论文选题校际特色。

福州大学法学院副教授吕晓刚以"'课程思政'视域下法律职业伦理教育融入模拟法庭课程研究"为题，提出课程融合配套保障机制有待强化等一系列现实挑战需要通过法律职业伦理与模拟法庭双向课程优化推进伦理角色化与素养综合化。

闽江学院法学院副教授许偲以"法学教育助力法律职业发展：构建法律人才新引擎"为题，指出随着社会的不断发展和法律环境的日益复杂化，法学教育的重要性愈发凸显，法学教育与法律职业需求密切相关，需要不断调整以满足法律职业市场的要求。

最后由福建师范大学副教授郑丽珍、福建江夏学院法学院行政法教研室主任、教授王书娟对本环节进行评议，他们一致认为发言人的阐述精彩详尽，分析精准到位，观点也都令人耳目一新，涉猎内容极具深度与广度，为法学教育提供颇具价值的新理念与新思路。

第二单元由北京京师（福州）律师事务所管委会主任黄重取律师担任主持人，由福建江夏学院法学院副教授杨阿丽、福建师范大学法学院副教授林艺芳、仰恩大学法学院副教授黄文伟、福建农林大学公共管理与法学院讲师汤凌燕、厦门大学法学院副教授吴旭阳、福州大学法学院硕士研究生彭建依次发言。

福建江夏学院法学院副教授杨阿丽以"课程思政融入中国法律史教学的方法和路径"为题，详细地分析了课程思政融入中国法律史教学的原因、路径及特色，为中国法律史教学提供全新思路。

福建师范大学法学院副教授林艺芳围绕刑事诉讼法条解构式案例研习法，为我们介绍刑事诉讼法条解构式案例研习法的逻辑步骤与操作要点，并以余金平交通肇事案为例展开详细阐述。

仰恩大学法学院副教授黄文伟以"法学专业课程思政路径探究——以企业合规教学为例"为题，指出法科生在学校考核中虽能表现出很高的道德素养，但在工作岗位上仍有个别人会作出违法违规的行为。企业合规具有丰富的思政元素，对法科生的成长和提升法学专业课程思政教学实效具有重要意义，他认为可将其渗入主要部门法的专业教学之中。

福建农林大学公共管理与法学院讲师汤凌燕围绕"农林院校法学专业知识产权法课程教学创新的实践探索"的主题展开讲解，为课程教学提出全新的模式，有助于推动教育教学改革创新，提升教师教学水平和育人能力。

厦门大学法学院副教授吴旭阳以"元宇宙技术在法学教育中的探索与思考"为题，详细介绍元宇宙课堂模式教学，不仅突破了"老师讲、学生听"的二维模式，更有身临其境的空间感、体验感和团队交融感；相较于线下教学，它又完全突破了时空的限制，创新传统课堂教学模式。

闽江学院法学院讲师陈博以"涉外法治人才培养中的国际企业社会责任法"为主题，通过对"国际企业社会责任法"课程总体内容与结构进行说明，他主张该课程能够贯通现有课程设置中的民商法与社会法、国内法与国际法、公法与私法、软法与硬法的传统法学学科分野，并助益学生法学、经济管理、国际经济、国际政治、伦理学等相关学科的跨学科视野。

福州大学法学院、硕士研究生彭建以"法学教育向何处去？——数字时代法治人才培养的危机与变革"为题，展开讲解。数字技术正推动我国社会进入数字时代，亟需数字法治人才，我国法学教育需要理念与实践变革，迈向数字法治人才培养模式。他指出培养能够立足本土、放眼世界的数字法治人才，是法学教育变革的未来，也是构建中国法学自主知识体系的需要。

最后由福建理工大学法学院知识产权学院副教授侯莎、厦门大学嘉庚学院法学院教指委委员、副教授罗芳对各发言人的发言进行评议。他们对发言人的发言表示高度赞赏，认为他们的观点鲜明、想法独特、阐述到位，极具学理性与操作性，深度契合法学教育的现状，为法学教育提供了新的实践教学方法，推动了法学专业课堂思政教学进一步完善发展，为法学学科建设注入了新的内涵。

第二分会场于政法楼二楼 202 会议室举行，本会场主题为"法学专业实践教学""涉外法治人才培养"，分为两个单元进行。

第一单元由福建农林大学公共管理与法学院教授胡玉浪主持，华侨大学法学院副教授吴情树，闽南师范大学法学院副院长、副教授赵凌，上海交通大学凯原法学院助理研究员陈荣新，福建技术师范学院副教授陈圣利，福建技术师范学院副教授江悦庭，福建江夏学院法学院副教授李巧玲，福建江夏学院法学院副教授李兴国依次发言。

华侨大学法学院副教授吴情树以"新时代面向司法实践的法学教育——以本科生毕业论文的指导为例"为题，指出案例分析报告既可以作为法科学生毕业实习的总结，也可以作为学生毕业设计的考核根据，以案例分析报告替代传统的毕业论文写作形式，是法学实践教学的努力方向之一。

闽南师范大学法学院副院长、副教授赵凌从法学教育校地多元协同育人的重要意义、构建与实施成效出发，表示应当通过该育人模式，培养价值观塑造、专业理论传授、实践能力培养一体协同的法治人才。

上海交通大学凯原法学院助理研究员陈荣新围绕"'新法学'语境下金融法教学与金融实践的悖反与融合"的主题，指出进入"新法学"时代，金融法教学迎来了新的实践性课题，有必要从金融法与金融学的跨学科交融、教学机构与金融部门的场景转换、理论学习与金融实操的能力提升、知识浇灌与实证推理的思维升华等四个层面展开调试，从而为金融法教学指明方向。

福建技术师范学院副教授陈圣利对法治教育师范生培养路径进行探究，他强调法治教育师范生的培养目标不同于传统法学专业，其旨在培养能够胜任中小学法治教育工作、有志于传播习近平法治思想和社会主义法治理念、符合《卓越教师培养计划 2.0》要求的"四有"法治教育师资。

福建技术师范学院副教授江悦庭围绕新文科建设背景下涉外法治人才培养的创新路径研究展开论述，他认为新文科建设对涉外法治人才培养提出的新要求需要我们在专业教学中从多学科交叉融合、改革课程设置、培养学生法治信仰等方面进行深层次的创新探索，培养学生的爱国情怀和国际视野，为全面推进新时代法治中国建设提供有力的人才保障。

福建江夏学院法学院副教授李巧玲对地方高校涉外法治人才培养问题进行探讨研究，她提到我国涉外法治人才培养经过 10 来年的发展取得巨大成绩，但依然存在总量不足且地区分布不均的问题；与此同时，各地对于涉外法治人才的需求也有差异，加上地方高校法学专业追求特色发展的内在动力，都为地方高校涉外法治人才培养提供了必要性支持。涉外法治人才内涵的多样化和地方高校良好的生源与师资条件使其具备了从事涉外法治人才培养的可行性。

福建江夏学院法学院副教授李兴国围绕"骗取出口退税罪法务会计鉴定业务的

实案解析及对相关实践型法治人才的执业启示"的主题展开详细阐述，他以实务中一起涉嫌骗取出口退税罪的法务会计鉴定业务为例，探析其案情及鉴定思路，总结法务会计专业人员承办该类法务会计鉴定业务的有益经验，指出作为新时期实践型法治人才方阵之一的法务会计专业人员，在执行骗取出口退税罪法务会计鉴定业务时，应深入掌握外贸及出口退税的业务流程及相关法律规定，牢记执业操守，保持法务会计鉴定的独立性、公正性、审慎性，锚定自身角色功能定位，配合司法机关做好法务会计鉴定意见书出具之后的延伸服务工作。

第一单元发言结束后，福建师范大学法学院副教授林艺芳从"法学教育如何凸显实践""培养学生实践能力、运用法律，衔接具体的法律职业"两个方面入手对前四篇论文一一进行评议，她表示四位学者都是从不同的角度对法学实践教学提供了具有意义的建议，能够更好地为法学教育探索提供新思路、新路径。仰恩大学法学院副教授鲍莹玉对后三篇论文进行评议，她表示从各位学者的交流碰撞中不仅能看到人才培养的一些思考和探索，同样也能看到各个院校的特色优势，提出应当在涉外法治人才培养中增强师资力量，对学生进行学科交叉培养，考虑招生端和志愿端的匹配问题，进一步促进法学教育的发展。

第二单元由福建瀛榕律师事务所主任叶道明律师主持，福州大学法学院教授何佩佩、福州大学法学院副教授唐士亚、福建师范大学协和学院、副教授翁怡、福建理工大学法学院知识产权学院讲师李广宇、福建农林大学公共管理与法学院讲师张颖、福建理工大学法学院知识产权学院讲师邱可嘉依次发言。

福州大学法学院教授何佩佩指出，与环保 NGO 密切合作的环境法律诊所课程的课程设计对于解决目前中国环境法律诊所课程所面临的困境有十分重要的意义，能够切实增强学生的环境纠纷实践处理能力、提升学生的环境社会责任感，进而促进美丽中国建设目标的实现进程。

福州大学法学院副教授唐士亚以"论数据法教学的三重思维体系构建"为题，指出与传统部门法教学相比，数据法教学具有以法学规范分析为教学核心、以课堂讲授和案例研讨为主等共性内容，又突出了与数据科学、计算机科学高度融合以及产学研一体化等个性特征。他强调数据法教学需要建立法律思维、科技思维和伦理思维"三位一体"的教学思维体系。

福建师范大学协和学院、副教授翁怡以福建师范大学协和学院为例，围绕法律诊所特色实践教育模式展开研究，她提到社区式法律诊所即将诊所式法律教育与社区法律咨询、所实践课堂，既可以提升公共法律服务质量，还可以培养具备实践经验、坚持中国特色社会法治体系的法律人才队伍。

福建理工大学法学院、知识产权学院讲师李广宇对法学教育中交叉学科所出现的问题进行分析，指出学科内部壁垒、社科知识融入不足，理工科知识的空缺三部分问题。他表示应当重视学科交叉，重塑人才培养路径。

福建农林大学公共管理与法学院讲师张颖对于福建省高校涉外法治人才培养作出阐述，并从福建省高校涉外法治人才培养的战略和功能定位出发，结合福建省高校现阶段涉外法治人才培养的困境，提出加快福建省涉外法治人才培养的几点思考。

福建理工大学法学院知识产权学院讲师邱可嘉以盗窃罪为例，表示刑法教学在多元文化发展中应当寻求共识性，注重普适性和包容性，避免法学制度本土化，尊重不同背景下的法律制度，实现共存共生兼容发展。

第二单元发言结束后，西南政法大学副教授陈小彪，集美大学海洋文化与法律学院法律系副主任、副教授沈协先后对六位学者的发言内容进行点评，他们认为发言人通过深刻详细的阐述，对法学教育中的实践教学与涉外人才培养都提供了相应的思路，不同院校具有不同的特色与优势，但都强调在培养学生时应当注重分析问题解决问题的能力，并提出要对法学学科体系、教学思路、涉外法学不足之处进行探索和改革，从基础学科入手进行学科交叉知识体系搭建，创新课程模式，融入实践教学，规避理论性较强带来的枯燥性，为法学教育拓宽新领域，进一步推进高素质法治人才培养。

本次学术年会的闭幕式于政法楼 206 室召开，大会由福建江夏学院法学院院长林贵文主持，中国政法大学教授、博士生导师、福建省法学会法学教育研究会会长柳经纬进行总结评述。

福建省法学会法学教育研究会是福建省研究法学教育学术交流的重要平台。本次学术年会的召开，能够给各高校、政法实务界的专家学者们搭建一个交流法学教育经验、共商法学教育大计的桥梁，通过交流与探讨，为繁荣我省法学教育事业发展，推进迈向中国式现代化作出积极贡献。本届福建法学教育论坛向省内外法学院校、司法机关、各界法学实务部门充分展现了我院的热情好客，充分体现了我院团结协作、高效率高质量的办事能力，进一步推动法学院在法学教育领域的发展，不断探索迈向中国式现代化的法学教育。